中国宪法
实施和监督研究

范进学 著

The Implementation of the Constitution and
Constitutional Supervision in China

上海人民出版社

教育部哲社重大攻关项目"加强宪法实施、教育和监督研究"（项目批准号18JZ036）

教育部哲社研究重大课题攻关项目《构建中国特色宪法监督理论体系研究》（项目批准号23JZD025）

目 录

第一章
新时代中国宪法全面实施的宣言书

习近平总书记于 2022 年 12 月 20 日在《光明日报》上发表署名文章《谱写新时代中国宪法实践新篇章——纪念现行宪法公布施行 40 周年》[1]，虽仅有 25 个自然段，字数不足五千字，但文中提到"宪法实施"共计 16 次，"实施宪法"共计 6 次，"全面贯彻实施宪法"共计 2 次，它们出现在文章的 17 个自然段之中。第 3、4、11、14、16、17、19、20 等 8 个自然段即使没有直接提到宪法实施，也是与宪法实施直接或间接相关的内容。《谱写新时代中国宪法实践新篇章——纪念现行宪法公布施行 40 周年》这一重要文章，结合中国宪法理论和宪法实践创新，科学深刻地总结了新时代十年全面贯彻实施宪法的新鲜经验，并提出了全面贯彻实施宪法的七个"必须坚持"基本原则，即必须坚持中国共产党领导，必须坚持人民当家作主，必须坚持依宪治国、依宪执政，必须

---

[1] 习近平：《谱写新时代中国宪法实践新篇章——纪念现行宪法公布施行 40 周年》，载《光明日报》2022 年 12 月 20 日，第 1 版。

坚持宪法的国家根本法地位，必须坚持宪法实施与监督制度化法规化，必须坚持维护宪法权威和尊严，必须坚持与时俱进完善和发展宪法。同时，习近平总书记结合党的二十大对新时代新征程党和国家事业发展作出的全面部署，对未来我国怎样全面贯彻实施宪法提出了五点纲领性要求：坚持和加强党对宪法工作的全面领导，更好发挥我国宪法制度的显著优势和重要作用；把宪法实施贯穿治国理政各方面全过程，不断提高党依宪治国、依宪执政的能力；加快完善以宪法为核心的中国特色社会主义法律体系，不断增强法律规范体系的全面性、系统性、协调性；健全保证宪法全面实施的制度体系，不断提高宪法实施和监督水平；加强宪法理论研究和宣传教育，不断提升中国宪法理论和实践的说服力、影响力。习近平总书记提出的上述全面贯彻实施宪法的七大基本原则与五点纲领性要求，蕴含着深邃的新理念新思想新战略，从我国宪法的内容、性质、作用、功能、地位，以及宪法实施目的、实施内容、实施意义、实施方式、实施路径、实施方法论等各方面，系统回答了新时代中国为什么全面贯彻实施宪法及怎样全面贯彻实施宪法这一重大时代课题，不仅深化了对我国宪法制度建设的规律性认识，还为新时代新征程全面贯彻实施宪法提供了行动纲领与方法论。可以说，《谱写新时代中国宪法实践新篇章——纪念现行宪法公布施行40周年》这一重要文章，实际上是一篇擘画新时代中国宪法全面贯彻实施的宣言书。

一、深入贯彻宪法实施

"宪法是国家的根本法，是治国安邦的总章程，具有最高的法律地位、法律权威、法律效力，具有根本性、全局性、稳定性、长期性"。[1]"宪法是一个国家法律体系的核心，是国家和社会治理的根本大法"。[2]"依法治国，首先是依宪治国；依法执政，关键是依宪执政"[3]，而依宪治国和依宪执政都离不开宪法实施，因为"宪法实施是现代政治成熟的民族国家的最高公共生活方式"[4]。党的十八大以来，以习近平同志为核心的党中央把宪法实施作为全面依法治国、建设社会主义法治国家与法治体系之统领，提出了必须全面贯彻实施宪法的思想。宪法实施是一个内涵丰富、逻辑融贯、特色鲜明且不断发展创新的理论体系，在继承马克思主义宪法观的基础上，结合我国社会主义实际情况，注重宪法理论创新与实施实践的动态平衡，赋予了宪法实施以崭新的实质内涵，更新了宪法实施的认知与法理，表达了新时代中国特色社会主义宪法体系的精髓要义、实践逻辑和深远影响。具体而言，宪法实施由尊崇和遵守宪法、运用宪法、宪法监督三大思想体系构成。本节拟逐层解读和深入学习宪法实施所包含的三大体系，并阐明其在当代所具有的重大理论与现实意义。

（一）宪法实施的提出

在习近平法治思想中，关于宪法的重要论述构成了一整套科学完备的宪法理论体系[5]，其中宪法实施是习近平总书记关于宪法的重要论述的核心与关键。宪法实施立足于中国特色社会主义现代化实践，带有鲜

［1］习近平：《论坚持全面依法治国》，中央文献出版社 2020 年版，第 10 页。
［2］公丕祥：《习近平法治思想述要》，载《法律科学》2015 年第 5 期，第 11 页。
［3］习近平：《论坚持全面依法治国》，中央文献出版社 2020 年版，第 15 页。
［4］王旭：《宪法实施的商谈机制及其类型建构》，载《环球法律评论》2015 年第 6 期，第 55 页。
［5］秦前红：《宪法至上：全面依法治国的基石》，载《清华法学》2021 年第 2 期，第 5 页。

明的时代特色。正如张文显教授所言："习近平同志是从改革开放和社会主义现代化建设实践中走出来的卓越领导者、伟大政治家、杰出思想家，是新时代中国特色社会主义法治建设的实践者、推动者，是新时代全面依法治国的开创者、引领者。"[1] 早在 2002 年，习近平同志在浙江省暨杭州市纪念现行宪法颁布实施 20 周年大会上的讲话中就已提出要"全面贯彻实施宪法促进社会主义政治文明建设"[2]，足见其始终关注宪法实施。2012 年，习近平总书记在首都各界纪念现行宪法公布施行三十周年大会上发表讲话，在科学总结我国现行宪法三十年心路历程所取得的巨大成就和经验基础上，指出法治国家建设之首要工作就是宪法实施，并对宪法实施的贯彻提高了要求，他说："全面贯彻实施宪法，是建设社会主义法治国家的首要任务和基础性工作……宪法的生命在于实施，宪法的权威也在于实施。我们要坚持不懈抓好宪法实施工作，把全面贯彻实施宪法提高到一个新水平。"[3] 与此同时，他作出了"依法治国，首先是依宪治国；依法执政，关键是依宪执政"[4] 的价值判断。 2013 年，习近平总书记在主持第十八届中央政治局第四次集体学习时发表讲话，从社会主义法制统一的角度提出要加强宪法和法律实施，他提出："要加强宪法和法律实施，维护社会主义法制的统一、尊

---

[1] 张文显：《习近平法治思想的基本精神和核心要义》，载《东方法学》2021 年第 1 期，第 5 页。

[2] 这四个维度为：必须进一步增强宪法意识和法治观念，牢固奠定建设社会主义政治文明和推进依法治省的思想基础；必须切实维护公民的基本权利，努力实现最广大人民的根本利益；必须坚持和完善人民代表大会制度，充分发挥各级机关的职能作用；必须改革和完善党的领导方式和执政方式，不断加强党的执政能力建设。习近平：《全面贯彻实施宪法促进社会主义政治文明建设》，载《浙江人大》2002 年第 12 期，第 9—10 页。

[3] 习近平：《在首都各界纪念现行宪法公布施行三十周年大会上的讲话》，载习近平：《论坚持全面依法治国》，中央文献出版社 2020 年版，第 10—11 页。

[4] 同上注，第 15 页。

严、权威，形成人们不愿违法、不能违法、不敢违法的法治环境，做到有法必依、执法必严、违法必究。"[1] 2014 年，党的十八届四中全会对宪法实施相关制度完善和实施主体作了明确要求："完善以宪法为核心的中国特色社会主义法律体系，加强宪法实施……健全宪法实施和监督制度。"[2] 2018 年，习近平总书记在党的十九届二中全会第二次全体会议上的讲话中开宗明义地指出："党的十八大以来，我多次讲，全面贯彻实施宪法是全面依法治国、建设社会主义法治国家的首要任务和基础性工作。我们把实施宪法摆在全面依法治国的突出位置，采取一系列有力措施加强宪法实施和监督工作，维护宪法法律权威。"[3] 2019 年党的十九届四中全会从宪法解释、宪法监督、合宪性审查、备案审查等方面来细化宪法实施体制机制："健全保证宪法全面实施的体制机制。依法治国首先要坚持依宪治国，依法执政首先要坚持依宪执政。加强宪法实施和监督，落实宪法解释程序机制，推进合宪性审查工作，加强备案审查制度和能力建设，依法撤销和纠正违宪违法的规范性文件。"[4] 2021年年初，中共中央印发的《法治中国建设规划（2020—2025 年）》更是重申宪法实施的极端重要性，并将其提升到前所未有的高度："全面贯彻实施宪法，坚定维护宪法尊严和权威。建设法治中国，必须高度重视宪法在治国理政中的重要地位和作用，坚持依宪治国、依宪执政，把全

---

[1] 习近平：《坚持法治国家、法治政府、法治社会一体建设》，载《习近平谈治国理政》，外文出版社 2014 年版，第 145 页。

[2] 《中共中央关于全面推进依法治国若干重大问题的决定》，2014 年 10 月 23 日中国共产党第十八届中央委员会第四次全体会议通过。

[3] 习近平：《为新时代坚持和发展中国特色社会主义提供有力宪法保障》，载《习近平谈治国理政》（第三卷），外文出版社 2020 年版，第 279 页。

[4] 《中共中央关于坚持和完善中国特色社会主义制度推进国家治理体系和治理能力现代化若干重大问题的决定》，2019 年 10 月 31 日中国共产党第十九届中央委员会第四次全体会议通过。

面贯彻实施宪法作为首要任务，健全保证宪法全面实施的体制机制，将宪法实施和监督提高到新水平。"[1] 2022 年 10 月，习近平总书记在党的二十大报告中指出："加强宪法实施和监督，健全保障宪法全面实施的制度体系，更好发挥宪法在治国理政中的重要作用"；2022 年 12 月 19 日，习近平总书记在《谱写新时代中国宪法实践新篇章——纪念现行宪法公布施行 40 周年》署名文章中再次强调：推动宪法实施，更好发挥宪法在治国理政中的重要作用，必须坚持宪法实施与监督制度化法规化，健全保证宪法全面实施的制度体系，不断提高宪法实施和监督水平。[2] 2024 年 7 月，党的二十届三中全会通过的《中共中央关于进一步全面深化改革　推进中国式现代化的决定》进而提出"健全保障宪法全面实施制度体系，建立宪法实施情况报告制度"。因此，在我国宪法实践中，尤其是在新时代宪法实践中，习近平总书记围绕宪法实施所进行的一系列论述，形成了内容丰富、逻辑严密、体系完整、特色鲜明的理论体系。

（二）尊崇和遵守宪法

尊崇和遵守宪法是宪法得以实施的重要方式之一，尊崇和遵守宪法思想是宪法实施的首要内涵。值得注意的是，尊崇和遵守宪法不是简单的顺序前后关系，而是有其严谨的内在逻辑的。

2015 年，习近平总书记曾在省部级主要领导干部学习贯彻党的十八届四中全会精神全面推进依法治国专题研讨班上特别指出："之

---

[1]《法治中国建设规划（2020—2025 年）》，载人民网，http://paper.people.com.cn/rmrb/html/2021-01/11/nw.D110000renmrb_20210111_1-01.htm，最后访问时间：2022 年 11 月 16 日。

[2] 习近平：《谱写新时代中国宪法实践新篇章——纪念现行宪法公布施行 40 周年》，载《中国人大》2022 年第 12 期，第 6、8 页。

前，我们通常提的是学法尊法守法用法，在准备这次讲话时，我反复考虑，觉得应该把尊法放在第一位，因为领导干部增强法治意识、提高法治素养，首先要解决好尊法问题。只有内心尊崇法治，才能行为遵守法律。只有铭刻在人们心中的法治，才是真正牢不可破的法治。"[1]因此，习近平总书记把尊崇宪法置于遵守宪法之前，以表明尊崇宪法的重要地位与价值。实际上，遵守宪法包含两种情形：一是心悦诚服地自觉遵守，强调主体内心认同和景仰；二是基于强制或害怕而被迫遵守。宪法遵守之特色在于强调前者即人的内心服膺，因而突出和强化了"尊崇"。从"遵守"到"尊崇"，体现了我国宪法观的创新与发展。认真研究习近平总书记关于尊崇宪法和遵守宪法的表述，笔者认为其内在地包含以下三个基本命题。

第一，领导干部要做尊法模范。

自 2003 年在浙江省十届人大常委会第一次会议结束时的讲话中明确提出"人大工作必须遵循宪法、法律的基本原则，在宪法、法律规定的框架内进行"[2]，此后，习近平同志在不同场合以各种形式强调领导干部要尊崇宪法和遵守宪法，做尊法守法的模范。2012 年 12 月 4 日，习近平总书记指出："我们要把宪法教育作为党员干部教育的重要内容，使各级领导干部和国家机关工作人员掌握宪法的基本知识，树立忠于宪法、遵守宪法、维护宪法的自觉意识。"[3] 2013 年，习近平总书记在主

[1] 习近平：《在省部级主要领导干部学习贯彻党的十八届四中全会精神全面推进依法治国专题研讨班上的讲话》（2015 年 2 月 2 日），载中共中央文献研究室编：《习近平关于全面依法治国论述摘编》，中央文献出版社 2015 年版，第 121 页。
[2] 习近平：《干在实处 走在前列——推进浙江新发展的思考与实践》，中共中央党校出版社 2006 年版，第 375—376 页。
[3] 习近平：《论坚持全面依法治国》，中央文献出版社 2020 年版，第 14 页。

持第十八届中央政治局第四次集体学习时提到："各级领导干部要带头依法办事，带头遵守法律，对宪法和法律保持敬畏之心，牢固确立法律红线不能触碰、法律底线不能逾越的观念。"[1]2014 年，习近平总书记在党的第十八届四中全会第二次会议上的讲话中重申："各级领导干部要对法律怀有敬畏之心，带头依法办事，带头遵守法律。"[2]2015 年，习近平总书记在省部级主要领导干部学习贯彻党的十八届四中全会精神全面推进依法治国专题研讨班上倡导领导干部要做"四个模范"，四模范之首是尊法模范，"做尊法的模范，带头尊崇法治、敬畏法律；做学法的模范，带头了解法律、掌握法律；做守法的模范，带头遵纪守法、捍卫法治；做用法的模范，带头厉行法治、依法办事"[3]，即"尊法学法守法用法"的八字诀。[4]同时，习近平总书记强调领导干部尊崇和遵守宪法法律的重要性："尊崇法治、敬畏法律，是领导干部必须具备的基本素质。"[5]"党的十八届四中全会明确要求，把能不能遵守法律、依法办事作为考察干部的重要内容，在相同条件下，优先提拔使用法治素养好、依法办事能力强的干部"。[6]"每个党政组织、每个领导干部必须服从和遵守宪法法律，不能把党的领导作为个人以言代法、以权压法、徇

---

[1] 习近平：《在十八届中央政治局第四次集体学习时的讲话》（2013 年 2 月 23 日），载中共中央文献研究室编：《习近平关于全面依法治国论述摘编》，中央文献出版社 2015 年版，第111 页。

[2] 习近平：《加快建设社会主义法治国家》（2014 年 10 月 23 日），载中共中央文献研究室编：《习近平关于全面依法治国论述摘编》，中央文献出版社 2015 年版，第 113 页。

[3] 习近平：《领导干部要做尊法学法守法用法的模范》（2015 年 2 月 2 日），载《习近平谈治国理政》（第二卷），外文出版社 2017 年版，第 127 页。

[4] 同上注，第 126 页。

[5] 习近平：《领导干部要做尊法学法守法用法的模范》（2015 年 2 月 2 日），载中共中央文献研究室编：《习近平关于全面依法治国论述摘编》，中央文献出版社 2015 年版，第 121 页。

[6] 同上注，第 127 页。

私枉法的挡箭牌"。[1]"如果我们的领导干部不能尊法学法守法用法，不要说全面推进依法治国，不要说实现'两个一百年'奋斗目标、实现中华民族伟大复兴的中国梦，就连我们党的领导、我国社会主义制度都可能受到严重冲击和损害"。[2]2018年，习近平总书记在中央全面依法治国委员会第一次会议上讲话指出："领导干部必须带头尊崇法治、敬畏法律……做尊法学法守法用法的模范，以实际行动带动全社会尊法学法守法用法。"[3]2020年，习近平总书记在中央全面依法治国委员会第三次会议讲话上继续指出："各级领导干部必须强化法治意识，带头尊法学法守法用法，做制度执行的表率。"[4]

此外，习近平总书记对各级党组织和全体党员提出尊崇和遵守宪法的要求，于2017年在中国共产党第十九次全国代表大会上的报告中提出："各级党组织和全体党员要带头尊法学法守法用法。"[5]2018年2月24日，习近平总书记在中共中央政治局第四次集体学习时强调："我们党首先要带头尊崇和执行宪法，把领导人民制定和实施宪法法律同党坚持在宪法法律范围内活动统一起来。任何组织或者个人都不得有超越宪法法律的特权。一切违反宪法法律的行为，都必须予以追究。"[6]2019

[1]　习近平：《领导干部要做尊法学法守法用法的模范》(2015年2月2日)，载《习近平谈治国理政》(第二卷)，外文出版社2017年版，第128页。
[2]　习近平：《领导干部要做尊法学法守法用法的模范》(2015年2月2日)，载中共中央文献研究室编：《习近平关于全面依法治国论述摘编》，中央文献出版社2015年版，第120页。
[3]　习近平：《加强党对全面依法治国的领导》(习近平总书记2018年8月24日在中央全面依法治国委员会第一次会议上的讲话)，载《奋斗》2019年第4期，第8页。
[4]　习近平：《推进全面依法治国，发挥法治在国家治理体系和治理能力现代化中的积极作用》，载《中国人大》2020年第22期，第10页。
[5]　习近平：《决胜全面建成小康社会　夺取新时代中国特色社会主义伟大胜利——在中国共产党第十九次全国代表大会上的报告(2017年10月18日)》，人民出版社2017年版，第39页。
[6]　习近平：《更加注重发挥宪法重要作用　把实施宪法提高到新的水平》，载《党建》2018年第3期，第1页。

年 10 月，党的十九届四中全会通过的《中共中央关于坚持和完善中国特色社会主义制度、推进国家治理体系和治理能力现代化若干重大问题的决定》要求"各级党和国家机关以及领导干部要带头尊法学法守法用法"。习近平总书记在党的二十大报告中要求"发挥领导干部模范带头作用，努力使尊法学法守法用法在全社会蔚然成风"。2022 年 12 月 19 日，习近平总书记在其署名文章《谱写新时代中国宪法实践新篇章——纪念现行宪法公布施行 40 周年》中提出宪法宣传教育"要抓住领导干部这个关键少数"。[1] 可见，习近平总书记始终把领导干部作为尊法守法的模范，作为宪法宣传教育及宪法实施的关键环节反复强调，突出领导干部尊重、尊崇宪法对于宪法实施的重大意义。

第二，全社会和全体人民都要遵守宪法。

遵守宪法主要指全社会和全体人民严格依照宪法规定享有宪法权利、履行宪法义务。习近平总书记多次集中强调全社会、全体人民都要遵守宪法。2012 年 12 月 4 日，习近平总书记就已提出："我们要在全社会加强宪法宣传教育，提高全体人民特别是各级领导干部和国家机关工作人员的宪法意识和法制观念，弘扬社会主义法治精神，努力培育社会主义法治文化，让宪法家喻户晓，在全社会形成学法尊法守法用法的良好氛围。"[2] 2013 年，习近平总书记在党的十八届中央政治局第四次集体学习时的讲话中指出："要引导全体人民遵守法律，有问题依靠法律来解决。"[3] 2014 年，习近平总书记在党的十八届四中全会第二次全

---

[1] 习近平：《谱写新时代中国宪法实践新篇章——纪念现行宪法公布施行 40 周年》，载《中国人大》2022 年第 12 期，第 8 页。

[2] 习近平：《论坚持全面依法治国》，中央文献出版社 2020 年版，第 14 页。

[3] 习近平：《在十八届中央政治局第四次集体学习时的讲话》（2013 年 2 月 23 日），载中共中央文献研究室编：《习近平关于全面依法治国论述摘编》，中央文献出版社 2015 年版，第 88 页。

体会议上讲话："要充分调动人民群众投身依法治国实践的积极性和主动性，使全体人民都成为社会主义法治的忠实崇尚者、自觉遵守者、坚定捍卫者，使尊法、信法、守法、用法、护法成为全体人民的共同追求。"[1]同时指出，"任何组织和个人都必须尊重宪法法律权威，都必须在宪法法律范围内活动，都必须依照宪法法律行使权力或权利、履行职责或义务，都不得有超越宪法法律的特权"。[2]2018年，习近平总书记在中央政治局第四次集体学习时的讲话中再次指出："要在全社会开展尊崇宪法、学习宪法、遵守宪法、维护宪法、运用宪法的宣传教育，弘扬宪法精神，弘扬社会主义法治意识，增强广大干部群众的宪法意识，使全体人民成为宪法的忠实崇尚者、自觉遵守者、坚定捍卫者。"[3]习近平总书记关于遵守宪法的这些宝贵论述集中体现了我们党在宪法领域的理论和实践创新，具有深厚的历史底蕴、科学的理论支持、鲜明的实践品格，彰显了深厚真诚的人民情怀、与时俱进的时代精神。

第三，宪法伟力在于人民的真诚信仰。

习近平总书记不仅屡次提到尊崇和遵守宪法，还将其上升到法治信仰层面，强调宪法伟力在于人民的信仰。譬如，他在2012年12月4日的讲话中指出："宪法的根基在于人民发自内心的拥护，宪法的伟力在于人民出自真诚的信仰。"[4]2014年，习近平总书记在中央政法工作会议上的讲话中指出："要信仰法治、坚守法治，做知法、懂法、守

[1] 习近平：《加快建设社会主义法治国家》（2014年10月23日），载《习近平谈治国理政》（第二卷），外文出版社2017年版，第115页。
[2] 习近平：《加快建设社会主义法治国家》（2014年10月23日），载中共中央文献研究室编：《习近平关于全面依法治国论述摘编》，中央文献出版社2015年版，第29页。
[3] 习近平：《更加注重发挥宪法重要作用　把实施宪法提高到新的水平》，载《党建》2018年第3期，第1页。
[4] 习近平：《论坚持全面依法治国》，中央文献出版社2020年版，第13—14页。

法、护法的执法者。"[1]习近平总书记还指出:"法律要发挥作用,需要全社会信仰法律。卢梭说,一切法律中最重要的法律,既不是刻在大理石上,也不是刻在铜表上,而是铭刻在公民的内心里。"[2]"要信仰法治、坚守法治。'法不阿贵,绳不挠曲'。这就是法治精神的真谛。如果不信仰法治,没有坚守法治的定力,面对权势、金钱、人情、关系,是抵不住诱惑、扛不住干扰的"。[3]2014年9月28日,习近平总书记在中央民族工作会议暨国务院第六次全国民族团结进步表彰大会上的讲话中提出,要"树立对法律的信仰,各族群众自觉按法律办事"[4]。2020年,习近平总书记在中央全面依法治国委员会第三次会议上讲话指出:"法治建设需要全社会共同参与,只有全体人民信仰法治、厉行法治,国家和社会才能真正实现在法治轨道上运行。"[5]习近平总书记这些重要指示,既浩瀚深邃、博大精深,又言简意赅、鲜活管用,是习近平新时代中国特色社会主义宪法思想的重要组成部分,是推进全面依法治国的强大思想武器,为建设法治强国指明了前进方向。公民对宪法的"尊崇"和"信仰"有着非常紧密的内在联系,习近平总书记所倡导的领导干部和全体人民增强尊崇和遵守宪法意识的过程,实际上就是将内在的宪法信仰和外在的宪法遵守统一于宪法实施的过程。宪法信仰是宪法尊崇的

---

[1] 习近平:《促进社会公平正义,保障人民安居乐业》,载《习近平谈治国理政》,外文出版社2014年版,第149页。

[2] 习近平:《严格执法,公正司法》(2014年1月7日),载中共中央文献研究室编:《习近平关于全面依法治国论述摘编》,中央文献出版社2015年版,第88—89页。

[3] 同上注,第98页。

[4] 习近平:《在中央民族工作会议暨国务院第六次全国民族团结进步表彰大会上的讲话》(2014年9月28日),载中共中央文献研究室编:《习近平关于全面依法治国论述摘编》,中央文献出版社2015年版,第89页。

[5] 习近平:《推进全面依法治国,发挥法治在国家治理体系和治理能力现代化中的积极作用》,载《中国人大》2020年第22期,第10页。

更高形式，亦是宪法尊崇得以实现的落脚点，全体社会成员只有将对宪法规范和宪法精神的尊崇内化于心、外化于行，成为深深植根于自己内心的自觉，产生强大的隐形力量，才能推动宪法文本走向社会实践，进而实现全面贯彻宪法实施。

（三）运用宪法

运用宪法，是宪法实施的典型方式。运用宪法指国家机关、社会团体和企事业组织及公民个人主动地使用宪法，使宪法发挥功效的一种宪法实施活动。"运用宪法"的提法最早出现于 2013 年 11 月 12 日，中国共产党第十八届中央委员会第三次全体会议通过的《中共中央关于全面深化改革若干重大问题的决定》指出："建立健全全社会忠于、遵守、维护、运用宪法法律的制度。"[1] 这里将"用法"之"法"明确界定为"宪法"与"法律"，即不仅强调"运用法律"，而且突出强调了"运用宪法"。2015 年，中央宣传部、司法部、全国普法办继续要求"主动运用宪法"[2]。2018 年 1 月 19 日，党的十九届二中全会首次提出开展"尊崇宪法、学习宪法、遵守宪法、维护宪法、运用宪法"的宣传教育活动。[3] 由此，"运用宪法"成为党和国家文件的正式表达。2018 年 2 月

---

[1]《中共中央关于全面深化改革若干重大问题的决定》，2013 年 11 月 12 日中国共产党第十八届中央委员会第三次全体会议通过。

[2] 2015 年 2 月 6 日，《中央宣传部、司法部、全国普法办关于开展"学习宪法　遵守宪法"主题活动的通知》在指出"宣传重点"时强调："突出宣传宪法，弘扬宪法精神。大力宣传党的领导是宪法实施的根本保证，宣传宪法确定的理念和原则，宣传宪法确立的国家根本制度、根本任务，宣传公民的基本权利和义务等内容，使宪法精神深入人心，以宪法精神凝心聚力，努力使人们充分相信宪法、礼敬宪法、尊崇宪法，主动运用宪法，坚定不移地走中国特色社会主义法治道路。"

[3] 2018 年 1 月 19 日，中国共产党第十九届中央委员会第二次全体会议通过的《中国共产党第十九届中央委员会第二次全体会议公报》强调："要在全党全社会深入开展尊崇宪法、学习宪法、遵守宪法、维护宪法、运用宪法的宣传教育活动，大力弘扬宪法精神，大力弘扬社会主义法治精神，不断增强人民群众宪法意识。"

24 日，习近平总书记在中共中央政治局第四次集体学习时强调提出：领导干部要"带头尊崇宪法、学习宪法、遵守宪法、维护宪法、运用宪法，做尊法学法守法用法的模范"。2018 年 8 月 24 日，习近平总书记在中央全面依法治国委员会第一次会议上再次强调："要全面贯彻实施宪法，在全社会深入开展尊崇宪法、学习宪法、遵守宪法、维护宪法、运用宪法宣传教育活动，弘扬宪法精神，加强宪法实施和监督。"[1] 2018 年 12 月 4 日，在第五个国家宪法日到来之际，习近平总书记作出重要指示强调："要在全党全社会深入开展尊崇宪法、学习宪法、遵守宪法、维护宪法、运用宪法的宣传教育活动。"[2] 从"用法"到"运用宪法"、从法律实施到宪法实施，明确将运用宪法作为宪法实施的重要方式，是宪法实施的显著特色。可以说，"运用宪法"是党的十八届三中全会以来党中央关于宪法实施战略的最新深化与表达，它其实是对党的十七大以来党中央提出来的"用法"思想的进一步具体化与升华的结晶。[3] 宪法"不仅是全体公民必须遵循的行为规范，而且是保障公民权利的法律武器"[4]。作为公民的行为规范，宪法需具有可操作性；作为保障公民权利的法律武器，宪法需具有适用性。无论是宪法的可操作性还是实践中的适用性，都要求公民"运用宪法"。"运用宪法"是习近平法治思想和关于宪法重要思想的精华内容，"运用宪法"已不再是单纯的倡导性宪法实施口号，而成为全党和整个社会应当开展的宪法实施实践，它将中国特色社会主义宪

[1] 习近平：《加强党对全面依法治国的集中统一领导 更好发挥法治固根本稳预期利长远的保障作用》，载《北京人大》2018 年第 9 期，第 5 页。
[2] 习近平：《弘扬宪法精神 树立宪法权威 使全体人民都成为社会主义法治的忠实崇尚者自觉遵守者坚定捍卫者》，载《中国人大》2018 年第 23 期，第 4 页。
[3] 范进学：《"运用宪法"的逻辑及其方法论》，载《政法论丛》2019 年第 4 期，第 16 页。
[4] 习近平：《在首都各界纪念现行宪法公布施行三十周年大会上的讲话》，载《习近平谈治国理政》，外文出版社 2014 年版，第 141 页。

法实施这一实践问题从理论逻辑还原为实践逻辑，有着强烈的现实价值和深刻的划时代意义。

（四）宪法监督

宪法监督是宪法实施的一种特殊方式，是全面贯彻实施宪法的重要保障。2012 年 12 月 4 日，习近平总书记在讲话中指出："保证宪法实施的监督机制和具体制度还不健全，有法不依、执法不严、违法不究现象在一些地方和部门依然存在；关系人民群众切身利益的执法司法问题还比较突出；一些公职人员滥用职权、失职渎职、执法犯法甚至徇私枉法严重损害国家法制权威；公民包括一些领导干部的宪法意识还有待进一步提高。"[1] 同时强调："全国人大及其常委会和国家有关监督机关要担负起宪法和法律监督职责，加强对宪法和法律实施情况的监督检查，健全监督机制和程序，坚决纠正违宪违法行为。"[2] 2013 年，党的十八届三中全会通过的《中共中央关于全面深化改革若干重大问题的决定》提出，"要进一步健全宪法实施监督机制和程序，把全面贯彻实施宪法提高到一个新的水平"[3]。 2014 年 10 月 20 日，习近平总书记在《关于〈中共中央关于全面推进依法治国若干重大问题的决定〉的说明》中指出："必须把宣传和树立宪法权威作为全面推进依法治国的重大事项抓紧抓好，切实在宪法实施和监督上下功夫。"[4] 2014 年 10 月 23 日，党的十八届四中

---

[1]　习近平：《论坚持全面依法治国》，中央文献出版社 2020 年版，第 10 页。

[2]　同上注，第 13 页。

[3]　《中共中央关于全面深化改革若干重大问题的决定》，2013 年 11 月 12 日中国共产党第十八届中央委员会第三次全体会议通过。

[4]　习近平：《关于〈中共中央关于全面推进依法治国若干重大问题的决定〉的说明》（2014 年 10 月 20 日），载中共中央文献研究室编：《习近平关于全面依法治国论述摘编》，中央文献出版社 2015 年版，第 47 页。

全会通过的《中共中央关于全面推进依法治国若干重大问题的决定》强调："完善全国人大及其常委会宪法监督制度，健全宪法解释程序机制。加强备案审查制度和能力建设，把所有规范性文件纳入备案审查范围，依法撤销和纠正违宪违法的规范性文件，禁止地方制发带有立法性质的文件。"[1]可见，宪法监督的有关论述不仅突出了全国人大及其常委会具有最高的宪法监督权，还指明了推进宪法监督制度化的努力方向。

宪法监督的有关论述中最鲜明、最突出的内容是合宪性审查制度的建设。2017年，习近平总书记在党的十九大报告中首先提出了"推进合宪性审查"的工作要求，他指出："加强宪法实施和监督，推进合宪性审查工作，维护宪法权威。"[2]2018年3月11日，为了贯彻党的十九大报告关于"推进合宪性审查工作"的政策要求，突出习近平法治思想中关于加强宪法实施监督论述的重要意义，落实宪法实施监督工作，我国现行宪法第五次修改时将全国人大法律委员会更名为全国人大宪法和法律委员会。[3]2019年，党的十九届四中全会通过的《中共中央关于坚持和完善中国特色社会主义制度、推进国家治理体系和治理能力现代化若干重大问题的决定》再次明确要"加强宪法实施和监督，落实宪法解释程序机制，推进合宪性审查工作，加强备案审查制度和能力建设，依法撤销和纠正违宪违法的规范性文件"[4]。2022年10月，党的二十大

---

[1]《中共中央关于全面推进依法治国若干重大问题的决定》，2014年10月23日中国共产党第十八届中央委员会第四次全体会议通过。

[2] 习近平：《决胜全面建成小康社会 夺取新时代中国特色社会主义伟大胜利——在中国共产党第十九次全国代表大会上的报告》，人民出版社2017年版，第38页。

[3] 莫纪宏：《论习近平关于宪法的重要思想的基本理论特质》，载《法学评论》2021年第1期，第9页。

[4]《中共中央关于坚持和完善中国特色社会主义制度 推进国家治理体系和治理能力现代化若干重大问题的决定》，2019年10月31日中国共产党第十九届中央委员会第四次全体会议通过。

报告中提出,"加强宪法实施和监督,健全保证宪法全面实施的制度体系"。[1]2022 年 12 月 19 日,习近平总书记在其署名文章《谱写新时代中国宪法实践新篇章——纪念现行宪法公布施行 40 周年》中强调,"要完善宪法监督制度,推进宪法监督的规范化、程序化建设";[2]党的二十届四中全会提出,"完善合宪性审查、备案审查制度"。合宪性审查是以最高国家权力机关成立专门机构为审查主体,对法律法规及地方性法规等一切规范性文件是否合乎宪法进行审查,以保证宪法全面有效实施的制度安排。根据我国现行宪法规定,全国人大及其常委会负责监督宪法的实施。这种具有中国特色与中国风格的宪法实施监督制度的选择,具有很强的制度优势。首先,它是在中国共产党的领导下进行的,是党中央为全面推进依法治国作出的战略选择;其次,人民代表大会制度是我国的根本政治制度,合宪性审查是具体的制度安排,将合宪性审查"嵌入"并植根于人民代表大会制度,填补了制度漏洞,节省了制度成本,是最适合我国制度结构的安排;最后,立足于人民代表大会这一根本政治制度,是人民当家作主的自我选择,充分体现了党的领导、人民当家作主、依法治国有机统一。可见,我国选择的合宪性审查道路既非普通法院式,又非宪法法院或宪法委员会式,而是立足中国国情和世情的中国式最高权力机关的合宪性审查。

(五)宪法实施的理论与现实意义

法治的核心在于以宪法为统帅的法律规范体系是否具有实效,而宪

---

[1] 习近平:《高举中国特色社会主义伟大旗帜,为全面建设社会主义现代化国家而团结奋斗——在中国共产党第二十次全国代表大会上的讲话》,人民出版社 2022 年版,第 41 页。

[2] 习近平:《谱写新时代中国宪法实践新篇章——纪念现行宪法公布施行 40 周年》,载《中国人大》2022 年第 12 期,第 8 页。

法能否发挥其实际的作用与功能，首先在于宪法能否得到普遍的遵守与切实的执行。只有宪法得到全面有效实施，才能真正维护宪法至上权威，树立全体民众的宪法信仰，推进国家治理体系与治理能力的现代化。

第一，维护宪法至上权威。

习近平总书记在首都各界纪念现行宪法公布施行三十周年大会上的讲话中指出，"宪法是国家的根本法，是治国安邦的总章程，具有最高的法律地位、法律权威、法律效力"[1]。宪法最高权威的性质不是凭空获得的，它必然是在长期有效的实施过程中慢慢确立起来的。正如习近平总书记所总结的那样，我国宪法"有力促进了改革开放和社会主义现代化建设，有力推动了社会主义法治国家进程，有力促进了人权事业发展，有力维护了国家统一、民族团结、社会稳定"，从而获得了其"至上的法制地位和强大的法制力量"。[2]质言之，习近平总书记指出的我国获得的"宪法至上"权威正是在宪法实施的过程中实现的。习近平法治思想中的一个重要内容就是坚持依宪治国、依宪执政，而依宪治国、依宪执政必然要求"将宪法置于最高法制地位，形成宪法最高权威，并将其作为建设社会主义现代化国家的最高政治和法律指南"。[3]无论是"治国"还是"理政"，都必须"依宪"进行，而"依宪"本身就是宪法实施的具体体现。因此，宪法有没有至上权威，最关键的就是以宪法是否得以实施作为判断标准。制定良好的宪法，需要获得普遍的遵守与服从，这种遵从性的宪法实施才是宪法获得权威的力量

---

[1] 习近平：《论坚持全面依法治国》，中央文献出版社 2020 年版，第 10 页。
[2] 同上注，第 9 页。
[3] 秦前红：《宪法至上：全面依法治国的基石》，载《清华法学》2021 年第 2 期，第 16 页。

所在。再好的宪法，如果没有在现实生活中得到实施或实施得不好，其作用与威力就难以发挥，其至上权威就无法达成。因此，宪法至上权威的实现过程就是全面贯彻实施宪法的过程，反之亦然。尊崇宪法、遵守宪法、运用宪法及信仰宪法的宪法实施相关论述的深刻阐述，在形式和实质层面上都是基于如何树立我国宪法至上权威来建构的一整套理论，只有全面贯彻落实宪法实施，我国宪法才必然具有至上权威，从而发挥宪法的强大力量。

第二，树立全体民众的宪法信仰。

在全面推进依法治国、加快建设社会主义法治体系与法治国家之历史进程中，宪法能否被全体民众所信仰，关涉全面依法治国目标能否达成的重大问题，宪法若不被人们信仰，建设社会主义法治国家之目标可能流于空话。习近平总书记明确指出："宪法的根基在于人民发自内心的拥护，宪法的伟力在于人民出自真诚的信仰。"[1]宪法若获得人民内心的拥护与真诚的信仰，则需要"让广大人民群众充分相信法律、自觉运用法律，使广大人民群众认识到宪法不仅是全体公民必须遵循的行为规范，而且是保障公民权利的法律武器"，因而只有通过宪法实施，才能使宪法走进民众的心里，最终获得被民众信仰的基础。因此，习近平总书记在总结新中国宪法发展历程的经验教训时明确指出："再往前追溯至新中国成立以来六十多年我国宪法制度的发展历程，我们可以清楚地看到，宪法与国家前途、人民命运息息相关。维护宪法权威，就是维护党和人民共同意志的权威。捍卫宪法尊严，就是捍卫党和人民共同意志的尊严。保证宪法实施，就是保证人民根本利益的实现。只要我们切实

---

[1]　习近平：《论坚持全面依法治国》，中央文献出版社 2020 年版，第 13—14 页。

尊重和有效实施宪法，人民当家作主就有保证，党和国家事业就能顺利发展。反之，如果宪法受到漠视、削弱甚至破坏，人民权利和自由就无法保证，党和国家事业就会遭受挫折。"[1] 在这里，习近平总书记深刻揭示了宪法实施与国家前途、人民命运的内在关系，只有当宪法被人们所尊崇并真正有效实施时，人民当家作主的权利才有保证，党和国家事业才能顺利发展；反之，如果宪法得不到实施，进而被漠视、削弱甚至破坏，人民权利和自由就无法得到保证，党和国家事业则会遭受挫折。事实上，这种对宪法的体验的过程，就是宪法信仰的过程，当且仅当社会每一个成员都真正认识并体验到宪法是保障个人权利与自由的神圣宝典时，全社会的宪法信仰才能真正确立起来。

第三，推进国家治理现代化。

2013 年，党的十八届三中全会首次明确提出"推进国家治理体系和治理能力现代化"的全面深化改革总目标。国家治理体系和治理能力现代化实质上是宪法和法律治理体系与宪法和法律治理能力的现代化，国家治理现代化的过程从一定意义上说就是使宪法全面有效实施的治理过程。通过尊崇宪法，进而达到普遍的遵守宪法，从而能够自觉运用宪法思考问题、分析问题与解决问题，通过宪法监督保证宪法的有效全面实施。国家治理现代化必须以宪法价值、宪法原则与宪法精神为引领，符合保障人权、限制公权力的基本价值取向，只有合乎宪法精神的国家治理才能够保证国家治理现代化的顺利进行。可以说，国家治理体系和治理能力的落脚点是宪法之治，宪法之治的重点是宪法实施之治。因此，宪法实施之理论源于建设社会主义法治国家、推进国家治理体系和治理

---

[1] 习近平：《论坚持全面依法治国》，中央文献出版社 2020 年版，第 9 页。

能力现代化的伟大实践，反过来亦推动了国家治理体系和治理能力现代化，只有认真贯彻宪法实施，才能有力地推进国家治理体系和治理能力现代化的历史进程。

二、为什么全面贯彻实施宪法？

"全面贯彻实施宪法"早在十年前习近平总书记在首都各界纪念现行宪法公布施行三十周年大会上的讲话[1]中就已经提出来了，党的十八大之后，习近平总书记反复强调"全面贯彻实施宪法"，把全面贯彻实施宪法作为全面依法治国、建设社会主义法治国家的首要任务和基础性工作，从而将实施宪法摆在全面依法治国的突出位置[2]，并把全面贯彻实施宪法提高到了一个新水平。在我国，为什么必须全面贯彻实施宪法？这一问题实际上包含了中国之问、世界之问、人民之问、时代之问。长期以来，学术界曾从学理与实践上给出了诸多解答，然而从未作出具有公共信服力并为大多数人满意的回答。习近平总书记从中国宪法理论与宪法实践出发，着眼于解决新时代改革开放和社会主义现代化建设的实际问题，从中国宪法的性质、特征、功能、地位和作用等方面，全面、系统、科学地作出了符合中国宪法实践和时代要求的正确、深刻的回答，得出了符合中国宪法客观规律的科学认识，形成了与时俱进的中国宪法理论成果，从而更好地指导中国宪法实践。因此，我们只有不断学习和深刻领会宪法实施的相关理论，才能真正理解和掌握中国宪法理论的真谛，

---

[1] 习近平：《在首都各界纪念现行宪法公布施行三十周年大会上的讲话》，载习近平：《论坚持全面依法治国》，中央文献出版社 2020 年版，第 10 页。

[2] 习近平：《深刻认识宪法修改的重大意义》，载习近平：《论坚持全面依法治国》，中央文献出版社 2020 年版，第 196—197 页。

把握中国宪法实践的时代脉搏。

（一）我国宪法是一部好宪法

我国现行宪法是 1982 年党领导人民修改制定的，被公认为是一部好宪法。当时参与宪法修改工作的宪法学家一致认为现行宪法是中华人民共和国成立以来制定得最完备、最完善、最好的一部宪法。[1] 1983 年由吴家麟任主编、许崇德与肖蔚云任副主编的高等学校法学统编教材《宪法学》中也指出，1982 年宪法是新中国成立之后"最好的一部宪法"。[2] 马克思主义理论研究和建设重点教材《宪法学》指出："现行宪法是一部符合我国国情的中国特色社会主义宪法。"[3] 胡锦涛同志在首都各界纪念中华人民共和国宪法公布施行二十周年大会上的讲话中指出："二十年来的实践证明，我国宪法是一部符合国情的好宪法。"[4] 习近平总书记在首都各界纪念现行宪法公布施行三十周年大会上的讲话中指出："三十年来的发展历程充分证明，我国宪法是符合国情、符合实际、符合时代发展要求的好宪法；是充分体现人民共同意志、充分保障人民民主权利、充分维护人民根本利益的好宪法；是推动国家

---

[1] 张友渔认为："它是建国以来制定的一部最完备的宪法""建国以来的一部最好的宪法"（张友渔：《新时期的新宪法》，载《法学研究》1982 年第 6 期，第 3 页；张友渔：《进一步研究新宪法，实施新宪法》，载《中国法学》1984 年第 1 期，第 1 页）；许崇德、何华辉认为："新宪法是我国历史上最完善的一部社会主义法"（参见许崇德、何华辉：《我国新宪法同前三部宪法的比较研究》，载《中州学刊》1983 年第 1 期，第 36 页）；吴家麟认为："新宪法是建国以来最好的一部宪法"（吴家麟：《一部有中国特色的社会主义宪法》，载《宁夏社会科学》1983 年第 1 期，第 6 页）；肖蔚云认为："我国现行宪法是我国建国以来最完善的一部宪法"（肖蔚云：《我国现行宪法的诞生》，北京大学出版社 1986 年版，第 1 页）。
[2] 吴家麟主编：《宪法学》，法律出版社 1983 年版，第 106 页。
[3] 《宪法学》编写组：《宪法学》，高等教育出版社、人民出版社 2011 年版，第 81 页。
[4] 胡锦涛：《在首都各界纪念中华人民共和国宪法公布施行二十周年大会上的讲话》，载《人民日报》2002 年 12 月 5 日，第 1 版。

发展进步、保证人民创造幸福生活、保障中华民族实现伟大复兴的好宪法。"[1]2017 年 12 月，习近平总书记在中共中央就宪法修改而召开的党外人士座谈会的讲话中明确指出："我国宪法是一部好宪法。"[2]2018年 1 月，习近平总书记在党的十九届二中全会上的讲话中重申我国宪法是"一部符合国情、符合实际、符合时代发展要求的好宪法"。[3]我国宪法之所以是一部好宪法，是由其内容、性质、特征和作用决定的。

第一，我国宪法确认与规定的内容重大。习近平总书记指出："宪法规定的是国家的重大制度和重大事项，在国家和社会生活中具有总括性、原则性、纲领性、方向性。"[4]现行《宪法》序言第十三自然段明确规定："本宪法以法律的形式确认了中国各族人民奋斗的成果，规定了国家的根本制度和根本任务。"《宪法》序言表明，宪法规定的内容是重大的。首先，宪法确认了"中国各族人民的奋斗成果"。治理的"奋斗成果"是什么？那就是党领导人民实现了国家独立、民族解放和民主自由。《宪法》序言第二自然段明确指出："一八四〇年以后，封建的中国逐渐变成半殖民地、半封建的国家。中国人民为国家独立、民族解放和民主自由进行了前仆后继的英勇奋斗。"因此，中国人民在中国共产党的领导下经过前仆后继的英勇斗争，建立了中华人民共和国，中国人民

[1] 习近平：《在首都各界纪念现行宪法公布施行三十周年大会上的讲话》，载习近平：《论坚持全面依法治国》，中央文献出版社 2020 年版，第 9 页。
[2] 习近平：《宪法修改要充分体现人民的意志》，载习近平：《论坚持全面依法治国》，中央文献出版社 2020 年版，第 188 页。
[3] 习近平：《深刻认识宪法修改的重大意义》，载习近平：《论坚持全面依法治国》，中央文献出版社 2020 年版，第 199 页。
[4] 习近平：《谱写新时代中国宪法实践新篇章——纪念现行宪法公布施行 40 周年》，载《光明日报》2022 年 12 月 20 日，第 1 版。

掌握了国家的权力，成为国家的主人，最终实现了国家独立、民族解放和民主自由。然而，国家独立、民族解放和民主自由可归结为一点，即中国各族人民获得了民主权利和自由权利，包括政治的、经济的、文化的和社会的基本权利。没有国家独立，就没有一个国家人民的生存权和发展权，也就没有人权；没有民族解放，就没有各民族的自由与平等，也没有各民族人民的基本权利；国家独立与民族解放是获得并实现民主自由的前提和保障。所以，宪法所确认的中国各族人民的奋斗成果就是《宪法》规定的"中华人民共和国的一切权力属于人民"及"公民的基本权利"。其次，宪法规定了"国家的根本制度"。宪法规定的"国家的根本制度"是社会主义制度，《宪法》第1条规定："社会主义制度是中华人民共和国的根本制度。中国共产党领导是中国特色社会主义最本质的特征。禁止任何组织或者个人破坏社会主义制度。"国家的根本制度即社会主义制度包括社会主义经济制度、社会主义文化教育制度、社会主义政治制度、社会主义社会制度，等等。以权利视角看，社会主义制度之核心是公民的基本权利，社会主义经济制度、文化教育制度、政治制度、社会制度、生态文明制度分别对应着经济权利、文化教育权利、政治权利、社会权利、环境权利。换言之，基本权利是社会主义制度在宪法上凝结而成的"果实"，是社会主义制度在宪法上的权利表达。最后，宪法规定了"国家的根本任务"。《宪法》序言第七自然段规定："国家的根本任务是，沿着中国特色社会主义道路，集中力量进行社会主义现代化建设……把我国建设成为富强民主文明和谐美丽的社会主义现代化强国，实现中华民族伟大复兴。"这一国家的根本任务中的社会主义现代化建设与建成社会主义现代化强国本身不是目的，现代化建设的根本目标在于改善和提高人民的生存权和发展权，在于改善民生，保障民权，使人民过上尊严、体面、富裕、自由的美好生活，实现人的全面自由发展。因此，习近平总书记指出："我国宪法以国家根本法的形式，确立了中国特色社会主义道路、中国特色社会主义理论体系、中国特色社会主义制度的发展成果，反映了我国各族人民的共同意志和根本利益，成为历史新时期党和国家的中心工作、基本原则、重大方针、重要政策在国家法制上的最高体现。"[1] 所以，一部确认、规定和保障人民的民主自由权利宪法，必然是一部好宪法。

第二，我国宪法的性质是社会主义的。现行宪法文本有 17000 多字，其中提及"社会主义"一词高达 50 次，社会主义作为宪法的本质特征，处处彰显在宪法指导思想、国家根本任务，国体、政体、根本制度、基本制度和重要制度之中，可以说，我国现行宪法就是一部具有鲜明的社会主义性质的宪法。宪法确立的指导思想是马克思列宁主义、毛泽东思想、邓小平理论、"三个代表"重要思想、科学发展观、习近平新时代中国特色社会主义思想；宪法规定的国家的根本任务和根本目标是，沿着中国特色社会主义道路，集中力量进行社会主义现代化建设，最终把我国建设成为富强民主文明和谐美丽的社会主义现代化强国；宪法确立的国体是中华人民共和国是工人阶级领导的、以工农联盟为基础的人民民主专政的社会主义国家；宪法确立的政体是人民行使国家权力的机关是全国人民代表大会和地方各级人民代表大会；宪法规定的我国的根本制度是社会主义制度；宪法确立的经济制度是社会主义经济制度，国家实行的经济体制是社会主义市场经济，社会主义公共财产神圣不可侵犯；国家发展的文化教育事业是社会主义的文化教育事业，加强

---

[1] 习近平:《在首都各界纪念现行宪法公布施行三十周年大会上的讲话》，载习近平:《论坚持全面依法治国》，中央文献出版社 2020 年版，第 9 页。

的精神文明是社会主义精神文明，国家倡导的核心价值观是社会主义核心价值观；宪法规定要不断完善社会主义的各项制度，发展社会主义市场经济，发展社会主义民主，健全社会主义法治。总之，正如习近平总书记所指出："我国宪法以根本法的形式，确认了中国共产党领导人民进行革命、建设、改革的伟大斗争和根本成就，确认了人民民主专政的国体和人民代表大会制度的政体，确认了国家的根本任务、指导思想、领导核心、发展道路、奋斗目标，规定了一系列基本政治制度和重要原则，规定了国家一系列大政方针，体现出鲜明的社会主义性质。"[1]因此，具有鲜明社会主义性质的宪法，必然是一部好宪法。

第三，我国宪法具有真正意义上的人民性。一部宪法是否真正体现"人民性"的判断标准是什么？笔者认为，其判断标准集中于三点：一是制宪权主体；二是民众参与制宪过程的程度；三是宪法文本体现谁的意志、保障谁的权利、维护谁的根本利益。所谓制宪权主体，顾名思义就是制定与创制宪法的主体，按照制宪权最早提出者西耶斯的主张，"唯有国民拥有制宪权"，因为，国民存在于一切之前，它是一切之本源，因此，国民意志是一切合法性的本源。[2]这里的"国民"实则是"人民"，只有"人民"才是制宪权的主体。在我国，谁是制宪权主体？由于一切权力属于人民，而人民行使国家权力的机关是全国人大和地方人大，尽管宪法上未明确规定制宪权主体之归属，但从我国宪法理论与制度创制及宪法实践看，全国人民代表大会就是我国的制宪机关，全国人大作为最高国家权力机关地位与制宪机关的地位是一

---

[1] 习近平：《关于我国宪法和推进全面依法治国》，载习近平：《论坚持全面依法治国》，中央文献出版社2020年版，第214页。
[2] ［法］西耶斯：《论特权　第三等级是什么？》，冯棠译，商务印书馆1990年版，第56、59—60页。

致的，并不矛盾。[1] 分析民众参与制宪过程的程度可以判断出一部宪法反映民众意志的程度，任何一国宪法都不可能由全体民众一起在广场上协商制定，它需要通过人民的代议机构按照法定程序而制定，在我国，宪法是在党的领导下通过全国人大制定的，无论党还是全国人大都是代表人民意志的，《中国共产党章程》（以下简称《党章》）明确规定：中国共产党是"代表中国最广大人民的根本利益"的政党，它除了工人阶级和最广大人民群众的利益，没有自己特殊的利益。[2] 而全国人大本身就是人民行使国家权力的机关，因此，在全心全意为人民服务的中国共产党领导下，由人民行使国家权力的机关即全国人大制定宪法，就成功在中华大地上制定出了"真正意义上的人民宪法"。人民的宪法意味着"人民主动积极地参与和修宪工作乃是应有之义"，许崇德对此指出，在1954年《宪法》和1982年《宪法》的起草过程中，宪法起草委员会、宪法修改委员会不仅在内部充分发扬民主，多次深入讨论，还多次广泛地征询中央各部门及各省、自治区、直辖市党政机关的意见，多次广泛征求党外人士、各类专家的意见，并发动、组织亿万群众进行三四个月的全民讨论。[3] 这种全民讨论的过程就是充分凝聚民意民志民愿、获得社会最大共识的过程，因此，我国"宪法集中体现了党和人民的统一意志和共同愿望，是国家意志的最高表现形式"。[4] 一言以蔽之，"我们党领导人民制定的宪法，集中

---

[1]　韩大元：《1954年宪法制定过程》（第二版），法律出版社2022年版，第34页。

[2]　参见《中国共产党章程》"总纲"，载共产党员网，https://www.12371.cn/special/zggcdzc/zggcdzcqw/，最后访问时间：2022年12月27日。

[3]　许崇德：《中华人民共和国宪法史》（下卷），福建人民出版社2005年版，第555页。

[4]　习近平：《深刻认识宪法修改的重大意义》，载习近平：《论坚持全面依法治国》，中央文献出版社2020年版，第198页。

了人民智慧，体现了全体人民共同意志，实现了党的主张和人民意志高度统一，克服了一切旧宪法只代表少数人意志、为少数人利益服务的弊端，因而得到最广大人民拥护和遵行，具有显著优势、坚实基础、强大生命力"。[1]一部体现党和人民共同意志的宪法，必然是一部好宪法。

第四，我国宪法的作用有力推动和加强了社会主义法治建设，有力推动和保障了党和国家事业发展。宪法的作用不是说出来的，而是通过宪法实施的长期实践获得的。1982 年《宪法》颁布施行后，宪法在治国理政中发挥了极其重要的作用。它对于保障党的领导，保障人民当家作主，促进改革开放和社会主义现代化建设，推动社会主义法治国家建设进程，促进人权事业全面发展，贯彻"一国两制"方针、维护和推进国家统一进程，维护民族团结、国家安全和社会和谐稳定等各方面都发挥了其应有的重要作用。习近平总书记在首都各界纪念现行宪法公布施行三十周年大会上的讲话中指出："30 年来，我国宪法以其至上的法制地位和强大的法制力量，有力保障了人民当家作主，有力促进了改革开放和社会主义现代化建设，有力推动了社会主义法治国家进程，有力促进了人权事业发展，有力维护了国家统一、民族团结、社会稳定，对我国政治、经济、文化、社会生活产生了极为深刻的影响。"[2]《谱写新时代中国宪法实践新篇章——纪念现行宪法公布施行 40 周年》重要文章进一步指出："40 年来，现行宪法有力推动和加强了社会主义法治建设，

---

[1] 习近平：《谱写新时代中国宪法实践新篇章——纪念现行宪法公布施行 40 周年》，载《光明日报》2022 年 12 月 20 日，第 1 版。

[2] 习近平：《在首都各界纪念现行宪法公布施行三十周年大会上的讲话》，载习近平：《论坚持全面依法治国》，中央文献出版社 2020 年版，第 9 页。

有力推动和保障了党和国家事业发展。"[1]一部作用巨大、直接关乎党和国家的前途命运、关乎人民的福祉与根本利益的宪法，必然是一部好宪法。

（二）我国宪法具有国家根本法地位

现行《宪法》序言确认宪法是"国家的根本法"，因而我国宪法自然具有"国家根本法地位"。何为"根本法"?《牛津法律大辞典》对根本法的解释是："根本法（fundamental law）是 17 世纪英格兰常用的一个术语。该术语通常指不得被议会或法院违背的法律规则……根本法实质上表明了这样的原则，即政治服从于伦理以及个人权利，特别是自由和财产权的保障。"[2]根本法观念源自 17 世纪至 18 世纪启蒙时期的自然法或自然理性，也就是对自然权利或人权的保障。我国宪法也确立了人权保障条款，与之有异曲同工之效。然而，仔细审读我国现行宪法文本发现，我国宪法作为"国家的根本法"，绝非基于西方宪法学"根本法"观念与理论，而是由中国人民在党的领导下英勇斗争所取得的奋斗成果，以及国家的根本制度与根本任务所决定。《宪法》序言最后自然段明确规定："本宪法以法律的形式确认了中国各族人民奋斗的成果，规定了国家的根本制度和根本任务，是国家的根本法，具有最高的法律效力。"无论是中国各族人民"奋斗的成果"，还是"国家的根本制度和根本任务"，都属于国家的重大制度和重大事项。说到底，由于我国宪法确认了人民当家作主的民主权利及公民的基本权利，规定了国体、政

---

[1] 习近平:《谱写新时代中国宪法实践新篇章——纪念现行宪法公布施行 40 周年》，载《光明日报》2022 年 12 月 20 日，第 1 版。

[2] ［英］戴维·M. 沃克:《牛津法律大辞典》，邓正来等译，光明日报出版社 1988 年版，第 364 页。

体、国家的根本制度与根本任务、指导思想、领导核心、发展道路、奋斗目标，以及国家一系列大政方针，所以我国宪法才是"国家的根本法"。[1]曾任第十二届全国人大法律委员会主任委员的乔晓阳对此指出：所谓"根本法"，是就宪法内容而言的。[2]因此，宪法作为国家的根本法，具有最高的法律地位、法律权威、法律效力，具有根本性、全局性、稳定性、长期性。[3]我国宪法所具有的国家根本法地位，具体体现在以下六个方面。

第一，宪法是治国安邦的总章程。

现行宪法是在深刻总结我国社会主义革命、建设、各国的成功经验基础上制定和不断完善的，是通过科学民主程序形成的。宪法作为国家的根本法，规定了国家的根本制度、根本任务与重大制度、重大事项，其内容涵盖了国家治理中最根本、最重要的全部领域和国家工作的各方面，调整着国家最核心的经济、政治、社会、文化、生态等全方位的社会关系，从而为党治国理政提供了最系统、最完整、最权威的治理规范与治理制度体系，这套治理规范与制度体系本质上是以法律的形式将党的路线方针政策上升为国家意志，在党的政策成为宪法法律后，实施宪法法律就是贯彻党的意志，依法办事就是执行党的政策。因此，国家的全部治理活动都必须严格遵循宪法规定，合乎宪法原则与宪法精神。习近平总书记深刻指出："我国宪法以国家根本法的形式，确立了中国特色社会主义道路、中国特色社会主义理论体系、中国特色社会主义制

[1] 范进学：《作为根本法与高级法的宪法及实施路径选择》，载《哈尔滨工业大学学报（社会科学版）》2014年第4期，第61页。
[2] 乔晓阳：《宪法是治国安邦的总章程（上）》，载《人民论坛》2013年第6期，第40页。
[3] 习近平：《在首都各界纪念现行宪法公布施行三十周年大会上的讲话》，载习近平：《论坚持全面依法治国》，中央文献出版社2020年版，第10页。

度的发展成果，反映了我国各族人民的共同意志和根本利益，成为历史新时期党和国家的中心工作、基本原则、重大方针、重要政策在国家法制上的最高体现。"[1]由此决定了宪法在国家和社会生活中所具有的总括性、原则性、纲领性、方向性基本特性。同时，新中国成立七十多年以来，我国宪法制度发展史的经验教训也给予我们宝贵启示："只要我们切实尊重和有效实施宪法，党和国家事业就能顺利发展。反之，如果宪法受到漠视、削弱甚至破坏，党和国家事业就会遭受挫折。"[2]因此，党和国家在治国理政过程中必须依照宪法、遵循宪法，在宪法的轨道上治理国家，在宪法轨道上全面建设社会主义现代化国家，全面推进国家各方面工作法治化。

第二，宪法是全面依法治国的根本依据。

宪法是全面依法治国的根本依据，这是习近平总书记在党的十九届二中全会第二次会议上讲话中提出的判断。[3]首先，我国宪法确立了依法治国的法治原则。《宪法》第5条规定："中华人民共和国实行依法治国，建设社会主义法治国家。"其次，宪法是全面依法治国的最高法律依据。宪法不仅是制定一切规范性文件的根本依据，还是一切言行的根本依据。《宪法》序言要求"全国各族人民、一切国家机关和武装力量、各政党和各社会团体、各企业事业组织，都必须以宪法为根本的活动准则"，宪法规范也要求："一切国家机关和武装力量、各政党和各社会团体、各企业事业组织都必须遵守宪法和法律。一切违反宪法和法律的行

[1] 习近平：《在首都各界纪念现行宪法公布施行三十周年大会上的讲话》，载习近平：《论坚持全面依法治国》，中央文献出版社2020年版，第8—9页。
[2] 同上注，第9页。
[3] 习近平：《切实尊崇宪法，严格实施宪法》，载习近平：《论坚持全面依法治国》，中央文献出版社2020年版，第201页。

为，必须予以追究。"最后，全面依法治国之"全面"包括政治、经济、社会、文化、生态、军事国防、外交、"一国两制"等全领域各方面，也就是说，国家各方面工作法治化，在法治轨道上全面建设社会主义现代化国家。然而，法治化首先是宪法法治化，法治轨道首先是宪法治理轨道，因此，党的二十大报告明确指出："坚持依法治国首先要坚持依宪治国，坚持依法执政首先要坚持依宪执政。"

第三，宪法是国家一切法律法规的总依据、总源头。

习近平总书记在主持党的十九届中央政治局第四次集体学习时的讲话中曾说过："宪法是国家根本法。是国家各种制度和法律法规的总依据。"[1]《谱写新时代中国宪法实践新篇章——纪念现行宪法公布施行40周年》重要文章进一步明确指出："宪法是国家一切法律法规的总依据、总源头。"我国宪法实施的一大特色是通过制定完备的法律法规实施宪法。在我国，包括法律、法规、规章、自治条例和单行条例、司法解释在内的一切规范性文件都必须合乎宪法，不得与宪法相抵触。一方面，我国宪法作为位阶效力最高的"基本规范"，是创造法律的规范，一切法律法规都必须源自宪法，无论法律文本是否写明"依据宪法，制定本法"，全部法律文件的制定都必须依据宪法。《宪法》第5条明确规定："一切法律、行政法规和地方性法规都不得同宪法相抵触。"《中华人民共和国立法法》（以下简称《立法法》）第98条规定："宪法具有最高的法律效力，一切法律、行政法规、地方性法规、自治条例和单行条例、规章都不得同宪法相抵触。"因此，"宪法是国家一切法律法规的总依据、总源头"论断正是在宪法作为凯尔森所说的"基本规范"意义而言的。

---

[1] 习近平：《关于我国宪法和推进全面依法治》，载习近平：《论坚持全面依法治国》，中央文献出版社2020年版，第215页。

另一方面，借助合宪性审查制度，使得一切违反违背宪法规定、原则、精神的法律法规等所有规范性文件都必须得到纠正。

第四，宪法是党长期执政和治国理政的根本法律依据。

在我国，中国共产党是长期执政而非短期执政更不是轮流执政的政党，党长期执政地位则必须依靠宪法的确认与保障。现行宪法不但确认了中国共产党的执政地位，而且确认了党在国家政权结构中总揽全局、协调各方的核心地位、领导地位，《宪法》明确规定"中国共产党领导是中国特色社会主义最本质的特征"。以国家根本法的形式将党的领导地位载入宪法，就为中国共产党长期执政提供了根本法律依据。事实上，我国宪法对党长期执政的理论、价值、理念与基本方略都加以确认与规范，就是将党的路线方针政策宪法法律化，从而为党长期执政与治国理政提供根本保障。党的执政地位、领导地位、核心地位以国家根本法的形式予以保障，就意味着遵守宪法就是遵守党的路线方针政策，维护宪法就是维护党的执政地位、领导地位和核心地位，捍卫宪法就是捍卫"宪法确定的中国共产党领导地位不动摇"。[1]宪法是党领导人民制定的，党也领导人民实施宪法，同时党自身必须在宪法法律范围内活动，这是党长期执政和治国理政的基石，是"我们党治国理政必须遵循的一项重要原则"。[2]

第五，宪法是每个公民享有权利、履行义务的基本遵循。

我国宪法不仅规定了公民的基本权利，还规定了公民的义务。《宪法》第二章从第 33 条到第 48 条，分别规定了平等权、人权、选举权与

---

[1] 习近平：《高举中国特色社会主义伟大旗帜，为全面建设社会主义现代化国家而团结奋斗——在中国共产党第二十次全国代表大会上的讲话》，人民出版社 2022 年版，第 41 页。

[2] 习近平：《切实尊崇宪法，严格实施宪法》，载习近平：《论坚持全面依法治国》，中央文献出版社 2020 年版，第 201 页。

被选举权、言论出版集会结社游行示威的自由、宗教信仰自由、人身自由、人格尊严、住宅自由、通信自由、批评建议权、申诉控告检举权、劳动权、休息权、社会保障权、受教育权、从事科研文学艺术创作等文化权、男女平等权等公民的、政治的、经济的、社会的和文化的各种基本权利。同时《宪法》第49—56条规定了公民应履行的义务，具体包括：夫妻双方有实行计划生育的义务；父母有抚养教育未成年子女的义务；成年子女有赡养扶助父母的义务；禁止破坏婚姻自由，禁止虐待老人、妇女和儿童；在行使自由和权利的时候，不得损害国家的、社会的、集体的利益和其他公民的合法的自由和权利；维护国家统一和全国各民族团结；遵守宪法和法律，保守国家秘密，爱护公共财产，遵守劳动纪律，遵守公共秩序，尊重社会公德；维护祖国的安全、荣誉和利益；依照法律服兵役和参加民兵组织；依照法律纳税。因此，公民的基本权利和义务是宪法的核心内容，宪法是每个公民享有权利、履行义务的根本保证。宪法是每个公民享有权利、履行义务的基本遵循。

第六，宪法是保障公民权利的法律武器。

习近平总书记指出："宪法不仅是全体公民必须遵循的行为规范，而且是保障公民权利的法律武器。"[1]宪法规定的公民各项基本权利只有得到保障，才能发挥宪法应有的功能。因此，必须"依法保障全体公民享有广泛的权利，保障公民的人身权、财产权、基本政治权利等各项权利不受侵犯，保证公民的经济、文化、社会等各方面权利得到落实……保证公民在法律面前一律平等，尊重和保障人权……努力维护最广大人

---

[1] 习近平：《在首都各界纪念现行宪法公布施行三十周年大会上的讲话》，载习近平：《论坚持全面依法治国》，中央文献出版社 2020 年版，第 14 页。

民根本利益，保障人民群众对美好生活的向往和追求"。[1] 近年来，宪法作为保障功能权利的法律武器，其威力正日益通过我国合宪性审查制度的健全与完善而凸显。譬如杭州潘洪斌案、公安交通管理部门调查交通事故时可以查阅复制当事人通信记录案、卖淫嫖娼收容教育制度废止案、机场建设费合宪性审查案，以及有关地方性法规设置申领生育保险待遇前置条件不当限缩生育女性权利案，等等，都通过合宪性审查机制，使得相关涉宪规范性文件被废止或修改。

三、怎样全面贯彻实施宪法？

既然必须全面贯彻实施宪法，那么自然涉及怎样全面贯彻实施的核心问题。只有明确了怎样全面贯彻实施宪法，才能真正将好宪法贯彻实施得好。习近平总书记从我国宪法具体实施的路径、方法、方式、措施保障、本质等方面回答了在我国怎样全面贯彻实施宪法这一根本问题。

（一）宪法实施的根本保证在于坚持中国共产党领导

习近平总书记指出："我国宪法确认了中国共产党的领导地位，这是我国宪法最显著的特征，也是我国宪法得到全面贯彻实施的根本保证。"[2] 制宪易，行宪难。宪法的根本任务是通过约束国家权力来保障公民权利，因此，如何通过实施宪法以有效约束国家权力，从来都是近现代国家治理之难事。1982 年《宪法》公布施行 40 余年以来，之所以

---

[1] 习近平：《在首都各界纪念现行宪法公布施行三十周年大会上的讲话》，载习近平：《论坚持全面依法治国》，中央文献出版社 2020 年版，第 14 页。

[2] 习近平：《谱写新时代中国宪法实践新篇章——纪念现行宪法公布施行 40 周年》，载《光明日报》2022 年 12 月 20 日，第 1 版。

能够逐步获得全面贯彻实施，其最重要的原因在于党的领导，即党的领导是宪法得以实施的最根本保障。习近平总书记指出："党领导人民制定宪法法律，领导人民实施宪法法律，党自身必须在宪法法律范围内活动。这是我们党深刻总结新中国成立以来正反两方面历史经验特别是'文化大革命'惨痛教训之后得出的重要结论，是我们党治国理政必须遵循的一项重要原则。"[1] 我国宪法是我们党领导人民长期奋斗历史逻辑、理论逻辑、实践逻辑的必然结果。没有中国共产党领导，就无法保证我国宪法得到全面贯彻和有效实施。党对我国宪法实施的领导主要体现在党对宪法工作的全面领导。所有与宪法相关的工作都属于宪法工作，从立法、执法、司法、守法、重大决策与重大阐释的制定出台，到备案审查与合宪性审查、宪法监督、宪法解释、宪法宣传教育、宪法理论研究和阐释，等等，都属于宪法工作，所有上述宪法工作都必须坚持和加强党的领导，只有党的领导，才能确保我国宪法发展的正确政治方向。

（二）宪法实施的内容在于宪法规定、宪法原则、宪法精神全面贯彻

全面贯彻实施宪法问题关键在于全面实施宪法的哪些内容。习近平总书记提出，"必须坚持宪法规定、宪法原则、宪法精神全面贯彻"。换言之，从宪法的规定、原则到宪法精神都要全面贯彻。关键是要明确宪法规定、宪法原则、宪法精神具体何指。宪法规定与宪法原则较易理解，宪法规定指宪法所规定的内容，包括宪法规则、宪法原则、宪法概念等。宪法原则包含于宪法规定与文本之中，指"宪法在调整社会关系

---

[1] 习近平：《切实尊崇宪法，严格实施宪法》，载习近平：《论坚持全面依法治国》，中央文献出版社 2020 年版，第 201 页。

中所采取的基本立场和准则"。[1]而何为宪法精神则具有争议性，林来梵与张翔等学者都对中国宪法精神的内涵作了解读。林来梵教授将中国宪法精神理解为：贯穿于宪法规范体系或其主要结构之中的核心价值取向，一般寄寓于实定宪法上的数个概括性条款之中，构成宪法的基本原则，从而将我国八二宪法的精神归结为社会主义、民主主义和法治主义这三大基本原则。[2]张翔教授则认为，"宪法精神"的本义就是宪法的含义[3]，进而基于规范主义立场，对中国宪法精神作了历史解读。笔者认为，无论如何解读，"宪法精神"都应当体现人类共同价值，这就是保权与限权精神，保障公民个人权利和自由，限制国家政府一切公权力的滥用，体现民主、共和、宽容、平等、自由、法治和人权精神。[4]宪法实施意味着宪法规定的全部内容包括宪法规范、原则及体现宪法内在本质的精神都要得到贯彻实施。具体而言，所谓宪法全面实施，即从《宪法》序言到《宪法》正文，从宪法规定的国家根本制度、基本制度与重要制度，到宪法规定的基本原则与确立的所有内容，在主权管辖的空间区域内，均须得到普遍的落实。[5]

（三）宪法实施的路径在于坚持宪法实施与监督制度化法规化

我国宪法实施的路径到底是什么？习近平总书记明确指出了"坚持宪法实施与监督制度化法规化"的路径选择。这里的"制度化"意味着

---

[1] 《宪法学》编写组：《宪法学》，高等教育出版社、人民出版社 2011 年版，第 92 页。
[2] 林来梵：《"八二宪法"的精神》，载《中国法律评论》2022 年第 6 期，第 5 期。
[3] 张翔、梁芷澄：《"宪法精神"的历史解读》，载《中国政法大学学报》2022 年第 6 期。
[4] 范进学：《宪法精神应成为我国的主流价值》，载《山东社会科学》2013 年第 2 期，第 12 页。
[5] 范进学：《论宪法全面实施》，载《当代法学》2020 年第 5 期，第 72 页。

宪法实施与监督的制度化，具体指向的是健全保证宪法全面实施的制度体系；而"法规化"意味着宪法实施与监督党内法规化，具体指向的是党内法规体系建设。在我国，负有宪法实施与监督的职责的主体在现行宪法上规定得十分明确，那就是"全国各族人民、一切国家机关和武装力量、各政党和各社会团体、各企业事业组织，都必须以宪法为根本的活动准则，并且负有维护宪法尊严、保证宪法实施的职责"。归结起来，负有宪法实施与监督的主体包括全国各族人民、一切国家机关和武装力量、各政党和各社会团体、各企业事业组织。事实上，真正负有宪法实施与监督的主体主要集中于两大类，一是国家机关，二是党的机关。

就国家机关而言，宪法明确将宪法实施和监督职权授予了全国人大及其常委会，因此全国人大及其常委会和国家有关监督机关要担负起宪法和法律监督职责；国务院和有立法权的地方人大及其常委会要抓紧制定和修改与法律相配套的行政法规和地方性法规，保证宪法和法律得到有效实施；国务院和地方各级人民政府作为国家权力机关的执行机关，负有严格贯彻实施宪法和法律的重要职责；地方各级人大及其常委会要依法行使职权，保证宪法和法律在本行政区域内得到遵守和执行。

就党的机关而言，宪法实施与监督状况的好坏很大程度上依赖于党的机关及其党员干部。习近平法治思想中关于抓住领导干部这个"关键少数"的论断主要是针对党的机关尤其是党委"一把手"问题，因此，习近平总书记将宪法实施和监督的重点放在党内法规化，强化了党的机关对于宪法实施和监督的职责与作用。我国宪法实施与监督实践更多强调国家机关的宪法实施与监督作用，而忽视了党的机关在宪法实施与监督的作用，党领导人民制定宪法，也领导人民实施宪法和监督宪法实施。党在自我革命过程中，无论是在党要管党还是从严治党方面，都颁布了大量党内法规，而这些党内法规同样有可能存在着与宪法不一致或相抵触的问题，因此也需要合宪性审查。2012 年，中共中央印发了《中国共产党党内法规制定条例》与《中国共产党党内法规和规范性文件备案规定》。其中《中国共产党党内法规制定条例》第 7 条规定，制定党内法规应当遵循"遵守党必须在宪法和法律范围内活动的规定"的原则；第 27 条规定，审议批准机关负责法规工作的机构对法规草案进行审核时，一项重要的内容是审核其"是否同宪法和法律不一致"。而2012 年的《中国共产党党内法规和规范性文件备案规定》的基本宗旨就是"保证党内法规和规范性文件同党章和党的理论、路线、方针、政策相一致，同宪法和法律相一致"，因而就党内法规和规范性文件备案审查的范围、主体、程序、原则、标准、时效、后果等作出具体规定。[1]因此，上述文件的颁布标志着中国共产党党内法规与规范性文件备案审查制度的正式确立。2013 年 11 月，党的十八届三中全会通过的《中共中央关于全面深化改革若干重大问题的决定》明确提出了"健全法规、规章、规范性文件备案审查制度"的要求。2014 年 10 月，党的十八届四中全会通过的《中共中央关于全面推进依法治国若干重大问题的决定》（以下简称《决定》）首次把"形成完善的党内法规体系"纳入"建

---

[1]（1）党内法规和规范性文件备案审查的范围是中央纪律检查委员会、中央各部门、中央军事委员会及其总政治部和省、自治区、直辖市党委制定的党内法规和规范性文件；（2）审查主体是中央办公厅，具体承办党内法规和规范性文件备案工作的是中央办公厅法规工作机构；（3）审查程序是应当备案的党内法规和规范性文件，自发布之日起 30 日内由制定机关或联合发布的党内法规和规范性文件由主办机关报送中央备案；（4）合宪性审查标准是审查规范性文件"是否同宪法不一致"；（5）审查时效是中央办公厅法规工作机构应当在收到报送备案的党内法规和规范性文件后 30 日内完成备案审查；（6）审查的后果是：如发现党内法规和规范性文件存在同宪法不一致问题的，中央办公厅法规工作机构经批准可以建议制定机关自行纠正，制定机关应当在 30 日内作出处理并反馈处理情况，逾期不作出处理的，中央办公厅提出予以纠正或者撤销的建议，报请中央决定。

设中国特色社会主义法治体系"之中，与完备的法律规范体系、高效的法治实施体系、严密的法治监督体系、有力的法治保障体系共同成为中国特色社会主义法治体系的有机组成部分。《决定》提出了两种备案审查制度完善建设问题：一种是全国人大及其常委会备案审查制度和能力建设，要求"把所有规范性文件纳入备案审查范围，依法撤销和纠正违宪违法的规范性文件"；一种是加强党内法规备案审查制度，要求"形成配套完备的党内法规制度体系"。因此，习近平总书记指出："必须用科学有效、系统完备的制度法规体系保证宪法实施，形成完备的法律规范体系、高效的法治实施体系、严密的法治监督体系、有力的法治保障体系，形成完善的党内法规体系，加强宪法监督，确保在法治轨道上推进国家治理体系和治理能力现代化、建设社会主义现代化国家。"[1]

宪法实施的制度化建设重点是健全保证宪法全面实施的制度体系。习近平总书记针对如何健全保证宪法全面实施的制度体系的问题，提出了两个"坚持"与一个"统筹推进"，即坚持宪法规定、宪法原则、宪法精神全面贯彻，坚持宪法实施、宪法解释、宪法监督系统推进，统筹推进法律规范体系、法治实施体系、法治监督体系、法治保障体系和党内法规体系建设，确保宪法得到完整准确全面贯彻。[2]具体健全保证宪法全面实施的制度体系包括：一是完善宪法相关规定直接实施工作机制；二是完善宪法监督制度，推进宪法监督的规范化、程序化建设；三是提高合宪性审查、备案审查能力和质量，推进合宪性审查工作；四是落实宪法解释程序机制，积极回应社会各方面对涉宪问题的关切。

---

[1] 习近平：《谱写新时代中国宪法实践新篇章——纪念现行宪法公布施行 40 周年》，载《光明日报》2022 年 12 月 20 日，第 1 版。
[2] 同上注。

（四）宪法实施的最重要方式在于依宪治国、依宪执政

宪法实施的方式可能很多，但依宪治国、依宪执政是宪法实施的最重要方式。

第一，只有依宪治国、依宪执政，才能以良法达致善治，保障宪法所确立的制度、原则和规则得到全面实施。依照宪法治国理政，最重要的是保证党和国家公职人员的思维与行为都合乎宪法的规定，合乎宪法的原则及精神。宪法是衡量一切国家机关及其工作人员言行的标准与尺度，只要其言行与宪法相抵触，就是严重的违法，必须予以追究。

第二，法律权威与法治权威能否树立均取决于宪法有无权威。宪法权威，无非指宪法得到社会成员的普遍接受与自觉服从，在现实生活中具有法律效力和道德约束力。宪法是否具有权威，直接影响法律的权威和法治的权威。倘若一个国家和社会中的最高法——宪法都缺乏权威，那么根据宪法制定的法律也不可能具有权威，正如韩大元教授所指出的，法律权威实际上反映了权威与权力的法律化方式，而法律权威的基础和最高形态是宪法权威。[1] 习近平总书记明确指出："法治权威能不能树立起来，首先要看宪法有没有权威。"[2] 因为法律权威从根本上说是宪法赋予的，具体而言，法律的权威性主要体现在两个方面，在形式方面体现为制定机关的权威性，在实质层面表现为规范内容的正当性。就前者而言，制定机关的立法行为因由宪法授权而具有绝对的民意基础；就后者而言，宪法通过规定相应的监督审查机制为立法行为设定底线，从而确保规范内容的正当性。因此，如果宪法的权威得不到肯定及树

[1]　韩大元：《论宪法权威》，载《法学》2013年第5期，第20页。
[2]　《十八大以来重要文献选编》（中），中央文献出版社2016年版，第148页。

立，宪法不能被贯彻落实，那么法律的正当性将无从谈起，法治权威则更是沙上楼阁。

第三，取信于民。习近平总书记指出："宪法是国家布最大的公信于天下。"[1] 既然宪法集中体现了党和人民的统一意志与共同愿望，是国家意志的最高表现形式，是国家的根本法，具有最高法律效力、最高法律权威，那就必须加以实施。没有实施，宪法不过是写着人民权利的一张白纸，没有任何现实效力。而宪法没有得到实施，无疑是对国家公信力的最大伤害。这就是党的十八大以来习近平总书记多次讲"全面贯彻实施宪法是全面依法治国、建设社会主义法治国家的首要任务和基础性工作"，并提出"我们把实施宪法摆在全面依法治国的突出位置，采取一系列有力措施加强宪法实施和监督工作，维护宪法法律权威"[2] 的根本原因。既然宪法是国家向全体人民宣布的承诺书，则国家有义务和责任保障承诺书得以实现，只有保证宪法真正获得实施，国家才能真正获得人民的尊重和信赖。

（五）宪法实施的方法论在于两个"坚持"

如何实施宪法以及怎样实施宪法都需要一套科学、合理、全面、系统的方法。迄今为止，学界提出过一些方法，如推进合宪性审查、制定宪法解释程序、完善宪法监督制度、加强宪法宣传教育，等等。但最大的问题在于所提出的方法往往只着眼于某一个或某几个方面，而缺乏全面性、系统性和协调性。习近平总书记针对宪法实施的方法论提出了最新的思想与理念，这就是两个"坚持"，即必须坚持宣传、教育、研究

[1] 习近平：《论坚持全面依法治国》，中央文献出版社 2020 年版，第 199 页。
[2] 同上注，第 196—197 页。

共同推进，坚持知识普及、理论阐释、观念引导全面发力。[1]坚持宪法宣传、宪法教育、宪法研究"共同推进"，坚持宪法知识普及、宪法理论阐释、宪法观念引导"全面发力"，就不仅仅局限于宪法实施的某个制度、某项理论、某项宣传或教育的建设，也不单单强调宪法知识的普及、宪法理论的阐释或宪法观念的引导，而是整体性共同推进与全面性、协调性发力。不仅需要加强宪法宣传、宪法教育，还要加强宪法理论与实践的研究。宪法实施是目标，宪法宣传、教育、研究都是基于宪法实施的实现所需要的手段，它们是一个整体，地位同等重要，它们相互支撑、相互配合。只有将它们作为一个彼此不可分离的有机统一的整体，并在整体上系统思考与统筹规划宪法实施、宣传、教育与研究，共同推进，才能获得真正的实效。此外，宪法宣传、教育注重对宪法知识的普及与宪法观念的引导，宪法研究则注重宪法理论的阐释，理论阐释得愈透彻、愈深刻、愈生动，宪法知识的普及与宪法观念的引导则愈深入。可见，在宪法实施方法论上，只有坚持习近平总书记提出的两个"坚持"，才能推动宪法深入人心、走进人民群众，推动宪法实施成为全体人民的自觉行动。

（六）宪法实施的本质在于维护党和人民共同意志的权威和尊严

既然宪法的本质在于限制国家权力以保障公民的权利，那么宪法实施的本质是什么？笔者认为，宪法实施的本质是通过维护宪法权威和尊严，来维护党和人民共同意志的权威和尊严。一部宪法有无权威与尊严，既不在于制定时的庄严与神圣，亦不在于其运用的语言多么华丽，

---

[1] 习近平：《谱写新时代中国宪法实践新篇章——纪念现行宪法公布施行 40 周年》，载《光明日报》2022 年 12 月 20 日，第 1 版。

更不在于"领导人曾发表重视宪法的一些讲话"[1]，而在于其实施。宪法的生命在于实施，宪法的权威在于实施，宪法的尊严在于实施，宪法得不到实施，就只能是形式意义上的宪法或纸面上的宪法，这种无法得以实施的宪法，就是一只没有"牙齿"的老虎，既失"权威"，亦无"尊严"。因此，党和国家的领导人及党政文件都反复强调宪法实施对于维护宪法权威和尊严的重要性。由于我国宪法是社会主义性质的宪法，是人民的宪法，是党和人民意志的集中体现，宪法同党和国家前途命运息息相关，因此，习近平总书记在党的十九届二中全会第二次全体会议上的讲话中指出："不论过去、现在还是将来，维护宪法权威，就是维护党和人民共同意志的权威；捍卫宪法尊严，就是捍卫党和人民共同意志的尊严；保证宪法实施，就是保证人民根本利益的实现。"[2]其实，这一思想是习近平总书记于 2012 年 12 月 4 日在首都各界纪念现行宪法公布施行三十周年大会上的讲话中提出的[3]，他曾多次重申，也在《谱写新时代中国宪法实践新篇章——纪念现行宪法公布施行 40 周年》重要文章中再次确认并重申了这一思想。因此，加强宪法实施和监督而维护宪法尊严和权威，其本质在于维护宪法所体现的党和人民的共同意志的尊严与权威。

四、全面贯彻实施宪法的战略定位

党的二十大在提出全面依法治国、推进法治中国建设的前提下，注重通过更好发挥法治固根本、稳预期、利长远的保障作用，在法治轨道

---

[1] 许崇德：《中华人民共和国宪法史》（下卷），福建人民出版社 2005 年版，第 560 页。
[2] 习近平：《切实尊崇宪法，严格实施宪法》，载习近平：《论坚持全面依法治国》，中央文献出版社 2020 年版，第 200 页。
[3] 习近平：《论坚持全面依法治国》，中央文献出版社 2020 年版，第 9 页。

上全面建设社会主义现代化国家，并全面推进国家各方面工作法治化；进而强调要"加强宪法实施和监督，健全保证宪法全面实施的制度体系，更好发挥宪法在治国理政中的重要作用，维护宪法权威"。[1]《谱写新时代中国宪法实践新篇章——纪念现行宪法公布施行40周年》重要文章站在党和国家治国安邦的战略高度，将全面贯彻实施宪法纳入"五位一体"总体布局和"四个全面"战略布局的全部实践与党治国理政各方面全过程，进而通过全面贯彻实施宪法来全面推进国家各方面工作法治化。这是对全面贯彻实施宪法在国家总体布局和战略布局的意义上作出的明确定位。因此，全面贯彻实施宪法的战略定位集中体现于以下四个方面。

（一）把宪法实施贯彻到统筹推进"五位一体"总体布局、协调推进"四个全面"战略布局的全部实践中

"五位一体"总体布局是中国特色社会主义事业的总体布局，主要是统筹推进"经济建设、政治建设、文化建设、社会建设、生态文明建设"五个方面。2012年11月，党的十八大首次提出了中国特色社会主义事业总体布局是"五位一体"。2017年10月，党的十九大进一步作了明确和重申。"四个全面"战略布局则是全面深化改革、全面从严治党、全面依法治国与全面建设社会主义现代化国家。事实上，"五位一体"总体布局与"四个全面"战略布局都已经被我国现行宪法所确认和规定。第一，2018年宪法修改时将"五位一体"载入《宪法》序言之中，即"推动物质文明、政治文明、精神文明、社会文明、生态文明协

_____

[1] 习近平：《高举中国特色社会主义伟大旗帜，为全面建设社会主义现代化国家而团结奋斗——在中国共产党第二十次全国代表大会上的讲话》，人民出版社2022年版，第40—41页。

调发展"。第二，《宪法》序言第七自然段规定的"坚持改革开放，不断完善社会主义的各项制度，发展社会主义市场经济，发展社会主义民主，健全社会主义法治，贯彻新发展理念"实则是对"全面深化改革"的规定，因为全面深化改革的总目标是完善和发展中国特色社会主义制度，推进国家治理体系和治理能力现代化。第三，宪法确立的"党在宪法和法律范围内活动"的基本原则是对"全面从严治党"的根本要求与规定。第四，宪法确立的"国家实行依法治国，建设社会主义法治国家"的法治原则是对"全面依法治国"的总体原则与根本要求。第五，《宪法》序言第七自然段确定的"把我国建设成为富强民主文明和谐美丽的社会主义现代化强国，实现中华民族伟大复兴"新目标则是"全面建设社会主义现代化国家"的宪法表达。可见，无论是"五位一体"总体布局还是"四个全面"战略布局，其实质内涵均为我国宪法所确定并保障。因此，将宪法实施贯彻到统筹推进"五位一体"总体布局、协调推进"四个全面"战略布局的全部实践中是全面贯彻实施宪法的应有之义，既是全面贯彻实施宪法的理论逻辑与历史逻辑，又是全面贯彻实施宪法的实践逻辑。

（二）把宪法实施贯穿到治国理政各方面全过程

习近平总书记提出的"把宪法实施贯穿到治国理政各方面全过程"的新要求实际上是对党的二十大报告提出的"更好发挥宪法在治国理政中的重要作用"的最好诠释。基于宪法是党治国理政的根本法律依据与国家政治和社会生活的最高法律规范，通过推动宪法实施、更好发挥宪法在治国理政中的重要作用，可以为全面建设社会主义现代化国家、全面推进中华民族伟大复兴提供坚实的根本法保障。将宪法实施贯穿到治

国理政各方面全过程，包括深刻意蕴与内涵，重点强调了治国理政的
"各方面"与治国理政的"全过程"。"全方面"包括改革发展稳定、内
政外交国防、治党治国治军各领域各方面，以全面推进国家各方面工
作法治化；"全过程"则指统筹推进"五位一体"总体布局、协调推进
"四个全面"战略布局的全部实践的全过程。"全过程"凸显了宪法实
施的时空性，即治国理政在任何时候、任何流域范围内都要实施宪法；
"全方面"强调了宪法实施的完整性、系统性、全面性，即每一个方面
都要贯彻实施宪法。

（三）把宪法规定、宪法原则、宪法精神贯彻到立法中

我国立法的过程实际上就是通过制定完备的法律规范实施宪法的过
程，因此，一切立法行为或立法活动都必须依照宪法、在宪法轨道上运
行。从法案的起草提出到法案的审议，立法的全过程都必须确保立法内
容合乎宪法规定、宪法原则、宪法精神，从而必然"要全面发挥宪法在
立法中的核心地位功能，每一个立法环节都把好宪法关，努力使每一项
立法都符合宪法精神、体现宪法权威、保证宪法实施"。习近平总书记
明确指出："坚持依法立法，最根本的是坚持依宪立法，坚决把宪法规
定、宪法原则、宪法精神贯彻到立法中，体现到各项法律法规中。一切
法律、行政法规和地方性法规都不得同宪法相抵触，一切违反违背宪法
规定、原则、精神的法律法规规定必须予以纠正。"[1] 把宪法规定、宪
法原则、宪法精神贯彻到立法中，就是完善以宪法为核心的中国特色社
会主义法律体系的必然要求。何为"以宪法为核心"，就是全面发挥宪

---

[1]　习近平：《谱写新时代中国宪法实践新篇章——纪念现行宪法公布施行 40 周年》，载《光明
　　日报》2022 年 12 月 20 日，第 1 版。

法在立法中的核心地位功能，而发挥宪法核心地位功能的方法就是依宪立法，坚决把宪法规定、宪法原则、宪法精神贯彻到立法中，体现到各项法律法规中。只有把宪法规定、宪法原则、宪法精神贯彻到立法中，才能保证宪法实施，并确立起以宪法为核心的中国特色社会主义法律体系。

（四）把贯彻宪法法律落实到各级党委决策施策全过程

在我国，治国理政的主体既包括执政党，又包括国家政权机关。治国理政的重大政策、决策、措施实际上是由各级地位作出的，《党章》第 16 条就明确规定，"有关全国性的重大政策问题，只有党中央有权作出决定"；至于其他非全国性而属于特定性、地方性、区域性等决策则是由中央以外的各级党委作出的，而这些政策、决策均事关人民利益。因此，习近平总书记要求"要把贯彻宪法法律落实到各级党委决策施策全过程，坚持依法决策、依法施策，守住不与宪法法律相抵触的底线，确保决策施策经得起历史和人民检验"。[1]

---

[1] 习近平：《谱写新时代中国宪法实践新篇章——纪念现行宪法公布施行 40 周年》，载《光明日报》2022 年 12 月 20 日，第 1 版。

第二章
作为根本法与高级法的宪法及其实施

1982 年《宪法》序言最后一段话宣告："本宪法以法律的形式确认了中国各族人民奋斗的成果，规定了国家的根本制度和根本任务，是国家的根本法，具有最高的法律效力。全国各族人民、一切国家机关和武装力量、各政党和各社会团体、各企业事业组织，都必须以宪法为根本的活动准则，并且负有维护宪法尊严、保证宪法实施的职责。"40 多年来，我国宪法实施的程序保障机制一直处于不断完善与健全发展中，宪法作为我国的根本法与高级法的地位日益彰显。

一、作为"根本法"的我国宪法

何谓"根本法"？根据《牛津法律大辞典》的解释，根本法"通常指不得被议会或法院违背的法律规则。有时普通法被说成根本法，有时《大宪章》被说成根本法，有时自然法或自然理性也被说成根本法。但是，没有任何明确的事例说明一个法院以违背自然法或自然理性为由，而废弃或无视普通法法规或规则。这种观念到 18 世纪时已不存在"。[1]
其实，沃克的解释仍然不彻底，他只是一种定义的循环，即根本法是普通法或自然法，普通法或自然法是根本法。人们可以进一步追问的是：为什么普通法、《大宪章》、自然法或自然理性被称为"不得为议会或法院违背的法律规则"或"根本法"？它们背后隐藏着什么？只有揭示了它们之间的隐喻，才能把握"根本法"的本质。

英国普通法历史的真正起点是亨利二世在 12 世纪后半期确立的中央"巡回法官"审理制度。在案件审理中，法官除了依据国王的诏书赦令外，主要是依据日耳曼人的习惯法，从外来征服者的利益与需要出发，对各地存在的日耳曼法律和习惯进行剖析，凡是被认为是正确的、合理的，并与国王的立法不相抵触的，便被确认为判决的依据。因此，考文认为："普通法从一开始就建立在习惯之上"，但它又不仅仅是习惯，因为当法官们选择承认什么样的习惯以使其具有全国性的效力，和禁止什么样的习惯通行时，他们实际上运用了"合乎理性"这一检验标准。作为普通法基石的正确理性是法官的正确理性。[2]换言之，由于普通法是法官运用其知识、理性而发现的法，它通行并普遍适用于全国，因而它体现了法官的正确理性。正是由于普通法是"正确理性"的观念，因此其在 14 世纪被认为是约束国王这一最高统治权威的高级法。因此，亨利三世统治时期的王座法院的大法官布雷克顿提出了"国王本人不应该受制于人，但他却受制于上帝和法，因为法造就了国王"的主

---

[1] ［英］戴维·M. 沃克：《牛津法律大辞典》，邓正来等译，光明日报出版社 1988 年版，第 364 页。
[2] ［美］爱德华·S. 考文：《美国宪法的"高级法"背景》，强世功译，北京三联书店 1996 年版，第 19—20 页。

张。[1] 从国王的权力源自普通法而言，普通法具有"根本"[2]性，是根本法。

英国贵族于 1215 年迫使约翰王签署的《大宪章》之主要目的在于捍卫贵族作为自由人的自由权，但后来被英国人视为其自由权的证明书，甚至被柯克看作"古代普通法的复兴和宣言"，所以，《大宪章》也被称为《自由大宪章》，其中第 39 条关于"任何自由人，如未经其同级贵族之依法裁判，或经国法判决，皆不得被逮捕，监禁，没收财产，剥夺法律保护权，流放，或加以任何其他损害"[3]之规定，被认为是近现代正当法律程序的源泉。《大宪章》被认为是根本法，其因在于两点，一是《大宪章》背后隐含的是英国自由人的基本自由权。17 世纪普林提出的根本法概念，就是传统的个人自由权和财产权，特别是《大宪章》中所规定的那些，它们是"基本的、永久的和不可变更的"。[4] 二是隐含着统治权受制于法的高级法观念。《大宪章》第 61 条规定，由二十五位贵族组成一个委员会，来监督大宪章的执行。如果国王或国王的法官、执行官，或任何其他臣仆，在任何方面有侵害任何人之权利或破坏任何和平条款者，一经二十五人中之四人发现，即告知国王在四十日内改正，否则，该四人应将此事告之于其他贵族，二十五位贵族须与全国人民以其权力向国王施加抑制与压力，如夺取国王的城堡、土地与

---

[1] ［美］爱德华·S. 考文：《美国宪法的"高级法"背景》，强世功译，北京三联书店 1996 年版，第 21 页。

[2] 《新华字典》对"根本"的解释是："事物的根源或最重要的部分"（商务印书馆辞书研究中心修订：《新华字典》，商务印书馆 2001 年版，第 320 页；中国社会科学院语言研究所词典编辑室编：《现代汉语小词典》，商务印书馆 1980 年版，第 175 页）。

[3] 姜士林等主编：《世界宪法大全》，青岛出版社 1997 年版，第 1262 页。

[4] ［美］塞缪尔·P. 亨廷顿：《变化社会中的政治秩序》，王冠华等译，北京三联书店 1989 年版，第 93 页。

财产等，直至该项错误得到改正。第 61 条是现代宪法中关于"宪法法院"之宪法实施规定的萌芽，无怪乎约翰王愤怒地说："他们给我加上了二十五个太上皇！"前者从"根本"意义上说是"事物最重要部分"，后者则是世俗国家的统治权根源于法的观念。[1]

英国的自然法或自然理性理论源自 17 世纪下半叶的洛克自然法学说。1689 年，洛克为了替光荣革命辩护而撰写了《政府论》（下篇），洛克的自然法理论之突出特点是将自然法概念融入个人的自然权利之中。洛克指出："自然状态由一种人人所应遵循的自然法对它起着支配作用；而理性，也就是自然法，教导着有意遵从理性的全人类：人们既然都是平等和独立的，任何人就不得侵害他人的生命、健康、自由或财产。"[2]自然法就是尊重和保护人的"生命、自由和财产"的自然权利而不受其他人的侵害和侵犯的法则。[3]自然法包含的这些自然权利，不但先于政府，而且在政府建立后依然存在，政府不能创设人的自然权利，政府的主要目的是保护人们的财产，"为了人民的和平、安全和公众福利"。[4]所以，"自然法是所有的人、立法者以及其他人的永恒的规范。他们所制定的用来规范其他人的行动的法则，以及他们自己和其他人的行动，

[1] 到 14 世纪，《大宪章》便有可能被看作类似于近代所理解的成文宪法。13 世纪末，爱德华一世就命令所有的法官、郡长、市长和其他大臣在他们处理的所有诉讼中，将《大宪章》当作"普通法"对待。任何审判，只要与之相冲突，都要宣布无效。到 1368 年爱德华三世统治晚期，又以成文法的形式宣示：任何成文法规的通过，如与《大宪章》相悖，则必然是无效的。其后，《大宪章》就一直不断地被吸收到普通法的主流之中，其大部分内容实际上已在法院的日常实践中得以实现，于是，英国人将对《大宪章》的崇拜转移到对整个普通法的崇拜上（参见［美］爱德华·S. 考文：《美国宪法的"高级法"背景》，强世功译，北京三联书店 1996 年版，第 28—29 页）。

[2] ［英］洛克：《政府论》（下篇），叶启芳、翟菊农译，商务印书馆 1964 年版，第 6 页。

[3] 同上注，第 53 页。

[4] 同上注，第 80 页。

都必须符合自然法，即上帝的意志，而自然法也就是上帝的意志的一种宣告，并且，既然基本的自然法是为了保护人类，凡是与它相违背的人类的制裁都不会是正确或有效的"。[1]可见，自然法或自然理性被视为根本法，其原理同样在于两点：一是自然法隐含着先于政府、高于政府的自然权利，包括生命、自由和财产等基本权利；二是自然法是高级法，是政府立法的依据和来源。所以，沃克认为："根本法实质上表明了这样的原则，即政治服从于伦理以及个人权利，特别是其自由和财产权的保障。"[2]

因为自然权利即人权先于并高于政府权力，且作为高级法背景，所以普通法、《大宪章》、自然法或自然理性才被认为是根本法，即"不得被议会或法院违背的法律规则"。凡现代宪法被作为根本法与高级法之根源，皆于此。《布莱克法律词典》对"根本法"的解释——"确立一个民族或国家的统治原则的组织法，尤其是宪法。也称组织法"[3]——即奠基于该观念之上。而基本权利是限定政府权力运行范围和方式的主要宪法渊源。1791年，美国将《权利法案》作为宪法的重要内容之后，几乎所有国家的成文宪法都明确规定了基本权利是国家政府必须尊重和保护的目标。

我国在2004年第四次宪法修正案中新增了自然权利即人权的理念，将"尊重和保障人权"载入宪法文本，从而使"人权"构成了中国宪法最重要的组成部分。按照我国宪法文本规定，宪法之所以是"国家的根本法"，是因为：第一，"确认了中国各族人民的奋斗的成果"；第二，

---

[1]　[英]洛克：《政府论》(下篇)，叶启芳、翟菊农译，商务印书馆1964年版，第84页。

[2]　[英]戴维·M.沃克：《牛津法律大辞典》，邓正来等译，光明日报出版社1988年版，第364页。

[3]　Garner, Bryan A., *Black's law Dictionary*, West Publishing Company, 1999, p. 683.

"规定了国家的根本制度和根本任务"。

一方面，"中国各族人民的奋斗的成果"是什么？《宪法》序言指出："中国人民为国家独立、民族解放和民主自由进行了前仆后继的英勇奋斗。"笔者认为，这句话已充分表达了"中国各族人民的奋斗成果"是什么，那就是国家独立、民族解放和民主自由。中国自签订《南京条约》后沦为半殖民地、半封建的国家，中国人民为争取国家独立、民族解放进行了不屈不挠的英勇斗争，最终中国共产党团结领导全国各族人民推翻了帝国主义、封建主义和官僚资本主义的统治，从此"中国人民掌握了国家权力，成为国家的主人"。因此，"国家独立、民族解放和民主自由"归结为一点，即中国各族人民获得了民主权利和自由权利，包括政治的、经济的、文化的和社会的基本权利。没有国家的独立，就没有一个国家人民的生存权和发展权，也就没有人权；没有民族解放，就没有各民族的自由与平等，同样没有各民族人民的基本权利；国家独立与民族解放是获得并实现民主自由的前提和保障。所以，宪法所确认的中国各族人民的奋斗成果就是"中华人民共和国的一切权力属于人民"及"公民的基本权利"。

另一方面，宪法规定的"国家的根本制度"是社会主义制度，《宪法》第 1 条规定："社会主义制度是中华人民共和国的根本制度……禁止任何组织或者个人破坏社会主义制度。"根本制度即社会主义制度，包括社会主义经济制度、社会主义文化教育制度、社会主义政治制度、社会主义社会制度，等等。宪法规定的"国家的根本任务"是"沿着中国特色社会主义道路，集中力量进行社会主义现代化建设"。社会主义制度之核心是民主与平等，社会主义经济制度、文化教育制度、政治制度、社会制度对应着经济权利、文化教育权利、政治权利和社会权利；国家的根本任务是进行社会主义现代化建设，而社会主义现代化建设之根本目标在于改善和提高人民的生存权和发展权，在于改善民生、保障民权。

所以，从我国《宪法》序言所规定的内容分析，宪法"确认了中国各族人民奋斗的成果，规定了国家的根本制度和根本任务"，因此"是国家的根本法，具有最高法律效力"。说到底，因为宪法确认了主权在民及公民的基本权利，国家应当"尊重和保障人权"，所以我国宪法才是"根本法"。

陈端洪曾谈到我国宪法的根本法问题，将我国宪法之根本法分解为"五项根本法"，并按优先秩序归纳为：中国人民在中国共产党的领导下、社会主义、民主集中制、现代化建设、基本权利保障。[1]当然这种排序具有其合理性，但就宪法的核心价值而言，这五种根本法中的最根本应当是基本权利保障：中国共产党领导下的中国人民之根本性在于人民，没有中国人民也就没有共产党，而胜利后的人民之生存最根本的成果在法律上是人权与基本权利；社会主义制度之根本性在于民主与平等，在法律上转化为民主权利与平等权利；现代化建设之根本在于改善民生、实现民权，最终也应当转化为法律上的人权，包括政治、经济、社会与文化权利；民主集中制之根本性仍然在于民主权利。所以，无论是对中国共产党而言，还是对社会主义制度与现代化建设及民主集中制而言，失去了公民的基本权利保障，就失去了目标与方向，因此，我国宪法的根本性最终还是要回到基本权利保障上。

无论宪法是叫"根本法"还是"基本法"，都意味着人权的根本性、基本性、不可变更性与永久性。1789年法国《人和公民的权利宣言》第

---

[1]　陈端洪：《制宪权与根本法》，中国法制出版社2010年版，第256页。

16 条宣称，"凡权利无保障和分权未确立的社会，就没有宪法"。因为法国人将人权视为"自然的、不可剥夺的和神圣的"，而"任何政治结合的目的都在于保存人的自然的和不可的动摇的权利"，所以，确立分权制度不是其目的，只有"分权"而非"集权"，才能使人权不再遭受忽视或蔑视。1949 年德国宪法之所以叫《德意志联邦共和国基本法》，是因为其第 1 条就载明"人的尊严不可侵犯。尊重和保护人的尊严是全部国家权力的义务"，承认人权的不可侵犯性和不可转让性，承认人权是一切社会、世界和平正义的基础。1776 年美国的《独立宣言》承认人权是"不可转让"的，是自然赋予的神圣权利。几乎所有的成文宪法均言明人权的神圣性，这是世界各国之通例。我国宪法是世界宪法之组成部分，注重保障人权。我国加入的《经济、社会及文化权利国际公约》和《公民权利和政治权利国际公约》皆称：人类家庭所有成员的尊严是"固有"的，权利是平等的和不移的，这些权利"源于人身的固有尊严"。因此，在我国承认并接受了"人权"理念与精神的条件之下，宪法对"国家尊重和保障人权"的确认就是对保障人权之真理的认同。

二、作为"高级法"的我国宪法

何谓"高级法"?《牛津法律大辞典》关于"高级法"(higher law) 的解释是："表示那些比实在法的单纯规定更有权威的规范的概念。它包括内在法和由阿奎那认证的自然法。"[1] 简言之，高级法，从法律位阶理论而言，就是在国家法之上存在一个效力更高的法。德国宪法学家迪

---

[1] ［英］戴维·M. 沃克:《牛津法律大辞典》，邓正来等译，光明日报出版社 1988 年版，第 410 页。

特尔·格林对此指出：位阶理论是中世纪人们所熟知的理论，其后通过基本性法律统治契约概念而保存下来；后来，人们根据位阶论将法律秩序重新划分为两个基本的组成部分，第一部分是传统法律，它们由国家制定，用来约束个人，第二部分是新类型的法律，它们来自主权者，旨在约束国家；再后来，第二部分法律被人们称为宪法，而且这一概念随着历史的发展获得了其现代的含义。[1]

高级法观念源于西方法文化之法律的二元论观念，它始自古希腊。《荷马史诗》中就使用了"狄克"（Dike）和"特弥斯"（Themis）两个希腊神话中的概念。[2] Themis 和 Dike 是两个朦胧的观念，但表明了与荷马同时代的人已经区分了正义与习惯法，正义是习惯法的绝对基础和原则，习惯法则是永恒正义的具体表现，后来贯穿整个西方法哲学史的法律与秩序的二元论在这里已初露端倪。当时，法律被认为是由神颁布的，人则是通过神的启示才得知法律的。公元前 5 世纪，索福克勒斯悲剧人物安提戈涅因不服克瑞翁的敕令而诉诸神法，将神法置于人类制定法律之上。古希腊人关于"法律"的含义，既指更高级内容的法，又可指具有较低级内容的法。而高级法——神法或自然法，与低级法——国家法，都包含于法律之中，所以，当人们依照国家法无法胜诉时，就应当诉诸自然法。因为在安提戈涅们看来，不正义的法律就不是法。苏格拉底的悲剧则从另一面解读了世俗法与神法之间的冲突，只不过苏格

---

[1] ［德］迪特尔·格林：《现代宪法的诞生、运作和前景》，刘刚译，法律出版社 2010 年版，第 14 页。

[2] 她们都是希腊神话中的女神，狄克是正义女神，特弥斯是制裁与惩罚女神，据考斯特拉的观点，"Themis 是神的法律，Dike 是模仿它的世俗法律"。"前者依凭神的制度，后者依凭来自制定法的指示，因此，它是经由法官的判决而生效的派生性的法"（参见［爱尔兰］凯利：《西方法律思想简史》，王笑红译，法律出版社 2002 年版，第 7 页）。

拉底选择的不是神法而是国家法，在他看来，国家的威严重于个人的曲直，国家行政和司法必须维持一致的效力。亚里士多德在其《伦理学》中提出"自然正义"的概念。他指出："在政治正义中，一部分是自然的，一部分是法律的，自然的是指在每个地方都具有相同的效力，它的存在不依赖于人们对它的赞同或反对；而法律从一开始，它是以何种方式规定的并不重要，一旦被制定出来，这个问题就不再无关紧要了。"[1]亚里士多德视自然法为永恒不变的法，国家法是可变的法，应是从自然法中所发现的。如果说，亚里士多德的"自然正义"主要是一种立法者遵循的规范和指南的话，那么斯多葛学派的"自然法"却是全人类通往幸福的坦途。根据斯多葛学派的观念，宇宙是一个绝对的统一整体，人是这个整体中不可分离的组成部分，人的理性也是宇宙普遍理性的一部分，是宇宙理性在人身上的体现，因此人也受宇宙普遍理性这一法则的支配，构成自然秩序中和谐的一部分。而这个支配宇宙和人的"神"或者"理性"就是自然法，它贯穿于一切事物之中，是人的行为的最高准则。这种理性的自然法则在整个宇宙范围内都是普遍有效的，它对世界各地的任何人都有约束力，它的各项原则是不可改变的，无论统治者还是臣民都必须遵守，因而它就是上帝的法律。

自然法作为高级法的观念经斯多葛主义的拓展和充实之后，由西塞罗恢复为世界性的法律和政治观念。西塞罗在《共和国》第三卷第22篇中提出了他的自然法观："真正的法律是符合自然的正确理性，它是普遍的适用于所有人，是稳定的、永恒不变的；它以命令的方式召唤人们履行义务，以禁令的方式约束人民制止犯罪。它的命令和禁令一直影

---

[1] 参见［爱尔兰］凯利：《西方法律思想简史》，王笑红译，法律出版社2002年版，第20页。

响着好人（或只对好人有用），而对坏人并非有用。力图变更这一法律就是一种恶或犯罪，试图取消一部分也是不能容许的，而要完全取消它就更不可能。元老院或人民的决议都不能摆脱这种法律的制约，无须有人进行说明和阐释；它不可能在罗马是一种法律，在雅典是另一种法律，在现在是一种法律，在将来是另一种法律；这样一种永恒不变的法律，无论何时何地，都将是有效的。人类只有一个共同的主人和统治者，这就是上帝，因为它是这一法律的创造者、颁布者和执行者（或者，统治万物的神是这一法律的创造者、颁布者和执行者）。谁不服从它，谁就是自我逃避、蔑视人性，从而将会受到严厉的惩罚。"[1]

这段精彩的话，一直流传到现在，差不多所有的重要论著中都引用了这段语言。它实际上是对斯多葛派自然法概念的最完整、最系统的概括与总结，它对后人的法治和宪法理论产生了深远的影响。"虽然不由人类代理人来执行或严格执行这个法的命令，但忽视这些命令仍不可能不受到惩罚。违背这些命令的人便是放弃其本性中最好的东西，因而必然遭受来自自卑和良心的精神折磨。而国家要违背这些命令，将最终导致毁灭"。[2]西塞罗常常引用"法"来反对制定法，还建议占卜官和元老院有权废除那些没有依据法制定的法律。他说："凡是让占卜官宣布为不正义的、亵渎的、罪恶的、不洁的均属无效，均不执行，不服从者

---

[1]　参见［古罗马］西塞罗：《论共和国　论法律》，王焕生译，中国政法大学出版社 1997 年版，第 120 页；［美］列奥·始特劳斯、约瑟夫·克罗波西主编：《政治哲学史》（上），李天然等译，河北人民出版社 1998 年版，第 181 页；［美］博登海默：《法理学：法律哲学与法律方法》，邓正来译，中国政法大学出版社 1999 年版，第 14 页；［美］爱德华·S. 考文：《美国宪法的"高级法"背景》，强世功译，北京三联书店 1996 年版，第 5 页；［美］乔治·霍兰·萨拜因：《政治学说史》（上册），盛葵阳、崔妙因译，商务印书馆 1986 年版，第 204 页。

[2]　［美］列奥·始特劳斯、约瑟夫·克罗波西主编：《政治哲学史》（上），李天然等译，河北人民出版社 1998 年版，第 181 页。

按极刑论处。"[1]在元老院的一次讲演中，西塞罗还直接诉诸"正义学说"来反对"成文法规"。即使西塞罗对司法审查制度的确立没有起到直接作用，也至少可以说，他的某些思想通过融入为该制度辩护的正当理由而起到了间接作用。[2]其基本思想就是：违"法"的法律本质上是违"法"的，既非由哪个权威机关宣布它是法律而就是法律，又非由哪个机构宣布它违"法"才违"法"，它本身就是违"法"。

这种高级法观念充斥于中世纪。对中世纪早期的神父们而言，他们看重的是斯多葛形式的自然法与上帝律法之间的相似性，这种相似性给他们提供了极大的便利，圣保罗在一封信中就写道：上帝的律法是一种"写在人们心中的法"。奥里根则称自然法是铭刻在人们心中的、展示着理性力量的上帝的律法。他还主张，与自然法违背的国家法律归于无效。[3]神学家奥古斯丁则明确区分了两种法：永恒法和世俗法或人类法。永恒法是一切事物借以处以完美秩序的法，这种法等同于上帝的意志和智慧，正是上帝的意志和智慧引导一切事物达成它们各自的目的。永恒法构成了正义和公道的普遍而神圣的源泉，是正义的最高标准。上帝已将这个法印在人类精神中，所有的人都能认识它，而且在任何时候都能服从它，它也是惩恶扬善的根据。而世俗法可随时间、地点而变化，作为法，它维护公益，彰显公正，因为不公正就不是法。奥古斯丁认为，如果国家法律不符合自然法和正义，便不具有真正法律的特征，国家也不是真正的国家。由此可知，没有正义，便没有法律，没有国家。奥

---

[1]［古罗马］西塞罗：《论共和国 论法律》，王焕生译，中国政法大学出版社1997年版，第225页。
[2]［美］爱德华·S. 考文：《美国宪法的"高级法"背景》，强世功译，北京三联书店1996年版，第8页。
[3]［爱尔兰］J. M. 凯利：《西方法律思想简史》，王笑红译，法律出版社2002年版，第97页。

古斯丁说："没有正义，何谈国家，除了是一大群强盗外，它还能是什么?"[1] 德国史学家冯·祁克特别强调中世纪高级法观念的绝对优势与威严，认为自然法约束着人间的最高权力，统治着教皇和皇帝，也统治着统治者和具有主权的人民，事实上它统治着整个人类社会。任何事情，只要与自然法颠扑不破的永恒原则相冲突，就是无效的，因而不能约束任何人。[2] 在中世纪的英国，普通法即被视为英国人的"高级法"。1215 年《自由大宪章》由于被纳入普通法之中，成了名副其实的"高级法"。《自由大宪章》的诞生是 13 世纪英国历史上的重大事件，从一开始它就成为英国人自由权的证明书，由于它是历史上第一次以法律的形式对国王权力作了限制和约束，故被认为开法治之先河。《自由大宪章》在 14 世纪时就被视为近代所理解的成文宪法了，尤其是在 1368 年，爱德华三世统治晚期，以成文法的形式宣布：除王室确认书之外，任何成文法规的通过，如与《自由大宪章》相悖的，则必然无效。《自由大宪章》俨然就是英国人的"高级法"。亨廷顿指出：在中世纪晚期的欧洲，"法"有各种各样的定义：神法、自然法、公理法、普通法和习惯法。所有这些表述都将"法"看作相对不变的外界权威，左右着人类的行为。特别在英国，占统治地位的是"一切权威均源自于法"这样一种典型的封建观念。既然法是至高无上的，人间的权威便可以是多样化的，因为没有哪一种权威是"法"的唯一本源。人类必须遵从权威，但是权威寓于国王、国会、法院、普通法、习俗、教会以及人民等许多组织之中。他引用菲吉斯的话说，对于 1600 年的人而言，"法是真正至高无上

---

[1]　[英]韦恩·莫里斯：《法理学：从古希腊到后现代》，李桂林等译，武汉大学出版社 2003 年版，第 67 页。

[2]　[美]爱德华·S. 考文：《美国宪法的"高级法"背景》，强世功译，北京三联书店 1996 年版，第 12—13 页。

的，他们无须考虑构成国家终极权威的究竟是国王，还是贵族、平民或是这二者合在一起"。[1]

17世纪和18世纪是欧洲古典自然法时期，荷兰的雨果·格劳秀斯将中世纪神学自然法改造为世俗自然法，他把世俗的习惯和契约视为自然法的渊源和内容，这标志着自然法的世俗化的开始。格劳秀斯的自然法观把自然法看作"正当的理性准则"，认为自然法不同于人类法和神法，自然法能够禁止人们去做非法的行为，支配人们去做必须履行的行为，自然法是不可改变的。[2]尤其是洛克的自然法论将自然权利——生命、自由和财产看作先于并高于政府的法则，主张"自然法是所有的人、立法者以及其他人的永恒的规范"，国家政府所"制定的用来规范其他人的行动的法则，以及他们自己和其他人的行动，都必须符合自然法"，"凡是与它相违背的人类的制裁都不会是正确或有效的"。[3]从而确立了自然法的至上地位，这种自然法就是宪法的高级法之背景。

18世纪的美国拒绝以政治权威作为法的本源，而仍然把自然法或基本法奉为规范人类行为的终极权威，信奉法高于一切。对他们而言，法是无法抗拒的外在旨意或约束，人只能发现法而不能制定法。即使到19世纪，普遍流行的概念还是"法律的宣布式理论"，即认为法律注定是由法官宣布和确定的而不是"制定"的思想。托马斯·杰弗逊在《独立宣言》中写道：

"我们认为这些真理是不言而喻的：人人生而平等，所有的人皆被

---

[1]［美］塞缪尔·P. 亨廷顿：《变化社会中的政治秩序》，王冠华等译，北京三联书店1989年版，第92—93页。

[2]［荷兰］雨果·格劳秀斯：《战争与和平法》，转引自《西方法律思想史资料选编》，北京大学出版社1983年版，第139页。

[3]［英］洛克：《政府论》(下篇)，叶启芳、翟菊农译，商务印书馆1964年版，第84页。

上帝赋予了某些不可让渡的权利，这些权利包括生命、自由和追求幸福；正是为了保障这些权利，人们才组建政府，而政府的正当权力源自被统治者的同意；无论何时，任何形式的政府只要毁坏这一目的，人民就有改变或废除这种政府的权利，同时组建新的政府；新政府建立在这样的原则基础之上并以此组织政府权力，即政府应当最大可能地实现人民的安全与幸福。"

这段话包含着五层含义：第一，人人生而平等，所有的人皆被上天赋予了某些不可让渡的权利，这些权利包括生命、自由和追求幸福；其目的是防止随着政府权力的变更而使这些权利被撤销，人们的生命权、自由权和追求幸福权等基本权利应当高于政府。第二，人类组建政府的目的是保障人的自然权利即人权，这说明了政府的本质与目的所在。第三，人们建立政府要通过大家的同意，政府的正当权力来源于人民的同意，它意在指出政府的权力必须经过人民的同意才具有正当性，说明政府权力来源于人民。第四，任何专断政府权力的行使都会毁坏保障人权与人民同意的目的，无论这种情况何时发生，只要出现，人民就有改变或废除这种政府的权利而组建新的政府；它说明人民保留最终的权力，政府不过是人民服务的工具，人民是政府的主人，政府始终且必须是人民的仆人。第五，新政府以及政府权力的组织必须建立在最大可能地实现人民的安全与幸福的基本原则之上，该原则为政府以及权力的组织限定了意图与目的。简言之，保障人的自然权利即人权，并限制国家政府的权力，才是宪法得以制定并实施的唯一原因。

美国宪法就是根据自然权利学说制定的，自然权利法律化的标志就是自然权利入宪。安提优在 1968 年指出："美国宪法不仅是由事实上一致信奉自然权利法学的人起草的，还是由那些平等承认这些观点的一代人通过的。"[1]美国宪法的主要起草者、1789年被华盛顿任命为最高法院大法官的詹姆斯·威尔逊就说过:"人们组成政府的目的就是守护并扩大他们自然权利的行使,每一个政府如果不同意这一目的,就不是合法的政府。"[2]美国宪法制定与批准过程中,制宪会议的代表最关心的问题就是自然权利的保护。谢尔曼指出:"制宪会议面临的问题不是自然权利归属于人民的问题,而是如何在社会中达成最大平等和有效保护的问题。"[3]耶特斯也解释说:"政府的首要原则是建立在个人的自然权利与完全平等之上。"[4]尽管《权利法案》没有包括在《1787年美国宪法》中,却是最终宪法的最重要的组成部分。《权利法案》并非只有关于自然权利的保护,也有数款保障普通法权利的规定,不过自然权利的保护无疑是《权利法案》最关心的,自然权利原则的实质皆包括其中。当最高法院以现代说法谈到"基本权利"时,它明白它是早期美国人的"自然权利"的宪法法律化。法院知道:现在称为"基本权利"的权利在过去则被称为个人的"自然权利"。[5]因此,在美国宪法解释中,按照自然权利政治哲学进行宪法解释是法院的一贯并长期的司法实践。

作为世界上最早的成文宪法,美国宪法的制定模式不外乎在成文宪法中直接载入"基本权利"条款,或以"人权法案"或"权利法案"的形式附之于宪法内容之中。新中国成立后的四部宪法亦是如此,基本权利被直接写入《宪法》条款,从而使宪法成为中国的高级法。

---

[1] Antieau, *Rights of Our Fathers*, Vienna: Coiner, 1968.

[2] Wilson ed., *Works of James Wilson*, 1804, II, p. 466.

[3] Farrand, ed., *Records of the Federal Convention, Remarks of Roger Sherman*, vol. 1, p. 147.

[4] Ibid. vol. 1, p. 440(remarks of Robert Yates). 在制宪会议上,还有其他代表发表了相同的观点,他们是: Alexander Hamilton、Rufus King 和 Luther Maetin。

[5] Chase Securities Corp. v. Donaldson (1945) 325 US 304, 314, 89 L Ed 1628, 65 S Ct 1137.

我国现行《宪法》序言明确宣称"本宪法……具有最高的法律效力"。人们仍然需问：为何我国宪法具有最高法律效力？其原因在于：第一，宪法是"国家的根本法"。国家的根本制度和根本任务都可归结为人权与基本权利，它们是最为根本的，是政府权力之源。吴家麟先生认为，"宪法在内容上所具有的国家根本法的这一特点，决定了它的法律地位高于普通法，据最高法律权威和最高法律效力。宪法是制定普通法律的依据，普通法律的内容都必须符合宪法的规定。与宪法内容相抵触的法律无效"。[1]第二，宪法是高级法，宪法规定的基本权利不是国家或政府赋予的，而是人作为人本来就有的权利，因而它先于和高于政府，不是有了新中国政府才有基本权利，而是政府成立之后通过法律的形式以《宪法》为载体宣布它、确认它。我国宪法的高级法地位不仅是一种序言宣告，还以宪法法律规范的形式予以实证化。我国《宪法》第5条规定："一切法律、行政法规和地方性法规都不得同宪法相抵触。一切违反宪法和法律的行为，必须予以追究。"《立法法》第98条规定："宪法具有最高的法律效力，一切法律、行政法规、地方性法规、自治条例和单行条例、规章都不得同宪法相抵触。"所以，我国宪法具有最高的法律效力不再是一句空话，而是得到了宪法和法律的明确规定与确认。

三、作为根本法与高级法的宪法与合宪性审查

由于我国《宪法》和《立法法》均确认了宪法作为根本法的地位与高级法的效力，所以，作为根本法和高级法的宪法，成为我国备案审查

---

[1]《中国大百科全书·法学》，中国大百科全书出版社1984年版，第639页。

的最终标准。我国由此确立了中国特色的宪法实施监督与宪法审查制度。

中国特色的宪法实施监督与审查制度在我国的载体就是备案审查制度。全国人大常委会法工委法规备案审查室认为："规范性文件备案审查是宪法法律确立的监督制度。"[1]全国人大常委会法工委副主任张勇认为："规范性文件备案审查制度是为保障宪法法律实施、维护国家法制统一而确立的一项宪法性制度。"[2]所谓备案审查制度，指以全国人大常委会为监督审查主体，主要以行政法规、地方性法规、自治条例和单行条例、司法解释等法律规范文件为审查客体，由国家机关和社会团体、企业事业组织及公民提出合宪性审查要求或建议，对规范性文件是否与宪法相抵触之情形进行备案审查或被动性申请，并有权撤销与宪法相抵触或违背的行政法规、地方性法规或自治条例、单行条例及司法解释。简言之，中国特色宪法实施监督与审查制度是由全国人大常委会针对法规[3]实施的备案审查制度。其基本特征在于：

---

[1]　全国人大常委会法工委法规备案审查室：《规范性文件备案审查理论与实务》，中国民主法制出版社 2020 年版，第 2 页。

[2]　全国人大常委会法工委法规备案审查室：《法规、司法解释备案审查工作办法》，中国民主法制出版社 2020 年版，"前言"第 1 页。

[3]　将行政法规、地方性法规以及自治条例和单行条例一并称之为"法规"，其根据来源于 2000 年 10 月 16 日第九届全国人民代表大会常务委员会第三十四次委员长会议通过的《行政法规、地方性法规、自治条例和单行条例、经济特区法规备案审查工作程序》及 2001 年 12 月 24 日国务院令第 337 号公布的《法规规章备案条例》。《行政法规、地方性法规、自治条例和单行条例、经济特区法规备案审查工作程序》第 2 项规定："国务院制定的行政法规，省、自治区、直辖市和较大的市的人大及其常委会制定的地方性法规，自治州和自治县制定的自治条例和单行条例，经济特区根据授权制定的法规（以下简称'法规'），应当在公布后的 30 日内报全国人大常委会备案。"《法规规章备案条例》第 2 条规定："本条例所称法规，是指省、自治区、直辖市和较大的市的人民代表大会及其常务委员会依照法定职权和程序制定的地方性法规，经济特区所在地的省、市的人民代表大会及其常务委员会依照法定职权和程序制定的经济特区法规，以及自治州、自治县的人民代表大会依照法定职权和程序制定的自治条例和单行条例。"由此可知，无论是全国人大常委会通过的《法规备案审查工作程序》还是国务院发布的《法规规章备案条例》，皆将行政法规、地方性法规、自治条例和单行条例统称"法规"。

第一，备案审查主体仅仅限于全国人大常委会，其他任何国家机关皆无宪法或法律依据进行合宪性审查；

第二，备案审查客体主要是行政法规、地方性法规、自治条例和单行条例及司法解释，排除了对法律、规章及国家各级政府之具体行为是否合宪问题的审查。之所以称之为"主要"而非"全部"，是因为我国《宪法》第 67 条第 7、8 款规定的全国人大常委会实施合宪性审查的对象，不仅包含行政法规和地方性法规，还包含着国务院的决定和命令，以及省、自治区、直辖市国家权力机关制定的决议；《立法法》第 108 条规定仅仅将行政法规、地方性法规及自治条例和单行条例作为全国人大委员会合宪性审查的对象，至于国务院的决定和命令，以及省、自治区、直辖市国家权力机关制定的决议与宪法相抵触的问题，《立法法》则未作出规定。[1] 但是，《立法法》所规定的地方性法规扩展了《宪法》第 67 条规定所界定的"地方性法规"的范围，《宪法》第 67 条第 8 款中规定的"地方性法规"只是"省、自治区、直辖市国家权力机关制定的"，而《立法法》第 80 条规定所指称的"地方性法规"则是除了省、自治区、直辖市国家权力机关制定的以外，还包括"设区的市的人民代表大会及其常务委员会根据本市的具体情况和实际需要，在不同宪法、法律、行政法规和本省、自治区的地方性法规相抵触的前提下"制定的地方性法规。同时，《立法法》第 108 条第 2 款规定全国人大常委会有权撤销同宪法、法律和行政法规相抵触的地方性法规时，并未规定但书条款将设区的市的人大及其常委会制定的地方性法规排除在外，所

---

[1]《立法法》第 108 条第 2 项规定："全国人民代表大会常务委员会有权撤销同宪法和法律相抵触的行政法规，有权撤销同宪法、法律和行政法规相抵触的地方性法规，有权撤销省、自治区、直辖市的人民代表大会常务委员会批准的违背宪法和本法第 85 条第 2 款规定的自治条例和单行条例。"

以，合宪性审查的地方性法规应当包含较大的市的人大及其常委会制定的地方性法规。

第三，提出合宪性审查要求或建议的主体是国家机关、社会团体、企事业组织和公民个人。《立法法》第110条规定："国务院、中央军事委员会、国家监察委员会、最高人民法院、最高人民检察院和各省、自治区、直辖市的人民代表大会常务委员会认为行政法规、地方性法规、自治条例和单行条例同宪法或者法律相抵触，或者存在合宪性、合法性问题的，可以向全国人民代表大会常务委员会书面提出进行审查的要求，由全国人民代表大会有关的专门委员会和常务委员会工作机构进行审查、提出意见。前款规定以外的其他国家机关和社会团体、企业事业组织以及公民认为行政法规、地方性法规、自治条例和单行条例同宪法或者法律相抵触的，可以向全国人民代表大会常务委员会书面提出进行审查的建议，由常务委员会工作机构进行审查；必要时，送有关的专门委员会进行审查、提出意见。"2019年12月16日第十三届全国人民代表大会常务委员会第四十四次委员长会议通过的《法规、司法解释备案审查工作办法》（以下简称《工作办法》）第21—22条也对此作出了较明确的规定。[1] 可见，《立法法》及《工作办法》对提出合宪性审查要求或建议的主体作出了明确划分：向全国人大常委会提出合宪性审查要求的主体必须是国务院、中央军事委员会、最高人民法院、最高人民检察

---

[1] 第21条规定："国家机关依照法律规定向全国人大常委会书面提出的对法规、司法解释的审查要求，由常委会办公厅接收、登记，报秘书长批转有关专门委员会会同法制工作委员会进行审查。"
第22条规定："国家机关、社会团体、企业事业组织以及公民依照法律规定向全国人大常委会书面提出的对法规、司法解释的审查建议，由法制工作委员会接收、登记。法制工作委员会对依照前款规定接收的审查建议，依法进行审查研究。必要时，送有关专门委员会进行审查、提出意见。"

院和各省、自治区、直辖市的人大常委会，向全国人大常委会提出合宪性审查建议的主体则是除此以外的其他国家机关和社会团体、企事业组织及公民。

第四，合宪性审查是一种事后备案审查。合宪性审查的备案制度早在 1987 年国务院办公厅发布的《关于地方政府和国务院规章备案工作的通知》及全国人大常委会办公厅、国务院办公厅发布的《关于地方性法规备案工作的通知》之后就初步确立了。[1] 随着 1990 年 2 月 18 日国务院发布的《法规规章备案规定》和 2001 年 12 月 4 日国务院发布的《法规规章备案条例》的施行，我国形成了比较完备的法规规章备案审查制度。然而，作为我国合宪性审查的法规备案审查制度是随着《立法法》的颁布而确立的，该法第 109 条规定："行政法规、地方性法规、自治条例和单行条例、规章应当在公布后的三十日内依照下列规定报有关机关备案：（一）行政法规报全国人民代表大会常务委员会备案；（二）省、自治区、直辖市的人民代表大会及其常务委员会制定的地方性法规，报全国人民代表大会常务委员会和国务院备案；设区的市、自治州的人民代表大会及其常务委员会制定的地方性法规，由省、自治区的人民代表大会常务委员会报全国人民代表大会常务委员会和国务院备案；（三）自治州、自治县的人民代表大会制定的自治条例和单行条例，由省、自治区、直辖市的人民代表大会常务委员会报全国人民代表大会常务委员会和国务院备案；自治条例、单行条例报送备案时，应当说明对法律、行政法规、地方性法规作出变通的情况；（四）部门规章和地方政府规章报国务院备案；地方政府规章应当同时报本级人民代表大会

---

[1]　曹康泰主编:《政府法制建设三十年的回顾与展望》，中国法制出版社 2008 年版，第 192 页。

常务委员会备案；设区的市、自治州的人民政府制定的规章应当同时报省、自治区的人民代表大会常务委员会和人民政府备案；（五）根据授权制定的法规应当报授权决定规定的机关备案；经济特区法规、浦东新区法规、海南自由贸易港法规报送备案时，应当说明变通的情况。"因此，我国法规合宪性审查案必须是在法规制定并公布后 30 日内向相应国家机关备案之后进行的，这种审查当然是典型的事后审查。除了《立法法》第 109 条规定的备案程序、第 110 条规定的提起审查的要求或建议程序，第 112 条还进一步规定了具体实施审查的程序。[1] 2000 年 10 月第九届全国人大常委会通过《行政法规、地方性法规、自治条例和单行条例、经济特区法规备案审查工作程序》，在《立法法》之基础上对我国法规合宪性之备案审查工作程序作出了更加详尽的规定。

第五，合宪性审查的后果是撤销违宪的行政法规、地方性法规及自治条例和单行条例，从而排除了需废止或终止与宪法相抵触的条文或内容之情形。以撤销之方式实施合宪性审查，意味着只要法规与宪法相抵触或违背，就将整部法规全部撤销，使之不再具有任何法律效力。

---

[1]《立法法》第 112 条规定："全国人民代表大会专门委员会、常务委员会工作机构在审查中认为行政法规、地方性法规、自治条例和单行条例同宪法或者法律相抵触，或者存在合宪性、合法性问题的，可以向制定机关提出书面审查意见；也可以由宪法和法律委员会与有关的专门委员会、常务委员会工作机构召开联合审查会议，要求制定机关到会说明情况，再向制定机关提出书面审查意见。制定机关应当在两个月内研究提出是否修改或者废止的意见，并向全国人民代表大会宪法和法律委员会、有关的专门委员会或者常务委员会工作机构反馈。全国人民代表大会宪法和法律委员会、有关的专门委员会、常务委员会工作机构根据前款规定，向制定机关提出审查意见，制定机关按照所提意见对行政法规、地方性法规、自治条例和单行条例进行修改或者废止的，审查终止。全国人民代表大会宪法和法律委员会、有关的专门委员会、常务委员会工作机构经审查认为行政法规、地方性法规、自治条例和单行条例同宪法或者法律相抵触，或者存在合宪性、合法性问题需要修改或者废止，而制定机关不予修改或者废止的，应当向委员长会议提出予以撤销的议案、建议，由委员长会议决定提请常务委员会会议审议决定。"

由于中国式宪法审查制度所审查的客体主要是法规与司法解释，实施审查的方式是备案审查制，所以在该意义上，我们将这种具有中国特色的宪法审查制度称为"规范性文件备案审查制"。

四、宪法法律化：宪法实施制度化

宪法法律化，顾名思义指宪法像法律一样具有约束力和强制力。宪法法律化，重点解决两个问题：一个是理论与认知问题，即宪法首先是且必须是法律；一个是制度与实践问题，即实施宪法的司法性机关的建立与司法适用实践经验的积累。"宪法是法律"这一判断并非不证自明的箴言，由宪法是法律到宪法具有法律的实际效力，这一过程并非自然生长，而是社会诸多利益力量长期、反复地博弈与妥协而产生的。从世界各国立宪与行宪史察之，自宪法到法律之生成规律，一般渐次经历两个发展阶段，即宪法的法律宣言化与宪法实施的制度化及宪法的个案适用与解释。一国、一社会的法治之标志或许存有诸多判断标准，但有一标准是公认的，即必须存在一个受宪法控制的有限政府。倘若一国宪法不能约束权力之滥用，无法保障公民基本权利免遭权力者的侵害，社会中仍有权力者凌驾于宪法之上而不受宪法制约，则法治断无实现之可能。由于宪法在本质上是限制国家政府权力的法律，因此，检验当代国家法治实现程度的重要标准就是判断宪法是否具有像法律一样的实际效力，换言之，宪法法律化是评价法治实现的关键指标。

（一）宪法的法律宣言化：宪法法律化的前提

宪法法律化的前提是将宪法以法律的形式宣言化，即以宪法成文文本的方式宣布宪法具有最高的法律效力。从 18 世纪世界上第一部成文宪法《1787 年美国宪法》到 21 世纪的当代各国宪法典考察看，莫不如是。《1787 年美国宪法》第 6 条即规定了宪法最高法律效力条款："本宪法和依本宪法所制定的合众国法律以及根据合众国的权力已缔结或将缔结的一切条约，均为全国最高的法律。即使与任何州的宪法或法律有抵触，各州法官均应遵守。"《1791 年法国宪法》第八编第 4 条规定："以前的法律与宪法相抵触者，如未经立法权予以废止或变更时，仍应遵守。"《1947 年日本宪法》第 98 条规定："本宪法为国家最高法规，凡与本宪法条款相违反的法律、命令、诏敕以及国务的其他行为之全部或一部，一律无效。"《1977 年苏联宪法》第 173 条规定："苏联宪法具有最高法律效力。一切法律和国家机关的其他文件都以苏联宪法为根据，并与苏联宪法相适合。"《1993 年俄罗斯联邦宪法》第 15 条规定："俄罗斯联邦宪法具有最高的法律效力和直接的作用，适用于俄罗斯联邦全境。"《1987 年大韩民国宪法》附则第 5 条规定："本宪法实施当时的法令和条约，如不违反本宪法，可继续有效。"此处不再一一列举。从各国宪法的规定看，宣布宪法具有最高法律效力的宣言模式有三种：一是美国式，直接宣告宪法的最高效力；二是法国式，虽然未直接言告宪法具有最高的法律效力，但宣告说凡是与宪法相抵触的法律皆无效，即间接式宣告（与前面的例子有矛盾）；三是俄罗斯式，不仅宣布宪法的最高效力，还明确规定宪法的直接适用效力。我国 1982 年《宪法》既采取了美国直接式宣告，又采取了法国间接式宣告，1982 年《宪法》序言最后自然段直接宣布宪法具有最高的法律效力："本宪法以法律的形式确认了中国各族人民奋斗的成果，规定了国家的根本制度和根本任务，是国家的根本法，具有最高的法律效力。全国各族人民、一切国家机关和武装力量、各政党和各社会团体、各企业事业组织，都必须以宪法为根本的活动准则，并且负有维护宪法尊严、保证宪法实施的职责。"《宪法》第 5 条又承接序言采取了间接式规定了宪法的最高法律效力："一切法律、行政法规和地方性法规都不得同宪法相抵触。一切国家机关和武装力量、各政党和各社会团体、各企业事业组织都必须遵循宪法和法律。一切违反宪法和法律的行为，必须予以追究。任何组织和个人都不得有超越宪法和法律的特权。"从各国宪法文本语言看，宪法一般采用了普通法的语言：宪法被叫作"法律"；宪法被认为具有最高的法律约束力；与之违反的法律或行为被视为"非法"或"无效"。从我国 1982 年《宪法》文本所书写的语言看，其不仅明确规定了宪法是法律的形式和具有最高的法律效力，还在第 5 条规定中以一种绝对的语言结构，即三个"一切"和一个"任何"，使宪法获得了至尊至上的法律地位。据此，1984 年《中国大百科全书·法学》明确将宪法界定为"具有最高法律效力的法，是据以制定其他法的法律基础"。[1]

宪法的法律宣言化所涉及的一个基本理论是，宪法为什么具有法律效力？宪法何以以法律的形式宣布自身具有最高的法律效力？这也是长期以来人们存在的疑问，即宪法制定并颁布实施了，不就自然是法律了吗？何必提出"宪法法律化"之命题？宪法为何具有法律效力？根据考文教授的观点，美国宪法具有"高级法"的背景，即美国宪法表达了更高级的法——自然法，而"自然法约束着人间的最高权力，它统治着教皇和皇帝，也同样统治着统治者和具有主权的人民，事实上，它统治着整个人类社会。无论成文法规，还是当局的任何条例，无论惯例还是民

---

[1]《中国大百科全书·法学》，中国大百科全书出版社 1984 年版，第 638 页。

众的意欲，皆不得超出它所设定的界线。任何事情，只要与自然法颠扑不破的永恒原则相冲突，就是无效的，因而也就不能约束任何人"[1]。既然自然法具有不言而喻的效力，宪法又是自然法的人间表达，那么宪法当然具有与自然法相同的效力。但是，这种论证往往遭人诟病，如果宪法具有像自然法一样的效力，人类就无须制定成文的宪法和法律了。正如西塞罗所言，具有不证自明的约束力的自然法，只对好人有效，对坏人则不起作用。自然法发生并存在于自然状态，它不适合人类社会状态。从自然状态到社会状态，从自然法到法律，是全体社会成员相互选择的结果，是相互承认并自愿接受共同规则约束的结果，因而令人信服的宪法效力论证来自卢梭的社会契约论。卢梭认为，法律是"公意的行为"，全体人民的共同意志就是法律，其效力来自每个人各自的意志承认。换言之，法律效力的终极源泉是人民及组成人民的每个人的自我承诺与允诺。法律是由人民制定的，人民赋予了法律以法律力量。正是在此意义上，卢梭才指出："我们无须问君主（即执政者，或政府或主权者——笔者注）是否超越法律之上，因为君主也是国家的成员；也无须问法律是否会不公正，因为没有人会对自己本人不公正；更无须问人们何以既是自由的而又要服从法律，因为法律只不过是我们自己意志的记录。"[2]人们普遍承认，制宪者的主体是人民，宪法就是人民自己或人民借助自己的代表机关制定的法律，较普遍法律而言，宪法是最大化公意的行为，其效力自然源自人民自我的社会承认。所以，宪法既是体现了人民最大化公意的法律，又是具有最高法律约束力的法律。英国宪法

---

[1]［美］爱德华·S.考文：《美国宪法的"高级法"背景》，强世功译，北京三联书店1996年版，第12—13页。
[2]［法］卢梭：《社会契约论》，何兆武译，商务印书馆1980年版，第51页。

学家惠尔指出："人民或代表人民的制宪会议有制定宪法的权威。此种宣告被认为不只是炫耀的辞藻，而被接受为法律。"[1]在此意义上，英国19世纪晚期的宪法学家戴雪指出，英国宪法分为两部分，一是以各种了解、俗例或典则构成，二是以法院所施行的规则构成。前者严格言之不能算是法律，后者确是法律，而只有后者才能构成英国宪法的法律全体。但即使前者，也具有约束力，其所有效力几乎可以企及法律所有；而"当宪典能约束个人的行动，一如法律，在此际宪典所有效力只起源于一件事实，即凡人违反宪典必至于违反法律"。[2]换言之，英国宪法既是法律，又具有法律的约束力。

宪法自身是无言的，其效力得由具体的执法与司法机构通过执法司法行为而保障。无保障的法律，违法违宪的行为，如果不能得到追究，那么即使法律写了千万次具有效力的规定，也是毫无意义的。列宁说："如果没有一个能够强迫人们遵守法律规范的机关，则所谓法律就等于零。"[3]所以，宪法自身宣告其具有最高的法律效力，只是宪法法律化之第一步，宪法能否成为具有实际约束力的法律还是一个未知的问题。凡是有宪法而无法治的国家，大抵只停留在宣言化阶段。然而，宪法法律的宣言化是宪法成为法律的关键一步，因为宪法法律化是制宪者的目的与意图之所在，制宪者之目的就是希望以宪法规制国家权力与保障公民基本权利。宪法是母法，也在于它是评判一切法律法规是否有效的唯一法律标准，合宪者有效，违宪者则无效。没有宪法法律宣言化，就没有法治国的希望与可能。宪法以宣言的方式宣告它具有最高的法律效力，

---

[1] ［英］K.C.惠尔：《现代宪法》，翟小波译，法律出版社2006年版，第51页。
[2] ［英］戴雪：《英宪精义》，雷宾南译，中国法制出版社2001年版，第458、446页。
[3] 《列宁文选》（两卷本），人民出版社1954年版，第246页。

决不是无病呻吟、可有可无，更非像有的学者所说的这是全国人大的
"决心表白"。[1]宣言的重大意义在于：制宪者——人民公开向全体社会
成员宣告他的立宪目的，以使解释者、实施者明确清楚地贯彻其意图，
因为立宪者的意图才是解释者与执行者遵循的基本标准。

（二）宪法实施的制度化及其解释

宪法成为法律并具有最高的法律效力，仅凭宣言式的宣告是远远不
够的，因为宪法自身缺乏具体实施的手段与制度。法律之所以有效力，
不仅在于法律具有违反后的责任承担，还在于设有审判机关与执行法律
的机关保证其司法适用。因此，要使宪法具有最高法律效力，必须使宪
法规范获得强制力的制度保障，即设定宪法适用的机构，保证对于一切
违反宪法的行为必须予以追究。所以，自成文宪法出现后，作为具有法
律效力的宪法未必被当作法律对待。现实是，宪法制定出来并颁行，并
不意味着宪法就是法律，并像法律一样具有拘束力。因为宪法与普通法
律之最大区别就在于宪法自身缺乏像法律规范的逻辑结构一样的责任后
果，即违宪者如何承担法律责任或由谁追究违宪者的责任；还在于宪法
语言及其规范的高度抽象性、模糊性与概括性，因为不易直接适用，它
自身往往需要借助法律的具体化及相关制度的健全化予以落实。针对宪
法作为基本法或根本法与普通法律的区别，斯诺维斯明确指出："基本
法的初衷是约束主权，普通法的初衷是约束个人行为。只有在这个意义
上，基本法才被理解为一种工具，它能约束的只能是政治的或道德的行
为，而非法律行为。"[2]因此，在一般情形下，宪法实施不可能按照像实

---

[1] 翟小波：《人民的宪法》，法律出版社 2009 年版，第 38 页。
[2] ［美］西尔维亚·斯诺维斯：《司法审查与宪法》，湛洪果译，北京大学出版社 2005 年版，
   第 5 页。

施普通法律的常规方式进行。只要宪法实施的保障制度未确立，即使以法律的形式宣告宪法具有最高的法律效力，宪法也往往不被视为真正具有效力的法律。

　　从世界立宪史观之，无论是美国还是欧洲各国或其他国家，在有宪法却无宪法审查制度的时期，宪法都不曾被当作法律看待。英国历史学家梅特兰在 20 世纪初期就指出："'宪法'不是法律文件中的专门术语。"[1] 两次世界大战期间，在欧洲那些制定了宪法却无宪法审查机构的国家，宪法"实际上没有最高效力，对议会也没有约束力"，因为它们普遍拒绝了宪法法律的制度化建构。美国宪法学者斯诺维斯在重新考察了美国司法审查制度的起源后发现，尽管在 1803 年马歇尔关于马伯里诉麦迪逊案判决之前就已存在司法审查的事实，但当时的司法权认为宪法是不同于普通法的某种政治工具，作为对主权而非个人行为的限制，宪法不隶属于司法权的适用与解释，当时宪法的某些司法适用和解释的事实，也不足以认定宪法实施属于传统法律责任的范畴。只有当马歇尔通过对宪法的司法运用使宪法受制于成文法规的解释规则时，不同于普通法的宪法才被转变成具有最高效力的法律。是马歇尔成功地实现了悄无声息、不为人知的宪法法律化及宪法的司法实施。这一过程使宪法的司法实施失去了其革命性捍卫的特征，而沦为最高成文法律所作的司法适用和解释。尽管马歇尔的判决似乎使美国宪法法律化了，宪法的法律化运动却经历了大半个世纪才完成，最终形成了一个与判例法及成文法紧密相连的新的法律分支。[2] 不论在美国还是在欧洲，宪法法律化的功

---

[1] ［英］杰弗里·马歇尔：《宪法理论》，刘刚译，法律出版社 2006 年版，第 4 页。

[2] ［美］西尔维亚·斯诺维斯：《司法审查与宪法》，湛洪果译，北京大学出版社 2005 年版，第 2—9 页。

能就是法律处理政治问题，托克维尔在考察了美国的民主制度后指出：
"在美国，几乎所有政治问题迟早都要变成司法问题。"[1]

　　世界各国宪法获得法律约束力的制度措施大致有二：一是使普通法
院或特定法院拥有宪法审查的权力；二是对违反宪法规范、侵害基本权
利的行为追究其违宪责任，对基本权利的被侵害者予以宪法救济。宪法
审查制、责任追究制与人权救济制都属于制度化范畴，也就是将宪法法
律的宣言化固化为一种制度，以制度的建立来保障宣言化的落实。只有
宣言而无制度，就会使宪法沦落为一种道德说教，除了具有道义上的
力量外，将不会具有物质的强制力。宪法法律的制度化路径选择有三
种：一是英国式的，虽无成文宪法典，但宪法规则却"是由法院规定
与执行个人权利后所产生的效果"[2]的产物，简言之，宪法是司法的结
晶；二是宪法自身没有明确规定合宪性审查制与人权救济制，而是通过
长期的现实的政治力量的不断较量取得，譬如美国式的宪法审查制；三
是宪法自身规定了实施机构与救济制度，譬如20世纪中后期制定颁行
的宪法大都规定了实施宪法规范的宪法法院或宪法委员会，以及宪法诉
愿与宪法救济制度。宪法实施的制度化是宪法具有最高法律效力的物质
力量，中国百年立宪史表明，若光有空洞的宣言，而缺乏具体的实施
制度，则宪法徒有其表。正如潘恩所言："宪法不仅是一种名义上的东
西，而且是实际上的东西。它的存在不是理想的而是现实的；如果不能
以具体的方式产生宪法，就无宪法之可言。"[3]宪法实施的制度化，无非
就是必须要设立保障宪法实施的机构，无论这一机构的名称叫什么，是

――――――――――

[1]［法］托克维尔：《论美国的民主》(上卷)，商务印书馆1988年版，第310页。
[2]［英］戴雪：《英宪精义》，雷宾南译，中国法制出版社2001年版，第245页。
[3]［美］潘恩：《潘恩选集》，马清槐等译，商务印书馆1981年版，第146页。

普通法院还是特设的宪法法院或宪法委员会，总需先建立起这样一个机构，否则，宪法的实施就是空谈。所以，宪法法律制度化是宪法成为法律最关键、最实质的一步。制度是宪法成为活的法律的种子，只要播下了制度之种，就必然开出宪法法律之花。虽然欧洲国家没有成功移植美国式的宪法审查制度，而是创造性地将美国司法审查的精神化为由特定机构司宪法审查之职，然而，正如路易·法沃勒所考察的那样："凡是建立了宪法法院的国家，宪法都取得了长足的进展。宪法法院的一个个判决，催生了人们对宪法和基本人权的尊重，这种尊重以前根本就没有存在过。而缺乏一种有效的合宪性审查制度的国家，这种尊重仍付之阙如，尽管它们也口口声声宣布宪法至上。"于是，"宪法在欧洲和在美国一样，终于都变成了'圣经宝典'"。因此，从目前各国宪法法律化之过程与经验分析，宪法实施的制度化之关键在于合宪性审查制度与宪法解释制度的实施。

第三章
宪法实施：到底实施什么？

自 1982 年《宪法》颁布迄今业已 40 多年，"全面贯彻实施宪法"成为执政党"依法治国"基本方略的重要内容。[1]然而，在我国，"宪法实施"到底实施什么，还是一个需要在学理上进一步思考的问题。

一、宪法实施的问题之辩

（一）"法律实施即意味着宪法实施"论之辩

长期以来，一直存在这样一种宪法实施的观点，即法律是宪法的具体化，法律的实施就意味着宪法的实施，法律权利的保障就意味着宪法

---

[1] 胡锦涛同志于 2002 年 12 月 4 日在首都各界纪念中华人民共和国宪法公布施行二十周年大会上的讲话中专门强调了"全面贯彻实施宪法"的意义，以及如何"全面贯彻实施宪法"的三条路径，即"必须加强宪法宣传教育，提高全体人民特别是各级领导干部和国家机关工作人员的宪法意识和法制观念""必须健全宪法保障制度，确保宪法的实施""必须坚持党的领导，党的各级组织和全体党员都要模范地遵守宪法，严格按照宪法办事"。参见《新华月报》编：《十六大以来党和国家重要文献选编》上（一），人民出版社 2005 年版，第457—458 页。习近平总书记于 2012 年 12 月 4 日在纪念现行宪法颁布施行三十周年的讲话中提出："要保证宪法全面有效实施……必须全面贯彻实施宪法……要坚持不懈抓好宪法实施工作，把全面贯彻实施宪法提高到一个新水平。"

权利的保障。早在 20 世纪 90 年代末期，张友渔就指出："宪法只能规定原则，规定最基本的问题，条文比较抽象一些，不能很具体，要贯彻实施宪法还必须通过宪法制定的法律……它的各项规定只有通过各种具体法律加以体现才能得到实施……只有宪法而没有具体法律，宪法的各项规定就很难得到贯彻。"[1] 该观点又为"马克思主义理论研究和建设工程重点教材"《宪法学》所采纳。该教材认为："法律实施是宪法实施的重要环节，就国家机关而言，立法机关依据宪法制定法律，将宪法原则和规定予以具体化，行政机关依据法律作出行政行为，司法机关依据法律作出裁判，如果其行为违反了法律，可以通过法律机制予以纠正并追究法律责任，使之严格依法行使职权。就社会组织和个人而言，如果其行为违反了法律，要承担相应的法律责任。法律得到实施，便意味着通过法律得到具体化的宪法实质上也得到了实施。"[2] 根据该教材观点，法律是立法机关依据宪法将宪法原则和规定予以具体化的行为规范，行政机关依法执法、司法机关依法司法、社会组织和个人依法守法，不仅使法律得到了实施，还使宪法得到了实施，总之，法律实施即意味着宪法实施。鉴于该教材是"马克思主义理论研究和建设工程重点教材"，其观点具有"真理"属性，意义重大，影响深远，故不得不对该观点提出质疑和辩驳。

首先，法律实施不等于宪法实施，法律实施也不是宪法规范实施之全部。宪法某些原则与规定的确需要法律的具体化，譬如我国《宪法》"总纲"关于国家政治、经济、社会、文化、卫生、医疗、公共道德等方面的政策性条款总共有 32 条，除第 1 条、第 2 条规定外，其他条款

---

[1] 张友渔：《张友渔文选》(下卷)，法律出版社 1997 年版，第 183、259 页。
[2] 《宪法学》编写组：《宪法学》，高等教育出版社、人民出版社 2011 年版，第 296 页。

的语言表述方式均为"主语 + 谓语 + 宾语",而主语部分除了第 3 条规定中写的是"国家机构"外,其他皆为"国家",如"国家保障各少数民族的合法的权利和利益"(第 4 条)、"国家维护社会主义法制的统一和尊严"(第 5 条)、"国家保障国有经济的巩固和发展"(第 7 条)、"国家……可以依照法律规定对土地实行征收或者征用"(第 10 条)、"国家保护社会主义的公有财产"(第 12 条)、"国家发展……事业"(第 19 条—第 22 条)、"国家培养……各类专业人才"(第 23 条)、"国家普及……教育"(第 24 条)、"国家推行计划生育"(第 25 条)、"国家保护和改善……环境"(第 26 条)、"国家维护社会秩序,镇压……,制裁……,惩办和改造……"(第 28 条)、"国家加强……"(第 29 条)、"国家得设立特别行政区"(第 31 条),等等。这些给付性或赋权性规定,皆要求"国家"主动采取某种立法措施,予以具体的法律实施和保障。因此,《宪法》的"总纲"条款可以说必须由具体的法律加以规定和实施。然而,宪法的政策性条款不是宪法的全部,更不是宪法的核心与灵魂,宪法的核心与灵魂在于"公民的基本权利"部分。具体的法律也可能对宪法中的"基本权利"施以保护,譬如原《中华人民共和国物权法》(已废止,以下简称原《物权法》)之目的在于"保护权利人的物权",即依法保护"权利人依法对特定的物享有直接支配和排他的权利,包括所有权、用益物权和担保物权"(原《物权法》第 2 条),实际上是对《宪法》第 13 条关于"法律依照法律规定保护公民私有财产权"的具体化,因此原《物权法》的实施在某种间接意义上可以说使《宪法》第 13 条规定得到了实施,但具体化的原《物权法》对于公民私有财产权的规范保护与《宪法》之于财产权的规范保护依然是两种性质不同的概念,原《物权法》的实施不等于宪法的实施,其中最本质的差异在于

《宪法》与原《物权法》所规范与防范的对象不同。《宪法》规范的对象主要是国家或政府的抽象行为，原《物权法》规范的对象则是平等主体之间的民事法律行为。针对民事主体的侵权，"权利人可以通过和解、调解、仲裁、诉讼等途径解决"（原《物权法》第32条），但是，如果国家或政府的抽象行为侵害了公民的私有财产权利譬如政府征收或征用公民财产，就无法依靠原《物权法》的实施得以救济，必须依靠宪法，从宪法层面得到治理。所以，宪法实施与法律实施是不同意义上的法实施活动，即使法律得到了有效实施，也不意味着宪法关于基本权利的规范得到了实施。宪法尚且实施不好，遑论法律。因为宪法没有实施或实施得不好，就意味着宪法缺乏应有的权威，没有权威的宪法，就没有权威的法律。

其次，宪法实施不同于法律实施之深层原因还在于宪法权利与法律权利之不同。宪法权利在宪法上就是"公民的基本权利"或"人权"。公民的基本权利之所以是"基本"，是因为这些权利是公民作为人应该享有的道德权利，是人所固有的资格权利，仅仅基于"一个人"的资格所具有的权利，不是国家或政府赋予的，也不是宪法自身创设的，而是以"宪法"的名义确认的，因此，它们先于宪法、先于并高于国家或政府，国家或政府只能予以扩大和保障，而不能限制或克减。宪法权利或公民基本权利实现的义务主体是国家或政府。宪法权利可以同时由法律予以确认与保障，由此形成法律权利，然而法律权利往往是一种与利益有关的权利，法律权利实现的义务主体一般是自然人或法人。譬如财产权既是宪法权利，又是民法权利，宪法和法律从不同的层面给予财产权以保护：宪法层面保护的是公民财产权免遭国家或政府的侵害，民法层面保护的则是免遭自然人或法人的侵害。诸如此类的宪法权利与法律权利可以并存，但不能说因为法律权利得以保障，故而宪法权利也得到了保障。其实，近代宪法的出现，就是基于法律无法遏制国家或政府层面对个人权利的侵害。因为法律是"国家"制定的，国家可制定法律，也可废止法律，当国家或政府以"法律"的名义侵害个人的权利自由时，法律自身是无力保护个体权利的。所以，法律权利之保障不能视为宪法权利之保障。

再次，法律实施与宪法实施采取不同的进路。法律实施机制是人民法院之各个具体法庭的规范适用与规范解释；宪法实施机制同样需要实施宪法的具体机构。凡是法律上的诉讼，往往可以通过法院实现，而宪法上的诉讼，人民法院一般不予受理，因为其缺乏解决宪法诉讼的职能。譬如财政部于 2012 年 3 月 17 日制定的《民航发展基金征收使用管理暂行办法》构成了对公民财产权的征收侵害，对这样的诉讼难以通过行政诉讼实施救济，因为法院行政诉讼法庭没有受理政府抽象性行为的职权，说到底，法庭缺乏受理宪法诉讼的资历与能力，专门的宪法诉讼法庭才能胜任。再譬如，农民工随迁子女高考受限的户籍性规定，以及法院法官作为"劳动者"常态化加班加点的做法，皆涉及对《宪法》第43 条关于"中华人民共和国劳动者有休息的权利"、第 46 条关于"中华人民共和国公民有受教育的权利和义务"和第 33 条关于"中华人民共和国公民在法律面前一律平等"等规定的侵犯，而这些宪法权利的相关诉讼在我国是不可能被人民法院受理的，只因为它们是"宪法上的诉讼"，而非法律上的普通诉讼。换言之，仅仅通过法律实施无法涵盖宪法权利的规范实施。

最后，将法律实施等同于宪法实施具有极大的危害性。法律实施意味着宪法实施的观点根本否定了宪法实施的必要性。既然"法律得到实施，便意味着通过法律得到具体化的宪法实质上得到了实施"，那么宪法实施还有存在的必要吗？只要实施法律就可以实施宪法，那么宪法实施何以有立足之地？以法律实施取代宪法实施的观点实际上也否认了党的十七大报告中关于"加强宪法和法律实施"的共识，以及胡锦涛同志在《在首都各界纪念中华人民共和国宪法公布施行二十周年大会上的讲话》中关于"全面贯彻实施宪法"的主张。其实，宪法实施才是法律实施的关键，宪法实施意味着宪法权威的树立，如果宪法没有权威，何谈法律之权威？在此意义上，"依法治国首先是依宪治国"之命题才能成立，因此，法治首先是宪法之治，没有宪法之治的"法治"，不是真正意义上的法治。而法律实施即为宪法实施的观点无疑是欲通过"法律"树立"宪法权威"，可谓本末倒置。

（二）"国家机构规范实施就是宪法实施"论之辩

除了上述关于"法律实施即意味着宪法实施"论之外，还有一种普遍认同的观点，即"国家机关规范实施就是宪法实施"论。当宪法被指责为"闲法"时，有人就会辩驳说：宪法关于"国家机构"的规定都处于实施之中，国家机构按照宪法规定建立，其职权也依照宪法规定运行，譬如各级人大按照宪法规定每年举行一次，并依照宪法行使其职权；全国人大常委会依照宪法定期举行常委会会议，并行使职权；国务院依照宪法定期举行国务院常务会议，并行使其职权；等等。因此，不能说宪法是一种"闲法"，"国家机构"规范的实施也意味着宪法的实施。

宪法之"国家机构"的规范是我国国家机构设立的依据与职权来源，由于我国宪法对国家机构职权的规定采取了列举加概括相结合的方式，因此国家机关的职权理论上说处于"无限"之中，即权力无限而非

"有限"。当权力与权利同处于一个时空时，权力疆界愈大，则权利疆界愈小，反之亦然。当权力全部是列举式的，当然意味着未列举的就是人民所保留的权利，权力者不得逾越；然而当权力边界不是纯粹列举而是处于未定又有扩张之时，权利的疆界就极不确定，因为权力可能随时侵占"权利"的地盘。所以，在我国，宪法关于"国家机构"规范的实施不仅不能有效地防范权力之于权利的侵害，还从某种程度上来说加深了这种侵害，因为权力规范是"活"的，而唯独基本权利规范是"死"的，如此无法启动"权利制约权力"的宪法机制，以权利对抗权力的野心。如果"基本权利"规范不能有效实施，就只能任凭权力主体的宰割，"国家尊重和保障人权"就会成为一纸空文。现实也表明，这种推论与担忧是有据可考的。所以，"国家机构"宪法规范的实施无法表明宪法的真正实施，只有让人们亲身感受到自身基本权利有所保障，才可能说宪法得以实施了。

"国家机构规范实施就是宪法实施"论也否定了宪法关于基本权利规范实施的必要性。既然宪法关于国家机构的规范的实施意味着宪法的实施，就没有必要再谈宪法实施问题了。如果按照这种观点看待我国 1982 年《宪法》的实施，应当说已经实施得很好了，因为"国家机构"按照宪法规定得到了充分运行。然而，国家机构规范实施得再彻底，也无法取代"公民的基本权利"规定的实施，基本权利规范实施之日，才是宪法真正实施之时。现代宪法实施的重点是人权规范，没有一定的制度机制加以实施，人权规范就等于没有。人权规范不能充当国家的门面与摆设，它必须是实实在在的有效规范。如果宪法文件中写着"人权"规范，却一直没有相应的程序机制启动实施，那么这种"人权"规范有何价值与意义呢？所以，宪法实施，关键在于人权规范的实施。权力规范的实施只是宪法实施之部分，而且不是最重要的部分，因此，它的实施不能取代整个宪法的实施，更不能取代人权规范的实施。

二、基本权利规范的实施是宪法实施的本质与目的

（一）基本权利规范实施是宪法目的所在

一部宪法无非涵盖两大部分规范内容：一部分是权力规范，另一部分是人权规范，即基本权利规范。宪法实施之本质与目的何在？宪法实施到底实施什么？在笔者看来，宪法实施，最终实施的是人权规范即基本权利规范，换言之，基本权利规范实施是宪法目的之所在。

宪法目的何在，自世界第一部成文宪法即《1787年美国宪法》出台后就存在争议。美国学者一般认为，美国宪法之基本精神是：联邦政府是授权政府，其权力来自选民之授权，那些列举的权力是基于保障美国人民享有未列举的、无数的对抗联邦政府的权利之目的而产生的。人民的权利与联邦政府的权力之间的关系是关乎制宪者共和政府理念的核心，制宪者相信列举的政府权力与人民保留的剩余权利之间是相互的，既然一切权力属于人民，列举出来的权力是人民让渡出来的权力，那么这些列举的权力明示授予政府行使，未列举的剩余权力则皆属于人民保留的对抗政府的权利，由人民所享有，政府不得染指。这就是《1787年美国宪法》只规定了权力规范部分而未规定人权规范部分之因。然而，当9月17日制宪会议结束之日和宪法签署之时，虽然几乎所有出席制宪会议的代表都在宪法文本上签了字，但弗吉尼亚州的梅森与格里拒绝在文件上签字，主要原因就在于宪法草案没有包括《权利法案》。此后，

他们与反联邦党人一起继续抨击宪法的失败在于没有采纳《权利法案》。那么为何以汉密尔顿为首的联邦党人拒绝《权利法案》？其中有两个原因：他们相信《权利法案》是不必要的，更重要的是，他们相信其具有危险性；联邦党人认为，《权利法案》之所以是多余的，是因为国家政府架构充分地保护了人民的权利，政府权力是列举式的，因而是有限权力。在多数情况下，联邦政府缺乏可能影响公民自由行动的权力。而制宪者所选择的政府权力结构实际上确立了个人为维护自身权利可以采取任何措施对抗国家政府，政府却缺乏权力阻止人民的行动。所以，当制宪者选择只赋予国家政府具体的列举式权力时就已经意识到该事实。同时，原初宪法的制宪者选择反对这样列举的权利是因为存在权利遗漏的危险，詹姆斯·威尔森（James Wilson）曾明确表达这样的担心："如果我们试图列举权利清单，那么那些未被列举的其他权利将推定是政府给予的，其后果是：一个不完美的列举将把所有默示权力扔给了政府，人民的权利将变得不完善。"因而，联邦党人害怕权利的列举意味着国家政府有权力删减未被明确表达出来的任何权利。而制宪者的信仰是人民保留权利以对抗联邦政府。所以，联邦党人不希望列举权利清单。但以梅森和格里领导的反联邦党人坚称《权利法案》对于保障个人权利而言是必需的。双方争论看似针锋相对，但其焦点在于如何更好地保护人民的权利，因为双方一致认为，人民具有某些不能由国家政府克减的基本权利。尽管《权利法案》遭到了联邦党人的反对，但前十条修正案于1789年在国会获得通过，两年后获得了各州人民的批准。因为制宪者明白授予的权力与保留的权利是同一硬币的两面，宪法对某些特定权利的列举规定既不得作减少对人民保留的其他权利的重要性的解释，也不得作扩大宪法授予政府权力的解释。所以，在联邦党人和反联邦党人看来，他们都同意宪法之目的在于保障公民的基本权利，只是在保障的方式与手段上存在分歧。因此，宪法旨在保障基本权利自始就为制宪者所认同。1789 年法国《人权宣言》第 16 条规定就将"权利无保障"的社会视为没有宪法的社会；我国全国高等学校法学专业核心课程教材《宪法》也将"民主和人权"作为宪法最核心的价值追求，把民主和人权视为宪法的最终归宿，并断言，"一部宪法，如果失去了对人权和民主的价值追求，就丧失了宪法的核心原则，从而也就不能称其为宪法"。[1]韩大元教授指出，"宪法的目的是限制权力、保障人权……通过宪法，人类赋予国家一种理性和人性，防止国家对个体权益的侵犯"，所以，"宪法的诞生揭开了人类文明的新的篇章"。[2]无论是马克思关于"法典是人民自由的圣经"的命题，还是列宁关于"宪法是写着保障人民权利的一张纸"的表达，都表明宪法的目的在于保障基本权利。因此，宪法之基本权利规范的实施才是宪法实施的核心与价值。

（二）权力规范实施旨在保障基本权利

国家各级权力机关的权力行使之目的皆在于"保障和尊重人权"。从《宪法》第 2 条规定中关于"一切权力属于人民"的原则出发可知，一切国家机关的权力属于人民之授权或赋权，即"权由人民所赋"。人民赋予国家机构权力之目的何在？ 1776 年美国《独立宣言》明确表达了人民赋权之现代政府理念，即"我们认为这些真理是不言而喻的：人人生而平等，所有的人皆被上天赋予了某些不可让渡的权利，这些权利

---

[1] 周叶中主编：《宪法》，高等教育出版社、北京大学出版社 2000 年版，第 155—156 页。
[2] 韩大元：《宪法与社会共识：从宪法统治到宪法治理》，载《交大法学》2012 年第 1 期，第 9、10 页。

包括生命、自由和追求幸福；正是为了保障这些权利，人们才组建政府，而政府的正当权力源自被统治者的同意；无论何时，任何形式的政府只要毁坏这一目的，人民就有改变或废除这种政府的权利，同时组建新的政府"。我国作为社会主义国家，更是将"尊重和保障人权"载入《宪法》文本。任何一个国家政府如果不把保障人权作为其执政的理念，其执政的正当性与合法性能持续多久呢？

回到我国宪法关于"国家机构"的规范上。我国1982年《宪法》第三章"国家机构"部分就全国人大及其常委会、国家主席、中央军委、国务院、地方各人大和各级政府、民族自治地方的自治机关、人民法院和人民检察院等各级权力机关、行政机关、司法机关的性质、职权范围、组织构成等作出明确规定。全国人大及其常委会与地方人大，以及省、直辖市人大及其常委会分别享有国家立法权和地方立法权。作为立法机关，无论国家还是地方权力机关均应以立法形式确认和保障公民的各类权利和自由。胡锦涛同志曾要求："全国人大及其常委会，要从国家和人民的根本利益出发，在立法过程中充分保障宪法规定的公民的自由和权利……地方各级人大及其常委会要切实保证宪法在本行政区域内得到遵守和执行。"[1]作为国家权力执行机关的各级人民政府即国务院和地方各级国家行政机关，其职能是依照宪法和法律负责执行和实施宪法与法律，以行政执行的方式保障公民的权利与自由；作为国家审判机关的各级人民法院，以审理案件的方式对争议双方的权利予以公平保障；作为国家法律监督机关的各级人民检察院，依照法律

---

[1] 胡锦涛：《在首都各界纪念中华人民共和国宪法公布施行二十周年大会上的讲话》，载《新华月报》编：《十六大以来党和国家重要文献选编》上（一），人民出版社2005年版，第458页。

独立行使检察权，以监督法律的正确实施，从而保障公民的权利与自由的实现。可见，我国宪法中关于国家机构的权力规范皆以实现和保障公民权利为鹄的，从而可以说权力规范的实施旨在保障公民的基本权利。

从国家或政府是基本权利实现的义务主体看，权力规范的实施也旨在保障基本权利。因为，既然国家或政府是公民基本权利实现的义务承担者，其权力的行使与运行就应当以如何保障与实现公民基本权利为己任。而宪法上关于国家机构权力规范的规定，实质上是为权力运行的范围与方式划定了界限，依宪依法行使其权力，就能够保障公民基本权利，并使国家和政府成为合格的基本权利实现的义务主体。凡是背离宪法上的权力规范之范围与目的的权力行使，都与保障公民的基本权利这一宪法根本目的相冲突。所以，国家或政府作为实现基本权利的义务主体，也要求宪法上的权力规范的实施旨在保障基本权利。

（三）基本权利规范实施重在保护公民个人权利与自由

基本权利规范重点实施什么？保护什么？笔者认为，基本权利规范的实施重点在于保护公民个体权利与自由的实现。基本权利是普遍性人权，但其实现是以少数人或个体基本权利的实现为标志的，因为人权保障的诉求主要是基于少数或个体的公民提出，少数或个体人权诉求的合理保障与实现则是普通公民的权利实现的前提。正是在此意义上，马克思、恩格斯才指出："每个人的自由发展是其他一切人自由发展的条件。"只有每个人的自由权利都得到了保障，其他一切人的自由权利才能得到发展，否则，一切人的自由发展就是一句空话。这里的"每个人"包括一切人，尤其是失业者、无家可归者、乞丐、犯罪嫌疑人或罪犯、基本权利受侵害者，在我国，还要考虑到下岗者、信访者、拆迁征收征用土地房屋中的受害者、被劳教者、农民工及其子女等。因为他们的基本权利最容易被忽视，只有他们的基本权利得到了切实的立法和司法保护，基本权利的实施才具有真正的意义。针对公民基本权利与自由的侵害往往发生在少数人身上，这些社会上的少数人个体的宪法基本权利与自由遭受政府权力的侵害时，若得不到宪法上的救济，就会使社会的平等与自由等最受珍视的人类价值遭受践踏，从而使社会制度失去正义性。而制度的正义性是人们普遍守法的道德基础，一旦人们认定这个社会对个人的基本权利无法提供法律上的救济保障，人们就不再遵守法律，转而寻求法律以外的权利救济的途径。孟德斯鸠曾把"人民不遵守法律"视为一个国家的腐化[1]，这是很可怕的。所以，考察一个社会的人权实现状况，要看多数人的人权实现的程度，更要看少数人或个体公民的人权实现的程度。一个社会中，多数人的人权往往容易得到实现，而少数人或个体的人权诉求难以被重视，甚至被忽视或蔑视。如果一个社会建设起对少数人或个体人权保护的屏障，让少数人甚至每一个个体的人权诉求基本得到满足，应当说该社会的人权状况就是好的或者是比较好的。反之，如果一个社会不顾少数人或个体人权的保护，而一味以牺牲他们的人权作为满足多数人权利的代价，则该社会会面临多数压迫少数的危险，这对于人权保护而言是极具危害性的，因为每个人都可能成为被压迫、被牺牲的少数人或特定个体。只有建立对少数人或个体人权的保护机制，才能从根本上实现对公民基本权利的保障。

---

[1] [法] 孟德斯鸠:《论法的精神》(上册)，张雁深译，商务印书馆1961年版，第88页。

三、宪法实施机制的追问

（一）宪法实施依靠的力量是什么

包括"宪法实施"与"宪法的实施"在内的概念表述在 1982 年《宪法》中出现了三次，"宪法实施"概念出现在序言最后一段最后一句话中，"宪法的实施"概念出现在第 62 条第 2 款和第 67 条第 1 款规定中。它们都涉及宪法实施所依靠的力量。

序言最后一段最后一句话是："全国各族人民、一切国家机关和武装力量、各政党和各社会团体、各企业事业组织，都必须以宪法为根本的活动准则，并且负有维护宪法尊严、保证宪法实施的职责。"

《宪法》第 62 条第 2 款规定，全国人大行使"监督宪法的实施"之职权；第 67 条第 1 款规定，全国人大常委会行使"监督宪法的实施"之职权。

从序言的表述看，全国各族人民、一切国家机关和武装力量、各政党和各社会团体、各企业事业单位，都负有"保证宪法实施的职责"，是典型的法律义务的判断，只要是法律义务，就必须担负违背义务的责任承担与责任追究。《宪法》序言的表述表达了两种意义：一是宪法实施的主体；二是保证宪法实施的义务主体。一方面，宪法实施无非指向宪法规范在国家现实生活中贯彻落实，靠谁贯彻和落实？自然依靠全国各族人民、一切国家机关和武装力量、各政党和各社会团体、各企业事业组织，只要上述主体在现实生活中以宪法为根本的活动准则，按照宪法规范要求行为，宪法规定自然得到落实和实现。所以，宪法实施主体是上述各个主体，由于实施宪法是他们的共同宪法义务，所以，他们又被称为宪法实施的义务主体；另一方面，从义务判断的完整性看，序言的表述只告诉人们谁是保证宪法实施的义务主体，却未表明谁是义务责任主体，换言之，无论哪个主体违反了其保证宪法实施的职责，都无需承担相应的法律责任。没有责任承担的义务，就缺乏义务的法定效力，从而不能称其为义务。凯尔森指出："一个人在法律上要对一定行为负责，或者他为此承担法律责任，意思就是，他作相反行为时，他应受制裁。"[1] 在此意义上说，义务主体与责任主体是一致的。然而，我国《宪法》序言中所规定的宪法实施的义务主体仅仅是义务主体而已，不能成为责任主体，因而《宪法》序言的规定并不能使上述宪法义务主体成为宪法实施的力量。

《宪法》第62条和第67条规定的不是宪法实施主体本身，而是"监督"宪法实施的义务主体。换言之，全国人大及其常委会是"监督"宪法实施的义务主体，当然它们本身也是宪法实施的义务主体，但更重要的是，宪法把"监督"宪法的实施职责赋予了全国人大及其常委会，所以，全国人大及其常委会既是宪法实施的义务主体，又是宪法实施的监督责任主体。

（二）宪法实施能否进入司法适用

从宪法文本自身的规定分析，宪法实施能否进入司法适用是一个模糊的命题。

首先，从序言所规定的保证宪法实施的主体看，一切国家机关自然包括人民法院。人民法院作为国家的审判机关，在独立行使审判权过程

---

[1]［奥］凯尔森:《法与国家的一般理论》，沈宗灵译，中国大百科出版社1996年版，第73页。

中，其保证宪法实施的职责就体现在对宪法的适用上，应将宪法作为法律发现之最终法源看待，把宪法的原则与规范适用于审判实践活动之中。

其次，从《宪法》第 3 条规定看，"国家机构实行民主集中制的原则"，审判机关都由人大产生，对人大负责，受人大监督。所以，我国实行的是人大"集权"下的"分权"模式，而不是西方式的权力分立与制衡。分权制衡强调各权力机关的独立性及相互间的制约与对抗，民主集中制则强调人大的最终性与各权力机关的配合与合作。分权制衡原则的目的是限制人民的民主权利，是对人民民主的一种不信任；民主集中制则是出于更好地保障人民民主的实现，是对民主的信任。民主集中制原则决定了我国的司法审查模式只能是由最高权力机关实施的宪法审查，从而排除了法院宪法审查的模式。

最后，从第 126 条规定看，人民法院只能"依照法律"而不是"依照宪法和法律"独立行使审判权，因此，宪法实施不能进入司法适用之中。在此需要申明的是，宪法文本中的"法律"，是在狭义层面上使用的，因为，凡是需要提及"宪法"和"法律"的情形，1982 年《宪法》皆将"宪法和法律"并列，以示"宪法"不同于"法律"，"法律"也不能涵括"宪法"。如《宪法》第 5 条规定，"一切法律……都不得同宪法相抵触"，"一切国家机关……都必须遵守宪法和法律。一切违反宪法和法律的行为，必须予以追究"，"任何组织或者个人都不得有超越宪法和法律的特权"；第 33 条规定，"任何公民享有宪法和法律规定的权利，同时必须履行宪法和法律规定的义务"；第 53 条规定，"中华人民共和国公民必须遵守宪法和法律……"；第 99 条规定，"地方各级人民代表大会在本行政区域内，保证宪法、法律、行政法规的遵守和执行"，等等。凡只表达"法律"含义的，都不与宪法并列，纯粹在"法律"的狭义层面上使用。最典型的例子来自第 33 条规定，"公民在法律面前一律平等"，且"任何公民享有宪法和法律规定的权利，同时必须履行宪法和法律规定的义务"。按照概念统一的语义规范要求，使用同一个概念，必须在同一个内涵上使用。如果公民在"法律"面前一律平等是广义的，包括了"宪法"，就没有必要将"任何公民享有宪法和法律规定的权利"与之并列；反之，并列意味着第一次出现的"法律"只是狭义上的"法律"，而不包括"宪法"。由此可见，第 126 条关于人民法院"依照法律"独立行使审判权之规定，排除了"依照宪法"独立行使审判权，换言之，在我国，法院审判的依据是"法律"而不是"宪法"，由此，"宪法"的适用被排除在司法适用之外。从第 126 条规定的规范解释分析，宪法实施不能进入司法适用之中。

（三）现有的宪法审查制度能否成为宪法实施的有效机制

我国现有的宪法审查实行的是全国人民代表大会及其常委会的专门监督制度，具体而言，它是以全国人大常委会为审查主体，以行政法规、地方性法规、自治条例和单行条例、司法解释等规范性文件为主要审查客体，由国家机关和社会团体、企业事业组织及公民提出合宪性审查要求或建议，对法规是否与宪法相抵触之情形进行备案审查，并有权撤销与宪法相抵触或违背的行政法规、地方性法规或自治条例和单行条例；全国人大则有权改变或者撤销全国人大常委会的不适当决定。

我们认为，我国现有的宪法审查制度还不能成为我国宪法实施的有效机制。

第一，它不能保证宪法自身的有效实施。宪法能否实施，不能只看一个国家有无"宪法"，比如部分国家虽颁布了"宪法"，但"宪法"往往得不到实施，从而成为一纸具文，这样的国家有"宪法"却无"宪法的实施"。我国宪法审查机制的启动需要相关主体提出要求或建议，但从有权提起宪法审查的要求主体看，由于它们不可能成为其利害关系人，因此缺乏提出宪法监督程序的直接利害动机。而由有权提出建议的主体启动，往往缺乏具体的回应，从而影响了其他类似建议的提出。

第二，它不能保证法律的有效实施。我国已基本形成社会主义法律体系，但在以宪法为核心的社会主义法律体系中，如果宪法没有实施或者实施得不够好，那么指望宪法以外的法律能够得以实施，几乎是不可能的。韩大元教授对此指出，法律之所以不能发挥有效作用，是因为作为法律的价值基础、道德基础、规范基础的宪法在中国社会没有发挥应有的作用，即它没有权威性，在这种情况下，制定再多的法律、宣布什么法律体系形成也不能解决中国社会当下的问题。[1]宪法实施是法律实施的"顶层设计"，法律实施的重心应当是宪法实施，宪法实施得怎样，直接决定着法律实施的质量与程度。目前的宪法审查制度设计注重的是对"法律"外的规范性文件的审查，而忽视了对"法律"的审查。法律实施的状况没有成为宪法审查的主要内容，更何况还仅仅限于理论上的证明，停留于文本的规定。因此，通过宪法审查保障法律的实施，对我国而言还任重道远。

---

[1]　韩大元：《宪法与社会共识：从宪法统治到宪法治理》，载《交大法学》2012年第1期，第9页。

第四章
中国共产党在加强宪法实施中的领导作用与功能

　　加强宪法实施是自 20 世纪 90 年代末以来党中央会议与党内法规文件反复确认与重申的重大实践问题。[1] 宪法实施的重大意义不言而喻，

---

[1]　1997 年，党的十五大报告中就已经提出了"加强对宪法和法律实施的监督，维护国家法制统一"的要求。2002 年，党的十六大报告中强调"确保法律的严格实施"。2002 年 12 月 4日，胡锦涛同志的《在首都纪念中华人民共和国宪法公布施行二十周年大会上的讲话》中提出"必须健全宪法保障制度，确保宪法的实施"，并明确要求"要抓紧研究和健全宪法监督机制，进一步明确宪法监督程序，使一切违反宪法的行为都能及时得到纠正"。党的十七大报告强调"加强宪法和法律实施"。2012 年 12 月 4 日，习近平总书记在首都各界纪念现行宪法公布施行三十周年大会上的讲话中提出了"保证宪法全面有效实施"的新要求，提出"要坚持不懈抓好宪法实施工作，把全面贯彻实施宪法提高到一个新水平"；明确要求全国人大及其常委会"通过完备的法律推动宪法实施，保证宪法确立的制度和原则得到落实"；党的十八届三中全会提出，"要进一步健全宪法实施监督机制和程序，把全面贯彻实施宪法提高到一个新水平"。2014 年 10 月，《中共中央关于全面推进依法治国若干重大问题的决定》指出："完善以宪法为核心的中国特色社会主义法律体系，加强宪法实施。"党的十九大报告提出："加强宪法实施和监督，推进合宪性审查工作，维护宪法权威。"2018 年 3 月 21 日，中共中央印发的《深化党和国家机构改革方案》规定："为弘扬宪法精神，增强宪法意识，维护宪法权威，加强宪法实施和监督，推进合宪性审查工作，将全国人大法律委员会更名为全国人大宪法和法律委员会。"党的十九届四中全会通过的《中共中央关于坚持和完善中国特色社会主义制度、推进国家治理体系和治理能力现代化若干重大问题的决定》（转下页）

它关乎宪法的生命、尊严与权威，没有宪法的实施或全面实施，宪法就没有其权威、尊严，就会失去其生命力，因此无论怎样强调宪法实施都不过分。然而，宪法的实施不是靠会议文件书写出来的，更不是靠喊口号喊出来的，而是需要依靠各级国家机关、武装力量、各政党、社会团体、企事业组织、公民等皆切实担负起宪法所赋予的维护宪法尊严、保证宪法实施的职责。事实上，正如龚祥瑞先生所说，宪法有没有权威，不取决于法律上的文字游戏，也不取决于各自不同甚至各自对立的道德观念，而是取决于力量对比。宪法规定与实际政治力量对比一致的，就有权威；不一致的，就没有权威。在我国，宪法实施成效不仅取决于公民，还取决于执政党及其所领导的各级国家机关及其公职人员，公民是遵守宪法的主体，而执政党及其领导的国家机关与工作人员不仅是遵守宪法的主体，还是宪法执行与宪法适用的主体。因此，我国宪法实施的关键在于宪法执行与适用。遵守宪法是消极地实施宪法，执行与适用宪法才是积极地实施宪法。在我国，宪法实施就意味着必须将文本上的抽象效力转化为党领导下的实施性制度事实。毋庸讳言，在宪法实施主体问题上，多数学者忽视了中国共产党作为领导党在宪法实施中的主导与领导作用。学者们把更多的注意力集中于国家制度层面的实施主体的健全与完善上，譬如仅仅强调全国人大及其常委会、国务院、地方权力机关等主体在宪法实施中的作用，提及执政党的作用时，至多强调其"领导"作用，而没有把这种"领导"作用转化为"制度领导"事实。譬

（接上页）指出："健全保证宪法全面实施的体制机制……加强宪法实施和监督，落实宪法解释程序机制，推进合宪性审查工作。"中共中央印发的《法治中国建设规划（2020—2025年）》指出，"坚持依宪治国、依宪执政，把全面贯彻实施宪法作为首要任务，健全保证宪法全面实施的体制机制，将宪法实施和监督提高到新水平"，等等。

如，有学者主张中国实行立法机关的违宪审查制，维护了全国人民代表大会的最高权力机关的地位；[1]而更多学者主张设立专门的宪法监督机构来保障宪法的实施。在这种进路中，可能会有名称上的差异，比如宪法监督委员会、宪法监察委员会、宪法委员会等差异。[2]无论学术界提出怎样的观点，基本都是围绕国家制度层面，强调全国人大及其常委会制度内部机构的设置与调整问题，以期通过国家制度层面的相关制度健全与完善，而加强宪法的实施。本书并非否定学者们这种学术努力与学术贡献，更不否认国家层面制度建设在实施宪法中不可替代的功能与作用，而是想强调必须将"党的领导"通过宪法实施的制度机制予以实现，真正贯彻落实党中央提出的"健全党领导立法、保证执法、支持司

[1] 付子堂：《美国、法国和中国宪法监督模式之比较》，载《法学》2000年第5期。

[2] 基本上可以概括为如下几种主张：（1）借鉴法国宪法委员会的模式，并适度加以改造。有两种建议：一是在全国人大之下设立；二是建议在全国人大常委会之下设立，如柳岚生在《略论宪法监督》（载《社会科学》1981年第3期）中主张有必要设立相应的宪法委员会这样的专门性的宪法监督机关，可由全国人大常委会产生宪法委员会作为它的经常工作机构。皮纯协、任志宽（《完善宪法监督保障制度》，载《政治与法律》1986年第4期）、刘桓（《健全我国宪法实施的监督制度》，载《中南政法学院学报》1987年第2期）皆提出这一观点。（2）借鉴德国的宪法法院模式，设立专门的宪法法院，统一行使合宪性审查权。康大民在《建议设立宪法法院》（载《法学杂志》1981年第2期）中建议可以学习南斯拉夫宪法法院的工作经验，设立中华人民共和国宪法法院，并按原来大行政区分片设立中华人民共和国宪法法院分院。胡肖华在《展望中国宪法法院》（载《比较法研究》1989年第1期）中提出在中国设立一个专门宪法监督机构——宪法法院。（3）借鉴美国的司法审查体制，由法院特别是最高人民法院负责合宪性审查。（4）由最高人民检察院行使宪法监督权。（5）设立独立的宪法委员会或设立宪法委员会作为全国人大的常设机关，代表学者孙育玮在《论我国宪法实施的全方位保障》（载《求是学刊》1989年第6期）中，江国华、彭超在《中国宪法委员会制度初论》（载《政法论丛》2016年第1期）中都提出了这一观点；把最高国家权力机关的宪法监督与宪法委员会的专门合宪性审查结合起来（费善诚：《试论我国违宪审查制度的模式选择》，载《政法论坛》1999年第2期）。在全国人大之下设立宪法委员会的方案一直以来最受支持，逐渐成为学术界的主流，目前大多数学者基本坚持这一立场，譬如何华辉、王叔文、吴家麟、蔡定剑、程湘清、全国工商联、韩大元、周叶中、童之伟、秦前红、上官丕亮、任进、李步云、罗晓军、李忠、甄树青、郭春涛、苗连营、于沛林，等等。

法、带头守法的制度机制"[1]最新要求。

　　党中央和习近平总书记多次强调党在全面依法治国中的领导作用。习近平总书记在首都各界纪念现行宪法公布施行三十周年大会上的讲话中指出，"我们要坚持党总揽全局、协调各方的领导核心作用"，并强调"党领导人民制定宪法和法律，党领导人民执行宪法和法律，党自身必须在宪法和法律范围内活动，真正做到党领导立法、保证执法、带头守法"。[2]《加快建设社会主义法治国家》指出："坚持党的领导，是社会主义法治的根本要求，是全面推进依法治国题中应有之义。要把党的领导贯彻到依法治国全过程和各方面。"[3]《中共中央关于全面推进依法治国若干重大问题的决定》指出："把党的领导贯彻到依法治国全过程和各方面，是我国社会主义法治建设的一条基本经验。"习近平总书记在党的十九大报告中也强调："必须把党的领导贯彻落实到依法治国全过程和各方面。"党中央发布的《法治中国建设规划（2020—2025 年）》再次强调要"加强党对全面依法治国的统一领导"。"党对全面依法治国的统一领导"的政治主张和政治要求体现于我国宪法实施领域，就是加强党在宪法实施中的领导作用，而加强党在宪法实施中的领导作用，就不能仅仅停留于口头上，应将党的领导落实到制度机制上，换言之，就是如何把党领导人民实施宪法的作用通过制度机制予以实现。我们将这种制度性领导作用概括为三个方面，即模范遵守、宪法实施中的审查与

---

[1]　参见中共中央印发的《法治中国建设规划（2020—2025 年）》。

[2]　习近平：《在首都各界纪念现行宪法公布施行三十周年大会上的讲话》，载习近平：《论坚持全面依法治国》，中央文献出版社 2020 年版，第 15 页。

[3]　中共中央文献研究室编：《习近平关于全面依法治国论述摘编》，中央文献出版社 2015 年版，第 27 页。

解释功能。

一、加强党在宪法实施中的模范遵守作用

党领导人民制定宪法和法律，也领导人民执行宪法和法律。党及其党员在宪法实施中具有特别重要的地位与作用。历来党的领导人都非常重视党在宪法实施中的模范遵守作用。毛泽东同志在 1954 年中央人民政府委员会第三十次会议上作《关于中华人民共和国宪法草案》的讲话时就指出：宪法草案通过以后，"全国人民每一个人都要实行，特别是国家机关工作人员要带头实行，首先在座的各位要实行"。[1] 1954 年9 月，刘少奇同志在第一届全国人大一次会议上作《关于中华人民共和国宪法草案的报告》时指出：一切国家机关"在遵守宪法和保证宪法的实施方面，就负有特别的责任"，"中国共产党的党员必须在遵守宪法和一切其他法律中起模范作用"。[2] 具体负责 1982 年《宪法》制定的彭真同志针对宪法实施指出："党员必须以身作则，成为奉公守法的模范。"[3] 1982 年修订的《党章》要求："党领导人民制定宪法和法律，一经国家权力机关通过，全党必须严格遵守。" 1989 年 12 月 30 日《中共中央关于坚持和完善中国共产党领导的多党合作和政治协商制度的意见》强调："中国共产党和各民主党派都必须以宪法为根本活动准则，负有维护宪法尊严、保证宪法实施的职责。"[4] 1994 年 9 月 15 日，乔石在首都各界纪念人民代表大会成立 40 周年大会上的讲话中提出了要把

---

[1]《毛泽东文集》(第六卷)，人民出版社 1999 年版，第 328 页。
[2]《刘少奇选集》(下册)，人民出版社 1981 年版，第 168 页。
[3] 彭真：《论新时期的社会主义民主与法制建设》，中央文献出版社 1989 年版，第 188 页。
[4]《十三大以来重要文献选编》(中)，人民出版社 1991 年版，第 823 页。

广大干部，特别是各级领导干部的思想"统一到宪法上来"的主张，要求"切实按照宪法办事"。[1]1994 年 9 月 28 日，在党的十四届四中全会通过的《关于加强党的建设几个重大问题的决定》向全党同志提出了要求，即"各级党组织和全体党员要模范地遵守国家的宪法和法律"。[2]党的十八大以后，习近平总书记提出了"全面依法治国，必须抓住领导干部这个'关键少数'"的思想[3]，因为"各级领导干部作为具体行使党的执政权和国家立法权、行政权、司法权的人，在很大程度上决定着全面依法治国的方向、道路、进度"，尤其是"高级干部做尊法学法守法用法的模范，是实现全面推进依法治国目标和任务的关键所在"。[4]党中央在发布的《法治中国建设规划（2020—2025 年）》中明确提出，"党带头尊崇和执行宪法，把党领导人民制定和实施宪法法律同党坚持在宪法法律范围内活动统一起来，保障宪法法律的有效实施"。从上述党中央及其领导人对执政党及其党员的要求看，党领导人民实施宪法的一个重要方面就是通过党与其党员自身的模范遵守宪法的榜样行为，领导广大人民群众遵守宪法。常言道"榜样的力量是无穷的"，如果全体党员与领导干部在遵守宪法方面起到模范带头与榜样的引领作用，那么我国宪法何愁实施问题。根据中央组织部最新党内统计数据显示，截至2022 年年底，中国共产党党员总数为 9804.1 万名[5]，加上预备党员人数，总数近亿，差不多十个人中就有一名党员。然而，正如许崇德先生

---

[1]《十四大以来重要文献选编》(上)，人民出版社 1996 年版，第 944 页。

[2]《十四大以来重要文献选编》(中)，人民出版社 1997 年版，第 963 页。

[3] 中共中央文献研究室编：《习近平关于全面依法治国论述摘编》，中央文献出版社 2015 年版，第 118 页。

[4] 同上注，第 120—121 页。

[5]《中国共产党党内统计公报》，载中华人民共和国中央人民政府网，http://www.gov.cn/yaowen/liebao/262306/content_6889177.htm，最后访问时间：2022 年 10 月 19 日。

所言："领导人虽曾发表重视宪法的一些讲话，但只是用言辞点到为止。他们一直停留在口头上，而没有进一步考虑去寻找某种可靠的机制。"[1]不过，这种状况已经发生改变。党的十八届四中全会明确要求，把法治建设成效作为衡量各级领导班子和领导干部工作实绩的重要内容，纳入政绩考核指标体系，对此，习近平总书记指出，"要抓紧对领导干部推进法治建设实绩的考核制度进行设计，对考核结果运用作出规定"。[2]也就是说，通过领导干部的考核制度设计，将党历来主张的党员领导干部遵守宪法和法律的模范带头作用予以制度性确认，而不再仅仅停留于口头教化上。《中共湖北省委全面依法治省委员会办公室关于印发省直单位领导班子和领导干部2020年度法治建设绩效考核办法和评价标准的通知》《中共鄂州市委全面依法治市委员会办公室关于印发〈鄂州市市直单位领导班子和领导干部2020年度法治建设绩效考核办法〉等文件的通知》等就是将党员特别是领导干部带头遵守宪法法律的要求制度化。

二、加强党在宪法实施中的审查功能

将党的领导贯彻于宪法实施之中的一个重要制度机制，就是把党的领导作用转化为具体的备案审查或合宪性审查机制。也就是说，以党内法规备案审查机构为载体，通过党内法规备案审查机制使党的领导作用于宪法实施的监督机制，从而加强党在宪法实施中的领导作用。该问题

---

[1] 许崇德：《中华人民共和国宪法史》(下卷)，福建人民出版社2005年版，第560页。
[2] 中共中央文献研究室编：《习近平关于全面依法治国论述摘编》，中央文献出版社2015年版，第127页。

实质上是一个如何建构起党内法规备案审查与国家法规备案审查衔接联动机制的问题。当下的制度设计是建立党委、人大、政府系统备案工作机构共同参与的备案审查衔接联动机制，在组织形式上，备案审查衔接联动机制主要体现为党委、人大、政府系统备案工作机构之间建立工作联系、形成沟通协调机制。张晓燕对此指出，在中央层面，参与备案审查衔接联动机制的主体主要是中共中央办公厅法规局、全国人大常委会办公厅秘书局和全国人大常委会法工委法规备案审查室、原国务院法制办政府法制协调司；在部门和地方层面，参与主体主要是党委、人大、政府系统负责备案审查的工作机构。[1]马立提出通过联席会议制度对党内法规和规范性文件进行合法、合宪性审查，在两套备案审查体系之间架起沟通桥梁。[2]秦前红、苏绍龙则独辟蹊径，建议考虑整合提升中共中央办公厅法规局的备案审查机构和人员，同时考虑与全国人大及其常委会的政治地位相对应，在中共中央设立相对独立的法治监督委员会，为备案审查衔接联动机制的优化升级奠定组织基础。[3]以上学者们的建设性意见虽然比较中肯，但也各自存在一些问题。

　　首先，关于在中共中央设立相对独立的法治监督委员会作为备案审

---

［1］　张晓燕：《党的建设制度改革顶层设计研究》，载《理论月刊》2014 年第 1 期，第 25 页。

［2］　马立新：《党内法规与国家法规规章备案审查衔接联动机制探讨》，载《学习与探索》2014 年第 12 期，第 80 页。

［3］　"中央法治监督委员会主要职责可以作如下设计：对有关国家机关党组报送党中央的重大法律、决定等规范性法律文件草案进行初审，经初审通过的草案报中央审核后，再按法定程序提请有关国家机关决定；对向中央报备的党内法规和规范性文件是否与党章和党的路线方针相抵触，是否同上位党内法规和规范性文件相抵触等党内事项进行备案审查；与全国人大宪法委员会衔接联动，对党内法规和规范性文件是否符合宪法和法律进行审查；经审查认为与党章和党的路线方针等不一致的，以及经与全国人大宪法委员会联动审查认为与宪法和法律不一致的党内法规和规范性文件，应当按程序提出修改意见、退回要求纠正或者予以撤销"（参见秦前红、苏绍龙：《党内法规与国家法律衔接和协调的基准与路径——兼论备案审查衔接联动机制》，载《法律科学》2016 年第 5 期，第 28 页）。

查衔接联动机制的组织基础的建议，是出于加强和改善党中央对国家立法、宪法监督等工作的领导之目的，而充分考虑到要整合提升中共中央办公厅法规局的备案审查机构和人员，以及与全国人大及其常委会的政治地位相对应的现实提出来的，因而具有其合理性与政治优势。然而，这一建议其实仍未解决如何衔接联动机制的问题。因为"法治监督委员会"依旧属于党中央的工作机构，党内已经存在合宪性审查制度，中共中央办公厅法规局就是党内合宪性审查的工作机构，如果中央法治监督委员会这一新型机构只是出于"整合提升中共中央办公厅法规局"政治地位的考量，则意义不大，因为它无非是用一个党内机构取代另外一个党内机构罢了，即使设立了"中央法治监督委员会"，也只不过中央办公厅法规局的升级版，并没有为党内合宪性审查与国家合宪性审查之间的具体衔接联动机制找出任何方案，故该机构设立与否，对于衔接联动机制的建立而言建设性意义不大。

其次，关于党委、人大、政府系统备案工作机构之间建立工作沟通协调机制联席会议制度，该联席会议制度的组成成员除包括党和国家两套备案系统的相关部门代表外，还要吸收党务、法律及其他综合部门参加，部门派出的成员最好固定，也可以根据需要调整；联席会议制度除固定成员外，根据审查内容的需要还可以临时吸收相关部门和专业人员参加，使之具有广泛的代表性。这种联席会议制度虽然兼顾党和国家两套备案审查系统及其他部门的成员，具有广泛的代表性与最大程度的民主参与性，但它只能算是一个意见咨询与建议组织，其意见或建议需通过具体法定的审查机构采纳，至于能否被采纳将不得而知。说到底，这种制度只是在不同机构之间起到一种沟通与桥梁作用，在该联席会议上，一旦党或国家层面的审查机构意见不一致，则不能轻易按照民主集中制的原则解决，因为毕竟是党的机关与国家机关之间在理解宪法或规范性文件时所发生的意见分歧，不能一概适用"多数决"的民主原则。如果发生意见或看法不一致，那么即使联席会议作出某种建议，意见不统一的有关机构也不太可能参照执行。

最后，该制度存在"单向沟通多，多方互动少；临时性沟通协调多，例行性会议交流少；随意性有余，稳定性不足"[1]等问题。因此，联席会议制度作为一种沟通交流、表达各自意见的平台，具有一定的中介作用，但作为制度化的党与国家的合宪性审查工作的衔接机制是远远不够的，需要进一步实现机构的融合。它目前的工作沟通协调机制只是解决了三者之间的某种工作联系，但对于三者之间如何沟通、如何协商并没有给出明确的程序设置。譬如三者之中谁主动联系？如何联系？若沟通、协商无法达成，将以哪一方的意见为准？是以党委的意见还是以多数意见为主？如何贯彻落实"党领导一切"的政治原则？这些程序阙如，才使该机制或许无法有效运行，更难以长期发挥其应有的作用。

因此，上述学者们提出的衔接联动机制的观点虽然都具有极大的合理性与启迪意义，但总体上不能真正起到衔接联动的功能。那么如何才能建构起党内法规备案审查与国家法规备案审查衔接联动机制呢？本书根据党的十九大以来党中央的文件与政策，建议构建一套党政一体的合宪性审查联动机制，专门负责对党内法规或规范性文件的被动审查工作，以便真正架起党内合宪性审查与国家合宪性审查衔接联动机制的中介与桥梁。

我国的合宪性审查机构，既存在党内法规的合宪性机构，又存在国

---

[1]　秦前红、苏绍龙：《党内法规与国家法律衔接和协调的基准与路径——兼论备案审查衔接联动机制》，载《法律科学》2016年第5期。

家意义上的合宪性审查机构，然而，无论党内的还是国家的合宪性审查机构，都是针对规范性文件的审查，党的规范性文件与国家的规范性文件虽然在制定机关方面存在不同，即一个是党的机关制定，一个是国家立法机关制定，然而在合宪性审查的标准上是一致的，即是否与宪法相一致是审查党内的和国家的规范性文件的共同标准，宪法是审查机构的唯一依据。由于合宪性审查标准是一致的，加上都是针对规范性文件的合宪性审查，因此，党内法规和规范性文件的审查机构与国家层面的合宪性审查机构属于"职能相近"的两个机构，可以按照党的十九大关于"职责相近的党政机关合并设立或合署办公"的战略部署与中共中央《深化党和国家机构改革方案》的基本要求，将党内合宪性审查机构与全国人大及其常委会的合宪性审查机构合并或合署办公，组建新型的党政一体的合宪性审查机构，以审查所有违宪的规范性文件，既包括党内法规和规范性文件，又包括法律、行政法规、地方性法规、政府规章、司法解释等规范性文件。

新设立的合宪性审查衔接联动机制，应由全国人大宪法和法律委员会、全国人大常委会法制工作委员会、中共中央办公厅法规局部分人员共同组成，办公机构可设在中共中央办公厅或全国人大宪法和法律委员会内部，其负责人当由党的合宪性审查机构的负责人担任，以制度形态体现党的领导在合宪性审查工作领域的实现。新型的合宪性审查机构的审查意见须经中共中央办公厅或全国人大常委会党组报中央审议。因为，涉及党内法规或规范性文件的合宪性审查，属于重大政治方面的问题，依据1991年党中央《关于加强对国家立法工作领导的若干意见》的原则与精神，凡举重大政治问题的立法问题都须经过党中央政治局（或党委）与中央全会的审议；同时，依据《关于新形势下党内政治生活的若干准则》规定，全国人大常委会研究涉及全局的重大事项或作出重大决定时，其党组织要及时向党中央请示报告。因此，所有规范性文件的合宪性审查意见必须报请党中央审议是必经法定程序。由于党内法规和规范性文件均是党中央的政策、主张，一经提出合宪性审查的要求或建议，那么党中央必须重新审查政策规范性文件的合法性，并经中央最高领导层原则同意，所以，党内法规的合宪性审查经中共中央办公厅或全国人大常委会党组报请党中央政治局或中央常委会审议的环节，是坚持党对合宪性审查领导的重要环节。若党中央经过审议，确属与宪法不一致，则由制定机关自行予以修改或废止，审查结束。党的政策、方针等规范性文件的审查问题，只能由党通过自我修正完成，而不能由全国人大常委会予以撤销，这是由中国特色社会主义民主政治制度决定的。

三、加强党在宪法实施中的解释功能

我国宪法把宪法解释权赋予了全国人大常委会，从宪法制度层面看，党中央及其党内备案审查机构没有解释宪法的职权。然而，宪法不是一般的规范性文件，它是"以法律的形式确认了中国各族人民奋斗的成果，规定了国家的根本制度和根本任务"[1]，实质上，宪法就是把党确立的各种路线方针政策上升为国家意志的法律化，因而是"党和国家的中心工作、基本原则、重大方针、重要政策在国家法制上的最高体现"。[2]因此，只要涉及宪法的解释，实质上就是对党的路线方针政策

---

[1] 参见《宪法》序言最后自然段。
[2] 习近平：《在首都各界纪念现行宪法公布施行三十周年大会上的讲话》，载习近平：《论坚持全面依法治国》，中央文献出版社 2020 年版，第 8—9 页。

的解释，如果这种解释没有经党中央的实质性解释，全国人大常委会是难以单独作出解释的。

因此，党中央出于"坚决维护党中央权威"之考量，在《关于新形势下党内政治生活的若干准则》中明确规定："涉及全党全国性的重大方针政策问题，只有党中央有权作出决定和解释。各部门各地方党组织和党员领导干部可以向党中央提出建议，但不得擅自作出决定和对外发表主张。对党中央作出的决议和制定的政策如有不同意见，在坚决执行的前提下，可以向党组织提出保留意见，也可以按组织程序把自己的意见向党的上级组织直至党中央提出。"[1]该规定首次对党的路线方针政策问题的解释主体作出明确规定，它无疑向世人表明，凡是涉及全党全国性的重大方针政策问题，只有党中央有权作出决定和解释，包括全国人大及其常委会在内的国家机关均无权作出决定和解释。尽管《关于新形势下党内政治生活的若干准则》是以党的规范性文件的形式出现的，但该准则是由中央委员会全体会议通过的、"一个思想性、政治性、综合性很强的文件"，由于"准则在党内法规体系中位阶比较高，仅次于党章"，因而其作为党内法规的位阶效力仅仅次于《党章》。由于"党的政策是国家法律的先导和指引，是立法的依据和执法司法的重要指导……党的政策成为国家法律后，实施法律就是贯彻党的意志，依法办事就是执行党的政策"[2]，因此，从宪法和党的政策关系看，宪法实质上就是党的重大政治主张与重大政策的反映。从1982年《宪法》的制定到2018年五次宪法修改，都是中国共产党中央领导组织实施的。1980年9月五

---

[1] 中共中央办公厅法规局编：《中央党内法规和规范性文件汇编》（下册），法律出版社2017年版，第661页。

[2] 中共中央文献研究室编：《习近平关于全面依法治国论述摘编》，中央文献出版社2015年版，第20页。

届全国人大第三次会议讨论和通过了中国共产党中央委员会《关于修改宪法和成立宪法委员会的建议》，从而开启了 1982 年《宪法》的制定序幕。《中共中央关于全面推进依法治国若干重大问题的决定》指出："党中央向全国人大提出宪法修改建议，依照宪法规定的程序进行宪法修改。"根据党中央精神和以往宪法修改惯例，一般先由党中央提出关于修改宪法部分内容的建议，提交全国人大常委会审议；然后经全国人大常委会讨论，最终形成《中华人民共和国宪法修正案》，再提请全国人民代表大会会议审议通过。总之，宪法规范都是涉及党的重大政治主张与政策的内容，对宪法的解释实际上就是对涉及全党全国性重大方针政策问题的解释，按照党中央的意见，只有党中央才有权作出决定和解释。这也从一个方面澄清了为什么全国人大常委会享有解释宪法的权力，却从未真正以宪法解释案的形式进行过解释宪法的具体实践。

　　因此，凡是对宪法内容的解释，必须由党内备案审查机构共同参与，具体而言，所有宪法解释起草工作必须采取党内备案审查机关与国家层面的审查机关共同参与的方式。以往的方案往往将党的机关排斥在宪法解释之外，仅由国家层面的审查机构拟定宪法解释草案，譬如《宪法解释程序法（专家建议稿）》提出在全国人大常委会设立"宪法解释咨询委员会"作为宪法解释案起草的咨询机关，具体负责对需要解释的宪法条文依据、含义进行学理论证，而后由宪法和法律委员会负责起草。[1] 这种方式固然可行，却忽视了党内备案审查机构关于宪法解释的审核意见。党的机关参与宪法解释案的起草，并非无足轻重或可有可无，而是不可或缺的，它体现的是党的意志或主张，是党的领导在宪法

――――――――――――

[1]　韩大元、张翔等：《宪法解释程序法》，中国人民大学出版社 2015 年版，第 177 页。

解释工作中的具体表现。因此，凡是有关宪法解释案的起草，必须首先由宪法和法律委员会与党内备案审查机构共同参与，或由宪法和法律委员会先行起草，然后交由党内备案审查机构予以政治性把关，最后由党内机构与国家层面的审查机构共同向委员长会议提出宪法解释案。通过这种共同宪法解释起草机制，实现党在宪法实施中的宪法解释功能。

第五章
宪法实施主体论

　　宪法需要通过实施才能获得权威与效力。然而，实施宪法需要明确宪法实施主体，只有明确了宪法实施主体，才能分清楚宪法实施的主体责任。我国宪法学者在论及宪法实施主体时，将所有公权力主体与包括公民在内的私权利主体皆视为宪法实施主体。我们如何理解宪法上的实施主体？公民个人是否是宪法实施的主体？如果是，则公民在何种意义上是宪法实施主体？本章结合习近平法治思想，就应当确立怎样的宪法实施主体理论展开讨论。

一、我国宪法实施的总体评价及其问题

　　无论法治国家、法治政府还是法治社会建设，核心均落脚于"法治"；而法治之核心要义在于"以成立的法律获得普遍的服从"。亚里士多德指出："邦国虽有良法，要是人民不能全部遵循，仍然不能实现法

治。"[1]可见，法治之实现在于法的普遍服从，即法的实效。所谓实效意味着"人们实际上就像根据法律规范规定的应当那样行为而行为，规范实际上被适用和服从"，因而法的实效，"就在于人们由其规范观念指引去遵守该规范所要求的行为"。[2]按照凯尔森的观点，判断一个规范是否有效力，不在于法规范是否有效力，而在于是否具有实效，有实效的规范才具有真正的效力。作为"最高法律规范"的宪法，自然需要获得实效，获得人民普遍的遵守与服从，唯有如此，纸上的宪法才能变成行动中的宪法。

自 1954 年我国第一部宪法算起，新中国实施宪法的历史已有七十余年；即使自 1982 年宪法算起，迄今亦有四十余年。针对我国宪法的实施状况，习近平总书记在首都各界纪念现行宪法公布施行三十周年大会上的讲话中用五个"有力"作出高度评价："我国宪法以其至上的法制地位和强大的法制力量，有力保障了人民当家作主，有力促进了改革开放和社会主义现代化建设，有力推动了社会主义法治国家进程，有力促进了人权事业发展，有力维护了国家统一、民族团结、社会稳定，对我国政治、经济、文化、社会生活产生了极为深刻的影响。"[3]关于宪法实施中存在的问题，习近平总书记指出："保证宪法实施的监督机制和具体制度还不健全，有法不依、执法不严、违法不究现象在一些地方和部门依然存在；关系人民群众切身利益的执法司法问题还比较突出；一些公职人员滥用职权、失职渎职、执法犯法甚

---

[1] ［古希腊］亚里士多德：《政治学》，吴寿彭译，商务印书馆 1965 年版，第 199 页。

[2] ［奥］凯尔森：《法与国家的一般理论》，沈宗灵译，中国大百科全书出版社 1996 年版，第 42 页。

[3] 习近平：《在首都各界纪念现行宪法公布施行三十周年大会上的讲话》，载习近平：《论坚持全面依法治国》，中央文献出版社 2020 年版，第 9 页。

至徇私枉法严重损害国家法制权威；公民包括一些领导干部的宪法意识还有待进一步提高。"[1] 这些问题实则皆可被归为公民的基本权利保障问题。换言之，宪法之基本权利规范的实施才是宪法实施的核心与价值。[2]

党的十八大以来，以习近平同志为核心的党中央把全面贯彻实施宪法作为全面依法治国、建设社会主义法治国家的首要任务和基础性工作，把实施宪法摆在全面依法治国的突出位置，在习近平法治思想的引领和推动下，我国宪法实施的实践不断丰富，体制机制不断健全。2014年，全国人大常委会以立法形式将每年 12 月 4 日设立为国家宪法日；2015 年，全国人大常委会作出决定，实行宪法宣誓制度；2015 年，全国人大常委会依据宪法规定，通过了关于特赦部分服刑罪犯的决定；2016年，全国人大常委会根据宪法精神及有关法律原则，采取创制性办法及时妥善处理了辽宁拉票贿选案的相关问题；2018 年，通过宪法修正案，确立了习近平新时代中国特色社会主义思想在国家政治和社会生活中的指导地位，明确了中国共产党领导是中国特色社会主义最本质的特征，党的领导的宪法保障更加健全。同时，完善以宪法为核心的中国特色社会主义法律体系，用科学有效、系统完备的制度体系保证宪法实施，完善宪法监督制度，加强合宪性审查、备案审查制度和能力建设，宪法监督水平稳步提高。2020 年，全国人大常委会修正了《中华人民共和国国旗法》(以下简称《国旗法》)、《中华人民共和国国徽法》(以下简称《国徽法》) 等国家标志法律制度；2024 年 7 月，党的二十届三中全会通过的《中共中央关于进一步全面深化改革　推进中国式现代化的决定》提

---

[1]　习近平：《论坚持全面依法治国》，中央文献出版社 2020 年版，第 10 页。
[2]　范进学：《宪法实施：到底实施什么？》，载《学习与探索》2013 年第 1 期。

出了"建立宪法实施情况报告制度"的新要求。总之,通过采取上述有力措施加强宪法实施和监督工作,有助于"推动我国宪法制度建设和宪法实施取得历史性成就"。[1]

二、关于宪法实施主体理论反思

在我国,宪法实施主体既可从宪法文本中去寻找,又可从宪法规定的具体实施方式中作出划分。我国宪法文本中明确规定了四种宪法实施主体的情形。第一种是"保证宪法实施"主体,即《宪法》序言最后一句话指出,"全国各族人民、一切国家机关和武装力量、各政党和各社会团体、各企业事业组织,都必须以宪法为根本的活动准则,并且负有维护宪法尊严、保证宪法实施的职责"。保证宪法实施主体是多元化的,即全国人民、国家机关、武装力量、政党、社会团体、企事业组织都是"保证宪法实施"主体。[2]第二种是"监督宪法实施"主体,即《宪法》第 62 条第 2 款与第 67 条第 1 款规定全国人大和常委会行使"监督宪法的实施"的职权,因而"监督宪法实施"主体唯有全国人大及其常委会。第三种是"协助宪法实施"主体,即《宪法》第 76 条规定全国人大代表"在自己参加的生产、工作和社会活动中,协助宪法和法律的实施"。该主体具有特定性,专指全国人大代表。第四种是"保证宪法遵

---

[1] 习近平:《谱写新时代中国宪法实践新篇章——纪念现行宪法公布施行 40 周年》,载《光明日报》2022 年 12 月 20 日,第 1 版。

[2] 周刚志:《也论宪法实施:概念、指标及其状况》,载《云南大学学报(法学版)》2014 年第 4 期,第 9—10 页;翟国强:《中国语境下的"宪法实施":一项概念史的考察》,载《中国法学》2016 年第 2 期,第 107 页;朱学磊:《论我国宪法实施主体的多元化》,载《江汉学术》2017 年第 1 期,第 31—32 页。

守和执行"主体，即《宪法》第 99 条规定"地方各级人民代表大会在本行政区域内，保证宪法、法律、行政法规的遵守和执行"，因而地方各级人大是保证宪法遵守和执行的主体，不过由于遵守与执行都是"实施"的具体方式，因而"保证宪法遵守和执行"的实施主体可归类在第一种"保证宪法实施"主体之中。就上述四种实施主体而言，"保证"意味着实施宪法主体的一种姿态即"保证"，即确保宪法规定的要求，因此，"保证"只是一种对待宪法实施的态度和责任，不关乎实施事实，故它本身并非指向具体"实施"宪法。"监督"本质上是对"实施"行为的监察并督促，其本身不属于宪法实施行为，因而"监督宪法实施"主体不是宪法实施主体，而是宪法监督主体。"协助"是帮助或辅助之义，严格说，协助宪法实施主体属于宪法实施主体，但不完整，毕竟是"协助"而非直接实施。因此宪法文本中确立的实施主体，均不是典型意义上的宪法实施主体。

从宪法规定的具体实施方式看，我国宪法规定了宪法遵守主体、宪法执行主体、宪法解释主体、宪法修改主体和立法性宪法实施主体五种类型。遵守宪法主体是由《宪法》第 5 条、第 53 条、第 76 条和第 99 条规定的，要求一切国家机关和武装力量、各政党和各社会团体、各企业事业组织、全国人大代表、公民都必须遵守宪法和法律。宪法执行主体则由《宪法》第 99 条所规定，要求地方各级人大在本行政区域内，保证宪法、法律、行政法规的遵守和执行。宪法解释主体是《宪法》第 67 条第 1 款规定的，即赋予全国人大常委会"解释宪法"职权。宪法修改主体是《宪法》第 62 条第 1 款规定的，即赋予全国人大"修改宪法"的职权。立法性宪法实施主体是由《宪法》第 62 条、67 条、第 89 条规定的，即赋予全国人大及其常委会、国务院根据宪法制定法律和行政法规的职权。在我国，主流观点认为"通过完备的法律推动宪法实施"[1]，"法律得到实施，便意味着通过法律得到具体化的宪法实质上也得到了实施"[2]。因此，宪法赋予根据宪法而制定法律法规的国家机关以宪法实施的立法性主体之地位，这是我国宪法具体实施的主要主体。

上述五种宪法实施主体从宪法文本结构与内容分析则更加明确。我国现行《宪法》包括序言和正文四章，正文共计143条规定。从整体上看，序言与正文的全部内容不仅需要遵守和执行，更需要通过制定完备的法律予以实施，同时需要借助宪法解释和宪法修改保障实施。从宪法内容看，序言确立的是宪法的指导思想、国家的根本任务、统一战线、外交方针政策，以及宪法的最高效力等根本原则，是统领宪法的灵魂与核心。李林教授对此指出："序言对宪法条文具有统领性和指导性，宪法条文的具体规定是宪法序言规定的基本价值和原则的具体化和条文化，总纲中许多规定特别是有关国家基本国策的规定，是对宪法序言规定的国家根本任务、奋斗目标等的具体实现方式。"[3]第一章总纲是关于国家政治、经济、社会、文化、环境、军事、行政区划的政策性规定，这些政策主要依靠制定完备的立法性法律方可实施。第二章关乎公民的基本权利和义务，需得到公民的遵守性实施，也需要得到立法机关的立法性实施。第三章是关于国家机关组织设置及其职权设定，既需要执行性实施，又需要立法性实施。第四章关于国旗、国徽和国歌的内

[1] 沈春耀指出："宪法是国家法律法规和各种制度的总依据。完善以宪法为核心的中国特色社会主义法律体系，加快形成完备的法律规范体系，是宪法实施的内在要求，也是保证宪法全面实施的基本途径"（沈春耀：《健全保证宪法全面实施的体制机制》，载《中国人大》2019年第22期）。

[2] 《宪法学》编写组：《宪法学》，高等教育出版社、人民出版社2011年版，第296页。

[3] 李林：《宪法序言同样具有最高法律效力》，载中国共产党新闻网，http://dangjian.people.com.cn/n1/2018/0309/c117092-29857380.html，最后访问时间：2021年1月3日。

容，需要立法性实施与遵守性实施。除此之外，总纲部分的义务性条款属于遵守性实施与立法性实施，如"禁止任何组织或者个人破坏社会主义制度"，"禁止对任何民族的歧视和压迫，禁止破坏民族团结和制造民族分裂的行为"，"一切国家机关和武装力量、各政党和各社会团体、各企业事业组织都必须遵守宪法和法律"，"一切违反宪法和法律的行为，必须予以追究"，"任何组织或者个人都不得有超越宪法和法律的特权"，"禁止任何组织或者个人用任何手段侵占或者破坏自然资源"，"禁止任何组织或者个人用任何手段侵占或者破坏国家的和集体的财产"，"公民的合法的私有财产不受侵犯"，"禁止任何组织或者个人扰乱社会经济秩序"，等等。当然，宪法规定的全部内容均可通过解释与修改予以实施。归纳起来，全国人大是立法性宪法实施主体、宪法执行主体与宪法修改主体；全国人大常委会是立法性宪法实施主体、宪法执行与宪法解释主体；国务院是宪法执行与立法性宪法实施主体；其他国家机关属于宪法遵守与宪法执行主体；包括政党在内的社会团体、企事业组织和公民都是宪法遵守主体。

从上述五大实施主体看，立法性宪法实施主体、宪法修改主体与宪法解释主体均一直实施着宪法。立法性宪法实施主体已经为我国建构了以宪法为统帅的中国特色社会主义法律体系。1982 年《宪法》自颁布施行以来经历了五次修改。宪法解释主体尽管从未以"宪法解释案"的体例进行宪法解释，但经常以制定法律或"决定"或"决议"等立法性解释形式从事"解释"宪法的工作。[1] 国家机关作为宪法执行主体，一直

---

[1]　例如《全国人民代表大会常务委员会关于国家安全机关行使公安机关的侦查、拘留、预审和执行逮捕的职权的决定》《关于中国人民解放军保卫部门对军队内部发生的刑事案件行使公安机关的侦查、拘留、预审和执行逮捕的职权的决定》和《关于全国人民代表大会宪法和法律委员会职责问题的决定》等，实际上就是典型的宪法解释，宪法学界基本认同。

在执行宪法赋予的职权。作为遵守宪法的各类主体同样以不违反宪法规定的具体条款而消极地实施着宪法。因此，按道理来说，我国宪法实施的状况应当是好的或是比较好的。然而，人们所感受到的宪法实施略有不同，习近平总书记曾针对宪法实施存在的问题指出："保证宪法实施的监督机制和具体制度还不健全，有法不依、执法不严、违法不究现象在一些地方和部门依然存在；关系人民群众切身利益的执法司法问题还比较突出；一些公职人员滥用职权、失职渎职、执法犯法甚至徇私枉法严重损害国家法制权威；公民包括一些领导干部的宪法意识还有待进一步提高。"[1] 何以存在这种差距？笔者认为，应当从宪法实施主体的角度去寻找根本原因。

无论是立法性实施主体、修改实施主体、解释实施主体还是执行性实施主体，其实均可归结为"执行"实施主体，立法权、修改权、解释权等皆为其职权，职权需要依宪依法执行。因此，立法权、修改权与解释权之执行即属于宪法执行性实施，宪法规定的国家机构组织之职权也往往通过具体的组织法予以实施与执行，这种执行性实施实质则是"程序性实施"——公权力机构按照宪法规定的程序作出的决定或行为。然而，这种执行性实施或程序性实施之局限性在于"不足以保证宪法实体规定得到有效的贯彻落实"。在我国，无论是立法权、修改权还是解释权等权力的行使，看似主体是在实施宪法，实则是在立法，确立新的法律规则，至于具体实施得如何，上述宪法实施主体是无能为力的。至于国家机构组织职权的执行，全国人大及其常委会的立法权、宪法修改权、宪法解释权等均属于程序性实施，行政机关是人大的执行机关，其

---

[1] 习近平：《在首都各界纪念现行宪法公布施行三十周年大会上的讲话》，载习近平：《论坚持全面依法治国》，中央文献出版社 2020 年版，第 10 页。

所执之"法"，一般不是宪法而是法律，即执行法律，而不是直接执行宪法；监察委、人民法院、人民检察院都"依照法律"独立行使职权，因而也不是宪法执行的直接实施主体。因此，上述宪法实施主体的实施宪法活动均依靠它们自身积极主动进行，这种主动型实施宪法的方式，要求实施主体自身必须具有高度的宪法意识与奥德修斯的"自缚"精神，自我克制权力的种种诱惑。然而，宪法之所以出现，就是为了约束权力，以此保障公民权利。因此，将宪法实施依赖于权力本身就是最大的问题：一是忽略了宪法的目的；二是忽略了宪法权利可期待性利益主体。宪法的目的就是限制权力与保障权利，一部限制公权力的法律若依靠被限制者的自律与自觉加以实施，则易与公权力主体意愿相矛盾，如此一来，就无需宪法审查或行政诉讼机制的确立了。质言之，宪法限制国家机关权力，公权力主体是不愿意被其限制的，因此，将宪法实施主要寄托于国家权力机关无异于构建"乌托邦"的宪法图景。谁是利益的最大化者，谁才是实施的最大动力与源泉。宪法限制权力之目的在于保障公民权利实现，宪法上的公民权利可期待性利益主体是人民或公民，既然宪法是"写着人民权利的一张纸"[1]和"人民自由的圣经"[2]，就应当将宪法实施的主体交给人民自己，人民自己才是宪法权利最可靠、最有力的捍卫者与守护者。

三、确立以人民为中心的宪法实施主体观

2020 年 11 月，中央全面依法治国工作会议提出的习近平法治思想

---

[1]《列宁全集》第 12 卷，人民出版社 1987 年版，第 50 页。
[2]《马克思恩格斯全集》第 1 卷，人民出版社 1995 年版，第 176 页。

确立了"以人民为中心"的法治理念。习近平总书记指出，全面依法治国"必须坚持为了人民、依靠人民。要把体现人民利益、反映人民愿望、维护人民权益、增进人民福祉落实到全面依法治国各领域全过程。推进全面依法治国，根本目的是依法保障人民权益"。[1]中央政法委员、秘书长陈一新指出："人民是全面依法治国的主体和力量源泉。保证人民在党的领导下通过各种途径和形式管理国家事务、管理经济和文化事业、管理社会事务，保证人民依法享有广泛的权利和自由。"[2]习近平总书记以人民为中心的法治思想在宪法实施中的具体体现就是要确立以人民为中心的宪法实施主体观。

首先，宪法是全体人民意志与利益的最集中体现。我国宪法是在党的领导下由全体中国人民制定的，它反映了最广大人民群众的意见与意愿。韩大元说："宪法上的每一个字、每一个条文，都是制宪者根据人民的意志，反复思考、反复推敲而写入的。"[3]我国宪法所确立的内容与价值体系本质上是最广大人民的意志体现与反映。宪法所确立的每一种价值都是经过了人民的慎思选择而达成共识的体现，凝聚着社会共同体全体成员的共同意志、共同情感与基本共识。因此，基于宪法内容与价值是符合最广大人民的利益与愿望的，广大民众的宪法讨论与民主参与是宪法价值获得最广泛社会共识的唯一形式，因而宪法价值共识一经宪法通过即获得了实现。[4]所以，人民且唯有人民，才是宪法实施最可靠的

---

[1] 习近平：《以科学理论指导全面依法治国各项工作》，载习近平：《论坚持全面依法治国》，中央文献出版社 2020 年版，第 2 页。

[2] 陈一新：《习近平法治思想是马克思主义中国化最新成果》，载《人民日报》2020 年 12 月 30 日，第 10 版。

[3] 韩大元：《宪法实施与中国社会治理模式的转型》，载《中国法学》2012 年第 4 期，第 20 页。

[4] 范进学：《论宪法信仰》，载《法学论坛》2020 年第 6 期，第 8 页。

保证。彭真同志早在六届全国人大一次会议上就明确指出："保证宪法的实施，从根本上说，要依靠人民群众的力量"；如果"十亿人民充分认识实施宪法同他们的根本利益和切身利益的关系，就会自觉地为维护宪法尊严、保证宪法实施而奋斗"；因为宪法"代表十亿人民的根本利益和长远利益，同时也保护每个公民正当的个人利益和当前利益"。[1]彭真同志在五届人大第五次会议上作关于宪法修改草案的报告中指出："十亿人民养成人人遵守宪法、维护宪法的观念和习惯，同违反和破坏宪法的行为进行斗争，这是一个伟大的力量。"[2]因此，只有人民才是最根本、最有力量的宪法实施主体。耶鲁大学宪法学教授葛维宝指出，成文宪法首先属于人民，其含义、生命力，甚至是实施都应该很大程度上由人民做主。[3]这种认知具有世界普遍性价值，只要是具有成文宪法的国家，其宪法本质上都是人民的创造物，其整体目的都是给人民以福祉保障。自2003年"孙志刚事件"以来二十余年，我国《城市流浪乞讨人员收容遣送办法》、劳动教养制度和《卖淫嫖娼人员收容教育办法》的废止，以及《城市房屋拆迁管理条例》的修订，都深刻地阐释了一个道理，那就是中国法治事业的点滴进步都是依靠人民的力量实现的，没有人民积极、主动地实施宪法，就没有宪法权利的根本保障，更没有法治的根本进步。因此，确立以人民为中心的宪法实施主体论是我国宪法实施的应有之义。

其次，"宪法是每个公民享有权利、履行义务的根本保证"。[4]公

---

[1]　彭真：《论新时期的社会主义民主与法制建设》，中央文献出版社1989年版，第188页。

[2]　《彭真传》编写组：《彭真传》（第四卷），中央文献出版社2012年版，第1484页。

[3]　［美］葛维宝：《宪法实施：谁来进行，如何实施》，载《中国法律评论》2016年第4期，第184页。

[4]　习近平：《在首都各界纪念现行宪法公布施行三十周年大会上的讲话》，载习近平：《论坚持全面依法治国》，中央文献出版社2020年版，第13页。

民的基本权利是宪法的核心内容，宪法上的人权与基本权利是人民利益、愿望、福祉的最终载体与结晶。习近平总书记在党的十九大报告中就阐述了三个层面的人权保护：第一，一般人权的保障，推进人权保障的法治化。第二，经济、社会、文化权利的保障。第三，公民政治权利和自由的保障。关于经济、社会、文化权利和政治权利与自由的保障大概有六十来处。在党的代表大会报告里，关于权利的问题这么突出还是非常少见的。[1]马克思指出："人们为之奋斗的一切，都同他们的利益有关。"[2]而人民奋斗所获得的全部利益必须上升为宪法上的权利，只有将利益宪法权利化，人民的权益才能得到根本的保障。因为，宪法以其最高的法律地位、法律权威、法律效力成为"保障公民权利的法律武器"[3]，全面实施宪法的根本目的就是保障人民权益，保障全体公民享有广泛的权利，保障公民的人身权、财产权、基本政治权利等各项权利不受侵犯，从而增强人民群众的获得感、幸福感与安全感。人民的权利，只有人民自己捍卫，只有确立以人民为中心的宪法实施主体论，才能确保人民宪法上的各项基本权利得到最根本的保障。

最后，人民是国家的主人，是依宪治国与依法治国的主体。笔者认为，既然"行宪的原动力来自人民"，那么"只有人民依据宪法基本权利主动行宪，才有可能推动政府行宪"，在此意义上，公民对宪法权利的行使是更为根本的行宪方式。长期以来，我国宪法实施存在的诸多虚像均源自公民权利保障的乏力，其中需要审视与检讨的因素可能很多，

[1] 张文显：《以人民为中心：法治体系的指导理念》，载《北京日报》2018年4月23日，第16版。
[2]《马克思恩格斯全集》第1卷，人民出版社1995年版，第187页。
[3] 习近平：《在首都各界纪念现行宪法公布施行三十周年大会上的讲话》，载习近平：《论坚持全面依法治国》，中央文献出版社2020年版，第14页。

但一个突出的问题在于：过多强调公民宪法权利保障与实施的动力主要来自国家政府，而不是公民自身。事实上，宪法实施需要国家权力的保障，更需要公民依据宪法上的基本权利规范积极实施宪法，一旦宪法上的基本权利受到来自政府权力的具体性或抽象性侵害，就应当积极提出行政诉讼或合宪性审查的建议予以法律救济。而作为国家相关机关，应当坚持人民主体地位，切实保障公民享有权利，依法保障全体公民享有广泛的权利，保障公民的人身权、财产权、基本政治权利等各项权利不受侵犯，保证公民的经济、文化、社会等各方面权利得到落实，努力维护最广大人民的根本利益，依法公正对待人民群众的诉求，努力让人民群众在每一个司法案件中都能感受到公平正义，让宪法成为保障公民权利的法律武器，宪法才能深入人心，走入人民群众，宪法实施才能真正成为全体人民的自觉行动。毕竟"宪法的根基在于人民发自内心的拥护，宪法的伟力在于人民出自真诚的信仰"。[1]因此，人民作为实施宪法的主体，才是宪法实施的原动力。

确立以人民为中心的宪法实施主体观具有重大的法治意义，它可以扭转我国宪法长期实施乏力的问题。在我国宪法实施中一直存在"公众的宪法期待与基本权利救济的脱节"的问题，即"宪法实施状况与人民群众的要求还有较大差距，与落实宪法本身的规定还有差距，宪法在社会生活中的调整功能并没有得到有效的发挥，宪法没有很好地约束公权力"。[2]这种将现状的根本改变仅仅寄托于国家机关的宪法实施是不现实的，宪法实施与国家机关的自身利益具有冲突性，宪法实施得愈好，

[1]　习近平：《在首都各界纪念现行宪法公布施行三十周年大会上的讲话》，载习近平：《论坚持全面依法治国》，中央文献出版社 2020 年版，第 13—14 页。
[2]　韩大元：《宪法实施与中国社会治理模式的转型》，载《中国法学》2012 年第 4 期，第 21 页。

国家公权力的义务承担则愈多，前者对后者的限制与约束亦愈严格。既然如此，人们何不像18世纪的康德在调和唯理论与经验论两条道路之争时所采取的知识与对象之间的关系的"颠倒"思路[1]来思考宪法实施主体问题呢？毕竟宪法实施的最终目的是为公民的基本权利保障获得可期待性与预测性，作为受益者的人民不能成为宪法实施的被动者，而应作为宪法实施主体积极主动实施宪法，同一切侵害公民基本权利的违宪行为作斗争，才能有效保障自身权利的实现。因此，以人民为中心的宪法实施主体观必然要求人民通过行使自己的宪法权利来推动宪法的实施。

四、公民何以成为宪法实施主体

在我国，人们可从《宪法》第5条关于"一切国家机关和武装力量、各政党和各社会团体、各企业事业组织都必须遵守宪法和法律。一切违反宪法和法律的行为，必须予以追究"、第33条关于"任何公民享有宪法和法律规定的权利，同时必须履行宪法和法律规定的义务"，以及第53条关于"中华人民共和国公民必须遵守宪法和法律"的规定中，解读出"公民"是遵守宪法义务的主体，当然就是宪法实施主体。

关于公民是否是宪法义务的主体这一问题在学界存在争论。主流观点认为公民是宪法义务主体，因而也就是宪法实施主体。作为全国最早统编教材的《宪法学》认为，根据《宪法》第33条第3款规定的基本原则，"宪法规定了公民对于国家和社会应尽的各项基本义务"。[2]许崇

[1] 被人们称为"哥白尼式革命"的康德哲学革命的核心思想就是对知识与对象之间的关系的"颠倒"，强调不是主体围绕着客体转，而是客体围绕着主体转。
[2] 吴家麟主编：《宪法学》，群众出版社1983年版，第387页。

德主编的《宪法学》教材及"马工程"重点教材《宪法学》也持相同的观点。[1]主张公民不应是宪法义务主体观点的代表学者是蔡定剑。蔡定剑认为，宪法是规范政府行为的法律，它是公民在对政府进行授权时为防止政府对公民权利的侵犯而要求政府对公民权利予以保障的宣示，因此不存在规定公民义务的问题。公民与政府是授权与被授权的关系，在宪法理论上讲权利义务的一致性是错误的，是对宪法精神的误解。[2]我国宪法文本规定了公民的宪法义务是一个客观事实，蔡定剑在书中也承认1982年《宪法》规定了公民的宪法义务，"这些在当时看来是正确的理论"，只是随着对宪法理论认识的加深，权利义务相一致的理论作为宪法理论就不一定正确了。[3]然而这无法改变宪法所规定的义务事实。因此，如果人们尊重宪法，就应尊重我国宪法文本，尊重我国宪法作为社会主义国家宪法的现实逻辑与制度事实。我国宪法规定公民的义务[4]，正是中国特色社会主义的制度体现。因此，既然宪法规定了公民的义务，就应当承认公民是宪法义务主体，而不是否认。公民作为宪法义务主体，实际上是遵守宪法的义务主体，从而也就是宪法实施主体。

　　不过，公民作为宪法的义务主体，与法律义务主体是不同的。凡法

---

[1]　许崇德主编：《宪法学》，高等教育出版社2000年版，第385页；《宪法学》编写组：《宪法学》，高等教育出版社、人民出版社2010年版，第233页。
[2]　蔡定剑：《宪法精解》，法律出版社2004年版，第216—217页。
[3]　同上注，第216页。
[4]　宪法规定的公民义务有两大类：一类是不得为的禁止性义务，如禁止任何组织或者个人破坏社会主义制度，禁止对任何民族的歧视和压迫，禁止破坏民族团结和制造民族分裂的行为，禁止任何组织或者个人用任何手段侵占或者破坏自然资源，禁止非法搜查或者非法侵入公民的住宅，等等；一类是必须为的命令性义务，如夫妻双方有实行计划生育的义务，父母有抚养教育未成年子女的义务，成年子女有赡养扶助父母的义务，公民有维护国家统一和全国各民族团结的义务，必须遵守宪法和法律、保守国家秘密、爱护公共财产、遵守劳动纪律、遵守公共秩序、尊重社会公德，有维护祖国的安全、荣誉和利益的义务，有依照法律服兵役和有依照法律纳税的义务，等等。

律义务主体，往往与法律责任主体是一体的，义务主体若不履行法定义务，则必须承担相应的法定责任。而作为遵守宪法义务主体的公民却无法相应承担宪法责任。尽管《宪法》第 5 条规定了"一切违反宪法和法律的行为，必须予以追究"，但是除了可以追究公民违反法律的行为责任外，无法对公民违反宪法的行为予以责任追究：一是宪法规范缺乏对公民违反宪法行为的具体责任追究机制；二是公民的宪法责任被法律责任的追究取代。譬如，假若某公民不履行服兵役的义务，那么他既是违法主体，又是违宪主体，但他是按照法律义务与责任来承担责任义务，不能承担宪法责任，即他首先违反了《中华人民共和国兵役法》所规定的依法服兵役的义务，并相应地承担法律责任，因此他先是违法主体，而后才是违宪主体。一般情形下，法律上只是追究其法律责任，而不会追究其宪法上的责任。原因在于，宪法上的公民义务责任与相关部门法上的义务责任是完全一致的，承担法律责任就等于承担了宪法责任，换言之，公民的宪法责任是通过具体的法律责任而实现的。因此，在我国，公民可以是且应当是宪法上的义务主体。既然公民是义务主体，就必须遵守宪法所规定的义务，这种对宪法义务的遵守，就是实施宪法——实施宪法所规定的义务条款。

公民作为宪法实施主体，除了以遵守宪法的义务主体身份实施宪法外，更重要的是作为基本权利的主体启动实施宪法基本权利条款的程序。有人会指出，基本权利内容可以通过制定具体的权利立法予以实施，权利立法实施宪法当然是基本权利规范实施的一个内容或一个方面，但是立法实施取代不了基本权利自身实施，因为权利立法本身有时会违反宪法而侵害基本权利，所以当法律本身违反宪法时，就需要借助宪法上的合宪性审查予以权利救济。质言之，宪法基本权利实施是防范

以国家名义而实施侵权的所有政府行为。在我国，基本权利实施主要是
防范来自各类规范性文件的抽象侵害，因而，2014年党的十八届四中全
会提出，把所有规范性文件纳入备案审查范围，依法撤销和纠正违宪违
法的规范性文件。公民的基本权利得以保障，需要公民个人在规范性文
件侵害到基本权利时，积极地并及时地向全国人大常委会提起合宪性审
查的建议，就合宪性、涉宪性问题予以审查处理。根据全国人大常委会
法工委主任沈春耀自2017年至2020年向全国人大常委会所作的备案审
查工作情况的报告披露，法工委只收到过来自公民或组织提出的审查建
议，而没有收到过有关国家机关提出的审查要求。[1]这从一个侧面反映
了公民才是宪法审查程序提起的主要力量与核心主体。正是依靠公民提
起的合宪性审查建议，一项项涉及侵害公民基本权利的制度被废止，如
收容审查、收容遣送、劳动教养、收容教育等制度被取消或废止，这也
反映了我国法治的进步与公民基本权利保障制度的日益完善。

五、认真对待以人民为中心的宪法实施主体

认真对待以人民为中心的宪法实施主体观需要解决两大问题：一是
作为宪法实施主体的国家机关应当积极配合人民行宪行为，应当认真对

---

[1] 十二届全国人大以来，法制工作委员会共收到公民、组织提出的各类审查建议1 527件，其
中2013年62件，2014年43件，2015年246件，2016年92件，2017年1 084件；2018年，
法制工作委员会共收到公民、组织涉及规范性文件的各类来信来函4 578件，可以明确为
审查建议的有1 229件；2019年，公民、组织提出了138件审查建议；2020年，共收到公
民、组织提出的审查建议5 146件，其中属于全国人大常委会审查范围的有3 378件；2017、
2018、2020三年的工作报告中都明确指出"没有收到过有关国家机关提出的审查要求"，尽
管2019年报告中没有这句话，但在列举的向法工委提出的申请审查的情况统计中也没有有
关国家机关提出的情形。

待权利诉求而不是消极对待；二是健全与完善以人民为中心的宪法实施主体实施机制。

确立以人民为中心的宪法实施主体并非否定国家机关实施宪法的主体义务，而是要改变以国家机关为中心的宪法实施观。主流观点一直把国家机关作为宪法实施重要主体，而忽视公民作为宪法实施主体。"马工程"重点教材《宪法学》认为，尽管从广义上讲宪法实施主体包括国家机关、政党、社会团体、企事业组织和公民等，但从狭义上讲，宪法实施主要通过国家机关作出宪法行为的方式得以实施。这种宪法行为主要包括两类：一类是依据宪法作出的立法行为，二是依据宪法作出的具体行为。[1]童之伟教授也主张宪法实施除了个人遵守宪法外，主要就是国家机关的宪法适用。[2]这就是典型的国家机关宪法实施主体论。有学者将其称为"宪法实施主体的一元化"，即将宪法实施主体限定在国家机关这一宏观范畴之内，认定宪法实施是或主要是某一个部门或机构的任务。[3]然而，这种一元化宪法实施主体论的问题就在于实施宪法的动力不足，笔者认为，国家机关实施宪法存在两方面的动力不足问题：一方面，他们不是宪法实施的受益者；另一方面，权力自身与宪法实施存在天然的、内在的意志冲突。宪法实施的受益者始终是公民，宪法实施的目的就在于保障个人的人权与公民的基本权利实现，国家机关恰是承担基本权利实现的义务主体，因此，实施宪法对于国家机关而言，无法满足其获得好处的动机与愿望，因而主动实施宪法缺乏利益动力。另外，宪法是限制权力的"枷锁"，国家机关是宪法限制与约

---

[1] 《宪法学》编写组：《宪法学》，高等教育出版社、人民出版社 2011 年版，第 296 页。
[2] 童之伟：《全面有效实施宪法必须确立的基本认知》，载《人民法治》2015 年 Z1 期，第 14 页。
[3] 朱学磊：《论我国宪法实施主体的多元化》，载《江汉学术》2017 年第 2 期，第 28 页。

束的对象与客体，而权力意志本身是排斥任何限制的，因而宪法实施与权力意志内在地存在着矛盾与冲突，作为权力者自然不愿意积极实施宪法。既然国家机关作为宪法实施主体缺乏足够的动力，就必须转变固有思维，实现从以国家机关实施宪法主体为主导的宪法实施观到以人民为中心的宪法实施主体为主导的宪法实施观的根本转变。国家机关除了程序性实施宪法以外，更主要的是配合公民实施宪法的行动，积极主动地按照法定程序保障公民的各项权利保障诉求，满足其权利实现的最大愿望。

以人民为中心的宪法实施主体观必然要求健全与完善以人民为中心的宪法实施主体实施机制。前文提到，不论如何评价我国宪法的实施状况，其基本共识是宪法上的基本权利规范的实施，这才是我国宪法实施的重点与目的。有学者就指出："第二章公民的基本权利部分'实施'状况相对较差，还没有建立其有效的基本权利的法律救济机制。"[1]公民或社会团体、组织作为实施宪法的主体，只能是积极主张并要求实现宪法所确认的人权与公民基本权利，为此，必须"建构以权利救济为核心的宪法实施制度"[2]。以权利救济为核心的宪法实施机制之前提是公民积极"为权利而斗争"的具体行动。一切权利救济都必须以权利受害者的"告诉"为救济程序开启的阀门，如果没有人民的积极实施宪法，宪法上的权利是难以获得救济的。德国法学家耶林指出："权利的真义和真正的本质只有在采取充满激情的直接的感情形式的瞬间，才明明白白地呈现出来"，否则，"即使把法典背得滚瓜烂熟，也不晓得权利为何

---

[1]　莫纪宏：《从〈宪法〉在我国立法中的适用看我国现行〈宪法〉实施的状况》，载《法学杂志》2012年第12期，第8页。
[2]　范进学：《建构以权利救济为核心的宪法实施制度》，载《法学论坛》2016年第3期。

物"。[1]人民自己的宪法权利不能完全指望交付其代议机关及其公职人员实现，在宪法权利受到公权力行为侵害时，应积极依法提起救济。宪法架构与制度安排无疑是基于限制公权力、保障公民权利而设计的，但只有在人民积极参与实施宪法的过程中，尤其作为利害关系人为权利实现而斗争的过程中，宪法才能真正发挥其作用。葛维宝认为："学者、律师、公民和媒体——他们都没有任何官方的宪法实施权力——都曾提出广受关注的公开主张，认为某些政府行为违反了中国宪法。孙志刚案及其带来的收容遣送制度之废除只是众多例子中的一个。在就业歧视领域，法院在广为媒体报道的张先著案中，虽然并未判决对乙肝病毒携带者的就业歧视是否违反中国宪法，但是辩护律师意见和媒体报道引导了新的法律法规禁止此类歧视。在私有财产领域，有关征收征用私用财产程序合宪性的公共讨论、法院案例，以及向全国人大常委会法制工作委员会提出的审查建议，都极大影响了财产征收法的设计。简而言之，这些来自社会的意见，特别是被媒体大量报道加强以后，在一些情况下产生了相当大的影响。而这些来自社会的舆论和压力很大程度上正是关于中国宪法的，所以这可以视为通过大众和媒体压力而非政治机制实施宪法。"[2]可以说，中国法治的进步与公民基本权利的保障，很大程度来自人民力量推动的宪法实施。当下，公民宪法权利救济是通过两条路径实现的：一条是法律之道，一条是政治之道。针对具体公权力行为的侵害，公民通过行政诉讼法律之道而获得权利救济；针对抽象公权力行为的侵害，则通过合宪性审查政治之道予以救济。第一条路径最终是由法

---

[1]［德］耶林：《为权利而斗争》，胡宝海译，载梁慧星主编：《民商法论丛》第2卷，法律出版社1994年版，第32页。

[2]［美］葛维宝：《宪法实施：谁来进行，如何实施》，载《中国法律评论》2016年第4期，第185—186页。

院予以法律上实现，而第二条路径只能通过法院之外的政治路径即全国人大常委会予以合宪性审查实现。这种由公民依据宪法权利而提起的救济行为本身就是最有效、最有力的宪法实施。目前亟须完善的是公民针对抽象行为侵权而提起的合宪性审查机制。笔者认为，应健全并完善合宪性审查移送请求的程序机制。

第一，地方各级人民法院、专门人民法院（或法官）在审理案件过程中，认为所适用的法律、行政法规、地方性法规、自治条例和单行条例、规章等规范性文件同宪法相抵触的，应裁定中止诉讼程序，依规提请最高人民法院，由最高人民法院决定是否向全国人民代表大会常务委员会提出合宪性审查的移送要求。当事人认为所适用的法律、行政法规、地方性法规、自治条例和单行条例、规章等规范性文件同宪法相抵触，向人民法院书面提出，而人民法院（或法官）认为确实存在抵触的，应裁定中止诉讼程序，依规提请最高人民法院，由最高人民法院决定是否向全国人民代表大会常务委员会提出合宪性审查的要求。最高人民法院在审理案件过程中发生前款情形的，可以向全国人民代表大会常务委员会提出合宪性审查的要求。最高人民法院提请合宪性审查的，全国人民代表大会常务委员会应当受理。

第二，最高人民检察院在检察工作中认为同宪法相抵触的规范性文件，移送至全国人民代表大会常务委员会提请合宪性审查。

第三，中共中央办公厅对党内法规和规范性文件进行备案审查时，认为同宪法相抵触的规范性文件，移送至全国人民代表大会常务委员会提请合宪性审查。

第四，省、自治区的人民代表大会常务委员会对报请批准的设区的市的地方性法规认为同宪法相抵触的，应当向全国人民代表大会常务委员会提出移送合宪性审查的要求。上一级人民代表大会常务委员会认为报请备案的设区的市、县（市、区）人民代表大会及其常务委员会和乡（镇）人民代表大会通过的具有普遍约束力的决议、决定同宪法不一致，先报请省、自治区、直辖市人民代表大会常务委员会，省、自治区、直辖市人民代表大会常务委员会初步审查，认为同宪法相抵触的，移送至全国人民代表大会常务委员会提请合宪性审查。

此外，在完善合宪性审查机制时，应防止宪法和法律委员会的边缘化问题。从党中央的决定与全国人大通过的宪法修正案，到全国人大常委会的赋权决定[1]，其根本宗旨就是将"宪法和法律委员会"作为全国人大常委会宪法实施和监督与宪法解释的专责机构，具体承担推动宪法实施、开展宪法解释、推进合宪性审查、加强宪法监督、配合宪法宣传等工作职责。正如现任全国人大常委会法规备案审查工作室主任的梁鹰指出："实践中，现行宪法自颁布施行以来，先后五次修改，却尚无宪法解释的正式实践。"[2]因此，学术界一直寻求辅助全国人大常委会实

---

[1] 党的十九届三中全会审议通过的《深化党和国家机构改革方案》提出了将全国人大法律委员会更名为全国人大宪法和法律委员会的建议，《决定》指出："为弘扬宪法精神，增强宪法意识，维护宪法权威，加强宪法实施和监督，推进合宪性审查工作，将全国人大法律委员会更名为全国人大宪法和法律委员会。全国人大宪法和法律委员会在继续承担统一审议法律草案工作的基础上，增加推动宪法实施、开展宪法解释、推进合宪性审查、加强宪法监督、配合宪法宣传等职责。"为落实党中央的指示精神，十三届全国人大一次会议通过了《宪法修改案》，正式将全国人大法律委员会改名为"宪法和法律委员会"。2018年6月22日全国人大常委会专门通过《关于全国人大宪法和法律委员会职责问题的决定》，明确规定将《中华人民共和国全国人民代表大会组织法》（以下简称《全国人大组织法》）、《立法法》《中华人民共和国各级人民代表大会常务委员会监督法》（以下简称《监督法》）、《中华人民共和国全国人民代表大会议事规则》《中华人民共和国全国人民代表大会常务委员会议事规则》（以下简称《全国人大常委会议事规则》）中规定的"法律委员会"的职责，交由宪法和法律委员会承担，并"在继续承担统一审议法律草案等工作的基础上，增加推动宪法实施、开展宪法解释、推进合宪性审查、加强宪法监督、配合宪法宣传等工作职责"。
[2] 梁鹰：《推进合宪性审查的原则和方式》，载《学习时报》2018年12月24日，第3版。

施宪法、监督宪法、解释宪法的具体机构在我国宪制中的确立，将全国人大法律委员会更名为宪法和法律委员会之后，学术界关于设立宪法实施专责机构的设想才能圆满实现。所以，宪法和法律委员会成为辅助全国人大常委会实施、监督和解释宪法的专责机构。然而，从目前实际运作看，尤其是在 2019 年 12 月 16 日全国人大常委会第 44 次委员长会议通过《工作办法》之后，我国合宪性审查实践中仍然不可避免地存在一些问题，其表现为：真正组织实施备案审查和合宪性审查的机关是全国人大常委会法制工作委员会，具体审查活动由法规备案审查室实施。

一方面，《工作办法》确立的是以法工委为核心的审查主体。其第 5 条规定，专门委员会、常委会法制工作委员会负责对报送备案的法规、司法解释的审查研究工作，没有强调宪法和法律委员会的地位与职能，将其纳入专门委员会序列之中。第 8 条规定，常委会工作机构而不是宪法和法律委员会应当密切与地方人大常委会的工作联系。第 19 条规定，专门委员会、法制工作委员会对法规、司法解释依职权主动进行审查，但依然没有突出宪法和法律委员会。第 20 条规定，"对法规、司法解释及其他有关规范性文件中涉及宪法的问题，宪法和法律委员会、法制工作委员会应当主动进行合宪性审查研究，提出书面审查研究意见，并及时反馈制定机关"，该条款虽然突出了宪法委，但将其与法工委并列。从第 21 条至第 26 条规定看，无论是依申请审查，还是移送审查和专项审查，其审查主体均为法工委，宪法和法律委员会被排除在外。

另一方面，从备案审查具有实践看，所有的审查行为均由法工委或法规备案审查室实施完成。从全国人大常委会法工委法规备案审查室编著的《规范性文件备案审查案例选编》[1]看，共计169个案例，其中全国人大常委会案例有55个，其中2018年宪法委设置后的案例仅有12个。然而，审查主体均为法工委或法规备案审查室。基本模式是：法规备案审查室接收到审查的建议后，一般由法工委函告制定机关并要求说明情况，或征求具体部门的意见之后，由法规备案审查室给出意见。

因此，笔者认为这种状况必须改变，真正把宪法和法律委员会作为辅助全国人大常委会合宪性审查与宪法解释的专责机构，落实党中央的精神和全国人大常委会的决定。

---

[1] 全国人大常委会法工委法规备案审查室编著：《规范性文件备案审查案例选编》，中国民主法制出版社2020年版。

第六章
运用宪法与宪法实施方法论

　　"运用宪法"是十八届中央委员会第三次会议通过的《中共中央关于全面深化改革若干重大问题的决定》针对宪法实施提出的重大举措，该文件明确指出："建立健全全社会忠于、遵守、维护、运用宪法法律的制度。"[1] 2018 年 2 月 24 日，习近平总书记在中共中央政治局第四次集体学习时强调指出，领导干部要"带头尊崇宪法、学习宪法、遵守宪法、维护宪法、运用宪法，做尊法学法守法用法的模范"。[2] 2018 年 12 月 4 日，习近平总书记在第五个国家宪法日之际作出的重要指示中再次要求："要在全党全社会深入开展尊崇宪法、学习宪法、遵守宪法、维护宪法、运用宪法的宣传教育活动。"[3] 由此观之，"运用宪法"思想是

---

[1]《中国共产党第十八届中央委员会第三次全体会议文件汇编》，人民出版社 2013 年版，第 50 页。

[2] 习近平：《更加注重发挥宪法重要作用　把实施宪法提高到新的水平》，载《人民日报》2018 年 2 月 26 日，第 1 版。

[3] 习近平：《弘扬宪法精神　树立宪法权威　使全体人民都成为社会主义法治的忠实崇尚者自觉遵守者坚定捍卫者》，载《人民日报》2018 年 12 月 5 日，第 1 版。

党的十八届三中全会以来党中央关于宪法实施战略的最新深化与表达，它其实是对党的十七大以来党中央提出的"用法"思想[1]的进一步具体化与升华的结晶。如何科学理解与认识"运用宪法"的逻辑？如何将"运用宪法"这一宪法实施重大论述落实到立法、执法及司法等法治实践各个环节，将是今后宪法实施的重要使命与根本转向。

一、运用宪法：宪法实施从理论逻辑到实践逻辑的展开

在我国，一般理论学说将宪法实施等同于"法律实施"，认为宪法本身规定的内容，其原则性、概括性比较强，不易具体实施，它需要转化为具体的法律，通过法律规范将宪法规定的内容具体化，从而加以实施。这种通过法律实施宪法的观点，张友渔早在 20 世纪 80 年代初期就提出过，他认为，宪法实施是通过制定法律以贯彻实施宪法。[2]周叶中也曾明确主张，宪法实施是"将宪法文字上的、抽象的权利义务关系，转化为现实生活中生动的、具体的权利义务关系，并进而将体现在宪法规范中的人民意志转化为人们的行为（包括积极的作为和消极的不

---

[1] 党的十七大报告指出："深入开展法制宣传教育，弘扬法治精神，形成自觉学法守法用法的社会氛围。"这是党中央首次提出"用法"理念。此后在制定实施的"六五"普法规划、深入开展社会主义法治理念教育活动中，皆强调"形成自觉学法守法用法的社会氛围"。2011年 3 月 28 日，胡锦涛同志在十七届中央政治局第 27 次集体学习时所作的讲话中进一步提出了"在全社会形成学法尊法守法用法的良好法治环境"的思想。2012 年 3 月，吴邦国在十一届全国人大五次会议上所作的工作报告中强调"加快形成自觉学法、尊法、守法、用法的社会氛围"。党的十八大报告同样提出："增强全社会学法尊法守法用法意识。"2015年 2 月 2 日，习近平总书记在省部级主要领导干部学习贯彻党的十八届四中全会精神全面推进依法治国专题研讨班上的讲话中首次将"尊法"放在首位，提出"尊法学法守法用法"八字诀。

[2] 张友渔：《进一步研究新宪法，实施新宪法》，载《中国法学》1984 年第 1 期。

作为）"。[1]马克思主义理论研究和建设工程重点教材《宪法学》也采取了相同的观点，认为"所谓宪法实施，指宪法在国家现实生活中的贯彻落实，是使宪法规范的内容转化为具体社会关系中的人的行为。法律实施是宪法实施的重要环节，就国家机关而言，立法机关依据宪法制定法律，将宪法原则和规定予以具体化，行政机关依据法律作出行政行为，司法机关依据法律作出裁判，如果其行为违反了法律，可以通过法律机制予以纠正并追究法律责任，使之严格依法行使职权。就社会组织和个人而言，如果其行为违反了法律，要承担相应的法律责任。法律得到实施，便意味着通过法律得到具体化的宪法实质上也得到了实施"。[2]即使部门法学界，也有学者主张宪法需要借助法律才能得到实施，如民法学家王利明教授指出："在我国，由于宪法规范不具有可司法性，无法直接适用于案件裁判，所以，有必要通过部门法将宪法的原则、规范予以具体化，这也是我国宪法实施的重要方式。同时，宪法是国家的根本大法，其虽然规定了国家的政治经济体制和公民的基本权利，但其规定大多抽象原则，难以直接适用于具体的经济社会生活事实。"[3]

　　这种将宪法实施转化为法律实施的理论逻辑在于法律是对宪法的具体化与精细化，凡是宪法所确定的内容，只要被全部具体化为可操作的法律规则，然后加以法律实施，那么宪法自然而然得以实施。按照这种宪法实施的理念与思路，宪法文本与宪法规范无需运用，得到运用的只有法律。因此，长期以来，在我国立法、执法与司法等法治实践中，基

---

[1]　周叶中：《宪法实施：宪法学研究的一个重要课题》，载《法学》1987年第5期。

[2]　《宪法学》编写组：《宪法学》，高等教育出版社、人民出版社2011年版，第296页。

[3]　王利明：《何谓根据宪法制定民法？》，载《法治现代化研究》2017年第1期（创刊号）。

本不强调如何运用宪法，甚或在司法实践中排斥宪法的运用。[1]因此，即使党的十七大报告提出了"学法守法用法"的要求，其中的"用法"之"法"，也往往被理解为"法律"而不是"宪法"，虽然理论层面可将"用法"之"法"解释为包括了"宪法"在内的一切法律，但这里的"法"并没有明确指向"宪法"。其中的原因或许在于长期以来人们一般不把宪法当作可以"运用"的法律看待，所谓"用法"，实际上一直被理解为"运用法律"。

自 2013 年 11 月党的十八届三中全会通过的《中共中央关于全面深化改革若干重大问题的决定》在"用法"基础上明确提出建立健全"运用宪法法律的制度"的要求之后，理论层面才将"用法"之"法"明确为"宪法"与"法律"，即不仅强调"运用法律"，而且突出强调了"运用宪法"。因此，党的十八届三中全会提出的"运用宪法"的思想，实际上也是习近平新时代中国特色社会主义法治思想与宪法思想的重要内容，它具有深刻的划时代意义与强烈的现实价值，将我国宪法实施这一实践问题从理论逻辑还原为实践逻辑，即宪法实施本质上是运用宪法的实践问题，而不是纯粹一种理论问题。理论逻辑再周全、再严密，也离

---

[1] 如 1955 年最高人民法院《关于在刑事判决中不宜援引宪法作论罪科刑的依据的批复》、1986 年最高人民法院《关于人民法院制作法律文书如何引用法律规范性文件的批复》；1986 年最高人民法院针对江苏省高级人民法院的询问发布了《关于人民法院制作的法律文书应如何引用法律规范行文件的批复》，在列举的"可以引用"的法源目录里没有列上宪法；2016 年 7 月 7 日最高人民法院发布的《人民法院民事裁判文书制作规范》明确规定："裁判文书不得引用宪法"作为裁判依据。2009 年 10 月 26 日最高人民法院发布的《关于裁判文书引用法律、法规等规范性法律文件的规定》第 4 条规定："民事裁判文书应当引用法律、法律解释或者司法解释。对于应当适用的行政法规、地方性法规或者自治条例和单行条例，可以直接引用。"该规定未将"宪法"纳入民事裁判文书可以引用的法源之列，从而使法官不能直接援引宪法裁判民事案件，客观上导致我国"宪法规范"不能直接作为法官处理纠纷的依据。2005 年北京市高级人民法院《关于规范判决书援引法律等有关问题的指导意见》指出："判决书中一般不得直接援引宪法。"

不开宪法的运用，宪法作为具有最高的法律地位、法律权威、法律效力的法律规范，"不仅是全体公民必须遵循的行为规范，而且是保障公民权利的法律武器"。[1] 作为公民的行为规范，宪法需具有可操作性；作为保障公民权利的法律武器，宪法需具有适用性。因此，党的十八届四中全会通过的《中共中央关于全面推进依法治国若干重大问题的决定》进而提出"完善国家工作人员学法用法制度"的要求。无论是宪法的可操作性还是实践上的适用性，都必须要求人们能够"运用宪法"，理论上无论怎样阐释宪法实施的重要性都不过分，但是若仅仅停留于法学理论上的论证，而忽视了法治实践中的具体运用，则宪法实施仍是空中楼阁，难以从天上落地人间。因此，运用宪法是宪法实施从理论逻辑到实践逻辑的真正展开，这对于宪法实施而言具有极其重大的现实意义，只有从宪法理论逻辑走向宪法实践逻辑，才能发挥宪法作为调整人们行为规范的应有价值。

然而，毋庸讳言，"运用宪法"的思想迄今在宪法治理实践中仍未引起足够的重视，司法界存在着普遍排斥宪法在司法中的运用的现象就是最好的诠释与佐证，因而党的十八届三中全会提出的建立健全"运用宪法法律的制度"在我国法治实践中并未确立起来。这就不难理解为何习近平总书记分别于 2018 年 2 月与 12 月两次强调"运用宪法"的思想，不仅要求领导干部要带头"运用宪法"、做"用法"的模范，还号召在全党全社会深入开展"运用宪法"的宣传教育活动，以弘扬宪法精神、树立宪法权威。可见，"运用宪法"思想已经不简单地作为宪法实施的倡导性口号宣示，而是成为全党、全社会应当开展宪法实施的实践性宣言书。

---

[1]　习近平：《习近平谈治国理政》（第一卷），外文出版社 2014 年版，第 141 页。

从理论逻辑到实践逻辑、从宣言性倡导到建立健全运用宪法制度，这是中国宪法实施史上的一次巨大飞跃，它标志着中国宪法实施不再停留于口号式的宣扬，而是落实于运用宪法之制度的构建与方法意义上的具体适用，从而消除那种关于"宪法无用论"的错误观念。这种宪法实施的实质性进步，事实上突破了法律实施就是宪法实施或宪法实施等于法律实施这种简单的思维模式，它意识到了宪法实施与法律实施的根本差异并非内容上的实施与否，而是功能与对象上的不同。换言之，法律实施得再好，也不等于宪法实施得好，因为宪法实施的功能在于保障一切规范性法律文件不得与宪法相抵触，从而实现凡是与宪法相违背的抽象性文件皆予以撤销或废止，进而保障公民免遭国家规范性法律文件的立法性权利侵害之目的。

建立健全运用宪法制度强调的是宪法在整个中国法治实践中的运用，不仅体现在立法环节，还体现在执法与司法环节。只有确实发挥宪法精神、宪法原则、宪法规范的引导、规制、指引、保障的功能，宪法的权威与尊严才能真正树立起来，宪法实施才能真正落地。运用宪法的实践逻辑，注重的是如何运用，即方法论问题。它包括立法机关如何"运用宪法"，也包括执法机关如何"运用宪法"，以及司法机关如何运用宪法，等等。只有解决了如何运用的方法论问题，才能使运用宪法的法治实践真正展开。

二、立法机关运用宪法的两种方法

法治实践的宪法运用首先体现在立法环节，建设中国特色社会主义法治体系，立法须先行，要充分发挥立法的引领和推动作用，始终抓住提高立法质量这个"牛鼻子"。《中共中央关于全面推进依法治国若干重大问题的决定》对此指出，法律是治国之重器，良法是善治之前提；要使每一项立法都符合宪法精神、反映人民意志、得到人民拥护。[1]"使每一项立法都符合宪法精神"是党中央针对我国立法机关的立法工作提出的新要求，良法是善治的前提，也是社会主义法治的应有之义，判断一部法律是否优良的标准可能很多，但世界各国普遍采用的标准是通过司法审查或宪法审查机制，以是否符合"宪法精神"为标准，来评断立法或规范性文件是否良善。如果以是否符合宪法精神作为判断标准，那么在我国宪法实践与立法实践中会存在两种具体方法模式：一是"根据宪法"模式；二是"不得同宪法相抵触"模式。

（一）"根据宪法"方法模式

"根据宪法"，需明确何谓"根据"。依照《古汉语大词典》的解释，根据有"依据""出处""来源"之义。[2]"根据宪法"之含义指所立之法的内容是"依据"宪法，或者来源于宪法，或者能在宪法文本中找到"出处"。我国现行宪法文本中出现"根据"一词共计 17 次，但只有第 89 条第 1 款针对国务院行使的职权的规定中才白纸黑字地出现了"根据宪法和法律，规定行政措施，制定行政法规，发布决定和命令"的立法要求，至于对全国人大及地方立法机关的立法活动，宪法文本则未明确出现这种"根据宪法"制定规范性文件的字眼。然而，这是否意味着全国人大或地方立法机关可以不"根据宪法"制定法律规范性文件呢？

---

[1] 中共中央办公厅法规局编：《中央党内法规和规范性文件汇编》（上册），法律出版社 2016 年版，第 442 页。

[2] 《古汉语大词典》，上海辞书出版社 2000 年版，第 1576 页。

从宪法文本语言中是解读不出这样的含义的，毕竟现行《宪法》序言最后一个自然段明确提出了一切国家机关"必须以宪法为根本的活动准则"的宪法要求。对于这种宪法要求，我们可否作以下理解，即一切立法机关的立法活动都"必须以宪法为根本的活动准则"，而"以宪法为根本的活动准则"就是与"根据宪法"同义？换言之，所有国家机关当然包括一切立法机关，其活动都必须"根据宪法"，即有宪法上的依据或来源或出处，否则违背了宪法序言的这一要求。如果这一解读是正确的，那么所有立法机关在制定规范性文件时不会因宪法条款中没有写上"根据宪法"就可以自行其是。事实上，正如有学者指出：在西方法治国家或立宪国家，几乎所有重要法律都不作"根据宪法"之类的规定。如民事法典包括《法国民法典》《法国民事诉讼法典》《日本民法典》《日本商法典》《日本民事诉讼法》《日本破产法》《美国统一买卖法》《美国统一商法典》《德国民法典》《德国民事诉讼法》；刑事法典包括《美国刑法典》《美国模范刑法典》《法国刑法典》《法国刑事诉讼法典》《德国刑法典》《德国刑事诉讼法典》《意大利刑法典》《日本刑法典》《日本刑事诉讼法》。[1]

然而，这些国家都有司法审查或合宪性审查机制，他们通过特定的司法审查机构和程序，对违反宪法的所有法律规范性文件进行审查，以保障所有法律符合宪法精神。因此，宪法条款中是否明确写上"根据宪法"制定规范性文件，的确不能免除立法机关"必须以宪法为根本的活动准则"的宪法义务。因为我国确立了宪法审查制度，即中国特色社会主义合宪性审查制度，该机制由 2018 年《宪法修正案》所确立的全国

---

[1] 童之伟：《立法"依据宪法"无可非议》，载《中国法学》2007 年第 1 期。

人大宪法和法律委员会作为合宪性审查的专责机构协助全国人大常委会予以具体实施，从而保证《中共中央关于全面推进依法治国若干重大问题的决定》所提出的"把所有规范性文件纳入备案审查范围，依法撤销和纠正违宪违法的规范性文件"的要求。其中"违宪"指的就是理论上所有规范性文件都有可能"违宪"，一旦违宪，就可以通过备案审查制度，依法撤销和纠正。因此，既然所有规范性文件皆有"违宪"的可能，就必须要求所有立法机关在制定规范性文件时应当"根据宪法"，以便"维护社会主义法制的统一和尊严"。[1]

既然"根据宪法"制定法律、法规或规范性文件，那么在立法实践中，立法机关尤其是全国人大及其常委会在行使国家立法权时，是如何"根据宪法，制定本法"的？其遵循怎样的规律？笔者对此结合我国的现行法律规定进行初步的实证考察。

在由全国人大及其常委会制定的法律中，笔者共考察了 240 部现行法律，其中 84 部法律的第 1 条规定中均写了"根据宪法，制定本法"的内容，占全部法律数量的 35%；另外 156 部法律未写"根据宪法，制定本法"，占全部法律数量的 65%。

在条款中载入"根据宪法，制定本法"的 84 部法律中，又细分三种情况：

（1）直接写明"根据宪法，制定本法"的共计 80 部。其中，《中华人民共和国缔结条约程序法》《中华人民共和国戒严法》《中华人民共和国全民所有制工业企业法》《中华人民共和国民族区域自治法》和《全国人大组织法》载明"根据中华人民共和国宪法"制定本法。

---

[1] 现行《宪法》第 5 条第 2 款。

（2）根据宪法和××法，制定本法。如《中华人民共和国高等教育法》《中华人民共和国义务教育法》《中华人民共和国民办教育促进法》的第1条都规定："根据宪法和教育法制定本法。"《中国人民解放军军官军衔条例》第1条规定："根据《中华人民共和国宪法》和《中华人民共和国兵役法》的有关规定，制定本条例。"《驻外外交人员法》第1条规定："根据宪法和公务员法，制定本法。"《全国人大常委会议事规则》第1条规定："根据宪法、全国人民代表大会组织法和全国人民代表大会常务委员会工作的实践经验，制定本规则。"《科学技术普及法》第1条规定："根据宪法和有关法律，制定本法。"

（3）直接根据宪法第××条具体内容，制定本法。如《中华人民共和国兵役法》第1条规定："根据中华人民共和国宪法第55条'保卫祖国、抵抗侵略是中华人民共和国每一个公民的神圣职责。依照法律服兵役和参加民兵组织是中华人民共和国公民的光荣义务'和其他有关条款的规定，制定本法。"

上述第一种情形中写明"根据宪法，制定本法"的法律，其立法内容几乎都是现行《宪法》序言或具体条款所规定的内容，都能够直接在宪法条款中找到出处或来源。如《反分裂国家法》是根据《宪法》序言第9自然段"台湾是中华人民共和国的神圣领土的一部分。完成统一祖国的大业是包括台湾同胞在内的全中国人民的神圣职责"制定的。《中华人民共和国预算法》是根据《宪法》第89条关于国务院行使"编制和执行国民经济和社会发展计划和国家预算"的规定制定的；《中华人民共和国社会保险法》是根据《宪法》第45条关于国家发展为公民享受在年老、疾病或者丧失劳动能力的情况下，有从国家和社会获得物质帮助的权利所需要的社会保险的规定制定的；《劳动法》是根据《宪法》

第 42 条关于"公民有劳动的权利和义务"的规定，以及第 43 条关于劳动者有休息的权利、国家发展劳动者休息和休养的设施、职工的工作时间和休假制度等规定而制定的；《中华人民共和国老年人权益保障法》（以下简称《老年人权益保障法》）是根据《宪法》第 45 条、第 49 条关于"禁止虐待老人"的规定制定的；《中华人民共和国农村土地承包法》是根据《宪法》第 8 条关于"农村集体经济组织实行家庭承包经营为基础、统分结合的双层经营体制"的规定制定的；《中华人民共和国文物保护法》是根据《宪法》第 22 条关于"国家保护名胜古迹、珍贵文物和其他重要历史文化遗产"的规定制定的，等等。几乎所有写入"根据宪法，制定本法"的法律，其规定的内容均能在《宪法》文本中找到具体出处与来源。因此，从上述写入"根据宪法，制定本法"的法律考察，所谓"根据宪法"立法，无非就是根据宪法文本的相应内容而制定。

　　不过，也有的法律虽然是"根据宪法"制定的，但宪法文本中似乎找不到明确的规定，如《中华人民共和国海关关衔条例》第 1 条规定："为了加强海关队伍建设，增强海关工作人员的责任感、荣誉感和组织纪律性，有利于海关工作人员依法履行职责，根据宪法，制定本条例。"再比如，《中华人民共和国人民警察警衔条例》第 1 条规定："为了加强人民警察队伍的革命化、现代化、正规化建设，增强人民警察的责任心、荣誉感和组织纪律性，有利于人民警察的指挥、管理和执行职务，根据宪法，制定本条例。"上述两部法律都涉及国家行政工作人员的执法与管理行为，但具体到海关工作人员与警察职务行为，《宪法》文本中则未规定相应内容，因而它们所"根据"的是宪法文本中的具体哪一个条款或内容，并不明确。类似这种情形的法律，应当无需写明"根据宪法，制定本法"。

　　另外 156 部法律没有直接写明"根据宪法，制定本法"，如《中华人民共和国产品质量法》《中华人民共和国进出口商品检验法》《中华人民共和国电力法》《中华人民共和国港口法》《中华人民共和国企业所得税法》《中华人民共和国食品安全法》《中华人民共和国民用航空法》《中华人民共和国环境影响评价法》《中华人民共和国车辆购置税法》《中华人民共和国耕地占用税法》《中华人民共和国节约能源法》《中华人民共和国广告法》《中华人民共和国船舶吨税法》《中华人民共和国农产品质量安全法》《中华人民共和国防沙治沙法》《中华人民共和国野生动物保护法》《中华人民共和国公共图书馆法》《中华人民共和国循环经济促进法》《中华人民共和国环境保护税法》《中华人民共和国海洋环境保护法》《中华人民共和国农业机械化促进法》，等等。

　　直接写明"根据宪法"制定的法律与未直接写明"根据宪法"制定的法律，其差异主要在于是否能在宪法文本中直接找到相应的条款作依据或来源、出处，凡是未写明"根据宪法"制定的法律，其规制的内容一般不会直接在宪法文本中找到。如《中华人民共和国产品质量法》是"为了加强对产品质量的监督管理，提高产品质量水平，明确产品质量责任，保护消费者的合法权益，维护社会经济秩序，制定本法"；《中华人民共和国进出口商品检验法》是"为了加强进出口商品检验工作，规范进出口商品检验行为，维护社会公共利益和进出口贸易有关各方的合法权益，促进对外经济贸易关系的顺利发展，制定本法"；《中华人民共和国电力法》是"为了保障和促进电力事业的发展，维护电力投资者、经营者和使用者的合法权益，保障电力安全运行，制定本法"；《中华人民共和国港口法》"是为了加强港口管理，维护港口的安全与经营秩序，保护当事人的合法权益，促进港口的建设与发展，制定本法"；《中华人民共和国食品安全法》是"为了保证食品安全，保障公众身体健康和生命安全，制定本法"；等等。关于产品质量责任、进出口商品检验行为、电力事业、港口管理等各项具体内容，《宪法》的确皆未有相应规定，因而这些法律就不会写明"根据宪法"而制定字样。其实，所有未写明"根据宪法"制定的法律，其规制的内容均无法在宪法文本中找到具体的相应规定。由此可推知，凡是宪法文本中没有直接对应的相关内容的，一般不直接写明"根据宪法，制定本法"。

当然，也有例外，如《中华人民共和国国籍法》(以下简称《国籍法》)中虽然没有写明"根据宪法，制定本法"，但显然该法律是应当写明的，因为《宪法》第33条明确规定"凡具有中华人民共和国国籍的人都是中华人民共和国公民"，国籍是现代社会中某一自然人作为一个特定国家成员法律上的资格或身份，它反映一个人同某一特定国家的固定的法律关系。[1]具有一国之国籍，才能成为一国之公民，从而承担公民义务，享受公民权利。按照我国《宪法》规定，具有中华人民共和国国籍，是成为中华人民共和国公民的唯一条件，因此，国籍问题必须通过具体法律加以规定，而《国籍法》是直接根据该条款制定的。《中华人民共和国香港特别行政区基本法》和《中华人民共和国澳门特别行政区基本法》应当写明"根据宪法，制定本法"，却同样没有写明。现行《宪法》第31条明确规定："国家在必要时得设立特别行政区。在特别行政区内实行的制度按照具体情况由全国人民代表大会以法律规定。"两部基本法就是针对特别行政区实行的制度直接根据第31条之规定由全国人大制定的。再比如原《中华人民共和国婚姻法》(以下简称原《婚姻法》)，正如

---

[1] 蔡定剑：《宪法精解》，法律出版社2004年版，第210页。

该法第 1 条规定："本法是婚姻家庭关系的基本准则。"而《宪法》第 49 条规定："婚姻、家庭、母亲和儿童受国家的保护。夫妻双方有实行计划生育的义务。父母有抚养教育未成年子女的义务，成年子女有赡养扶助父母的义务。禁止破坏婚姻自由，禁止虐待老人、妇女和儿童。"我国原《婚姻法》就是直接根据《宪法》第 49 条规定而制定的。总之，类似上述法律，其基本内容或规定的制度均能在宪法文本中找到出处或依据，完全可以写明"根据宪法，制定本法"，事实上却未写明。

通过以上考察与分析，笔者认为存在着如下四个特点：

第一，一部法律是否写明"根据宪法，制定本法"，并非像有学者所主张的那样，写明这八个字的就是"立法者的一种自我限权"[1]，因为这种观点无法解释作为国家立法权的全国人大或全国人大常委会，何以在有的法律中写明，而在有的法律中未写明？如果是自我限权，最佳的选择应当是所有的法律皆写明"根据宪法，制定本法"，从而始终保持相同的姿态。因而，写明与否并非基于自我限权，而是主要依据宪法文本中有无相应的内容。

第二，一部法律是否写明"根据宪法，制定本法"，也并非像有学者所主张的那样："中国现阶段制定基本的法律时，在首条写进'根据宪法'的内容，为的是在宪法的至上性时常被人忽略、忘记或经常遭遇挑战的情况下强调宪法的根本法地位和至上性。"[2]事实上，法律写不写明"根据宪法，制定本法"字眼，并非宣扬或强调宪法的至上性，因为无论是否写明，都不会影响宪法的至上性地位。

第三，无论是全国人大还是其常委会制定的法律中，均存在同样的

---

[1] 马岭:《宪法原理解读》，山东人民出版社 2007 年版，第 246 页。
[2] 童之伟:《立法"依据宪法"无可非议》，载《中国法学》2007 年第 1 期。

情形，即有的法律写明"根据宪法，制定本法"，有的则不写。如由全国人大制定的《中华人民共和国预算法》《中华人民共和国妇女权益保障法》《中华人民共和国刑事诉讼法》等皆写明"根据宪法，制定本法"，而由全国人大制定的《中华人民共和国中外合作经营企业法》《中华人民共和国企业所得税法》《中华人民共和国中外合资经营企业所得税法》《中华人民共和国外商投资企业和外国企业所得税法》《中华人民共和国中外合作经营企业法》《国籍法》《中华人民共和国香港特别行政区基本法》《中华人民共和国澳门特别行政区基本法》等多部法律却未写明；同样，由全国人大常委会制定的《老年人权益保障法》《劳动法》《中华人民共和国社会保险法》等法律中写明"根据宪法，制定本法"，同样由全国人大常委会制定的大量法律中却没有写明。可见，并非是全国人大制定的法律就写明"根据宪法，制定本法"，而全国人大常委会制定的法律就不写"根据宪法，制定本法"。

第四，本来在宪法文本中能够找到出处与来源的法律，在立法时应当写明"根据宪法，制定本法"，却事实上未写明；有的在宪法文本中找不到出处或依据的，却在立法中写明。但是，符合这两种情况的法律数量不多，均属例外情况，因此不影响笔者所得出的结论的成立，即是否写明"根据宪法，制定本法"所依据的标准主要是看宪法文本中是否有相应的内容，而不是依据其他标准。有学者指出："凡是大型的、基本的、与宪法关系较密切的法律，其本身都作了内容为'根据宪法'的规定，只有不多的一些小型的、非基本的、与宪法关系较远的法律，没有规定'根据宪法'的内容。"[1]事实是，宪法本来就是规定国家的根

---

[1]　童之伟：《立法"依据宪法"无可非议》，载《中国法学》2007年第1期。

本制度与基本制度的法律，自然基本制度的内容均可在宪法中找到，它们自然与宪法关系密切，所以皆在法律中写明"根据宪法，制定本法"；而那些小型的、非基本的制度不会在宪法中作出规定，自然在宪法文本中找不到出处，从而无需写明"根据宪法，制定本法"。因而，这一标准能够解释那些写明"根据宪法，制定本法"的法律何以写明以及那些未写明的法律何以未写的基本原因所在。

因此，只要依据是否在宪法文本中找到出处与来源来解释"根据宪法"之基本内涵，就能够把握立法机关如何运用宪法的方法问题。质言之，只要在宪法文本中能够直接找到所立之法的出处或来源，制定的法律就必须写明"根据宪法，制定本法"；若不能找到直接出处或来源，制定的法律就无需写明"根据宪法，制定本法"。因而，据笔者此建议，像《国籍法》《中华人民共和国香港特别行政区基本法》之类的法律，其规制的基本制度和内容都可以在宪法文本中找到出处，就应当写上"根据宪法，制定本法"；像《中华人民共和国海关关衔条例》《中华人民共和国人民警察警衔条例》所规制的内容在《宪法》文本中找不到相应的出处的，就无需写明"根据宪法，制定本法"。当然，除了《宪法》第89条规定"根据宪法"制定行政法规作为国务院的宪法义务外，并没有明确将"根据宪法，制定本法"作为全国人大及其常委会的宪法义务，但不论全国人大还是全国人大常委会制定的法律，只要是对宪法规定的制度或内容的具体法律化，就应当写上"根据宪法，制定本法"，以此表明立法依据的正当性与妥当性。韩大元教授指出，"根据"实际上表明了法律的正当性与合法性，宪法是正当性的表达，以宪法为依据意味着获得民主的正当性与合法性。[1]如果所制定的法律，并非直接针对宪

---

[1] 韩大元：《民法典编纂要体现宪法精神》，载《国家检察官学院学报》2016年第6期。

法制度或内容的规制，则无需写明，只要遵循"不得同宪法相抵触"的宪法原则即可。

（二）"不得同宪法相抵触"方法模式

"符合宪法精神"是对我国立法活动的总体要求。何谓"宪法精神"？宪法精神就是保权与限权精神，保障公民个人权利和自由，限制国家政府一切公权力滥用，体现民主、共和、宽容、平等、自由、法治和人权精神。[1]韩大元教授也指出："宪法精神就是人们对宪法的意识、思维与心理状态，体现国家的根基与'元气'。宪法精神以'人的尊严'作为宪法制度存在的基本哲学，以人为出发点，回到人本身，捍卫着人的神圣性与不可代替性，体现自由、民主、法治、宽容与和平等价值。"[2]宪法精神凝结于宪法文本之中，约束着一切国家机关之所有行为，通过宪法精神，发挥宪法的价值引导、规范调整与共识凝聚的基本功能，宪法精神在立法活动中的体现，就是要求所有立法都遵守"不得同宪法相抵触"的宪法义务，以强调立法的合宪性基础。

立法机关的立法活动如何才能做到"符合宪法精神"？符合宪法精神的方式主要就是两种：一种是"根据宪法"，另一种是"不得同宪法相抵触"。"根据宪法"是直接依据宪法的基本内容，因此，只要是"根据宪法"制定的所有规范性文件，毫无疑问是符合宪法精神的。然而，"根据宪法"立法却不是一切立法机关普遍的宪法义务，它只是我国宪法对最高国家行政机关即国务院的单独要求，对其他所有享有立法权的立法机关没有像对待国务院一样特别强调"根据宪法"进行立法。

---

[1]　范进学：《中国宪法实施与宪法方法》，上海三联书店2014年版，第71页。
[2]　韩大元：《民法典编纂要体现宪法精神》，载《国家检察官学院学报》2016年第6期。

如果立法机关制定的法律或规范性文件在宪法文本中缺乏相应的制度或内容，而没有直接写上"根据宪法，制定本法"，那么其体现宪法精神的方式就是遵循"不得同宪法相抵触"的宪法义务与宪法原则。作为立法机关立法活动所必须遵循的一项合乎宪法精神的宪法义务则是"不得同宪法相抵触"。"不得同宪法相抵触"既是一项宪法义务，又是一项宪法原则。我国现行《宪法》第5条第3款明确规定，"一切法律、行政法规和地方性法规都不得同宪法相抵触"；《立法法》第5条明确规定，"立法应当遵循宪法的基本原则"；《宪法》第100条规定，"省、直辖市的人民代表大会和它们的常务委员会，在不同宪法、法律、行政法规相抵触的前提下，可以制定地方性法规。设区的市的人民代表大会和它们的常务委员会，在不同宪法、法律、行政法规和本省、自治区的地方性法规相抵触的前提下，可以依照法律规定制定地方性法规。"可见，在立法过程中遵循"不得同宪法相抵触"的原则还是一项宪法义务。因此，无论是行使国家立法权的机关，还是行使部门或地方立法权的机关，在制定规范性文件过程中都必须遵循宪法原则，其所制定的规范性文件都不得同宪法相抵触，均须符合宪法精神。

一般说来，"根据宪法"方式包含着"不得同宪法相抵触"原则，即凡是"根据宪法"制定的规范性文件应当不会同宪法相抵触，但"不得同宪法相抵触"原则未必包含着"根据宪法"，虽然立法机关制定的规范性文件的内容在宪法文本中找不到直接依据或出处，无法直接在规范性文件中写明"根据宪法，制定本法"，但并非表明立法机关就可以不根据宪法进行立法，其应当遵循"不得同宪法相抵触"义务，其所立之法应合乎宪法原则或宪法精神。宪法原则是宪法在调整社会关系时所采取的基本立场和准则，是宪法规则的基础性真理或原理，宪法原则在我国宪法中体现为党的领导、一切权力属于人民、尊重和保障人权、民主集中制、社会主义法治等规定；而宪法精神之精髓在于保障人权、约束公权。所有立法机关在制定规范性文件时，除了"根据宪法"制定外，更重要的是必须遵循宪法原则，符合宪法精神。正因为所有规范性文件的制定都必须先合乎宪法精神，才有了党内法规关于"把所有规范性文件纳入备案审查范围，依法撤销和纠正违宪违法的规范性文件"的规范性要求。[1] 由此可见，"不得同宪法相抵触"并非仅是对立法者依宪立法的形式要求，而是内含着立法者应当根据宪法原则与精神进行立法的价值判断，毕竟宪法是"国家一切法度之根源"[2]。在一个宪法至上的法秩序中，确保所有法律都必须与宪法相一致，显然是一个合理的方法论原则。

三、非解释性适用：司法机关运用宪法的方法

作为案件裁判者的法院，事实上担负着"运用宪法"的重要使命。按照我国《宪法》序言的规定，一切国家机关都"必须以宪法为根本的活动准则，并且负有维护宪法尊严、保证宪法实施的职责"，作为国家机关的人民法院，在审判活动中必须以宪法为裁判活动准则，履行保证宪法实施的职责。事实上，真正"运用宪法"的主体，最终是司法机关，只有司法者把宪法作为法源，并在疑难案件中将宪法作为裁判案件的依据，宪法才能成为活的宪法。应当说，作为司法机关的法院在应

---

[1]《中共中央关于全面推进依法治国若干重大问题的决定》，载《中央党内法规和规范性文件汇编》(上册)，法律出版社 2016 年版，第 443 页。
[2] 梁启超：《政论选》，新华出版社 1994 年版，第 26 页。

当"运用宪法"的认识上已经获得广泛共识，目前学界存在争论的问题是法院如何运用宪法？是纯粹的"适用"宪法，还是可以"解释"宪法？抑或通过合宪性解释方法即"按照宪法的精神对法律的内涵进行的解释"[1]间接发挥宪法的作用？笔者主张，在我国现有宪法制度设计下，作为审判机关的法院，没有"解释宪法"的权力，它只能"适用"宪法。详言之，司法者运用宪法是把宪法原则、宪法规范作为裁判的法源，在法律层面穷尽了一切手段之后仍无法找到解决案件的办法时，可以寻求引用或援引宪法规范或宪法原则作为裁判的依据。这种司法运用宪法的方法，笔者把它定性为"非解释性宪法适用"，即法院或法官在援引宪法条款时，仅仅援引那些字义清楚、明白而无异议，并具有公理性，不必作字词含义的解释。换言之，法官在审理普通案件时，或为了增强判决结论的说服力，或为了补充法律之漏洞，直接援引宪法条文，而不作解释。[2]人民法院在"运用宪法"时为何不能解释宪法？因为我国宪法把"解释宪法"的职权赋予了全国人大常委会，只有全国人大常委会才可依据宪法上的职权对宪法进行解释，这就决定了全国人大常委会的"解释宪法"的权力的专属性和排他性，除了全国人大常委会之外，其他任何机关都不得行使"解释宪法"的权力，即使"隐含"的宪法解释也有违立宪。如果其他机关譬如法院拥有了"隐含"的宪法解释权，就意味着法院事实上同样具有宪法解释的权力，这与宪法的设计是相冲突的，也违背立宪原意。[3]所以，在我国目前这种宪法解释制度性结构下，法院只有采取一种对宪法不作任何解释的司法适用，才能与我

---

[1] 张翔：《两种宪法案件：从合宪性解释看宪法对司法的可能影响》，载《中国法学》2008年第3期，第111页。
[2] 范进学：《非解释性宪法适用论》，载《苏州大学学报》2016年第5期。
[3] 范进学：《认真对待宪法解释》，山东人民出版社2007年版，第15页。

国宪法制度相契合。

不过，也有部分年轻宪法学者出于运用宪法的强烈意识与时代责任感，试图将宪法适用的制度性结构问题转化为法律解释方法即合宪性解释问题，来寻求运用宪法的可能路径。[1]例如张翔教授就指出，在法官没有宪法解释权的前提下，宪法依然有对司法发生影响的空间，即在普通的法律案件审理中，如果法官负有对法律作"合宪性解释"的义务，有将宪法的精神借由法律解释贯彻于法体系中的义务，则在普通法律案件中，就有作宪法层面分析的可能。[2]黄卉教授甚至乐观地指出："通过体系解释、尤其目的解释，完全有理由突破目前的通说，转而认定在现有宪法框架下人民法院是有权解释宪法，从而铺平了法官进行合宪性解释的道路。"[3]这样就为我国宪法进入司法适用领域、发挥宪法对司法的某种影响，找到了某种路径。这种学术努力与学术贡献值得充分肯定。然而，在笔者看来，合宪性解释虽被视为法律解释的一种方法，但毕竟像德国慕尼黑大学斯特凡·科里奥特教授所指出的，"合宪性解释就是对法律——而非对宪法——的解释"，他认为合宪性解释的概念仅适用于"法律"（Gesetz），而不包括国家的其他法律行为。如果认真审视，我们可以发现，合宪性解释本身并不是一种独立的解释方法，也不是目的解释的一种类型。它要求对法律解释的多种可能结果进行相互比

[1] 张翔：《两种宪法案件：从合宪性解释看宪法对司法的可能影响》，载《中国法学》2008 年第 3 期；杜强强：《合宪性解释在我国法院的实践》，载《法学研究》2016 年第 6 期；黄明涛：《两种"宪法解释"的概念分野与合宪性解释的可能性》，载《中国法学》2014 年第 6 期；王光辉：《论法院合宪性解释的可能与问题》，载《四川大学学报》2014 年第 5 期；杜强强：《论合宪性解释的法律对话功能——以工伤认定为中心》，载《法商研究》2018 年第 1 期。

[2] 张翔：《两种宪法案件：从合宪性解释看宪法对司法的可能影响》，载《中国法学》2008 年第 3 期，第 111 页。

[3] 黄卉：《合宪性解释及其理论检讨》，载《中国法学 2014》2014 年第 1 期，第 300 页。

较，并排除其中与宪法和宪法的基础决定不符的部分。[1]当然，科里奥特教授的观点在国内并非没有争议，有学者就明确指出："合宪性解释作为一种法律解释方法，必然包含了对宪法的解释，我们不能掩耳盗铃地否认宪法解释曾经在解释法律的过程中出现过。"[2]其中涉及的核心在于：合宪性解释是否必然触及宪法概念的解释？依照常理，在若干个法律解释结果中，判断哪一个法律解释结果合乎宪法精神，必然触及对宪法精神的理解与把握，根据"理解"而作出最终解释结果的取舍。

问题在于，理解是否等同于解释？加达默尔曾指出："理解总是解释，因而解释是理解的表现形式。"他甚至说："一切理解都是解释。"[3]倘若理解就是解释，那么合宪性解释必然触及对宪法的解释；然而，理解与解释虽然是诠释学的一对核心范畴，但二者并非相互直接包含或等同。《现代汉语词典》对"理解"的解释是"懂；了解"，对"解释"的解释是"说明含义、原因、理由等"。[4]洪汉鼎先生指出："理解与解释不同，理解是解释的基础和前提，解释则是理解的发展和说明。"[5]理解就是理解，并非总是解释，狄尔泰就把"理解"看作人以心灵力量的整体去认识自己及自己所创造的精神世界的能力；施莱尔马赫把理解视为是一种推理过程，即用已知比较未知，从已知推出未知；[6]赫什则认为

---

[1] [德]斯特凡·科里奥特：《对法律的合宪性解释：正当的解释规则抑或对立法者的不当监护？》，田伟译，载《华东政法大学学报》2016年第3期，第7页。
[2] 黄明涛：《两种"宪法解释"的概念分野与合宪性解释的可能性》，载《中国法学》2014年第6期。
[3] [德]汉斯·格奥尔格·伽达默尔：《真理与方法》，洪汉鼎译，上海：上海译文出版社1999年版，第395、496页。
[4] 《现代汉语词典》，商务印书馆2000年版，第835、704页。
[5] 洪汉鼎：《诠释学——它的历史和当代发展》，人民出版社2001年版，第66页。
[6] 殷鼎：《理解的命运》，生活·读书·新知三联书店1988年版，第145页。

理解在于原原本本地构造文本的意义，解释则是解释者对文本的意义所作的阐释，掺杂了解释者附加的成分。[1]可见，理解是对文本精神、意义的内心认同与领会，了然于心；解释是对文本语词、含义的书面文字的说明与阐释。在某种意义上，只有在理解基础上才能解释，因而可以说没有理解就没有解释；然而，解释是对不明确的含义或意义的说明或创造，理解"在于原原本本地构造文本的意义"。合宪性解释作为法律解释的一种方法或比较与选择性方法，其要求是：依字义及脉络关系可能的多数解释中，应优先选择符合宪法原则并因此得以维持的规范解释。在具体化宪法原则时，法官应尊重立法者对具体化的优先权。[2]在合宪性解释中，由于不触及宪法原则或精神的具体化解释，法官仅仅依其内心的"理解"或领会作为选择性解释结果的取舍标准，因而"合宪性解释的特别之处在于：它并不是宪法解释，当然也就不是依据宪法裁判具体个案，但依然是在具体案件中对宪法所确立的价值的贯彻，这个贯彻所凭借的就是法律解释的方法"。[3]运用合宪性解释方法，多少体现出宪法规范在整个国家法秩序中的最高位阶性与权威性，使我国宪法能够发挥其价值指引的应有功能。

另外，有学者基于我国宪法在人民法院审判实践中的具体运用，归纳出三种宪法解释方法意义上的"解释性适用"的情形，即文义解释、体系解释与目的解释。[4]然而，仔细审视之后，上述三种所谓的宪法解释，其实均可归为宪法"理解"而非宪法"解释"，皆属于"非解释

---

[1] 彭漪涟：《逻辑学大辞典》，上海辞书出版社 2004 年版，第 620—640 页。
[2] ［德］卡尔·拉伦茨：《法学方法论》，陈爱娥译，商务印书馆 2003 年版，第 221 页。
[3] 张翔：《两种宪法案件：从合宪性解释看宪法对司法的可能影响》，载《中国法学》2008 年第 3 期，第 112 页。
[4] 余军等：《中国宪法司法适用之实证研究》，中国政法大学出版社 2017 年版，第 104 页。

性宪法适用"的范畴。譬如，在"张嘉华案"中，法院指出："公民的合法的所有财产不受侵犯，是宪法规定的权利。公民享有占有、使用、处分、收益的权利。"学者认为这种将宪法保护的"私有财产"解析为"占有、使用、处分、收益"之权利，就是对《宪法》上的"财产"一词所作的文义解释。[1]笔者认为，这并非为宪法上的"财产"一词进行解释，法院引用的两句话是分开的，前一句是宪法规定，后一句是从原《中华人民共和国民法通则》第 71 条规定中摘录的一句话，即"所有人依法对自己的财产享有占有、使用、收益和处分的权利"。原《物权法》第 39 条也规定：所有权人"依法享有占有、使用、收益和处分的权利"。这是法官将私有财产"理解"为"占有、使用、处分、收益的权利"，没有针对宪法上的"财产"概念进行解释。这种形似"解释"，实则"理解"。另外，学者将法院认为的举报权视为对《宪法》第 41 条规定关于公民控告权、检举权的文义解释，实际也是一种理解，因为汉语中的"举报"之意就是"检举报告"。[2]再比如，将法院判决书中关于"我国从《宪法》《老年人权益保障法》《刑法》等多个法律规定了子女对老人的赡养义务。而且法律规定的完整的赡养义务不仅包括物质供养，还包括精神慰藉和生活照料"的一段话解释为宪法体系解释方法，并认为是将宪法义务的含义解析为物质供养、精神慰藉和生活照料三个层次。其实这三个赡养的层次并非是法院的解释，而是对 2012 年《老年人权益保障法》第 11 条规定的援引。[3]另外，针对人民法院在"吉

---

[1] 余军等：《中国宪法司法适用之实证研究》，中国政法大学出版社 2017 年版，第 109 页。

[2] 《现代汉语词典》，商务印书馆 2000 年版，第 738、835 页。

[3] 《老年人权益保障法》第 11 条规定："赡养人应当履行对老年人经济上供养、生活上照料和精神上慰藉的义务，照顾老年人的特殊需要。第 12 条赡养人对患病的老年人应当提供医疗费用和护理。"

林科龙优质种（肉）牛繁育有限公司与九台市西营城街道办事处杨家岗村村民委员会合同纠纷案"中的裁判说理部分，学者认为是对《宪法》第 10 条"征收征用"条款中的"土地征收""土地征用"概念进行了解释。[1]事实上，法院的裁判说理部分看似是对上述两个概念的解释，实则仍是立法者的解释，譬如裁判书引用了王兆国在关于 2004 年《宪法修正案》第 10 条修改说明中所述的"征收"与"征用"的差异，这种引用中的解释仍是立法者的解释，而非法院法官的解释；裁判书对"公共利益"的界定，引用了《国有土地上房屋征收与补偿条例》第 8 条关于对"公共利益需要"的列举式规定，同样是立法者对"公共利益"的解释。诸如此类的裁判书中所涉的有关宪法条款的引用，皆属于法院对相关条款的理解，而不是一种真正的宪法解释。

同时，有学者基于审判权的本质，认为"事实上，只要承认法院在解决个案争议中适用法律的权力（也就是审判权），就不可能禁止其解释法律，如果宪法规范有可能在法律适用中发挥作用，则解释宪法条款是不可避免、不可禁止的。这是客观上、事实上不可能被禁止，而不是谁有权禁止的问题"。[2]有学者进而认为"考虑到宪法条文的特性，通常情况下，仅有'援引'条文的工作是不够的，而必须对被引之条文进行理解，方能把握其含义"；"不论我们将法官对宪法文本的具体操作方式称之为'理解宪法''分析宪法''开展宪法''援引宪法'还是'贯彻宪法'，这都只是用语上的差别，其本质都是对宪法的解释"。笔者认为，这种观点值得充分重视并认真对待。马克思曾说过："法律是普

---

[1]　余军等：《中国宪法司法适用之实证研究》，中国政法大学出版社 2017 年版，第 126—129 页。

[2]　黄明涛：《两种"宪法解释"的概念分野与合宪性解释的可能性》，载《中国法学》2014 年第 6 期，第 294 页。

遍的。应当根据法律来确定的案件是个别的……法官有义务在把法律运用于个别事件时，根据他在认真考察后的理解来解释法律。"[1]法官在运用法律解决个案纠纷时，根据他对法律条款的理解来解释法律，这正是司法过程的本质。法国比较法学家达维德指出："颁布法律或条例是权力机关的事。可是法律的实际效用决定于实施的方式。法律的实施以解释过程为前提。"[2]的确，只要存在法官，就存在着法律的解释。问题是，并非所有的法律条款都需要解释，解释之所以存在，就是因为存在着词义不明的情形，如《立法法》第48条就列举了两种解释的情形：一是法律的规定需要进一步明确具体含义的；二是法律制定后出现新的情况，需要明确适用法律依据的。倘若制定的法律没有出现上述两种情形，自然就无需解释。换言之，凡是条款明确、含义清楚的法律规定就可以直接适用而无需解释。若把仅仅援引而未进行解释的条款不加区分地一律视为"宪法解释"，无疑是一叶障目，作为我国宪制架构下的法院，必须恪守职权法定的法治原则与我国宪法根本制度，在自身缺乏解释宪法的宪定职权的前提下，在裁判过程中若遇到需要解释的情形，将不得自行解释，而应中止裁判，把需要解释的宪法条款依照程序或规定提请有解释权的全国人大常委会进行宪法解释。[3]若允许或默许法院在裁判过程中解释宪法，则实际上赋予了普通法院法官解释宪法的权力，那将会改变我国现有的宪法架构，这与我国的人民代表大会根本政治制

---

[1]《马克思恩格斯全集》第1卷，人民出版社1995年版，第180页。

[2][法]勒内·达维德：《当代主要法律体系》，漆竹生译，上海译文出版社1984年版，第109页。

[3]即使在那些设立了宪法法院的国家，普通法院如对一项法律的合宪性发生疑问，也只能中止诉讼程序而将问题提交宪法法院（参见[法]勒内·达维德：《当代主要法律体系》，漆竹生译，上海译文出版社1984年版，第103页）。

度是不相容的。

　　鉴于上述分析，笔者认为，在目前我国宪法制度构架中，法院运用宪法的主要方式就是"非解释性适用"；至于借助合宪性解释方法，以体现宪法规范在整个国家法秩序中的价值引导与权利保障功能，应当提倡而非禁止，从而使法律的解释合乎宪法原则与宪法精神，保证法律解释的合宪法性。

四、解释性适用：合宪性审查机关运用宪法的方法

　　随着 2018 年《宪法修正案》将全国人大宪法和法律委员会作为辅助全国人大及其常委会进行合宪性审查的专责机构，我国合宪性审查工作渐进展开。宪法和法律委员会作为合宪性审查机构，根据《全国人大常委会关于全国人大宪法和法律委员会职责问题的决定》，增加了"推动宪法实施、开展宪法解释、推进合宪性审查、加强宪法监督、配合宪法宣传等工作职责"，其中"开展宪法解释"将是宪法和法律委员会的核心工作。笔者认为，作为合宪性审查的专门机构，在进行合宪性审查过程中，必然遇到对宪法条文的理解与解释的问题，这时，只有通过宪法解释，才能作出合宪性的判断，对合乎宪法的规范性文件予以维护，对与宪法相抵触的规范性文件予以改变、撤销或废止。[1]

　　鉴于 2015 年修订的《立法法》并未在第五次宪法修改案之后作出相应修正，因而我国的合宪性审查机构不只是全国人大宪法和法律委员会，还包括全国人大常委会工作机构即法制工作委员会，全国人大常委

---

[1]　范进学：《全国人大宪法和法律委员会的功能与使命》，载《华东政法大学学报》2018 年第 4 期。

会法工委是我国法规备案审查的主要承担者[1]，它对报送备案的法规、司法解释进行审查，对与宪法法律相抵触的法规、司法解释有权向委员长会议提出予以撤销的议案、建议，由委员长会议决定提请常务委员会会议审议决定，予以撤销、纠正，因此备案审查制度是一种包融合宪性审查与合法性审查在内的机构。

无论是宪法和法律委员会，还是全国人大常委会法工委，作为合宪性审查机构，在运用宪法时，其方法与司法机关运用宪法的方法不同之处在于对宪法相关条款的解释性适用。我国的合宪性审查不是由普通法院或专门机构，如宪法法院或宪法委员会进行的司法审查，而是由最高国家立法机关对法律的合宪法性进行的立法审查。根据我国《立法法》规定，全国人民代表大会专门委员会、常务委员会工作机构在审查、研究中认为行政法规、地方性法规、自治条例和单行条例同宪法相抵触的，首先向制定机关提出书面审查意见、研究意见；其次制定机关应当在两个月内研究提出是否修改的意见，并向全国人民代表大会宪法和法律委员会及有关的专门委员会或者常务委员会工作机构反馈；再次，全国人民代表大会法律委员会、有关的专门委员会、常务委员会工作机构向制定机关提出审查意见、研究意见，制定机关按照所提意见对行政法规、地方性法规、自治条例和单行条例进行修改或者废止的，审查终止；最后，全国人民代表大会宪法和法律委员会、有关的专门委员会、常务委员会工作机构经审查、研究认为行政法规、地方性法规、自

---

[1] 备案审查制度是保障宪法法律实施、维护国家法制统一的宪法性制度。根据宪法和立法法、监督法的规定，国务院制定的行政法规，地方人大及其常委会制定的地方性法规，以及最高人民法院、最高人民检察院制定的司法解释，应当报送全国人大常委会备案。全国人大常委会对报送备案的法规、司法解释进行审查，对与宪法法律相抵触的法规、司法解释有权予以撤销、纠正，因此备案审查制度是一种包融合宪性审查与合法性审查在内的机构。

治条例和单行条例同宪法或者法律相抵触而制定机关不予修改的，应当向委员长会议提出予以撤销的议案、建议，由委员长会议决定提请常务委员会会议审议决定。在后两个阶段，均涉及对宪法相关条款的解释：第一，审查机构向制定机关提出意见，涉及对相关宪法条款的理解与解释；第二，向委员长会议提出予以撤销的议案、建议，涉及对相关宪法条款的理解与解释。合宪性审查必须对宪法相应条款的含义进行解释，以判断规范性文件是否与宪法相抵触。譬如全国人大常委会法工委主任沈春耀提到将废止收容教育制度的问题[1]，就需要合宪性审查机构对《宪法》第 37 条关于"公民的人身自由不受侵犯"的条款作出解释，从而说明 1991 年七届全国人大常委会通过的《关于严禁卖淫嫖娼的决定》，以及国务院制定的《卖淫嫖娼人员收容教育办法》是何以与宪法相抵触，以便从根本上废止收容教育制度的。

党的十八届三中全会明确提出的"运用宪法"思想，是习近平新时代中国特色社会主义法治思想与宪法思想的重要内容，具有深刻的划时代意义与强烈的现实价值，它将我国宪法实施这一实践问题从理论逻辑还原为实践逻辑，即宪法实施本质上是运用宪法的实践问题，以实现从理论逻辑到实践逻辑、从宣言性倡导到建立健全运用宪法制度的转变，这是中国宪法实施史上的一次巨大飞跃。建立健全运用宪法制度强调的是宪法在整个中国法治实践中的运用，不仅体现在立法环节，还体现在执法与司法环节。只有切实发挥宪法精神、宪法原则、宪法规范的引导、规制、指引、保障的功能，宪法的权威与尊严才能真正树立起来，

---

[1]　全国人大常委会法制工作委员会主任沈春耀于 2018 年 12 月 24 日在第十三届全国人民代表大会常务委员会第七次会议上作《全国人民代表大会常务委员会法制工作委员会关于 2018 年备案审查工作情况的报告》。

宪法实施才能真正落地。运用宪法的实践逻辑，注重的是如何运用，即方法论问题。它包括立法机关如何"运用宪法"，也包括执法机关如何"运用宪法"，以及司法机关如何运用宪法，等等，只有解决了如何运用的方法论问题，才能使运用宪法的法治实践真正展开。"使每一项立法都符合宪法精神"是党中央针对我国立法机关的立法工作提出的新要求，若以此作为判断标准，那么在我国宪法实践与立法实践中存在两种具体方法模式，一是"根据宪法"模式，二是"不得同宪法相抵触"模式。作为事实上担负着"运用宪法"的重要使命的裁判者法院，在我国现有宪法制度设计下，没有"解释宪法"的权力，它只能"适用"宪法，即司法者运用宪法是把宪法原则、宪法规范作为裁判的法源，在法律层面穷尽了一切手段之后仍无法找到解决案件的办法时，可以寻求引用或援引宪法规范或宪法原则作为裁判的依据，这种司法运用宪法的方法为"非解释性宪法适用"，即法院或法官在援引宪法条款时，仅仅援引那些字义清楚、明白而无异议，并具有公理性，不必作字词含义的解释。作为合宪性审查的专门机构，在进行合宪性审查过程中，必然遇到对宪法条文的理解与解释，这时，只有通过宪法解释，才能作出合宪性的判断，对合乎宪法的规范性文件予以维护，对与宪法相抵触的规范性文件予以改变、撤销或废止。

第七章
法院实施宪法的实践探索与理论反思

　　作为规范国家政治生活与社会生活的根本法——宪法，人们一直期待它能够像法律一样发挥作用，尤其能够像法律一样可以被法官在裁判过程中所适用。为此，自 20 世纪 90 年代以来，中国宪法学者与审判者在学术与裁判实践中作出了不懈的努力与探索。从倡导宪法司法化，到引入合宪性解释，再到法院援引宪法条款，其探索法院实施宪法的路径与方法一直没有停歇，迄今为止，前后持续二十多年。笔者认为，当下十分有必要将这二十多年来中国法律界关于人民实施宪法道路的探索进行总结与反思，梳理与总结法院实施宪法路径探索中的经验得失，反思其中蕴含的理论问题，以此为未来人民法院更好地实施宪法提供知识积淀与实际经验。笔者将人民法院实施宪法的路径探索归纳为三条：宪法司法化是第一条路径；合宪性解释是第二条路径；第三条路径就是现阶段法院援引宪法的审判实践。尽管合宪性解释方法与法院援引宪法条款之方法具有交叉与关联性，但总体上属于两种不同的路径。本章即围绕上述法院实施宪法的三种路径展开分析与反思，最后以中国特色的宪法解释理论对法院实施宪法之探索理论与制度予以阐释。

一、齐玉苓案司法批复与宪法司法化的兴起及式微

（一）齐玉苓案司法批复与宪法司法化的兴起

1982 年《宪法》自颁行后，一直被各方称赞为一部最好的宪法。然而，正如法国比较法学家勒内·达维德所指出："颁布法律或条例是权力机关的事。可是法律的实际效用决定于实施的方式。"[1] 毕竟"宪法的生命在于实施，宪法的权威也在于实施"[2]，因此，发挥宪法的实际效用的关键就在于真正有效地实施宪法，尤其是宪法能否通过法院发挥其实际效力对于宪法能否有效实施来说至关重要，然而这正是我国宪法实施中的"阿喀琉斯之踵"。长期以来，我国法院审判工作中对于能否适用宪法条款显得非常谨慎，最高人民法院分别于 1955 年与 1986 年发布过两个司法批复，除了 1955 年批复中明确要求法院"在刑事判决中，宪法不宜引为论罪科刑的依据"外，两个批复均无明确拒绝适用宪法的意味。不过，这两个司法批复事实上起到了阻碍宪法的司法适用的作用，同时，现实中的法院或法官的审判实践确实普遍存在着宪法不能进入裁判书的事实。[3] 对此，有学者指出："自 1955 年至 1986 年又至 1989 年，我国法院不援引宪法的观念和做法可谓深入人心，没有人提出质疑。我国司法实践中形成的不援引宪法判决案件成了我国宪法制度的一个重要

---

[1] [法] 勒内·达维德：《当代主要法律体系》，漆竹生译，上海译文出版社 1984 年版，第 109 页。

[2] 习近平：《在首都各界纪念现行宪法公布施行三十周年大会上的讲话》，载习近平：《论坚持全面依法治国》，中央文献出版社 2020 年版，第 11 页。

[3] 范进学：《中国宪法实施与宪法方法》，上海三联书店 2014 年版，第 115 页。

特点。"[1]肖蔚云教授针对1955年最高人民法院的批复指出:"这个批复的实践结果有副作用的一面,即从1955年以后,实际上法院不能依据宪法处理案件……实际上开创了在中国法院审判案件不能适用宪法的先例。"[2]因而,"各级法院数十年来在所有审判活动中均未适用宪法"。[3]当然,也有学者认为,这与"宪法本身并没有给司法机关留下多少直接适用宪法的空间"[4]有关;还有学者认为,宪法关于人民法院依照法律独立行使审判权的规定意味着人民法院只能以"法律"而不能以"宪法"为依据行使审判权,人民法院只能适用法律而不能适用宪法。[5]总之,在2001年之前,我国法院实施与适用宪法不到位的问题非常严重,事实上,法院实施适用宪法的现实与广大民众通过宪法保障公民权利的要求[6]存在着极其不适应的矛盾。在这种宪法实施之历史背景之下,最高人民法院出台一个关于法院直接适用宪法的批复引起学术界与审判实务界的高度关注与回应是必然的。

　　人民法院实施宪法的契机来自2001年7月24日最高人民法院审判委员会向山东省高级法院作出的《关于以侵犯姓名权的手段侵犯宪法保护的公民受教育的基本权利是否应承担民事责任的批复》(以下简称"齐案批复")。"齐案批复"是最高人民法院针对山东省高院的案件法律适用请示而作出的,该批复指出:"你院1999鲁民终字第258号《关于齐

---

[1]　王禹:《中国宪法司法化:案例评析》,北京大学出版社2005年版,"前言"第3页。

[2]　肖蔚云:《宪法是审判工作的根本法律依据》,载《法学杂志》2002年第3期,第4页。

[3]　谢维雁:《论宪法的司法化》,载《西南民族学报》2000年第12期,第111页。

[4]　童之伟:《"宪法司法化"引出的是是非非》,载《中国律师》2001年第12期,第24页。

[5]　刘松山:《人民法院的审判依据为什么不能是宪法》,载《法学》2009年第2期,第31页。

[6]　2002年与2012年两任党的总书记在纪念现行宪法公布颁行二十周年与三十周年大会上的讲话中,都强调"使广大人民群众认识到宪法不仅是全体公民必须遵循的行为规范,而且是保障公民权利的法律武器"(习近平:《在首都各界纪念现行宪法公布施行三十周年大会上的讲话》,载习近平:《论坚持全面依法治国》,中央文献出版社2020年版,第14页)。

玉苓与陈晓琪、陈克政、山东省济宁市商业学校、山东省滕州市第八中学、山东省滕州市教育委员会姓名权纠纷一案的请示》收悉。经研究，我们认为，根据本案事实，陈晓琪等以侵犯姓名权的手段，侵犯了齐玉苓依据宪法规定所享有的受教育的基本权利，并造成了具体的损害后果，应承担相应的民事责任。"这个司法批复开创了宪法司法化的先例。从此，"宪法司法化"这一法院实施宪法的标志性概念为大多数学者接受，"宪法司法化"俨然成了我国法院实施适用宪法的代名词。下文从"宪法司法化"概念的最初提出到后来发展演变，揭示其蕴含的深远意义及倡导者与支持者欲达致的依宪治国之根本目的。

"宪法司法化"的概念在"齐案批复"前就已被学者提出，以"宪法司法化"为主题的论文已有七篇，它们分别是：《我国宪法司法化的探讨》《宪法司法化的必然性与可行性探讨》[1]、《宪法的司法化——21世纪中国宪法学研究的基本思路》[2]、《论宪法的司法化》[3]、《宪法的司法化——中国宪法发展的趋势》[4]、《论我国宪法司法化》[5]、《略论我国宪法司法化的若干法律条件》[6]。此外，有四篇相关论文。[7] 有的学者可能认

---

[1] 胡锦光：《宪法司法化的必然性与可行性探讨》，《法学家》1993年第1期。

[2] 王磊：《宪法的司法化——21世纪中国宪法学研究的基本思路》，载《法学家》2000年第3期。

[3] 谢维雁：《论宪法的司法化》，载《西南民族学报》2000年第12期。

[4] 刘淑君：《宪法的司法化——中国宪法发展的趋势》，载《甘肃广播电视大学学报》2001年第1期。

[5] 刘阳中、叶红：《论我国宪法司法化》，载《乐山师范学院学报》2001年第3期。

[6] 张存：《略论我国宪法司法化的若干法律条件》，载《浙江省政法管理干部学院学报》2001年第4期。

[7] 汪铁民：《宪法诉讼问题研究：一种关于宪法监督司法化的思考》，载《人大研究》1998年第4期；王学栋：《我国宪法司法适用性的理论误区》，载《现代法学》2000年第6期；王学栋：《论我国宪法的司法适用性》，载《山东大学学报》2001年第3期；林毅：《宪法诉讼问题研究》，四川师范大学2001年硕士论文。

为"宪法司法化"这个概念是王磊教授在 2000 年出版的《宪法的司法化》[1]一书中最先提出的[2]，实际上王磊教授早在 1992 年就提出来了，之后胡锦光、谢维雁等学者进一步阐释了"宪法司法化"之理念。这里需要回答的问题是，当初学者提出的"宪法司法化"的背景及含义是什么？"齐案批复"出台后，"宪法司法化"的内涵有无发生变化？其本质要害何在？

学者们之所以提出"宪法司法化"概念，是基于人们长期以来不把宪法当作"法"看待的态度，希望宪法能够像法律一样发挥其可诉性的作用，可以在法院被直接作为法律适用。王磊教授指出，20 世纪我国宪法学研究和实践有一个很大的误区，"就在于没有真正把宪法作为一部法并通过法院来实施"；[3]而那些宪法司法化的国家"在宪法观念上已真正将宪法作为法来看待，从而将宪法作为裁判的准则由某一特定机构反复适用"；"我国宪法的主要障碍就是没有将宪法司法化，缺乏对宪法法律性的应有认识"。[4]胡锦光教授也指出："宪法的主要特性是法律性，决定了只有通过司法途径才能使纸面上的文字成为活生生的现实而有效的规则。"[5]谢维雁教授认为，宪法的法律性是宪法司法化的前提，只有能够被司法机关直接适用的宪法才是真正有效的宪法。[6]蔡定剑教授指出："宪法首先是个法律，它应有法律的共性：规范性、可操作性和可诉性等。没有这些特点它就不是法律，而是政治纲领。"[7]刘淑君指出：

————————

[1] 王磊：《宪法司法化》，中国政法大学出版社 2000 年版。

[2] 强世功：《宪法司法化的悖论》，载《中国社会科学》2003 年第 2 期，第 19 页。

[3] 王磊：《宪法的司法化》，载《法学家》2000 年第 3 期，第 14 页。

[4] 王磊：《宪法司法化》，中国政法大学出版社 2000 年版，第 148 页。

[5] 胡锦光：《宪法司法化的必然性与可行性探讨》，载《法学家》1993 年第 1 期，第 51 页。

[6] 谢维雁：《论宪法的司法化》，载《西南民族学报》2000 年第 12 期，第 109 页。

[7] 蔡定剑：《繁荣宪法学研究　推进依法治国》，载《法商研究》1998 年第 3 期，第 4 页。

"我国宪法作为国家的根本大法、最高法，不能在任何诉讼活动中发挥作用，这是宪法理论与实践中的一个误区，是长期以来缺乏法治的表现，不符合现行宪法的基本原则和精神。"[1] 总之，上述提出并倡导"宪法司法化"的学者初衷是一致的，即强调宪法的法律属性，使宪法像法律一样能够进入司法过程，被法院直接适用。应当说，这种关于宪法的法律性及其适用性的观点是正确的，探寻通过法院适用实现宪法实施的路径之努力值得予以充分肯定。

问题在于，以"宪法司法化"作为法院实施宪法的路径具有极强的浪漫主义色彩，因为这个概念本身隐藏着巨大的政治陷阱，一旦陷入其中，就无法跨越"宪法司法化"所预设的政治鸿沟，当我们站在二十余年后的今天往回看这段宪法实施的探索历程时，这种感受就愈发深刻。如果仅仅把"宪法司法化"囿于当下法院援引性运用宪法的内涵，就可能不会触及政治问题。然而，历史不能假设，事物的发生也往往不以人的意志为转移，当初提出的"宪法司法化"概念本身隐藏着法律与政治双重问题的叠加性悖论。

悖论一是，法院适用宪法必然伴随宪法解释，法院具有宪法解释权吗？

悖论二是，法院适用宪法可能伴随着对规范性文件的宪法审查或司法审查，法院有宪法审查的资格吗？

悖论一与悖论二都直接冲击着现行宪法关于全国人大常委会负责宪法解释与最高国家权力机关享有宪法审查的权力结构与国家根本政治体制：法院一旦拥有宪法解释权，就会对全国人大常委会的宪法解释权构

---

[1] 刘淑君：《宪法的司法化——中国宪法发展的趋势》，载《甘肃广播电视大学学报》2001 年第 1 期，第 50 页。

成挑战；法院一旦拥有宪法审查权，就会对人民代表大会制度构成挑战，以审判权制约国家立法权，这种西方式的"权力制衡"将是对我国宪法确立的"民主集中制"基本原则的否定。因此，上述两大悖论及其政治后果大概是宪法司法化的提出者与倡导者始料不及的，由此引发的政治问题才是人们所担忧的。

"宪法司法化"提出者在阐释概念时就已经自觉或不自觉地将上述两个悖论预设其中，因为他们在阐释"宪法司法化"这个概念时均把美国式的司法审查制度作为其因由。王磊教授指出："司法审查制度是宪法司法化的具体体现，宪法司法化是各国司法审查制度的共同点和提炼。"[1] 胡锦光教授也认为，美国开宪法司法化之先河，司法机关的活动规则决定了当两个效力不等的法律文件内容相抵触时，适用效力高的文件；宪法的内容决定了对其秩序构成最大威胁的是法律，而立法机关的自我审查具有局限性。[2] 谢维雁指出，适用宪法的机关须享有宪法解释权，解释宪法是适用宪法的前提；宪法司法化是现代国家的基本标志之一，正是宪法的司法化，保证了美国宪法的长期稳定，使美国宪法成为"活着的宪法"。[3] 可见，"齐案批复"前，"宪法司法化"的提出者与拥护者在其理念中预设了上述两大悖论，而最高人民法院在作出"齐案批复"时又沿袭了充满着悖论的"宪法司法化"理念，进而将"宪法司法化"运动推向高潮，引发了"宪法司法化"运动之勃兴。

就"齐案批复"本身而言，其只涉及法律适用问题，并未触及政治

---

[1] 王磊：《宪法司法化》，中国政法大学出版社 2000 年版，第 148 页。
[2] 胡锦光：《宪法司法化的必然性与可行性探讨》，《法学家》1993 年第 1 期，第 51 页。
[3] 谢维雁：《论宪法的司法化》，载《西南民族学报》2000 年第 12 期，第 109 页、第 111 页。

问题。公民享有宪法上的受教育权，这种权利受到民事当事人的侵害后，如何予以法律救济？现行《宪法》中仅有"一切违反宪法和法律的行为，必须予以追究"的原则性规定，缺乏具体的宪法责任规范。民法上没有规定受教育权的侵权责任，仅规定了人格权益的责任条款。受教育权是否属于人格利益？宪法权利是否通过民事法予以救济保障？这些问题都涉及具体的法律适用问题。因此，负责审理齐玉玲案的山东省高级人民法院为此向最高人民法院提出法律适用的申请是适时的，最高人民法院对此案的批复也是针对法律适用问题，没有触及政治问题。江平教授就评价说："它（指'齐案批复'——笔者注）是对法院能否受理这起案件并如何适用法律问题进行解释，不是解释具体的宪法条款，这当然是最高人民法院的权力。"姜明安教授认为："最高人民法院就这一案件所作的关于如何适用法律的司法解释并没有超越它的职权。"[1]肖蔚云教授也指出："公民应享有宪法规定的受教育的基本权利，然而我国教育法又只有原则的法律责任规定，法院当然可根据宪法对受害人加以保护，而不是坐视不理。"[2]

"齐案批复"之后，围绕"宪法司法化"讨论的多数学者亦在宪法司法适用与司法审查或合宪性审查双层意义上使用"宪法司法化"概念。譬如蔡定剑教授指出："所谓宪法的司法化，主要是指宪法可以作为法院裁判案件的直接或间接的法律依据。法院直接以宪法作为裁判案件的依据，又有两种情形：一种是指法院直接依据宪法对国家机关权限（亦包括政党和选举等）有争议的事项进行司法裁决，亦即合宪性审查；另一种情形则是将宪法直接适用于侵害公民权利的案件，包括政府侵害

---

[1] 郭国松：《宪法司法化四人谈》，载《南方周末》2001年9月14日。
[2] 肖蔚云：《宪法是审判工作的根本法律依据》，载《法学杂志》2002年第3期，第4页。

与私人侵害。"[1]任进教授认为："宪法的司法化包括国家权力规范的适用和公民权利规范的适用。其中宪法权力规范的适用，即司法机关通过适用宪法裁决国家机关之间权限争议，审查下位法规范和国家机关行为是否合宪，是宪法适用的重点。"[2]高秦伟指出："所谓宪法司法化，就是指宪法可以像其他法律法规一样进入司法程序，直接作为裁判案件的法律依据。宪法在司法中的适用包括两种情况：一是将宪法规范作为判断当事人之间权利义务纠纷的直接规范依据，即在具体案件中适用宪法规范作出判决。二是将宪法作为判断当事人之间权利义务纠纷的直接规范依据的依据，这种意义上的宪法司法适用性，实际上是普通机关享有合宪性审查权。"[3]王勇指出，宪法司法化有广义和狭义之分，广义的宪法司法化包括两种相关但强弱程度不同的形式。它的"弱形式"指宪法的"司法适用"，即宪法条文可以被当作法院判案的依据。它的"强形式"则更进一步要求某个独立于立法机构的机构能够依据宪法来审查立法的合宪性，从而建立合宪性审查体制。[4]关于上述学者们关于宪法司法化的含义揭示，焦洪昌教授总结说："虽然学者们对于宪法司法化的诸多问题存在分歧，但多数学者对于宪法司法化的内涵却达成了一致。即宪法司法化这一话语在纯理论意义上具有两个维度：一是能否将宪法规范作为判断当事人之间权利义务纠纷的直接法规范依据？即宪法的司法适用性；二是在司法机关对个案的审理过程中，能否对违宪的法律规范的合宪性问题进行审查并作出判断？这涉及司法机关的合宪性审查权

---

[1]　蔡定剑：《中国宪法司法化路径探索》，载《法学研究》2005年第5期，第119页。

[2]　任进：《中国宪法适用第一案评析》，载《国家行政学院学报》2002年第1期，第55页。

[3]　高秦伟：《宪法司法化在我国的适用问题》，载《国家行政学院学报》2002年第1期，第51页。

[4]　王勇：《宪法司法化涉及的有关问题》，载《人大研究》2002年第5期，第31页。

的问题。"[1] 因此，学者们眼中的宪法司法化，不单单是法院对宪法规范的援引适用，更隐有深层的意蕴，那就是试图赋予法院合宪性审查的权力，以期改变国家权力结构。正是在此意义上，强世功教授敏锐地指出了这场"宪法司法化"运动的实质：宪法司法化成了法官和法学家们的"特洛伊木马"，通过一个司法审判的概念将国家权力分配的法律概念偷运进来；宪法司法化表面上是一套关于司法判断的法理学说，而实际上是一种涉及国家权力结构的政治学说。[2] 无论当初宪法司法化的提出者与倡导者的初衷是什么，宪法司法化的概念中确实隐藏着"司法审查"的意义，只要宪法进入司法适用过程，就意味着法官可以依据宪法来否定其他法律在司法判决中的效力。如果让法院承担合宪性审查的职责，就会触及中国政治体制与权力结构与分配问题，自然令人担忧。

由于"宪法司法化"概念隐藏着某种政治因素，因此它一经出台，就遭到一些学者的质疑与批判。许崇德、郑贤君两位教授撰文指出"宪法司法化"是宪法学的理论误区，有可能导致在健全与完善我国合宪性审查制度过程中出现重大偏差。[3] 许先生在另一篇质疑的文章中直接批评说："'宪法司法化'就是要建立美国式的由最高法院行使合宪性审查权的体制。这是不适宜的。"[4] 童之伟教授敏锐地指出，宪法司法化"本意是希望通过强化宪法的司法适用来解决社会面临的一些问题。须知，这意味着主张将现在由全国人大及其常委会掌握的宪法监督实施权和全

[1] 焦洪昌、贾志刚：《基本权利对第三人效力之理论与实践——兼论该理论对我国宪法司法化的指导意义》，载《厦门大学法律评论》(第4辑)，厦门大学出版社2002年版，第241页。
[2] 强世功：《宪法司法化的悖论》，载《中国社会科学》2003年第2期，第21页。
[3] 许崇德、郑贤君：《"宪法司法化"是宪法学的理论误区》，载《法学家》2001年第6期，第65页。
[4] 许崇德：《"宪法司法化"质疑》，载《中国人大》2006年第11期，第45页；《宪法适用应依循宪法本身规定的路径》，载《中国法学》2008年第6期，第27页。

国人大常委会掌握的宪法解释权都转移到最高人民法院手中，意味着可以对全国人大或其常委会的立法进行合宪性审查，意味着最高国家审判机关取得与最高国家权力机关相同或平等的宪法地位"。因而，"'宪法司法化'一词，明显包含宪法典的适用权完全由法院包揽并排斥立法机关等主体适用的意思"[1]。翟小波教授也指出："司法化的逻辑，违反我国政体之根本。围绕宪法司法化的论争，本质上是政体之争，它必然要求等位且制衡的分权结构，以后者为前提。这是完全违背人民代表大会制度的。宪法司法化的代价就是抛弃现行政体，发动宪法革命。"[2]上述学者对于"宪法司法化"批判的观点，既中肯，又切中要害。显而易见，"宪法司法化"是一个司法性宪法审查的"噱头"，一旦推行"宪法司法化"的宪法实施，就必然让人民法院扮演合宪性审查的角色，这不但会直接挑战我国人民代表大会这一根本政治制度，而且挑战宪章与党章上的民主集中制根本组织原则，因此会造成重大的政治事件，引发重大的政治问题。

（二）"齐案批复"的废止与宪法司法化的式微

正当"宪法司法化"概念盛行时，最高人民法院于 2008 年 12 月 18 日公布了《关于废止 2007 年底以前发布的有关司法解释（第七批）的决定》。该决定共废止了 27 项司法解释，每一项均附有"废止理由"，除了"齐案批复"的理由是"已停止适用"外，其他 26 项废止的理由较为具体（其中 19 项司法解释废止的理由是"情况已变化，不再适用"；4 项是"与物权法规定冲突"；1 项是"已被物权法取代"；1 项是

---

[1]　童之伟：《"宪法司法化"引出的是是非非》，载《中国律师》2001 年第 12 期，第 12 页。
[2]　翟小波：《代议机关至上，还是司法化？》，载《中外法学》2006 年第 4 期，第 430 页。

"已被物权法或新的司法解释所取代"；1 项是"民事诉讼法已经修改"）。最高人民法院废止"齐案批复"这件事，虽然实际上宣告了"宪法司法化"尝试在中国的挫败，却是当代中国学者针对法院实施宪法路径探索式微的重要标志。

最高人民法院废止"齐案批复"的理由仅有五个字："已停止适用"。从字义分析，批复已经停止适用了，所以废止，然而，最高人民法院给出的这个废止理由，其实是难以服众的。既然"已停止适用"，那么是何时停止了适用？为什么要停止适用？是造成了什么问题才停止适用？还是本身存在什么问题而停止适用？对于这些疑惑，最高人民法院没有给出任何答案。对此，马岭教授认为，将"已停止适用"作为"废止"的理由等于没有理由，人们会很自然地追问为什么要"停止适用"？"废止"需要说明理由，"停止适用"是否也需要说明理由？[1]

笔者认为，批复废止背后的深层原因或许是前文提到的两个悖论问题。我们可以从一些信息中得到佐证。2008 年 12 月 31 日《成都商报》上刊登的一篇文章介绍说：国家法官学院教授周道鸾、中国宪法学会顾问廉希圣均指出，这一司法解释的废止，涉及宪法司法化问题。周道鸾认为，考虑到我国现行体制，最高人民法院无权对涉及宪法的问题作出解释，所以要停止适用。廉希圣也持同样看法。"宪法司法化"尝试在中国社会已经产生了深远的影响，这种影响愈深远，民众对于中国宪法设立的政治制度与政治体制的误解愈大，甚至会造成严重的政治后果，毕竟"宪法司法化"的确隐含着赋予法院行使合宪性审查权的意蕴，如果法院逐步实现"对国家行为的合宪性审查"，那么必然会对国家立法

---

[1] 马岭：《齐玉玲案"批复"废止"理由"析》，载《法学》2009 年第 4 期，第 18 页。

机关行为进行合宪性审查，这与人民代表大会根本政治制度是冲突的，在宪法上"违宪"的，因此对于"宪法司法化"运动所暴露出来的政治化倾向必须予以制止。这种共识为多数学者所认同。如马岭教授认为，以"废止"齐玉玲案"批复"的方式否定了齐玉玲案开创的中国宪法"司法化"之先河；[1]陈弘毅教授也认为，废止批复的理由可能基于一般所谓的"宪法司法化"，这是错误的。[2]黄正东律师指出："宪法司法化是脱离中国国情的空谈……在我国目前的宪法体制下，美国式的宪法司法化是没有任何法理根据。如果试图用一两个案例来突破所谓的传统观念，树立起最高人民法院合宪性审查的先例，那几乎等于是做儿戏，一定是徒劳无功的。"[3]王伟国教授针对"齐案批复"指出，"齐案批复"不应成为宪法司法化的突破口，也不应成为合宪性解释的样本。[4]董茂云教授认为，"宪法司法化涉及立法权、行政权和司法权的重新界定"，法院的自我扩权与我国的政治制度格格不入。[5]因此，针对最高人民法院批复废止的目的，多数学者基本认同终结"宪法司法化"的理论阐述与法院实施宪法的做法，导致的结果就是学术上不宜研究宪法，审判实践中不得援引宪法，从而导致了"宪法司法化"尝试在中国的式微。

　　自2008年12月"齐案批复"被最高人民法院废止后，学术研究领域中一个突出的表现是，"宪法司法化"主题几乎淡出学术界主流研究视域，据笔者初步统计，2009年以来，除了《法学》杂志针对最高人民

---

[1]　马岭：《齐玉玲案"批复"废止"理由"析》，载《法学》2009年第4期，第18页。

[2]　陈弘毅：《齐案"批复"的废止与"宪法司法化"和法院援引宪法问题》，载《法学》2009年第3期，第11页。

[3]　黄正东：《宪法司法化是脱离中国国情的空谈》，载《法学》2009年第4期，第5页。

[4]　王伟国：《齐玉玲案批复之死》，载《法制与社会发展》2009年第3期，第78页。

[5]　董茂云：《从废止齐案"批复"看司法改革的方向》，载《法学》2009年第3期，第36页。

法院废止"齐案批复"进行组稿以外，知网上以"宪法司法化"为主题撰写的论文有五十余篇。[1] 其中除了童之伟教授的《宪法适用如何走出司法化的歧路？》和另一位教授与一位副教授分别著文外，其他文章的作者几乎均为在读研究生，其中还有一位本科生，少量为博士生；发表文章的期刊除了《政治与法律》外，其他均为非中文社会科学引文索引（CSSCI）来源期刊，学术影响因子非常小，有的甚至可以忽略不计。[2] 由此可见，"宪法司法化"的主题研究基本消失于学术界主流话语之中，日渐被边缘化，几近被主流学术界所抛弃。在审判实践中，宪法适用几乎成为禁区，黄卉教授认为，2008 年废止"齐案批复""等于向司法系统再次传达了不得适用宪法的指令"。据她的调研结论揭示，"几乎所有法官都认为最高法院禁止各级法院适用宪法"[3]。由此可见，"宪法司法化"话语在主流学术界与司法审判实践中几近失语，成为一个逝去的概念或符号。

（三）"宪法司法化"是否还具有生命力

2018 年，《政治与法律》杂志第 7 期发表了北京大学法学院博士生谢宇撰写的《宪法司法化理论与制度生命力的重塑——齐玉苓案批复废止十周年的反思》一文。[4] 该文的核心观点为：宪法司法化在理论和实

---

[1] 截至 2023 年 2 月 8 日。

[2] 如：《九江学院学报》《法制博览》《淮南职业技术学院学报》《普洱学院学报》《法制与社会》《法制与经济》《牡丹江大学学报》《襄阳广播电视大学学报》《理论导刊》《现代营销》《襄樊职业技术学院学报》《东方企业文化》《商品与质量》《山西省政法干部管理学院学报》《前沿》《理论与改革》《知识经济》《武汉公安干部学院学报》《太原师范学院学报》《湖南医科大学学报》《现代商贸工业》《江苏广播电视大学学报》《人民论坛》《湖北广播电视大学学报》《和田师范专科学校学报》《今日南国》《江苏警官学院学报》《企业导报》《江汉论坛》等。

[3] 黄卉：《法学通说与法学方法》，中国法制出版社 2015 年版，第 161 页、第 162 页。

[4] 谢宇：《宪法司法化理论与制度生命力的重塑》，载《政治与法律》2018 年第 7 期。

践中并未终止，其仍是我国宪法实施的重要备选项。在当下宪法实施难题依然未能完全解决的背景下，如何有效实施宪法实际上仍然处于探索阶段，宪法司法化作为凝聚理论和实务界众多智慧的方案，轻易否定其与现行宪法的兼容性及其理论价值，并终止对这一问题的探索，不是一种负责任的态度。因此，该文主张对已经泛化的宪法司法化概念进行厘清，要"重塑宪法司法化的生命力"。

谢宇博士重构宪法司法化的生命力的逻辑起点是重构"宪法司法化"这一概念。他认为，宪法司法化的概念虽然具有很强的创造性和适应性，但人们往往根据个人的理解自行阐述该概念的内涵，这使得人们在使用该概念时并未对其内涵形成统一的认识，在很大程度上影响了该概念于理论上的生命力。因此"要重构宪法司法化的理论生命力，有必要从剖析宪法司法化这一概念开始"。由此他把宪法司法化划分为三个层次：第一层次为"狭义宪法司法化"，主要指合宪性解释；第二层次为"中义宪法司法化"，指法院适用宪法进行说理和裁判，但不进行合宪性审查，合宪性审查仍然由专门的机构进行；第三层次为"广义宪法司法化"，指法院既适用宪法进行说理和裁判，又可以进行合宪性审查。他认为，广义宪法司法化与我国现行宪法不兼容，狭义宪法司法化与我国现行宪法兼容，中义宪法司法化与现行宪法存在兼容性争议，因而应当舍弃不符合我国现行宪法的广义宪法司法化，保留在我国仍有着充分的制度生命力的狭义与中义宪法司法化。

作为一个青年学者，重新反思宪法司法化问题，并试图通过对"宪法司法化"概念的重塑而重构宪法司法化的生命力，这种理论勇气与学术探索精神值得充分赞赏，然而即使对"宪法司法化"这一概念重构得再精确，也无法挽回宪法司法化的制度生命力，它不过是一曲独奏的宪法司法化挽歌。既然宪法司法化的实质无非是强调宪法的司法适用或宪法援引，那么何必非要"宪法司法化"这个概念呢？为什么不可以直接称为"宪法司法适用"或"宪法援引"呢？换言之，宪法司法化对于法院实施宪法的路径而言并不是唯一的，应当选择适合中国法院实施宪法的路径。

二、合宪性解释：法院实施宪法的第二条路径

（一）合宪性解释方法及其在我国的兴起

"宪法司法化"的尝试虽然受挫，但"宪法司法化"引发了人们对于宪法适用性的深刻思考，同时一个意外收获就是最高人民法院对法院运用宪法有条件的承认——2016 年 6 月，最高人民法院在印发的《人民法院民事裁判文书制作规范》中针对"裁判依据"明文规定："裁判文书不得引用宪法……作为裁判依据，但其体现的原则和精神可以在说理部分予以阐述。"换言之，法院裁判文书不得将宪法规范作为裁判依据，而允许宪法原则和精神在"说理部分予以阐述"，这实际上是有条件地肯定了"宪法司法化"理论的实际效用。通过"宪法司法化"的路径让法院实施宪法的探索遭遇挫折之后，学者们另辟蹊径，继续寻找法院实施宪法的道路。有学者指出："法学界希望宪法走入司法实践的努力并没有停止，其中最为显著的工作，便是 2008 年前后启动的关于如何引入和推进合宪性解释的讨论。"[1]

2008 年，上官丕亮教授针对宪法司法化之两大悖论所陷入的困境，

---

[1] 黄卉：《法学通说与法学方法》，中国法制出版社 2015 年版，第 135 页。

首先提出了"第三种宪法司法化"路径，即合宪性解释。他认为，合宪性解释是我国宪法对人民法院司法工作的基本要求，更是目前我国宪法在司法中适用的最佳方式，是现行体制下我国宪法司法化的最好路径。[1]张翔教授在法官没有宪法解释权的前提下，认为宪法依然有对司法发生影响的空间，这就是"法律的合宪性解释"，即"在普通法律案件的审判中，法官通过解释法律而将宪法的精神纳入普通法律的规范体系"。他断言，这是"当下我国宪法影响司法的唯一可能性"。[2]黄卉教授则把"合宪性解释"视为"已经夭折的'宪法司法化运动'的继续"。[3]夏正林教授也认为："合宪性解释是前几年宪法司法化理论的翻版和复活。"[4]上述学者对于合宪性解释的进路，明显存有两种观点，上官丕亮、黄卉、夏正林等学者是把合宪性解释作为"宪法司法化"的继续或者翻版，对宪法司法化持一种肯定的姿态。黄卉呼吁"学界应有意识地将合宪性解释纳入宪法司法化框架"，唤起法律人士乃至全社会的这段学术记忆，对推动合宪性解释工作会事半功倍。张翔则认为合宪性审查意义上的"宪法司法化"与法院直接依据宪法裁判个人意义上的"宪法司法化"在中国宪法框架下是很难成立的，因此采取了一种否定"宪法司法化"的态度。笔者基本赞同张翔的观点，但认为法院不能直接依据宪法进行裁判的观点值得商榷与有待审判实践的观察与检验。不管怎样评价，至少可以说，"合宪性解释"是中国宪法学者在"宪法司

---

[1] 上官丕亮：《当下中国宪法司法化的路径与方法》，载《现代法学》2008 年第 2 期，第 4 页。

[2] 张翔：《两种宪法案件：从合宪性解释看宪法对司法的可能影响》，载《中国法学》2008 年第 3 期，第 111—112 页。

[3] 黄卉：《法学通说与法学方法》，中国法制出版社 2015 年版，第 149 页。

[4] 夏正林：《"合宪性解释"理论辨析及其可能前景》，载《中国法学》2017 年第 1 期，第 292 页。

法化"运动失败之后能够找到的法院实施宪法的第二条路径，其主要目的还是希望激活我国宪法的适用性，发挥宪法规范在审判实践中无可取代的特定价值。因此，自"齐案批复"废止后，随着"宪法司法化"主题淡出主流学术界的视野，宪法、民法、刑法等领域青年学者纷纷将学术重心转向了对合宪性解释的探究与思索。

（二）"合宪性解释"路径之适用

倘若说"宪法司法化"之重点之一是强调宪法作为裁判依据的直接适用，那么合宪性解释指向的是说理中的间接适用。这一点事实上在最高人民法院 2016 年印发的《人民法院民事裁判文书制作规范》中得到了公开肯定与认同。本书并不关注合宪性解释理论及其方法的来源[1]，而仅仅侧重于合宪性解释何以适用宪法之实践问题。

合宪性解释之所以能够作为法院实施宪法的进路，是因为合宪性解释作为一种解释方法或原则，在法官个案解释法律而遇到多种解释的可能时，可以选择最合乎宪法原则或精神的解释。德国教授魏德士指出："合宪性解释本身意味着规范可能出现歧义。如果一则规定根据其文义和产生历史可能有多种含义，那么合宪性解释就有用武之地了。这时人们便倾向于最符合宪法价值标准的解释。其目的就是根据宪法的标准，尽量继续维护立法的调整目的的意图。"[2] 拉伦茨教授也指出："合宪性

---

[1] 关于合宪性解释理论的梳理与总结，参见上官丕亮：《什么是合宪解释》，载《法律方法》2009 年第 2 期；周刚志：《论合宪性解释》，载《浙江学刊》2010 年第 1 期；刘练军：《何谓合宪性解释：性质、正当性、限制及运用》，载《西南政法大学学报》2010 年第 4 期；柳建龙：《合宪性解释原则的本相与争论》，载《清华法学》2011 年第 1 期；王书成：《论合宪性解释方法》，载《法学研究》2012 年第 2 期；王锴：《合宪性解释之反思》，载《法学家》2015 年第 1 期等。

[2] ［德］伯恩·魏德士：《法理学》，丁小春、吴越译，法律出版社 2003 年版，第 335 页。

解释要求，依字义及脉络关系可能的多数解释中，应优先选择符合宪法原则、因此得以维持的规范解释。在具体化宪法原则时，法官应尊重立法者对具体化的优先特权。假使原则的具体化有多种可能性，只要立法者的抉择并未逾越其赋予的具体化空间，则法官应受此抉择之拘束。"[1]另一位德国教授科里奥特在解释"合宪性解释"的概念时指出："合宪性解释本身并不是一种独立的解释方法，也不是目的解释的一种类型。它毋宁是要求对法律解释的多种可能结果相互比较，并排除其中与宪法和宪法的基础决定不符的部分，进而，合宪性解释就是对法律而非宪法的解释。"[2]德国学者之所以发展出合宪性解释理论，是基于两大制度与理论事实：一是存在宪法法院的合宪性审查制度与宪法解释方法；[3]二是法律位阶理论。[4]由于合宪性解释的概念及其理论均直接源自德国，所以，德国学者对于合宪性解释的理解与解释或许更具有权威性。上述德国教授对于合宪性解释概念的归纳是一致的，那就是对法律的解释遭遇数种可能的情形下，优先选择合乎宪法原则与精神的一种解释。因此，合宪性解释是基于对法律的解释而出现的一种方法或原则，目的是维护法律的合宪性。有学者就指出："在德国学者看来，合宪性解释是规范审查，并非真正的解释问题。"[5]正是在此意义上，科里奥特教授才说合宪性解释本身不是一种独立的解释方法。

---

[1] [德]卡尔·拉伦茨：《法学方法论》，陈爱娥译，商务印书馆 2003 年版，第 221 页。

[2] [德]斯特凡·科里奥特：《对法律的合宪性解释》，田伟译，载《华东政法大学学报》2016 年第 3 期，第 7 页。

[3] 苏永钦：《合宪性控制的理论与实际》，月旦出版社 1994 年版，第 111 页。

[4] 梁慧星解释说："法律秩序是一个阶层结构，犹如一座金字塔，最上层为宪法，其次为法律，再其次为法规。法规范之效力，依其位阶而定，即法律和法规不得抵触宪法，法规不得抵触法律。因此产生了一项基本原则，即对于阶位较低的法律规范，应依阶位较高之法律规范解释之，以贯彻上层法律规范之价值判断，维护法秩序的统一性。此即为合宪性解释"（参见梁慧星：《民法解释学》，中国政法大学出版社 1995 年版，第 230—231 页）。

[5] 王锴：《合宪性解释之反思》，载《法学家》2015 年第 1 期，第 51 页。

然而，中国学者出于对法院适用宪法实践问题的深刻关切，将合宪性解释理论引申为一种法律解释而非宪法解释方法，由此绕开人民法院无权解释宪法的体制困境而间接地通过解释法律达致适用宪法之目的，即"赋予我国人民法院的法官在司法裁判中负有合宪性解释义务，法官在对所适用的法律法规进行解释时当将宪法原则和精神纳入考量范围"。[1]如果说"宪法司法化"是将"合宪性审查"装入"特洛伊木马"之中，那么合宪性解释是将"法院解释宪法"塞进另一具"木马"之中，正如较早倡导合宪性解释理论的学者指出："合宪性解释是依照宪法来解释法律，显然，如果我们不首先理解和解释宪法，那么就无法开展合宪性解释。可以说，合宪性解释离不开宪法解释，甚至不得不首先解释宪法。"[2]事实上，合宪性解释貌似是一种法律解释方法，实际也是一种宪法解释方法。无论是依照宪法解释法律，还是"基于宪法的解释"，合宪性解释无论作为方法还是原则适用，都必然会涉及宪法解释问题。没有对宪法的解释，何以判断法律解释之数种可能性中哪一种合乎宪法原则或精神呢？有学者认为，合宪性解释作为法律解释方法，其性质只能是法律解释，其核心观点是："合宪性解释目的指向仅限于法律规范，而不涉及宪法规范，即使可以对宪法进行理解，并在宪法所宣示的基本价值的范围内进行方法选择，也不触及宪法规范内容的任何界定。"[3]这一观点具有相当大的杀伤力，如果该观点成立，那么那些主张通过借助合宪性解释达致宪法适用的观点就是错误的。客观说，合宪性解释方法的运用有这种可能，那就是解释者仅仅借助对宪法原则与精

---

[1] 黄卉：《法学通说与法学方法》，中国法制出版社 2015 年版，第 136 页。

[2] ［德］卡尔·拉伦茨：《法学方法论》，陈爱娥译，商务印书馆 2003 年版，第 187 页。

[3] 夏引业：《合宪性解释是宪法司法适用的一条蹊径吗？》，载《政治与法律》2015 年第 8 期，第 111 页。

神的"前见"的"理解"而非"解释"就可能作出选择，譬如湛江霞山区法院在陈某某与徐某一般人格权纠纷一审民事判决中，按照宪法关于"法律面前人人平等"的理解而作出了男性同样具有生育权的认定。[1]然而，有的可能通过对宪法规范的"解释"才能实现选择，譬如在王某某不服永城市人民政府永政复决字（2008）37号行政复议决定纠纷一案中，河南睢县人民法院就根据《宪法》第39条关于"公民的住宅不受侵犯"的规定作出了认定："《宪法》第39条规定，中华人民共和国公民的住宅不受侵犯。禁止非法搜查或者非法侵入公民的住宅。被告及第三人……的说辞不能作为侵入他人住宅的正当理由……第三人之行为……侵犯了原告的人身权利和住宅自由，扰乱了原告的正常生活和居住安全，被告及第三人王伟的辩解理由不能成立，法院不予采纳。"可见，合宪性解释是有可能涉及宪法解释的。当然，笔者不同意有学者关于合宪性解释不是法律解释而是宪法解释的观点[2]，因为把合宪性解释完全视为宪法解释是不合乎审判实践认知逻辑的。

合宪性解释方法适用的前提条件有两个：一是对法律的解释；二是法律的解释出现数种可能。只有满足上述两个基本要件，才可能考量运用合宪性解释方法予以选择。法律毕竟是宪法的具体化，法官解释首先要在法律范围内进行解释，尊重立法者对宪法具体化的优先特权，法官必须遵循司法克制的原则，除非立法者的抉择逾越了宪法赋予它的具体化空间，方可选择合宪性解释方法。从该意义上说，通过运用合宪性解释而实施适用宪法，作用是有限的。因此，合宪性解释虽是实施宪法的一种路径，但若把合宪性解释作为法院适用宪法的重要手段或一种常

---

[1]　广东省湛江市霞山区人民法院（2015）湛霞法民一初字第335号民事判决书。
[2]　王锴：《合宪性解释之反思》，载《法学家》2015年第1期，第51页。

态，则是值得进一步思考的，毕竟借助合宪性解释适用宪法的场合是受到适用条件限制的。有学者指出：与合宪性解释相关的司法实践还显得较为单薄。在其搜集到的 135 个涉及援引宪法的样本案例中，只有 5 个判决涉及合宪性解释，其中 3 个是同一法院就同类问题以基本相同的理由作出的。[1]有学者认为："即使将合宪性解释的影响力发挥到极限，也不可能真正使宪法得到适用。"[2]因此，把合宪性解释作为宪法实施或适用宪法的路径前需要进一步检讨，它并不像合宪性解释倡导者所指出的那样是目前我国宪法在司法中适用的最佳路径或宪法影响司法的唯一可能的方式，其实际上人为放大了合宪性解释对于法院实施宪法的作用与影响，它不过是法院实施宪法的一种方式而已。但是，合宪性解释理论触及的法院是否有权解释宪法的问题倒是需要被认真对待。

三、法院援引宪法：法院实施宪法的第三条路径

由于合宪性解释作为一种法律方法在审判实践中运用的时机偏少，加之它触及法院是否具有宪法解释权的理论问题，因此合宪性解释理论的研究似乎告一段落，众多学者转向了法院在审判实践中关于援引宪法问题的务实的研究，学者们对各级人民法院在具体审判过程中如何援引宪法的现状考察、分析与总结，以期找到法院实施宪法的经验及其规律，从而找到法院实施宪法的真实的路径。笔者把法院援引宪法的进路

---

[1] 冯建鹏：《我国司法判决中的宪法援引及其功能》，载《中国法学》2017 年第 3 期，第 45 页。

[2] 夏引业：《合宪性解释是宪法司法适用的一条蹊径吗？》，载《政治与法律》2015 年第 8 期，第 113 页。

视为法院实施宪法的第三条路径。研究法院援引宪法的审判实践，其最大优点就在于可以摆脱理论之争，而仅仅关注实践，毕竟实践是检验真理的唯一标准。学者们关于"宪法司法化"或"合宪性解释"的学术争鸣，几乎都围绕概念与理论而展开，譬如"宪法司法化"与合宪性解释的概念，宪法审查与宪法解释的主体，合宪性解释的性质，我国宪法关于立法权、司法权的制度，等等。每一项内容都可能同时具有完全相反的意见与观点，学者们之间进行的理论之争，对于法院审判实践的影响力较小。换言之，各级人民法院或法官并不在乎学者之间的形而上的理论之争，他们关心的是如何使裁判文书具有更强的可接受性，因此他们往往是从审判案件的实际出发，出于案件的说理的充分性以及裁判依据的正当性需要，该援引宪法的时候就援引。因此，在笔者看来，这才是宪法在司法过程中适用的真正生活逻辑。理论是灰色的，而生活之树常青。因此，避开学理之争，专注于法院审判过程中如何援引或适用宪法规范的研究，具有更强的学术生命力。

（一）援引、援用与适用之辨析

"援"者，"牵引"之义，引申为"引据"；"援引"指"引他说以为例证"。[1]《现代汉语词典》解释"援"指"引用"之义，"援引"即"引用"，"援用"即"引用"[2]，"适用"指"适合使用"[3]。从词意本身分析，援引、援用之基本含义相同，都是"引用"之义，即"用别人说过的话（包括书面材料）或做过的事件作为根据"。[4]"适用"即为"使用"

---

[1] 徐复等编：《古汉语大词典》，上海辞书出版社 2000 年版，第 827 页。
[2] 《现代汉语词典》，商务印书馆 2006 年版，第 1678 页。
[3] 同上注，第 1250 页。
[4] 同上注，第 1628 页。

之义，即"使人员、器物、资金等为某种目的服务"。[1] 无论"作为目的"的使用，还是"作为根据"的使用，其根本皆在于"使用"，因此，援引、援引与适用之本义都具有"使用"之基本含义，故三者并不存在本质的差异。

关于"法的适用"之含义，中国法理教科书中的表述大同小异，含义基本一致。如《中国大百科全书·法学》解释"法的适用"指"国家机关及其公职人员依照其职权范围把法律规范应用于具体事项的活动，特指拥有司法权的机关及司法人员依照法定方式把法律规范应用于具体案件的活动。在中国，法的适用通常指司法适用"。[2] 沈宗灵主编的《法理学》解释："法的适用通常是指国家司法机关根据法定职权和法定程序，具体应用法律处理案件的活动。"[3] 张文显主编的《法理学》解释："法的适用，通常简称为'司法'，指国家司法机关根据法定职权和法定程序，具体应用法律处理案件的专门活动。"[4] 上述权威性法理教科书关于"法的适用"的理解与解释都是将其界定为司法机关具体应用法律处理案件的专门活动，至于法院或法官"应用"法律的方式是作为"论证理由"的应用还是作为"判断依据"的应用，则并未作出明确界分。换言之，作为论证理由的应用以及作为判决依据的应用，都属于法的适用。运用法的规范进行裁判的说理，本身就是法的适用；把法的规范作为裁定的依据，更是典型意义上的法律适用。有学者曾把法的援用区分为遵守性援用与适用性援用[5]，这种人为的区分在学理上容易造成混乱，

---

[1]《现代汉语词典》，商务印书馆 2006 年版，第 1247 页。

[2]《中国大百科全书·法学》，中国大百科全书出版社 1984 年版，第 83 页。

[3] 沈宗灵主编：《法理学》，高等教育出版 1994 年版，第 344 页。

[4] 张文显主编：《法理学》，法律出版社 1997 年版，第 365 页。

[5] 童之伟：《宪法适用应依循宪法本身规定的路径》，载《中国法学》2008 年第 6 期，第 25—26 页。

因为遵守指"依照规定行动"或"不违背"规定[1]，法的遵守就是依照法的规范而行为或不违反法律的规定。因此，法的遵守无需"援用"法律规范，而"援用"必定属于"法的适用"，如此，何来"遵守性援用"与"适用性援用"之分？

（二）人民法院适用宪法是我国宪法实施的重要方式

人民法院适用宪法实际上是我国宪法实施的重要途径。自 1954 年我国第一部宪法颁行至 1982 年宪法实施以来，最高人民法院就在司法解释中不断强调宪法在法院审判实践中的运用，特别是针对民事判决中适用宪法的问题作出过明确适用的要求。

譬如 1962 年，最高人民法院在《关于错判案件当事人损失补助经费问题的复函》中要求："如果错判致使当事人遭受大的损失的，根据宪法第 97 条规定的精神，需要赔偿损失时，仍应由司法业务费开支的规定办理。"1963 年，最高人民法院在《关于贯彻执行民事政策几个问题的意见》中规定："处理继承纠纷，应根据宪法和婚姻法的规定，本着保护法定继承人的合法继承权，同时又要提倡互相扶助和抚养的共产主义道德风尚。"1977 年，最高人民法院在《关于公诉案件被害人家属是否有权上诉问题的批复》中指出："我们认为，根据宪法关于检察机关的职权由各级公安机关行使的规定，公诉案件被害人家属可在上诉期限内向提起公诉的公安机关提供不服的理由和意见，由该公安机关考虑是否有必要对判决提出意见。"1979 年，最高人民法院在《关于贯彻执行民事政策法律的意见》中主张："人民法院审理继承案件，应根据宪法、婚姻法和有关政策法令的规定，保护继承人的合法继承权，教育

---

[1]《现代汉语词典》，商务印书馆 2006 年版，第 1824 页。

公民自觉地履行抚养、赡养义务，提倡互相扶助，互相谦让的道德风尚。"1984 年，最高人民法院在《关于贯彻执行民事政策法律若干问题的意见》中重申："人民法院审理继承案件，应根据宪法、婚姻法和有关政策法律的规定，坚持男女平等、养老育幼，保护继承人的合法继承权，发扬互助互让、和睦团结的道德风尚，巩固和改善社会主义家庭关系。"1985 年，最高人民法院在《关于解放前劳动人民之间宅基地租赁契约是否承认和保护问题的批复》中指出："我们认为：该案涉及对解放前劳动人民之间的宅基地租赁契约是否承认和保护的问题。根据 1950 年颁布的《土地改革法》和 1954 年《宪法》的规定，国家依法保护农民的土地所有权，允许出租、买卖土地，所以李理河与潘继伙的宅基地租赁关系在当时是受国家政策法律保护的。农业社会主义改造完成后，农村土地属于集体所有。1982 年《宪法》第 10 条又明确规定：'农村和城市郊区的土地，除由法律规定属于国家所有的以外，属于集体所有；宅基地和自留地、自留山，也属于集体所有……任何组织或个人不得侵占、买卖、出租或者以其他形式非法转让土地。'因此，村镇土地自《农村人民公社工作条例修正草案》公布后，社员对宅基地只有使用权，没有所有权。故李理河与潘继伙双方的宅基地租赁关系自此即随之解除，其原订租赁契约亦不再受国家政策法律保护，李理河要潘继伙按原契约交回铺屋的请求，不符合我国现行政策法律的规定，依法不予支持。"1988 年，最高人民法院在《关于雇工合同应当严格执行劳动保护法规问题的批复》中认为："对劳动者实行劳动保护，在我国宪法中已有明文规定，这是劳动者所享有的权利，受国家法律保护，任何个人和组织都不得任意侵犯。张学珍、徐广秋身为雇主，对雇员理应依法给予劳动保护，但他们却在招工登记表中注明'工伤概不负责'。这是违反宪法和有关劳动保护法规的，也严重违反了社会主义公德，对这种行为应认定无效。"2001年最高人民法院《关于以侵犯姓名权的手段侵犯宪法保护的公民受教育的基本权利是否应承担民事责任的批复》只不过是"在实践1954年宪法以来在审判案件中适用宪法的惯例"而已，不是"宪法司法化"第一案，也不是"宪法司法化"，更不是"合宪性审查"或"宪法解释"。[1]

因此，人民法院适用宪法一直是我国宪法实施的重要方式，仅仅因为2001年"齐案批复"而引发的"宪法司法化"，尤其是2008年"齐案批复"的废止而导致宪法不能在审判实践中适用，是对我国最高人民法院关于宪法司法适用惯例的中断与过度政治化的反映，因噎废食，不足为训。

（三）人民法院适用宪法的模式

根据人民法院在审判实践中的考察，有学者总结了法院实施宪法的三种适用模式：第一种是援用宪法说理＋援用宪法和法律判决；第二种是不援用宪法说理＋援用宪法和法律判决；第三种是宪法只作为说理依据＋援用法律判决。[2]简言之，这三种模式是：作为"说理部分"的宪法援用、作为"裁判依据"的宪法援用，以及作为"说理部分"和"裁判依据"的宪法援用。

第一，作为"说理部分"的宪法援引。针对说理部分的援用，上官丕亮教授区分了两种情形：一是法院运用宪法的原则和精神确定所要适用法律条款的内涵，依宪释法，依宪说理；二是法院在裁判文书的说理

---

[1]　周伟：《法院适用宪法是中国宪法保障制度的重要特点》，载《法学》2009年第4期，第49页。

[2]　邢斌文：《法院如何援用宪法》，载《中国法律评论》2015年第5期，第138页。

部分只是提及"宪法"或"中华人民共和国宪法"一词，并不具体引用宪法条款原文及其内容。[1] 余军教授则更细致地将法院适用宪法的情形区分为五种：一是完整援用宪法条款；二是明确指出援用的相关条款，但不援用具体内容；三是不直接援用，仅对相关条款进行转述；四是只提及"宪法"，需要结合案件事实与相关内容才可确定具体的宪法条款；五是仅仅提及"宪法"而无法识别具体条款。[2] 这种仅在裁判说理部分援用宪法或阐明宪法精神与原则的运用，是最常见的方式。根据余军教授课题组对 596 份援用宪法的裁判文书所作的统计，其中 412 份在裁判理由中援用宪法[3]，占总数的 69%。邢斌文博士对此分析指出："只援引宪法进行说理，既能够发挥宪法的作用，又能够最大限度地避免法律适用方面的争议，这是该模式最大的优势。"[4]

第二，作为"裁判依据"的宪法援用。尽管最高人民法院在《人民法院民事裁判文书制作规范》中要求法院裁判文书不得引用宪法作为裁判依据，但在司法审判实践中实际存在着把宪法作为"裁判依据"的案件。如在路某某与王某某、史某某房屋买卖合同纠纷案[5]中，判决书写道"综上，依照《宪法》第十条第四款，《土地管理法》第六十三条，《合同法》第五十二条第一款、第五十八条、第六十条第（五）项之规定"，就是直接把宪法作为裁判依据适用的。又如在惠州市河南岸城市建设综合开发总公司诉邓某某拖欠购房款纠纷案[6]中，法院"依照《宪

[1] 上官丕亮：《运用宪法的法理内涵与司法实践》，载《政法论丛》2019 年第 4 期，第 43—44 页。
[2] 余军等：《中国宪法司法适用之实证研究》，中国政法大学出版社 2017 年版，第 22—23 页。
[3] 同上注，第 11 页。
[4] 邢斌文：《法院如何援用宪法》，载《中国法律评论》2015 年第 5 期，第 142 页。
[5] 河南省固始县人民法院（2008）固民一初字第 417 号。
[6] 广东省惠州市惠城区人民法院（2002）惠城法房地初字第 55 号。

法》第五十一条、《最高人民法院关于审理房产管理法实施前房地产开发经营案件若干问题的解答》第二十九条规定"作出判决。根据余军教授课题组对 596 份援用宪法的裁判文书所作的统计，其中 37 份在裁判依据中援用宪法[1]，占总数的 6%。

　　第三，作为"说理部分"和"裁判依据"的宪法援用。人民法院在雷某秀、何某连等与新邵县大新农村信用合作社、新邵县大新乡龙口溪村村民委员会、谢某诚等人身损害赔偿纠纷案[2]中认为："被告龙口溪村委会与被告谢某诚辩称在协议中有'安全事故由甲方负责，乙方概不负责''上述款项包括安全费'等条款，应当按照协议约定处理的主张，因该约定不符合我国《宪法》和《劳动法》所明文规定的对劳动者实行劳动保护的法律规定，也严重违反了社会主义公德，应属无效条款，法院对此主张不予采纳。"法院对于《宪法》的援用既有说理的成分，又起到了裁判依据的功能，以此否定了协议的法律效力。在韩某球与李某仔等侵权纠纷一案[3]中，一审法院认为："中华人民共和国公民的人身自由不受侵犯。禁止非法拘禁和以其他方法非法剥夺或者限制公民的人身自由。公民的人格尊严受法律保护，禁止用侮辱、诽谤等方式损害公民的名誉。被告积极参与并煽动部分村民围攻、辱骂原告，非法限制原告人身自由，证据确凿，原告要求……法院予以支持。"法院"根据《宪法》第三十七条、原《中华人民共和国民法通则》第一百零一条的规定"作出判决。彭某英等诉奉新县会埠镇东源村肖家村民小组等农村土地承包合同纠纷案[4]，饶某鹏、李某红诉饶某福、饶某贵、饶某友

---

[1]　余军等：《中国宪法司法适用之实证研究》，中国政法大学出版社 2017 年版，第 11 页。
[2]　湖南省新邵县人民法院（2007）新民初字第 385 号。
[3]　广东省佛山市顺德区人民法院（2005）顺法民一初字第 02233 号。
[4]　江西省奉新县人民法院（2007）奉民二初字第 12 号。

和饶某霞赡养纠纷案[1]，周某干、负某强非法占用农用地案[2]，李某波与冼某群、陈某汉名誉权纠纷案[3]，郑某文与陈某霞抚养费纠纷案[4]，何某球等诉何某明等共有物分割纠纷案[5]，张某军诉蔡某珍遗赠纠纷案[6]，郭某来等诉郭某红等赡养费纠纷案[7]，杜某、姜某诉杜某等赡养纠纷案[8]，等等，均在说理部分援用宪法，同时根据《宪法》和相关法律规定，作出判决。

从上述法院运用宪法的模式看，法院不仅在判决书的说理部分援引适用宪法，而且在裁判依据中，既有单独把宪法规范作为裁判依据的情形，又有把宪法规范与法律规范一起作为裁判依据的情形，然而，"法院即便只是援引宪法作为说理依据，宪法依旧可以对判决结果起到决定性作用"[9]。因此，尽管在人民法院审判实践中存在着最高人民法院要求不得在裁判文书中将宪法作为"裁判依据"的司法解释[10]，作为审判活动实践者的法院或法官仍然出于司法理性与审判活动的实际，在案件中结合法律事实与法律发现及说理论证之需要，除了在说理部分援用宪法外，在裁判依据部分也将宪法规范与法律规范一同作为裁判依据。这样做的优势在于：既能增强判决的正当性，又能保证在法律适用正确的

---

[1] 河南省信阳市浉河区人民法院（2009）信浉民初字第 850 号。
[2] 河南省新乡市中级人民法院（2010）新刑一终字第 6 号。
[3] 广东省高级人民法院（2010）粤高法审监民提字第 161 号。
[4] 福建省福州市仓山区人民法院（2010）仓民初字第 251 号。
[5] 湖南省汝城县人民法院（2012）汝民初字第 505 号。
[6] 江苏省无锡市锡山区人民法院（2012）锡法湖民初字第 0307 号。
[7] 河南省漯河市召陵区人民法院（2013）召民初字第 1139 号。
[8] 辽宁省葫芦岛市南票区人民法院（2014）南民一初字第 00074 号。
[9] 邢斌文：《法院如何援用宪法》，载《中国法律评论》2015 年第 5 期，第 152 页。
[10] 最高人民法院关于禁止法院援用宪法的相关司法解释，实际上存在着是否合乎宪法的价值判断问题，必要时可以通过合宪性审查予以确定其正当性。

前提下，保证判决不因"法律适用错误"而被撤销。

　　从目前人民法院在裁判文书中援引宪法的案件类型看，既有民事案件，又有行政案件与刑事案件，但以民事案件居多。根据邢斌文博士的研究结果，"法院援引《宪法》第二章基本权利条款仍然局限于平等的民事主体之间，即便在行政诉讼中援用基本权利条款，其目的也不是拘束行政机关"[1]。其中的原因值得思考与分析，笔者认为，有两点因素需要注意：一是我国宪法的特殊性；二是在民事案件中运用宪法的政治风险降低。我国宪法的特殊性在于：不仅调整公权力与私权利之间的关系，还调整私权关系。宪法关于基本权利的许多条款涉及私权主体之间的关系调整，如第5条、第10条、第12条、第13条、第36条、第37条、第38条、第39条、第40条、第48条、第49条、第51条等规定[2]，上述条款都是调整私权利主体之间的宪法关系的。这是我国宪法

---

[1]　邢斌文：《法院如何援用宪法》，载《中国法律评论》2015年第5期，第152页。

[2]　《宪法》第5条规定："一切国家机关和武装力量、各政党和各社会团体、各企业事业组织都必须遵守宪法和法律。一切违反宪法和法律的行为，必须予以追究。任何组织或者个人都不得有超越宪法和法律的特权。"第10条规定："任何组织或者个人不得侵占、买卖或者以其他形式非法转让土地。土地的使用权可以依照法律的规定转让。一切使用土地的组织和个人必须合理地利用土地。"第12条规定："社会主义的公共财产神圣不可侵犯。国家保护社会主义的公共财产。禁止任何组织或者个人用任何手段侵占或者破坏国家的和集体的财产。"第13条规定："公民的合法的私有财产不受侵犯。国家依照法律规定保护公民的私有财产权和继承权。"第33条规定："中华人民共和国公民在法律面前一律平等。国家尊重和保障人权。任何公民享有宪法和法律规定的权利，同时必须履行宪法和法律规定的义务。"第36条规定："中华人民共和国公民有宗教信仰自由。任何国家机关、社会团体和个人不得强制公民信仰宗教或者不信仰宗教，不得歧视信仰宗教的公民和不信仰宗教的公民。"第37条规定："中华人民共和国公民的人身自由不受侵犯。任何公民，非经人民检察院批准或者决定或者人民法院决定，并由公安机关执行，不受逮捕。禁止非法拘禁和以其他方法非法剥夺或者限制公民的人身自由，禁止非法搜查公民的身体。"第38条规定："中华人民共和国公民的人格尊严不受侵犯。禁止用任何方法对公民进行侮辱、诽谤和诬告陷害。"第39条规定："中华人民共和国公民的住宅不受侵犯。禁止非法搜查或者非法侵入公民的住宅。"第40条规定："中华人民共和国公民的通信自由和通信秘密受法律的保护。除因国家安全或者追查刑事犯罪的需要，由公安机关或者检察机关依照法律规定的（转下页）

不同于西方宪法原理的"中国底色"。肖蔚云教授指出，宪法只限制政府的权力是西方学者的宪法理论，我国似乎不应受西方这一宪法理论的约束。不论何种民事案件，都可以引用宪法条文。[1]这就是基于我国宪法的特殊性而言的。另外，在民事案件中运用宪法规范，除了能够增强说理之外，更重要的是可以降低政治风险，因为民事案件不会涉及党政机关或党政公职人员。

（四）香港法院援引宪法的实践

关于香港法院援用宪法的司法实践，目前已有学者如王振民、王磊与夏引业等作出了分析与总结。[2]根据王振民、孙成在《香港法院适用中国宪法问题研究》一文中的初步统计，1997年香港回归后，香港各级法院至少在37份判决书中引用了中国宪法，其引用形态主要有三种：在特定案件中作为裁判依据，在特定问题上作为裁判依据、说明事实，或作为解释法律条文的辅助材料。[3]王磊教授基于香港终审法院自1997年至2017年的181份中文判决书进行研究，其中104份判决书提及"宪法"，仅2005年"梁某雄及另二人对香港特别行政区"案判决

（接上页）程序对通信进行检查外，任何组织或者个人不得以任何理由侵犯公民的通信自由和通信秘密。"第48条规定："中华人民共和国妇女在政治的、经济的、文化的、社会的和家庭的生活等各方面享有同男子平等的权利。"第49条规定："夫妻双方有实行计划生育的义务。父母有抚养教育未成年子女的义务，成年子女有赡养扶助父母的义务。禁止破坏婚姻自由，禁止虐待老人、妇女和儿童。"第51条规定："中华人民共和国公民在行使自由和权利的时候，不得损害国家的、社会的、集体的利益和其他公民的合法的自由和权利。"

[1] 肖蔚云：《宪法是审判工作的根本法律依据》，载《法学杂志》2002年第3期，第4页。
[2] 王振民、孙成：《香港法院适用中国宪法问题研究》，载《政治与法律》2014年第4期；夏引业：《宪法在香港特别行政区的适用》，载《甘肃政法学院学报》2015年第5期；王磊：《宪法与基本法司法适用的香港经验》，载《广东社会科学》2019年第3期。
[3] 王振民、孙成：《香港法院适用中国宪法问题研究》，载《政治与法律》2014年第4期，第4—8页。

书就提及"宪法"114 次，在 1997 年"吴某玲吴某某诉入境事务处处长案"，以及与此案共同审理的"入境事务处处长诉张某华案""徐某能诉入境事务处处长案"中，"宪法"一词出现 67 次之多。此外有 16 份判决书涉及《宪法》的适用。[1] 王磊教授分析指出，终审法院之所以在司法实践中适用《宪法》，其中一个重要原因在于适用《宪法》有利于终审法院在判决中说理或作为裁判依据，特别是《宪法》在部分案件中发挥着其他法律不可替代的作用。

四、法院实施宪法实践的理论反思

人民法院实施宪法实践的探索涉及两个核心理论命题：一是宪法所确立的由立法机关行使宪法解释权的制度是否意味着立法机关垄断全部宪法解释权？二是人民法院在审判过程中是否具有解释宪法权？这两大理论问题不仅困扰着学术界，还困扰着我国法院实施宪法的实践。因此，需要在理论上予以澄清。

（一）宪法上的宪法解释权是否意味着立法机关垄断全部宪法解释权？

我国《宪法》第 67 条规定把"解释宪法"的职权明文赋予全国人大常委会行使，由于全国人大常委会是国家权力机关，行使国家立法权，由此在我国确立了国家立法机关解释宪法的模式。问题在于，这种国家立法机关型的宪法解释模式是否意味着立法机关垄断了国家全部宪法解释权？

---

[1]　王磊：《宪法与基本法司法适用的香港经验》，载《广东社会科学》2019 年第 3 期，第 211、213 页。

一般而言，立法机关的宪法解释是针对宪法文本的内容进行"再立法"，是宪法法律化的体现。因此，由立法机关解释宪法的性质可归结为"立法性宪法解释"。全国人大及其常委会往往以通过"决议""决定"和制定法律的形式对宪法文本相关内容进行解释，这些解释都是以立法形式对宪法相关内容的具体含义所作的解释，因而自然都属于立法性宪法解释。1981年，全国人大常委会《关于加强法律解释工作的决议》就对立法解释作出明确规定，即"凡关于法律、法令条文本身需要进一步明确界限或作补充规定的，由全国人民代表大会常务委员会进行解释或用法令加以规定"。换言之，由全国人大常委会关于法律、法令条文本身需要进一步明确界限或作补充规定而作的解释或规定的法令，就是立法解释。迄今为止，全国人大及其常委会关于宪法的解释案都是基于宪法条文本身的含义或界限所作的立法性规定，属于立法性宪法解释，这种立法性解释宪法的权力属于国家最高立法机关，在我国就是全国人大及其常委会，全国人大享有隐含的解释宪法的权力，全国人大常委会享有明示的解释宪法的权力。

由此，学界普遍认为宪法赋予全国人大常委会以宪法专属解释权。胡锦光教授即主张："依据宪法的规定，所有的法院包括最高人民法院并不具有宪法解释权。"[1]如果把这种宪法专属解释权视为立法性宪法解释权，那么是适当的；倘若把这种立法性宪法解释权视为独断性的、唯一性的宪法解释权，从而垄断了一切解释宪法的可能，恐怕是经不住推敲的。蔡定剑教授曾指出："宪法规定的全国人大常委会行使宪法解释权，不能很狭义地理解为只有全国人大常委会可以解释宪法，其他机关

---

[1] 胡锦光：《论我国法院适用宪法的空间》，载《政法论丛》2019年第4期，第6页。

都不能解释，这是片面的。宪法规定全国人大常委会解释宪法，只意味它对宪法有最终解释权，而不是垄断解释权。这就好比《宪法》第67条第4项规定的解释法律的权力属于全国人大常委会，但是1981年全国人大《关于加强法律解释工作的决议》中把法律解释权分为全国人大常委会的法律解释、最高人民法院的审判解释、最高人民检察院的检察解释和国务院的行政解释等各部分。与此同理，宪法赋予全国人大常委会的宪法解释权又为什么不可以分解成宪法解释权和宪法的司法适用解释权呢？"[1]因此，我国宪法关于由全国人大常委会行使宪法解释的权力，只是一种立法性宪法解释权，它没有排除司法适用过程中的宪法解释权。关于宪法解释制度，我国只承认立法性宪法解释制度，而不承认或否认司法适用性宪法解释制度。

实际上，人民法院实施宪法的实践已经解释了宪法文本的相关内容。这是司法过程中确实存在的客观事实，许多学者拘于宪法文本的规定而不愿承认这种由法院在司法适用中解释宪法的客观现实，从而制约了宪法作为具有最高法律效力的法律在司法过程中的适用。尤其是香港法院援用宪法的司法实践表明，如果我们继续囿于立法机关才能解释宪法、适用宪法的抽象理论之中，就无法为香港法院适用宪法拓展合法性空间，不利于"一国两制"宪法原则在特别行政区的实施。

（二）人民法院有无具体案件解释宪法权？

我国《宪法》第67条第1款关于解释宪法的职权规定只是立法性宪法解释，这种立宪体制并没有排除司法过程中适用性宪法解释。笔者

---

[1]《宪法司法化理论研讨会综述》，载《人大研究》2006年第4期，第25页。

2008 年就分析过我国《宪法》第 131 条规定的"人民法院依照法律规定独立行使审判权"的含义[1]，认为该条款中的"法律"可以作广义解释，作广义解释是合乎宪法原则与精神的：其一，宪法是"具有最高法律效力"的根本法，属于基础规范，我国的社会主义法律体系就是由宪法为统领的宪法及宪法相关法、民法商法等多个法律部门的法律为主干构成的[2]，因而，宪法应当是人民法院适用法律的重要内容。其二，依据《宪法》序言要求，人民法院有以宪法为根本的活动准则、负有维护宪法尊严与保证宪法实施的职责；以宪法为根本活动准则实际上意味着法院的审判活动不仅不得违反宪法，还有义务实施落实宪法。其三，人民法院依照法律独立行使审判权，当然须依据在"法律家族"中地位最高的宪法。没有哪一部宪法或法律只是制定出来让人观赏而无须适用的，宪法也好，法律也好，只要制定出来，目的就是给人们的行为提供一种适用的标准，人们的行为符合其要求，就达到了宪法和法律制定的目的。人民法院适用宪法和法律是一个自然的、常态的过程。[3]因此，我国宪法所设计的由全国人大常委会行使的立法性宪法解释与法院在审判实践活动中适用性宪法解释是可以并存的。

　　针对全国人大常委会行使专属的宪法解释权及依据宪法法院无权适用宪法的学术通说，黄卉教授运用文意、历史、体系和目的四种解释方

---

[1]　范进学：《人民法院的"审判权"是否蕴涵着宪法解释权》，载《法律方法》2008 年第 7 卷，山东人民出版社 2008 年版，第 45—54 页。

[2]　时任全国人大常委会委员长的吴邦国同志在十一届全国人大四次会议上所作的工作报告中宣布，"一个立足中国国情和实际、适应改革开放和社会主义现代化建设需要、集中体现党和人民意志的，以宪法为统帅、以宪法相关法、民法商法等多个法律部门的法律为主干，由法律、行政法规、地方性法规等多个层次的法律规范构成的中国特色社会主义法律体系已经形成"（参见《十七大以来重要文献选编》（下），中央文献出版社 2013 年版，第 262 页）。

[3]　范进学：《认真对待宪法解释》，山东人民出版社 2007 年版，第 110 页。

法专门对通说进行了反思性检讨与解构。[1] 她得出的结论是："所谓全国人大常委会基于《宪法》第 67 条第 1 项规定享有宪法专属解释权，以及人民法院基于《宪法》第 131 条规定不得解释宪法的说法，一旦将《宪法》第 5 条第 4 款规定包含的任何国家机关都需要遵守宪法的法治诉求纳入观察范围，就并不是无懈可击的；相反，通过体系解释、尤其目的解释，完全有理由突破目前的通说，转而认定在现有宪法框架下人民法院是有权解释宪法，从而铺平了法官进行合宪性解释的道路。"[2] 应当说，这一结论充分说明，我国法院在司法过程中适用宪法是合乎我国现有宪法框架设计的，与我国的人民代表大会制度是兼容的。面对相同的宪法文本条款，不同的学理解读，可能得出完全不同的结论。其中的原因何在？原因就在于，主张宪法解释权专属全国人大常委会的通说论忽略了"专属"解释权的性质，即这里的专属应当是立法性解释的专属，而不能包括司法过程适用性解释。立法性宪法解释没有也不能独断性垄断一切非立法性宪法解释，就像不能垄断对宪法所作的学理解释一样。张志铭教授指出，把解释法律这样一种在国外只要有权适用法律就有权解释法律的权力单独作为一种权力，只由少数的主体享有，这反映了什么？反映了法律解释的垄断和控制，是在法律解释问题上的一种垄断。[3]

　　上述论证都是基于我国宪法文本的学理论证，若从我国宪法的设计分析，立宪者的原意是让最高国家权力机关行使宪法解释权，目的在于监督宪法的实施，这种立宪意图体现在《宪法》第 67 条第 1 款规定中，

[1]　黄卉：《法学通说与法学方法》，中国法制出版社 2015 年版，第 151—161 页。
[2]　同上注，第 160 页。
[3]　张志铭：《法律解释原理（上）》，载《国家检察官学院学报》2007 年第 6 期，第 56—57 页。

即全国人大常委会行使"解释宪法，监督宪法的实施"。事实上，宪法解释权与宪法监督权是合二为一的，哪一个机构行使宪法监督权，就由哪一个机构行使宪法解释权，世界各国的宪法解释制度模式无一例外地遵循这一基本原则与规律——美国普通法院行使宪法监督即司法审查权，其宪法解释权属于普通法院；欧洲宪法法院行使宪法审查权，其宪法解释权则属于宪法法院；法国宪法委员会行使宪法审查权，其宪法解释权属于宪法委员会。同理，我国全国人大及其常委会行使宪法监督权，其宪法解释权自然属于全国人大及其常委会。因此，不同的宪法解释制度模式，与不同的政治制度及其文化密不可分。

我国人民代表大会的政治制度决定了我国宪法监督的模式只能是国家最高权力机关。曾参与 1982 年宪法修改的肖蔚云教授指出："由全国人大、全国人大常委会监督和保障宪法的实施比较好，因为最高国家权力机关和它的常设机关既是最有权威的机关，又可以经常性地监督宪法的实施，这样做比较适合我国的实际情况，也体现了全国人大统一行使最高国家权力的政治制度。"[1] 主导 1982 年宪法修改工作的彭真同志指出："是不是搞一个有权威的机构来监督宪法的实施？外国有的是宪法委员会，有的是大法官。我们是不也采用这样的形式？这个问题，在起草宪法的过程中反复考虑过。大家所想的，就是'文化大革命'把 1954 年宪法扔到一边去了。实际上，在当时无论你搞什么样的组织，能不能解决这个问题呢？不见得。恐怕很难设想再搞一个比全国人大常委会权力更大、威望更高的组织来管这件事。"[2] 所以，1982 年立宪原意就是让全国人大及其常委会成为监督宪法的机构，由此决定了宪法解释权属

---

[1] 肖蔚云：《我国现行宪法的诞生》，北京大学出版社 1986 年版，第 65 页。
[2] 《彭真传》编写组：《彭真传》第四卷，中央文献出版社 2012 年版，第 1484—1487 页。

于全国人大及其常委会。由什么性质的国家机关行使宪法解释权,其解释权的性质就由这一解释机构决定,由行使司法权的法院解释宪法,其权力性质就是司法性宪法解释;由行使立法权的权力机关解释宪法,其权力性质就是立法性宪法解释。因此,在我国,全国人大常委会负责解释宪法,这一权力的性质就只能是立法性宪法解释,而不是司法性宪法解释。立法性宪法解释永远无法取代司法适用中的宪法解释。若是立法性宪法解释,其解释性质仍属于抽象性立法行为,其解释结果实际上制定了新的法律,这种由立法机关进行的解释性立法仍然像一切法律一样需要由法院通过适用得以实施。有学者指出:"由全国人大常委会作出的宪法解释文在形式上与立法是类似的,当进入司法程序后,终究要面对条文与个案事实之间的涵摄关系如何建立的问题。质言之,当涉及个案争议时,既有的全国人大常委会的宪法解释案也无法排除司法过程对该解释案作'再解释'。"[1]这种立法性宪法解释之所以需要法院或法官的再解释,其根本原因在于两种解释各自所属的性质不同,立法解释是立法,司法过程中的解释是适用。具体而言,这种差异是由司法过程的性质决定的。

司法过程的性质就是发现与适用法规范,并解释法规范。马克思针对司法的本质指出:"法律是普遍的。应当根据法律来确定的案件是个别的。要把个别的现象归结为普遍的现象,就需要判断。判断是件棘手的事情。要执行法律就需要法官。法官有义务在把法律运用于个别事件时,根据他在认真考察后的理解来解释法律。"[2]因此,法院或法官作为

---

[1] 黄明涛:《两种"宪法解释"的概念分野与合宪性解释的可能性》,载《中国法学》2014年第6期,第295页。

[2]《马克思恩格斯全集》第1卷,人民出版社1995年版,第180页。

法规范的适用者，在司法过程中必然通过解释才能适用法规范，因为任何法规范都是抽象的，而每一个案件却是具体的，将抽象的法规范适用到具体的个案之中，就需要解释。在我国，由于人民法院遵守宪法是其宪法义务，其遵守宪法的主要表现就应当是在司法审判活动中不得违反宪法的规定，进行合宪性解释，并为了补充法律漏洞及论证判决结而适用或引用宪法规范。有学者指出："当个案中的系争法律条款存有不同理解、而有关宪法条款可能提供指引的时候，或者宪法条款有可能帮助阐发、澄清、填充某个含义尚不清晰的法律概念的时候，就出现了解释宪法的客观需要。"[1]这种司法过程中法院或法官为了运用宪法而解释宪法的行为就是司法适用性宪法解释。

司法适用性宪法解释是司法过程性质的必然要求，是司法权的本质所在。司法适用性宪法解释与立法性宪法解释之共性在于都是对一般性、普遍性与模糊性的宪法文本内容的具体化，具有一定的可操作性。它们之间的区别在于，司法适用性宪法解释仅存在于个案裁判过程中，是在个案事实与宪法规范的适用中针对与案件相关的宪法规范作出的解释，立法性宪法解释则不是针对个案事实的适用，它的解释具有立法性，其解释文字具有法律的一般性、普遍性与抽象性，立法性宪法解释案中的条款内容在具体适用时仍然由法院进行司法性解释，因而司法过程中的适用性解释依然需要。不过，值得说明的是，法院虽然具有适用性宪法解释权，但不享有合宪性审查权，合宪性审查权由全国人大常委会所专属行使，倘若法院在适用宪法规范的过程中，遭遇规范性文件与宪法相抵触的情形，则应当中止审理，并将待决的法律适用问题按照审

---

[1] 黄明涛：《两种"宪法解释"的概念分野与合宪性解释的可能性》，载《中国法学》2014年第6期，第295页。

级逐级上报至最高人民法院，再由最高人民法院依据《立法法》第110条之规定，向全国人大常委会书面提出进行审查的要求，然后等待全国人大常务委员会审查意见。

一言以蔽之，我国宪法解释制度实际上是由立法性宪法解释制度与司法适用性宪法解释制度共同构成，《宪法》第67条第1款规定所确立的由全国人大常委会解释宪法的制度属于立法性宪法解释，《宪法》第131条规定所确立的是人民法院在依照法律独立行使审判权的司法过程中的适用性宪法解释，因此我国宪法解释主体只能说在立法性宪法解释上具有一元性，即只有全国人大常委会具有宪法解释的权力，这种解释具有最高性与最具权威性；而司法适用性宪法解释主体是法院，它的解释从属于立法性宪法解释，其解释效力受制于立法性宪法解释。

（三）认真对待中国宪法解释理论与制度

在我国，目前存在着两种宪法解释的理论，一种是立法性宪法解释，一种是司法适用宪法解释。两种理论的性质与逻辑起点皆不同，从而形成了我国宪法解释的制度困惑与理论迷雾。只有深刻分析并揭示两种理论背后的法理与立法目的，才能正确认识我国宪法解释的制度设计与理论分歧。笔者的基本观点是，作为国家立法机关的全国人大常委会，它对宪法的解释属于立法性宪法解释，全国人大与国务院对宪法文本的解释亦属于立法性宪法解释；人民法院在适用宪法时之于文本的解释属于司法适用性宪法解释。上述两种不同的宪法解释构成了中国特色的宪法解释制度。

我们基于二十多年来中国法律界关于法院实施宪法实践的探索，梳理与总结法院实施宪法路径探索中的经验得失，反思其中蕴含的理论问题。二十多年来，中国法律界探索法院实施宪法实践的路径大致经历了"宪法司法化"、合宪性解释与法院援引宪法的三个阶段。

"宪法司法化"作为法院实施宪法的路径，具有极强的浪漫主义色彩，因为它本身隐藏着法律与政治双重问题的叠加性悖论，一旦陷入其中，就无法跨越"宪法司法化"所预设的政治鸿沟，一旦推行"宪法司法化"的宪法实施，就必然让人民法院扮演合宪性审查的角色，这不但会直接挑战我国人民代表大会这一根本政治制度，而且挑战宪章与党章上的民主集中制根本组织原则，因此会造成重大的政治事件，引发重大的政治问题。随着 2008 年最高人民法院关于齐玉玲案批复的废止，"宪法司法化"尝试在中国趋于式微。

"宪法司法化"的路径探索遭遇挫折之后，学者们另辟蹊径，继续寻找法院实施宪法的道路，即合宪性解释。合宪性解释之所以能够作为法院实施宪法的进路，是因为合宪性解释作为一种解释方法或原则，在法官个案解释法律而遇到多种解释的可能时，可以选择最合乎宪法原则或精神的解释。合宪性解释方法适用的前提条件有两个：一是对法律的解释；二是法律的解释出现数种可能。只有满足上述两个基本要件，才可能考量运用合宪性解释方法。从该意义上说，通过运用合宪性解释而实施适用宪法，作用是有限的。因此，合宪性解释只是实施宪法的一种路径，不是法院适用宪法的重要手段或一种常态，毕竟借助合宪性解释适用宪法的场合是受到适用条件限制的。把合宪性解释作为实施宪法或适用宪法的路径需要进一步检讨，实际上是人为放大了合宪性解释对于法院实施宪法的作用与影响。由于合宪性解释作为一种法律方法在审判实践中运用偏少，加之它触及法院是否具有宪法解释权的理论问题，因此合宪性解释理论的研究似乎告一段落，众多学者转向了法院在审判实践中关于援引宪法问题的务实的研究。

　　学者们对各级人民法院在具体审判过程中如何援引宪法的现状进行考察、分析与总结，以期找到法院实施宪法的经验及其规律，从而找到法院实施宪法的真实的路径，这就是把法院援引宪法的进路视为法院实施宪法的第三条路径。理论是灰色的，而生活之树常青。因此，第三条路径避开了学理之争，而专注于法院审判过程中如何援引或适用宪法规范的研究，具有更强的学术生命力。人民法院实施宪法实践的探索涉及两个核心理论命题：一是宪法所确立的由立法机关行使宪法解释权的制度是否意味着立法机关垄断全部宪法解释权？二是人民法院在审判过程中是否具有解释宪法权？这两大理论问题困扰着学术界，也困扰着我国法院实施宪法的实践。因此，需要在理论上予以澄清。本书的基本观点是：作为国家立法机关的全国人大常委会，它对宪法的解释属于"立法性"宪法解释；人民法院在适用宪法时之于文本的解释属于司法适用性宪法解释。上述两种不同的宪法解释构成了中国特色的宪法解释制度。

第八章
合宪性审查中的宪法阐释与宪法解释

2021 年，全国人大常委会法工委主任沈春耀在《全国人民代表大会常务委员会法制工作委员会关于 2020 年备案审查工作情况的报告》中明确提出"探索在合宪性审查中适时解释宪法"[1]的问题。备案审查在合宪性审查中涉及的法规、司法解释合宪性、涉宪性问题，必然伴随着对宪法的规范、原则与精神的阐释与解释问题。由于"宪法解释"概念在我国现行宪法文本与宪制秩序中具有特定性，通常专指全国人大常委会的宪法解释，故其他机构对宪法文本内容的理解与诠释不得称为"宪法解释"，然而这种诠释或阐释在合宪性审查工作中将会是一种经常性的职能。因此，如何区分有权机关的"宪法解释"与非有权机构的"宪法阐释"的内涵与效力，是一个亟待阐明的理论与实践问题。鉴于此，本章将侧重围绕宪法阐释、宪法阐释的效力、合宪性审查中涉及的宪法

---

[1] 参见《全国人民代表大会常务委员会法制工作委员会关于 2020 年备案审查工作情况的报告》，载中国人大网，http://www.npc.gov.cn/npc/c2/c30834/202101/t20210127_309939.html，最后访问时间：2022 年 10 月 31 日。

阐释与宪法解释的情形如何界分等问题展开初步讨论。

一、认真对待我国宪法解释实践

自 1978 年宪法到 1982 年现行宪法，立宪者把"解释宪法"的职权赋予全国人大常委会。应当说，一国成文宪法典的诞生即标志着该国的立宪时代业已结束，从而将进入一个对宪法典不断精细化、体系化解释的新时代，宪法解释实践将会随之出现。然而，我国现行宪法制定实施已有四十余年，至今尚未出现形式意义上的正式的宪法解释。[1] 原因何在？我国宪法实施过程中，是否存在宪法解释实践？如何看待我国宪法解释实践？诸多问题需要认真对待。

（一）宪法解释：实质性宪法解释与形式性宪法解释的有机统一

基于宪法内容的原则性、抽象性与高度概括性，除了制定完备的法律，以立法推动宪法实施外，宪法解释是宪法实施的最佳方式。"法律是立法机关依据宪法将宪法原则和规定予以具体化的行为规范"。[2] 然而，立法与法律无论多么完备，都永远取代不了宪法解释。立法与宪法解释本来就是两种完全不同的实施宪法的方式，宪法是法律制定的依据与效力来源，而法律的创造即立法是适用宪法。凯尔森指出："一个法律规范的创造通常就是调整该规范被创造的那个高级规范的适用。"[3]

---

[1] 郭若梅、刘嫚：《高规格研讨会做理论储备，宪法解释制度正加速落地》，载《南方都市报》2021 年 12 月 9 日，第 13 版。

[2] 范进学：《宪法实施：到底实施什么》，载《学习与探索》2013 年第 1 期。

[3] ［奥］凯尔森：《法与国家的一般理论》，沈宗灵译，中国大百科全书出版社 1996 年版，第 150 页。

宪法解释则是有权解释的机关在宪法文本内容不变的情形下对模糊、不清楚的文字意义进行说明与阐释的活动，这种解释性问题是"为了告诉我们宪法是什么样的事物，怎样才能最忠实地找到宪法的含义，谁享有解释宪法的终极话语权"。[1]通过立法制定完备的法律仅是宪法实施的一个方面，既非全部，更非替代宪法自身的实施。成文宪法与社会现实生活始终处于一种张力之中，宪法典本身具有相对静止性，社会生活则时刻变动，这种张力的解决路径一般有二：宪法修改与宪法解释。宪法修改固然不失为一种宪法变迁的重要方式，然而，如果修改过于频繁，宪法将会失去它作为一个简洁抽象文本的象征性价值，宪法解释则为必要的宪法演进提供了途径。[2]宪法解释相较于宪法修改，其最大的优势是在不直接改变固有文字的前提下，不仅保证了宪法的稳定性，还适应了社会生活的日益变迁，从而使宪法的规范性价值与现实性价值得以协调与统一。现实是，通过宪法解释而实施宪法的路径虽然在我国早已开辟，然而自1982年宪法实施以来，作为唯一行使宪法解释职权的全国人大常委会至今没有作出按照正式的"宪法解释"文号制发的解释案[3]。其中的原因固然复杂，但全国人大常委会未通过标明为"宪法解释"的文件公布过一起具有正式法律效力的宪法解释[4]也是公认的事实。在当今这个百年未有之大变局时代，我们面临着社会全方位的历史变革，大变革的时代尤其需要整合社会与国家核心价值观，以便为社会提供确定的、稳固的、持久的社会价值共识。这种社会价值共识需要最

---

[1]［美］索蒂利奥斯·巴伯、詹姆斯·弗莱明：《宪法解释的基本问题》，徐爽、宦盛奎译，北京大学出版社2016年版，第6页。
[2] Erwin Chemerinsky, *Interpreting the Constitution*, California: Praeger Publishers, 1987, pp. 68—69.
[3] 韩大元、张翔等：《宪法解释程序研究》，中国政法大学出版社2016年版，第1页。
[4] 莫纪宏：《法律事实理论视角下的实质性宪法解释》，载《法学研究》2021年第6期。

高权力机关运用宪法解释权力，以"积极回应涉及宪法有关问题的关切"而"加强宪法解释工作"。[1]尽管全国人大常委会在这场社会大变革、大转型过程中没有以正式具有法律效力的宪法解释案的方式发布宪法解释，但其在我国宪法实施中常常以实质性宪法解释的形式积极回应社会民众对宪法问题的关切与强烈的现实需求，以及党中央的殷殷要求[2]，从而有效地保障了现行宪法的贯彻实施。

严格意义上说，宪法解释包含实质性解释与形式性解释两个维度，实质性解释指有权解释机构对于宪法文本中的概念术语、规范内容作出的解释与说明；形式性解释指有权解释机关以"宪法解释案"的形式向社会正式公布的实质性解释。完整意义上的宪法解释应当是实质性解释与形式性解释的有机统一。莫纪宏教授从法律事实的角度，提出了"法律事实意义上的宪法解释"的观点，他认为"法律事实意义上的宪法解释，应当是程序意义上的宪法解释和实体意义上的宪法解释结合体"，仅有法律条文的规定是不够的，还要有与法律条文规定程序性要件与实体性要件吻合的、客观存在的宪法解释行为或结果。[3]实事求是地说，全国人大常委会在宪法实施中，针对宪法规定的内容，从宪法精神与原则到宪法规范内容，进行了大量的实质性宪法解释工作，而这些工作就

---

[1]　习近平：《论坚持全面依法治国》，中央文献出版社 2020 年版，第 206 页。

[2]　党中央多次提出宪法解释的要求，譬如习近平总书记在党的十九届二中全会第二次全体会议上的讲话中提出，"要健全宪法解释机制，加强宪法解释工作，积极回应涉及宪法有关问题的关切"；习近平总书记在主持十九届中央政治局第四次集体学习时的讲话中再次要求"要健全宪法解释程序机制，确保宪法解释准确、可靠"（参见习近平：《论坚持全面依法治国》，中央文献出版社 2020 年版，第 206、217 页）；中共中央印发的《法治中国建设规划（2020—2025 年）》明确要求"加强宪法解释工作，落实宪法解释程序机制，回应涉及宪法有关问题的关切"。

[3]　莫纪宏：《法律事实理论视角下的实质性宪法解释》，载《法学研究》2021 年第 6 期。

好比"鸭子浮水"。[1]这种现象的出现的确与我国宪法解释程序机制尚未完善有关,即"制度上没有对作为法律事实状态的宪法解释行为及其结果的程序性要件作出非常清晰的界定",从而"存在规范指引方面的不足或瑕疵"。[2]因此,如何使全国人大常委会实质性宪法解释同时具备形式意义上的程序性要件应当是我国宪法解释实践中须加以完善的关键。

完整意义上的宪法解释没有出现还可能与现行法律、规章与政策关于宪法解释程序的制度设计有关。因为无论是现行《立法法》、各级人大常委会监督法,还是《工作办法》,它们关于合宪性审查程序的相关规定,均为宪法解释设置了诸多限制性程序,正是这些限制性程序影响了完整意义上的宪法解释案的出台。随着《工作办法》的实施,出现完整意义上的宪法解释案的难度进一步增强,因为该《工作办法》增添了沟通或询问程序与督促或约谈程序。[3]这两道程序无疑使完整意义上的宪法解释程序难以继续推进。

---

[1] 十二届全国人大法律委主任委员乔晓阳曾形象地把这一时期的备案审查工作形容为"鸭子凫水",意思是虽然从水面看鸭子保持不动,但是鸭子的脚在水下还是很忙的。参见朱宁宁:《备案审查由"鸭子凫水"变乘风破浪》,载《法制日报》2019年2月26日,第6版。

[2] 莫纪宏:《法律事实理论视角下的实质性宪法解释》,载《法学研究》2021年第6期。

[3] 根据《法规、司法解释备案审查工作办法》第41—43条之规定,审查主体在合宪性审查研究中发现规范性文件可能存在问题的,可以与制定机关沟通,或者采取书面形式向制定机关进行询问;需要予以纠正的,在提出书面审查研究意见前,可以与制定机关沟通,要求制定机关及时修改或者废止。经沟通,制定机关同意对规范性文件予以修改或者废止,并书面提出明确处理计划和时限的,可以不再向其提出书面审查研究意见,审查中止。如经沟通没有结果的,应当依照《立法法》第100条规定,向制定机关提出书面审查研究意见,要求制定机关在60天内提出书面处理意见。制定机关收到审查研究意见后逾期未报送书面处理意见的,专门委员会、法工委可以向制定机关发函督促或者约谈制定机关有关负责人,要求制定机关限期报送处理意见。制定机关按照书面审查研究意见对规范性文件进行修改、废止的,审查终止。

（二）我国宪法解释的实践分析

由于全国人大常委会迄今尚未公布完整意义上的宪法解释，学术界与实务界关于我国宪法解释实践的评价有所偏差。学术界主流观点认为宪法解释实践没有在我国展开，其标志就是没有出现完整意义上的宪法解释案。实务界及少数学者则认为，我国已有大量的宪法解释实践，只是这些实践没有上升为宪法解释案。我们认为，既不能否认全国人大常委会四十余年来通过实质性宪法解释保证现行宪法有效实施的客观事实，又得承认这种实质性宪法解释与完整意义的宪法解释案相比仍存在形式的、程序的要件不足之事实。承认全国人大常委会实质性宪法解释的实践，就是尊重和承认现行宪法得以有效实施的历史与客观事实。习近平总书记在首都各界纪念现行宪法公布施行三十周年大会上的讲话中明确指出："三十年来，我国宪法以其至上的法制地位和强大的法制力量，有力保障了人民当家作主，有力促进了改革开放和社会主义现代化建设，有力推动了社会主义法治国家进程，有力促进了人权事业发展，有力维护了国家统一、民族团结、社会稳定，对我国政治、经济、文化、社会生活产生了极为深刻的影响。"[1]这是习近平总书记对现行宪法实施状况的最好评价。现行宪法实施得好，足以说明我国现行宪法条款得到了解释性实施，否则就无法解释现行实施好的内在原因。因为，"从宪法实施的角度看，没有宪法解释，就不可能有宪法的有效实施"[2]。换言之，宪法实施就意味着对宪法相关内容的解释，无论这种解释是实质性的还是形式性的。

---

[1]　习近平：《论坚持全面依法治国》，中央文献出版社2020年版，第9页。
[2]　莫纪宏：《法律事实理论视角下的实质性宪法解释》，载《法学研究》2021年第6期。

　　我国目前存在的立法性宪法解释、抽象性宪法解释均可纳入实质性解释之中。[1]因为从阐释文本的含义而言，任何对宪法文本内容的具体化立法都可视为一种对宪法的解释，根据宪法制定的所有法律法规当然是对宪法某一规范含义的具体化阐释，在该意义上，根据宪法制定的法律即为立法性宪法解释。如《中华人民共和国国家安全法》第38条规定是对《宪法》第93条第1款关于中央军事委员会职权的立法性规定的扩大解释。《宪法》第93条第1款仅仅规定"中央军事委员会领导全国武装力量"，至于如何领导、其具体职权是什么，《宪法》未作出规定，而《中华人民共和国国家安全法》第38条规定明确赋予中央军委决定军事战略和武装力量的作战方针、统一指挥维护国家安全的军事行动、制定涉及国家安全的军事法规及发布有关决定和命令的职权，这显然是对中央军委职权的解释。不过，立法性解释一般不被视为宪法解释，否则宪法中将全国人大常委会的立法权与宪法解释权分设就失去了意义。然而，从宪法含义的明确性而言，立法机关确实对宪法相关条款的法律化作出了意义阐明，因而可被归为宪法的实质性解释。

　　抽象性宪法解释指全国人大常委会以"决议"或者"决定"的法律形式行使解释宪法的职权，对宪法相关条款或内容作出的解释与说明。由于该解释模式不针对具体的案件事由，故学者们将其称为抽象性宪法解释。譬如全国人大常委会《关于全国人民代表大会宪法和法律委员会

---

[1] 莫纪宏在考察我国实质性宪法解释的具体表现形式时还增加了另外三种：关于制定宪法或修改宪法的工作报告、正式的法律解释文件、司法解释文件和司法裁判文件，以及全国人大常委会工作机构制作的公务文件。参见莫纪宏：《法律事实理论视角下的实质性宪法解释》，载《法学研究》2021年第6期。我们认为，凡不是以全国人大常委会名义所作出的宪法内容的阐明与解释，均不宜作为实质性宪法解释，无论是实质性宪法解释还是形式意义上的宪法解释，都必须由具有宪法解释职权的全国人大常委会作出，而其他机关的宪法内容的说明或阐明均应称之为"宪法阐释"。

职责问题的决定》，实际上就是典型的宪法解释例，它不仅认可了宪法和法律委员会继续承担原法律委员会承担的统一审议法律草案等工作，还增加了推动宪法实施、开展宪法解释、推进合宪性审查、加强宪法监督、配合宪法宣传等职责。这就是对《宪法》第70条规定关于"宪法和法律委员会"职责的具体解释。

上述立法性宪法解释与抽象性宪法解释，在实务界看来，就是宪法解释实践。而在学术界看来，这种实质性宪法解释均缺乏"宪法解释案"公布之形式要件，因此，并不认同将其作为宪法解释的实践。固然，实质性解释是由有权解释机构即全国人大常委会通过立法形式或发布"决定""决议"的形式解释宪法内容，但是，这种实质性解释都不是通过宪法实施中的个案，以"宪法解释案"的形式对宪法文本中的条文含义进行明确，因而不是典型意义上的宪法解释实践。质言之，宪法解释案需具有三个要件：第一，必须由有权机关作出；第二，具备解释的场合，即在宪法实施中遇到了宪法的规定需要进一步明确具体含义的，或宪法制定后出现新的情况需要明确适用宪法依据的；第三，必须以"宪法解释案"的形式正式公布。宪法解释应当存在于宪法实施过程中，即宪法在实施适用中所发生的疑问由宪法解释机关予以阐明，所以宪法解释与宪法实施适用密不可分，没有实施适用，就没有宪法解释。[1]因此，宪法解释是实质性解释与形式解释的有机统一。

无论是在学术界还是实务界，有一点已成为共识，那就是全国人大常委会缺乏以"宪法解释案"的正式形式开展的宪法解释实践，因而全国人大常委会已就此开展有关研究工作，我国宪法解释制度的真正落地

---

[1] 范进学：《认真对待宪法解释》，山东人民出版社2007年版，第30页。

或将有突破。全国人大宪法和法律委员会副主任委员周光权教授就建议："考虑挑选个别明显与宪法相抵触、带有普遍性的问题或做法，就如何准确理解宪法精神、确保宪法正确实施等，推动全国人大常委会择机启动第一次合宪性审查程序，推动宪法解释机制落实落地。"[1]我们认为，这种建议不仅切实可行，还具有很强的针对性与现实意义，这或许是开启我国完整意义上的宪法解释实践的最佳场域。

（三）宪法阐释：宪法解释的理论与实践储备

随着党的十九大要求"推进合宪性审查工作"，合宪性审查制度建设迎来了新的发展阶段和发展契机，因而宪法学研究应当积极作为。[2]张翔教授谨慎地评论，对于宪法学者而言，中国特色社会主义新时代或许是一个"合宪性审查时代"。[3]这一判断应该说是合乎实际的。事实上，可以肯定地说，我们已经迈入了合宪性审查的时代！

自党的十九大之后，备案审查或合宪性审查制度就成了"国家法制统一的'压舱石'，是加强宪法实施和监督的'主阵地'"[4]。党中央对此予以高度关注与重视。2019年10月31日，党的第十九届中央委员会第四次全体会议通过的《中共中央关于坚持和完善中国特色社会主义制度 推进国家治理体系和治理能力现代化若干重大问题的决定》进一步提出了明确要求："加强宪法实施和监督，落实宪法解释程序机制，推

---

[1] 周光权：《推动宪法解释机制落实落地》，载《法治日报》2021年11月9日，第5版。

[2] 张文显：《在中国法学会宪法学研究会2018年年会上的讲话》，载中国法学会，http://www.chinalaw.org.cn/portal/article/index/id/10608/cid/5.html，最后访问时间：2022年10月31日。

[3] 张翔：《"合宪性审查时代"的宪法学：基础与前瞻》，载《环球法律评论》2019年第2期。

[4] 司法部法治督察局：《为"良法善治"保驾护航——法规规章备案审查工作回顾与展望》，载胡锦光主编：《备案审查研究》第1辑，中国民主法制出版社2021年版，第4页。

进合宪性审查工作，加强备案审查制度和能力建设，依法撤销和纠正违宪违法的规范性文件。"2021 年 1 月初，中共中央印发了《法治中国建设规划（2020—2025 年）》。党中央对合宪性审查提出了更加明确又具体的政治要求：第一，全国人大及其常委会通过的法律和作出的决定决议，应当确保符合宪法规定、宪法精神；第二，推进合宪性审查工作，健全合宪性审查制度，明确合宪性审查的原则、内容、程序；第三，建立健全涉及宪法问题的事先审查和咨询制度，有关方面拟出台的所有规范性文件和重要政策、重大举措，凡涉及宪法有关规定如何理解、实施、适用问题的，都应当依照有关规定向全国人大常委会书面提出合宪性审查请求；第四，在备案审查工作中，应当注重审查是否存在不符合宪法规定和宪法精神的内容；第五，加强宪法解释工作，落实宪法解释程序机制，回应涉及宪法的有关问题。上述要求无疑是党中央对我国宪法监督事业进入合宪性审查时代的"宣言书"与动员令。党中央关于合宪性审查的上述五点政策性要求，除了第一项、第五项内容是针对全国人大常委会外，其他三项要求均涉及合宪性审查中的宪法解释。然而，鉴于难以出台宪法解释案，由备案审查机关在合宪性审查中作出对宪法某些条款或内容的理解与诠释，将成为一种"常态"化工作。这种常态化的宪法阐释将为我国宪法解释进行理论与实践的储备。

我们认为，合宪性审查的目的就是对宪法作出理解、释义与阐明，而备案审查机构的这种常态化阐释如何定性？笔者主张，首先，全国人大常委会对宪法的解释，称为"宪法解释"。换言之，宪法解释这一概念具有特定性，唯有被宪法赋予"解释宪法"职权的全国人大常委会对宪法文本含义所作的说明与阐释，才能称为"宪法解释"。其次，凡是由非宪法解释有权机关对宪法所作的理解与说明，在法学诠释学上，一律冠以"宪法阐释"更为恰当。至于法院或法官在宪法适用中所作出的说理性解释，理应称为"宪法阐释"。由于备案审查机构、其他合宪性审查机构如宪法和法律委员会，以及宪法适用机关如人民法院，是宪法适用的最重要的主体，在宪法适用活动中，针对宪法文本的含义或意义作出理解、说明与阐释是一项经常性的职能，这种对宪法的意义的揭示与阐释对于人们更准确地理解宪法含义、目的、精神来说具有重要的引导性价值与功能。同时，这种常态化的阐释活动为我国有权解释机关即全国人大常委会"解释宪法"无论在理论上还是实践上都作了储备。因此，我们相信，宪法阐释的实践必将大大加速我国宪法解释实践的到来！这既是社会现实的所需，也是理论发展之必需。

二、宪法阐释及其效力

何谓"宪法阐释"？宪法阐释与相关范畴如宪法理解、宪法说理等存在着何种关联与差异？宪法阐释效力如何？这当是必须澄清的基础问题。笔者以此展开分析，并以全国人大常委会法工委2020年备案审查工作报告为例予以阐明。

（一）哲学诠释学意义上的"解释"与"阐释"

宪法阐释在性质上从属于宪法解释，换言之，宪法解释包括宪法阐释。根据《现代汉语词典》的解释，"解释"意指"分析阐明"与"说明"，"阐"字意指"讲明白"，"阐释"即意指"阐述并解释"。[1]可

---

[1]《现代汉语词典》(第五版)，商务印书馆2006年版，第701、150页。

见，在汉语语言中，"解释"与"阐释"基本同义，均指阐明、说明、阐述，"阐释"直指"解释"或"说明"。德国哲学家狄尔泰在《诠释学的起源》中就将"对一直固定了的生命表现的合乎技术的理解"称为阐释（Auslegung）或解释（interpretation）。[1]这本身就是把"解释"与"阐释"等同起来。根据诠释学家洪汉鼎先生的考察，解释包括说明与阐释，解释一词在外延上比阐释广，后者只是它的一个下属；解释是一种总体性的解释概念，其意思偏中性，既有客观性和描述性的说明的弱意义，又有揭示性和阐发性的阐释这一强意义；反之，阐释只是解释的一种下属类型，阐释的意思比解释的意思更彻底，强调揭示性和阐发性的更深一层意思。人们往往忽略了它们之间的这一重要差别。因此，洪汉鼎先生特别指出，我们必须强调阐释不同于一般解释的意义，因为，阐释是把解释者未加明确说出的东西加以揭示，这是一种远比解释只是把已经明确说出的东西加以说明更加深刻的阐释活动。[2]王节庆教授在翻译海德格尔的《康德与形而上学疑难》一书中特别对德文的解释和阐释作出了说明。他指出："在德文中，'interpretation'和'Auslegung'是两个同义词，一般都理解为'解释'。前者，或者是在一般宽泛解释的意义上，或者是在比较具体的解说析明的意义上讲；而后者则更多的是在海德格尔所讲的存在真理的去蔽、阐明、展开的意义上说。"[3]因此，哲学诠释学意义上的"阐释"与"解释"在性质上没有差异，仅仅在是否揭示更深刻的含义上存在些微区别。另外，从解释这一概念在其

---

[1]　〔德〕威廉·狄尔泰：《诠释学的起源》，载洪汉鼎编：《理解与解释》，东方出版社2001年版，第77页。

[2]　洪汉鼎：《论哲学诠释学的阐释概念》，载《中国社会科学》2021年第7期。

[3]　〔德〕马丁·海德格尔：《康德与形而上学疑难》，王节庆译，上海译文出版社2011年版，第191页。

发展史上就经历了阐释—说明—阐释三个发展阶段[1]角度观察，"阐释"本在"解释"之中，"阐释"就是一种从事解释的活动，只不过"阐释"比"解释"在说明与阐述事物时更深刻，更能够揭示事物的深刻内涵。

（二）宪法解释与宪法阐释

哲学诠释学意义上的"解释"与"阐释"的诠释方法，对于法律解释学或宪法解释学具有深刻的启迪与借鉴意义，其方法论价值尤为值得借鉴与运用。哲学诠释学将"阐释"视为"解释"的一种形态，从广义说，阐释从属于解释。既然解释与阐释在性质上具有同源性与同质性，那么宪法的解释与阐释在性质上亦具有同源性与同质性，宪法解释包含着宪法阐释，宪法阐释从属于宪法解释，宪法阐释的结论一旦为有权解释宪法的机关所采纳，并依据法律规定出台宪法解释案，那么"宪法阐释"就成为"宪法解释"，亦即"宪法阐释案"成为正式的"宪法解释案"。

我们通常把宪法解释定义为"宪法解释机关在宪法适用活动中对宪法文本意义的阐明"。[2]相对于"宪法解释"概念，如何理解"宪法阐释"这一概念呢？笔者主张，由于"宪法解释"或"解释宪法"这一概念术语仅仅出现在宪法文本中，宪法将这一职权授予了全国人大常委会，因而"宪法解释"这一概念具有特指性，它只能与有权解释宪法的机关对宪法含义与意义的解释活动有关。换言之，唯有全国人大常委会解释宪法的活动可称为"宪法解释"，其他任何机关或个人对于宪法含义的理解、说明与揭示，皆不能以"宪法解释"冠名，应一律称为"宪

---

[1] 洪汉鼎：《论哲学诠释学的阐释概念》，载《中国社会科学》2021年第7期。
[2] 范进学：《宪法解释的理论建构》，山东人民出版社2004年版，第25页。

法阐释"。因此，宪法阐释指非宪法解释机构在宪法适用活动中对宪法文本含义或意义的说明、阐明与揭示。宪法解释与宪法阐释的概念主要差异就在于其各自的主体不同，无论是实质性宪法解释还是形式性宪法解释，其解释主体均须是宪法上具有解释宪法职权的全国人大常委会，全国人大常委会所作实质性宪法解释缺失的只是形式与程序性要件。而宪法阐释的主体必须是全国人大常委会之外的非有权解释主体。宪法解释概念不宜作广义的解释，把无权解释与有权解释均作为"宪法解释"，这种对宪法解释的宽泛界定应当说"在实定法上并无依据，同时也无实践上价值"。因为，"将非有权主体的解释也看作宪法解释，显然无规范价值，也无实践意义"[1]。全国人大常委会法工委和备案审查室提出要"探索在合宪性审查中适时解释宪法"，如果以全国人大常委会的名义进行宪法解释，属于"宪法解释"；若以全国人大常委会工作机构的名义解释，则属于"宪法阐释"，当然这种宪法阐释本质上属于宪法解释。

值得注意的是，"宪法阐释"对应的英文应当是 constitutional explanation，这种"宪法阐释"本质上仍属于"宪法解释"（constitutional interpretation）而不是宪法建构或构造（constitutional construction）。笔者注意到，有学者将惠廷顿在《宪法解释：文本含义、原初意图和司法审查》中的 constitutional construction 译为"宪法阐释"。[2]这并不合乎作者的意图，既误解了"宪法阐释"的本来含义，又混淆了"宪法阐释"与"宪法构造"之间的根本性差异。因为惠廷顿在书中承认是为

---

[1]　韩大元、张翔等：《宪法解释程序研究》，中国人民大学出版社 2016 年版，第 4 页。

[2]　Keith E. Whittington, *Constitutional Interpretation: Textual Meaning, Original Intent and Judicial Review*, Kansas: the University Press, 1999, pp. 5—14. 参见中译本《宪法解释：文本含义、原初意图与司法审查》，杜强强、刘国、柳建龙译，中国人民大学出版社 2006 年版，第 4—12 页。

宪法解释之"原初意图法学进行辩护"的[1]，正如惠廷顿本人在前言中所说：原初意图法学是最恰当的解释方法，探讨宪法批准者的文本意图以便解决当下宪法争论。因此，惠廷顿区分了两种对宪法含义理解的方式，即解释（interpretation）和建构或构造（construction）。他认为，宪法解释是发现宪法文本的含义，是为了使宪法含义形式化，使该宪法文本转换为有用的具体准则，使之适合于既定的事实情形。宪法解释是发现，本质上是法律性的，宪法构造在本质上则是一种创造，是一种超越宪法文本的创造，因此宪法建构的本质具有政治性，不能通过纯法律的形式来理解，因而不能被划为宪法性法则，也在法院的管辖之外。[2]因此，不能把"宪法阐释"理解为一种政治性的创造，这本是"宪法构造"的含义与性质，而"宪法阐释"在本质上属于宪法解释，也就是发现宪法文本的含义，它具有法律性，这是"宪法阐释"与"宪法构造"之本质所在。

长期以来，由于宪法解释主体存在根本性差异而导致"宪法解释"概念出现一定程度的混乱，似乎只要是对宪法的文字理解与说明，皆可被称为"宪法解释"，从而导致解释主体的权威性消解，以及宪法解释一词的滥用或误用。譬如把备案审查机构或人民法院对宪法文字的解释与说明，都称为"宪法解释"。事实上，非有权宪法解释机构对宪法文字的说明在性质上虽然属于"宪法解释"，但不能将具有特定性的"宪法解释"标签贴在不是由行使宪法解释权的机关进行宪法解释的各类宪法阐释活动之上，它们对宪法文本的含义解释、阐明、说明等，都以

---

[1] Keith E. Whittington, *Constitutional Interpretation: Textual Meaning, Original Intent and Judicial Review*, Kansas: the University Press, 1999, p. 3.

[2] Ibid., pp. 5—7.

"宪法阐释"称之。如此一来,"宪法解释"这一宪法文本固有的概念更加明确,并能保持其应有之义;同时,将那些非有权释宪机构对宪法所作的理解与说明称为"宪法阐释",就不易将其与"宪法解释"相混淆。这不仅仅是名称的改变,更是对两种宪法解释方式的意义的深刻揭示。

(三)宪法阐释与宪法理解、宪法说理

由于解释与阐释具有同质性,因而从诠释学的角度而言,阐释与理解的关系犹如解释与理解的关系。"理解"的汉语概念意指"懂"或"了解"。[1]理解就是一个人的内心认知活动与过程,是对陌生对象或客体的意义的了解与明白。"认知"本身指"通过思维活动认识、了解"。[2]在哲学解释学上,理解作为人类的一种基本的认知活动,是对文本意义的赋予与重构。有学者对此指出,"哲学解释学发现,作品必须与解释者的'前理解'发生理解上的关系,才有了意义,作品自身的关系并不能为其产生并保持有一种独立自在的意义","作品的意义本身处于未决状态,只有理解和解释才能把它明朗确定下来"。[3]任何文本的含义或意义,只有被理解了,才能把它的含义或意义阐释或解释出来。因此,正是在该意义上,加达默尔才认为,理解是阐释或解释的前提,而阐释或解释则是理解的表现形式。[4]将哲学解释学方法运用于宪法解释学上,我们也可以说,宪法理解是宪法阐释或宪法解释的前提,没有对宪法文本意义的理解,就谈不上宪法阐释或宪法解释。因而,理

---

[1]《现代汉语词典》(第5版),第835页。

[2]同上注,第1150页。

[3]殷鼎:《理解的命运》,生活·读书·新知三联书店1988年版,第34—35页。

[4][德]汉斯-格奥尔格·加达默尔:《真理与方法》上卷,洪汉鼎译,上海译文出版社1999年版,第395页。

解总是先于解释，而宪法阐释或解释是宪法理解的外在表达形式。对于宪法文本的理解即宪法理解，是阐释者或解释者对宪法文本的认知活动与认知过程。有学者为"宪法理解"下过定义，认为"宪法理解是指对宪法规范所表达的内容和具有的意义进行的认知、思考和接受"。[1]这里的认知、思考与接受就是一种认知活动与认知过程，就宪法理解而言，其本质是一种人的思维活动，借助认知与思考，获得文本的意义，进而接受之。宪法阐释或解释则是将最终接受的文本含义或意义通过语言文字的形式表达呈现出来，因而宪法解释的本质是揭示与阐明含义或意义。

若具体到宪法理解、宪法阐释、宪法解释的差异，那么宪法解释主体具有特定性与专职性，宪法理解与宪法阐释的主体则没有特殊要求，所有非有权解释的机关、组织或个人都可以对宪法文本的含义或意义作出理解并阐释。问题在于，无论是有权解释机关还是非有权解释机关，其解释或阐释的条件与场合必须是宪法的运用过程，换言之，国家机关在实施并运用宪法过程中，遇到了宪法内容不清楚或模糊的时候，才需要阐释或解释。而普通公众或组织之于宪法文本的理解无需存在任何场合，因为公众的宪法理解往往只是一种思维活动，理解宪法的含义或意义是为了更好地遵守宪法，其"主要的目标是将宪法有关的规定弄明白，内化到自己的思想之中，以便能够正确地遵守宪法，使宪法的要求因为能够得到更多人的认同而为其充分实现打下良好的基础"[2]。

至于宪法说理的问题，我们认为，它必须以运用宪法、适用宪法为

---

[1] 王光辉：《宪法解释与宪法理解》，载《中国法学》2001年第4期。
[2] 同上注。

场景。从"说理"汉语词义而言，其义为"说明道理"[1]；就中国哲学意义而言，则指"把事物中、语言中、叙事中显示的道理明说出来"[2]。无论何种解释，说理的基本含义不变。在法学意义上的"说理"，则必然与法律的运用场景有关，具体而言，应是立法者、执法者或司法适用者等特定的适用法律主体在运用法律与法律适用中，把其中的法律道理讲清楚、说明白，进而让当事人与社会公众理解并接受其结论。德国学者弗劳克·魏德曼教授针对法律说理的意义曾指出："无论我们赋予法律说理何种约束力，它无疑是极为有用的：它可以提高法律的可理解性，借此确保更大的法安定性并加强法律规整的合法性。"[3] 宪法说理在我国一般出现在司法裁判的说理部分，2016 年最高人民法院印发的《人民法院民事裁判文书制作规范》明确规定"裁判文书不得引用宪法……作为裁判依据，但其体现的原则和精神可以在说理部分予以阐述"，其中的裁判说理则意味着在裁判过程中法官运用宪法原则和精神进行"宪法说理"。因此，宪法说理可能涉及对宪法相关条款内容的理解与阐释或解释，最高人民法院《关于加强和规范裁判文书释法说理的指导意见》[4]中指出："诉讼各方对案件法律适用无争议且法律含义不需要阐明的，裁判文书应当集中围绕裁判内容和尺度进行释法说理。诉讼各方对案件法律适用存有争议或者法律含义需要阐明的，法官应当逐项回应法律争议焦点并说明理由。法律适用存在法律规范竞合或者冲突的，裁判

---

[1]　《现代汉语词典》(第 5 版)，第 1286 页。

[2]　陈嘉映：《说理》，华夏出版社 2011 年版，第 12 页。

[3]　[美]弗劳克·魏德曼：《法律说理的构造》，蒋毅译，载《私法研究》2020 年第 25 卷，第 243 页。

[4]　参见中国法院网：https://www.chinacourt.org/article/detail/2018/06/id/3335921.shtml，最后访问时间：2025 年 1 月 6 日。

文书应当说明选择的理由。"可见，裁判文书中的释法说理，既包括不需要阐释或解释的情形，又包括需要阐明或解释的情形。有学者将"宪法说理"界定为"以宪法精神、原则或条文为依据的理由说明"，并指出，"就本质而言，宪法说理是一种推理和论证，是宪法含义阐明的逻辑过程和证据提供。宪法说理既可以是对宪法文本内涵的主动阐明，也可以是在面对宪法冲突时的被动阐明，从而将宪法说理的范围扩延至宪法修改说理、宪法解释说理、立法和决定说理、宪法监督说理以及宪法规范内容的说理，后者包括权力配置说理、权利界限说理、制度正当性说理、正当程序说理等方面"。[1]事实上，无论哪一种宪法说理，只要是"说理"，则并非必然对宪法内容进行阐释或解释，运用宪法条款的明确内容而无需阐释或解释同样可以达到说理之目的，因此，法律说理或宪法说理的侧重点在于"说理"而非"阐释"或"解释"，当然在文本内容模糊或存在歧义时自然需要阐释或解释，再进行说理，此种情形就涉及宪法阐释或解释问题。

（四）宪法阐释的效力

　　既然宪法阐释不同于宪法解释，那么宪法阐释自然不像宪法解释一样具有法定的约束力。由有权解释宪法的机关作出的宪法解释具有法律的约束力已是不证自明的共识，由韩大元教授主持起草的《中华人民共和国宪法解释程序法》（专家意见稿）第22条明确规定："全国人民代表大会常务委员会作出的宪法解释具有法律效力。"[2]

　　由非有权解释宪法的机构——如全国人大常委会法工委或备案审查

---

[1]　任喜荣：《论最高国家权力机关的宪法说理》，载《法学家》2021年第3期。
[2]　韩大元、张翔等：《宪法解释程序研究》，中国人民大学出版社2016年版，第178页。

室、全国人大宪法和法律委员会与其他专门委员会等——对宪法文本内容或宪法精神所作出的宪法阐释，其性质如何定性？它们不同于一般学者的学理解释或阐释，一般学理解释或阐释只是学者对宪法内容的理解与阐述，属于学术研究的范畴，没有任何法的效力。而这些机构并不是国家机关，只是国家机关内部常设工作机构，其中全国人大各专门委员会与法工委分别是全国人大、全国人大常委会常设的工作机构，因此，它们的宪法阐释是否具有法律效力存在学术争论。[1] 有学者否认全国人大常委会法工委关于宪法和法律的询问答复的效力。如蔡定剑曾认为，由于法工委没有立法解释权，它的解释只能算作一般的法律解答，不具有法律效力，但对实际工作起指导作用。[2] 李步云先生也认为，由于法工委"不是权力机关而是工作机构，它的解释只能供参考"。[3] 更有学者主张："全国人大法工委作出的法律询问答复，其自身不具有任何实质性的法律规范性质，其仅仅是一种贴近立法原意的学理解释，不能成为正式的法源。"[4] 另外有学者认为询问答复具有法的约束力。周伟教授认为法工委的法律询问答复虽不具备与法律解释同等的法律地位和性质，但它们是针对具体的情况、案件作出的，因而其具有的直接约束力，与正式的法律、法律解释并无实质性区别，唯一的区别是不具有民主性与合法性，他把这种效力归结为"事实上的拘束力"。[5] 还有学者

[1] 关于答复法律询问的法律效力之争，可参见褚宸舸：《论答复法律询问的效力》，载《政治与法律》2014 年第 4 期。
[2] 蔡定剑、刘星红：《论立法解释》，载《中国法学》1993 年第 6 期。
[3] 李步云：《关于起草〈中华人民共和国立法法（专家建议稿）〉的若干问题》，载《中国法学》1997 年第 1 期。
[4] 周宇骏：《试论全国人大法工委法律询问答复的效力》，载《成都理工大学学报》2014 年第 4 期。
[5] 周伟：《宪法解释方法与案例研究——法律询问答复的视角》，法律出版社 2007 年版，第 159、166 页。

认为:"全国人大法工委的法律询问答复实际上就等同于法律解释……事实上已经产生了类似于法律解释的效力。"[1]笔者赞同这种事实效力观,因为全国人大宪法和法律委员会与全国人大常委会法工委虽然都属工作机构,但是它们对宪法文本内容的相关阐释事实上代表着所属国家机关的意见或意志。有学者也指出:"法工委在全国人大及其常委会的立法中事实上起到相当大的作用,所以其对立法的解释具有其他单位无法比拟的权威和优势,如熟悉立法过程、能够准确把握立法原意。"[2]因而其阐释并非单纯的学理解释,对于公民或组织所提出的诉求不仅具有指导性意义,还具有"定分止争"的规范功能,并具有一定的溯及力,对今后人们理解宪法相关条款内容具有可接受的事实效力。

(五)以对机场建设费进行合宪性审查中的宪法阐释为例

《关于 2020 年备案审查工作情况报告》[3]集中披露了三件对法规、司法解释中涉及的合宪性、涉宪性问题进行研究并稳妥处理的案例,其中一件对民航发展基金的征收进行了合宪性审查。

2020 年两会期间,全国政协委员朱征夫提出了"关于对机场建设费进行合宪性审查的意见和建议"。朱征夫委员认为,收取民航发展基金的行为包含征收公民私有财产的内容,根据宪法和立法法的规定,公民的合法私有财产不受侵犯,对非国有财产的征收、征用,只能制定法律。以财政部印发的《民航发展基金征收使用管理暂行办法》为依据征

---

[1] 梁洪霞:《论法律询问答复的效力》,载《重庆理工大学学报》2010 年第 4 期。
[2] 褚宸舸:《论答复法律询问的效力》,载《政治与法律》2014 年第 4 期。
[3] 参见《全国人民代表大会常务委员会法制工作委员会关于 2020 年备案审查工作情况的报告》,载中国人大网,http://www.npc.gov.cn/npc/c2/c30834/202101/t20210127_309939.html,最后访问时间:2025 年 1 月 6 日。

收民航发展基金，涉嫌违反宪法。该建议上报给全国人大常委会后，全国人大法工委在研究该建议的构成中，征求了财政部、司法部、民航总局等单位意见，并对民航发展基金的性质、设立背景、依据、征收对象和标准、收入和支出情况等开展了深入、详尽的研究。最后的结论是，我国现行法律中"征收"一词既可用于纳入预算管理的税费征收，又可用于国家对非国有动产、不动产的征收。民航发展基金作为一种政府性基金，其征收不属于《宪法》第13条规定的对公民私有财产的征收。梁鹰主任在文中给出了两个主要理由：一是征收事由与被征收人的关联性不同。民航发展基金用于民航基础设施建设，按照"谁收益，谁付费"的原则，由使用航路、航站资源的航空公司和乘客缴纳，作为征收对象的旅客和航空公司也是征收的受益人，缴纳义务人与其对航空运输资源的使用之间有特定的关联。而宪法上对私有财产的征收是基于公共利益的需要，征收事由与被征收人之间的关联一般比较弱，被征收人与征收的受益一般也没有直接、必然的关联。二是补偿要求和征收程序不同。对非国有财产的征收会导致财产权主体成为特别负担者，需要由征收主体予以补偿，其征收程序一般包含征收登记、征收决定、补偿等环节。民航发展基金的本质是政府收费，不具有可补偿性，航空旅客应缴纳的民航发展基金由航空公司或者销售代理机构在旅客购买机票时一并代征，航空公司应缴纳的民航发展基金由民航局清算中心直接征收。据此，全国人大常委会法工委研究认为，民航发展基金不属于《宪法》第13条规定的对公民私有财产的征收，并非《立法法》第11条规定的只能由法律规定的事项。[1]

---

[1] 梁鹰：《2020年备案审查工作情况报告述评》，载《中国法律评论》2021年第2期。

法工委的上述说明实际上就是对我国现行《宪法》第13条第3款关于"国家为了公共利益的需要，可以依照法律规定对公民的私有财产实行征收或者征用并给予补偿"内容的阐释。法工委的"阐释"不仅解释了民航发展基金为什么不属于《宪法》第13条规定的对公民私有财产的征收，还揭示了民航发展基金的性质、设立背景、依据、征收对象和标准、收入和支出情况等深层次问题，这种阐述与分析说明就不是宽泛意义上的"解释"，而是更深刻的揭示即"阐释"。因此，凡是法工委或备案审查室关于宪法文本内容的阐述与分析说明都称为"宪法阐释"。法工委对宪法上规定的征收条款的阐释具有事实约束力，因为它阐释清楚了该条款中关于"征收"的含义，这对于以后所有机关、组织或个人都具有普遍的拘束力。

三、我国合宪性审查中宪法阐释的功能展开

宪法解释或宪法阐释的场合必然与宪法适用相联系，换言之，如果没有宪法的具体适用或实施，就不会出现宪法解释或宪法阐释。而合宪性审查的目的指向宪法阐释或宪法解释。因此，进一步明晰备案审查机构在合宪性审查工作中可能涉及哪些需要进行宪法阐释与宪法解释的场合或情境，对于深入理解宪法阐释或宪法解释具有重要的理论与现实意义。因此，本部分将结合领导人的讲话、《立法法》及《工作办法》等规定，探讨宪法阐释或宪法解释之情形。笔者认为，备案审查机关在合宪性审查工作中可能涉及以下六种宪法阐释或宪法解释的情形：

第一，事前审查过程中的宪法阐释。习近平总书记在党的十九届二中全会第二次会议上的讲话中提出："有关方面拟出台的法规规章、重

要政策和重大举措，凡涉及宪法有关规定如何理解、如何适用的，都应当事先经过全国人大常委会合宪性审查，确保同宪法规定、宪法精神相符合。"[1]按照习近平总书记的指示，要建立涉及宪法问题的事前审查制度，在规范性文件、重要政策与重大举措出台之前，就需要全国人大常委会进行合宪性审查，以确保其合宪性。备案审查室主任梁鹰就如何贯彻习近平总书记的指示提出了具体建议，即有关方面拟出台的行政法规、军事法规、监察法规、地方性法规、经济特区法规、自治条例和单行条例、部门规章、地方政府规章、司法解释，以及其他规范性文件和重要政策、重大举措，凡涉及宪法有关规定如何理解、如何适用的，都应当依照有关规定向全国人大常委会书面提出合宪性审查的请求。[2]这种事前审查机制，是由全国人大常委会负责实施的。在合宪性审查过程中，只要存在同宪法规定、宪法精神不相符合的情形，则必然涉及对宪法有关规定如何理解、如何适用的问题，这种理解与适用就需要进行宪法阐释。这种审查仅仅是针对拟出台的规范性文件或重要政策、重大举措事前作出的，带有"咨询"的性质，尽管涉及宪法有关规定的理解与适用，也只是对相关制定机关具有指导性意义，因而不可能成为宪法解释案。

第二，事中审查的宪法阐释。新修订的《全国人大组织法》第39条规定："宪法和法律委员会统一审议向全国人民代表大会或者全国人民代表大会常务委员会提出的法律草案和有关法律问题的决定草案；其他专门委员会就有关草案向宪法和法律委员会提出意见。"针对这种事

[1] 习近平：《切实尊崇宪法，严格实施宪法》，载习近平：《论坚持全面依法治国》，中央文献出版社 2020 年版，第 206 页。
[2] 梁鹰：《加强备案审查，建设法治中国》，载胡锦光主编：《备案审查研究》（第 1 辑），中国民主法制出版社 2021 年版，第 2 页。

中宪法审查所涉及的宪法阐释，有学者认为是当下的最佳途径和最稳妥的方案，并强调指出，这一解释路径是目前最可取且最值得推行的一种路径。[1]该主张希望在全国人大常委会的立法程序中，通过释明立法的宪法依据，而达致宪法解释之目的。问题在于，这种依附于立法之宪法依据的"宪法解释"，在实质内容上可能属于对宪法的解释，却缺乏宪法解释的形式要件，即缺乏以全国人大常委会的名义通过并公布的形式要件。

第三，审查机关主动合宪性审查时，提出审查研究意见可能涉及宪法阐释。根据《工作办法》第 20 条规定："对法规、司法解释及其他有关规范性文件中涉及宪法的问题，宪法和法律委员会、法制工作委员会应当主动进行合宪性审查研究，提出书面审查研究意见，并及时反馈制定机关。"宪法和法律委员会、法制工作委员会就规范性文件涉宪问题进行主动合宪性审查，在其提出的书面审查意见中可能涉及宪法阐释。这种书面审查意见既可能是对规范性文件的合宪性意见，又可能是对规范性文件与宪法不一致的意见，无论哪一种意见都必然涉及宪法相关内容的理解与说明，因而该书面意见属于宪法阐释。

第四，依照合宪性审查要求或建议而审查并提出研究意见可能涉及宪法阐释。根据《立法法》第 110 条、《工作办法》第 22 条及《全国人大组织法》第 37 条关于各专门委员会工作职责的第 8 项规定，国务院，中央军委，最高人民法院，最高人民检察院和各省、自治区、直辖市的人大常委会，其他国家机关和社会团体、企业事业组织，以及公民认为行政法规、地方性法规、自治条例和单行条例同宪法或者法律相抵触

---

[1] 林彦：《宪法解释应嵌入立法程序》，载《中国社会科学院研究生院学报》2020 年第 2 期。

的，可以向全国人大常委会书面提出对法规、司法解释的审查要求或建议。法工委依照程序送宪法和法律委员会或其他有关专门委员会进行审查、提出意见。在该意见中可能涉及宪法阐释。

第五，当审查机关在合宪性审查中发现问题，经与制定机关沟通没有结果的，应当向制定机关提出书面审查意见时，涉及宪法阐释。依照《工作办法》第 36 条、第 41 条之规定，专门委员会、法制工作委员会在审查研究中发现法规、司法解释可能存在违背宪法规定、宪法原则或宪法精神之问题的，依照程序向制定机关提出了书面审查研究意见，该意见可能涉及宪法阐释。此情形下的审查意见实质上就是合宪性审查机构已经发现了规范性文件中存在的与宪法不一致的问题，因而必然包含着对宪法相关内容的理解与说明。这种对宪法的理解与说明仍属于宪法阐释。

第六，当制定机关未按照审查机关提出的及时修改或废止的书面意见予以修改或废止时，专门委员会、法工委可以依法向委员长提出予以撤销的议案或建议。该议案或建议涉及宪法解释。《工作办法》第 44 条规定："制定机关未按照书面审查研究意见对法规及时予以修改、废止的，专门委员会、法制工作委员会可以依法向委员长会议提出予以撤销的议案、建议，由委员长会议决定提请常委会会议审议。"

以上六种情形均可能涉及合宪性审查具体机构的宪法阐释，而唯有第六种情形有可能从宪法阐释上升为宪法解释问题。因为第一种与第二种不可能成为宪法解释案，而第三种至第五种情形出现的宪法阐释，往往因制定机关依据审查机构出具的书面审查意见对相关规范性文件作了修改或废止，从而导致合宪性审查程序中止，在此情形下也难以最终形成宪法解释案。不过，第六种情形有别于前五种情形，它是在制定机关未按照审查机关提出的及时修改或废止的书面意见予以修改或废止时提出的撤销议案，因而只要依照法定程序，根据《工作办法》第 44 条之规定，合宪性审查机构在依法向委员长会议提出予以撤销的议案、建议后，即由委员长会议决定提请常委会会议审议，常委会一旦审议通过，即可出台"宪法解释案"，因而在此情形下宪法解释案将会正式出现。所以，上述涉及宪法问题的情形，只有第六种情形才可能出现宪法上规定的"宪法解释"，而其他五种情况，尽管涉及对宪法的解释，也只能是宪法阐释，不能称为"宪法解释"。

合宪性审查的过程实际上就是关于宪法规范、宪法原则、宪法精神理解与阐释的过程，只有准确理解与把握宪法的原则、规范与精神，才能实施好合宪性审查工作。因此，在合宪性审查中适时解释或阐释宪法是合宪性审查机构最重要的、日趋常态化的职能与功能。鉴于"宪法解释"概念术语的特质性与"解释宪法"职权的专有性，除非全国人大常委会进行宪法解释，否则其他无权释宪的机构对宪法的诠释只能称为"宪法阐释"。事实上，随着党中央对合宪性审查工作的高度关注与重视，合宪性审查将是中国特色宪法监督体系的重要抓手，合宪性审查机构面对各类宪法阐释的情形，它们的宪法阐释职能将日益完善、丰富、多元，从而，在一定意义上说，我国宪法阐释实践将为我国宪法解释储备理论与实践的经验，宪法解释的落地指日可待。

第九章
宪法全面实施

宪法的生命在于实施，宪法的权威也在于实施，宪法全面实施是宪法生命与权威之源。党的十九届四中全会通过的《中共中央关于坚持和完善中国特色社会主义制度、推进国家治理体系和治理能力现代化若干重大问题的决定》明确要求"健全保证宪法全面实施的体制机制"。应当说，宪法全面实施既是建设中国特色社会主义法治体系、建设社会主义法治国家的内在要求，又是推进国家治理体系和治理能力现代化的必然选择。然而，如何准确理解与把握宪法全面实施的内涵？宪法全面实施的路径与方法及评价宪法全面实施的标准是什么？诸多问题尚不清晰，故本章围绕上述问题展开讨论。

一、宪法全面实施的内涵

宪法全面实施，顾名思义，是从宪法序言到宪法正文，从宪法规定的国家根本制度、基本制度、重要制度，到宪法规定的基本原则与确立的所有内容，在主权管辖的空间区域内均须得到切实实行。具体而言，包括以下三个方面。

第一，宪法文本内容的全部实施。我国现行《宪法》包括序言、总纲、公民的基本权利和义务、国家机构、国旗国歌国徽首都等四章，总143条规定，计一万三千多字。宪法全面实施，应理解为《宪法》所规定的全面内容皆得以实施。我国宪法毕竟是"以法律的形式确认了中国各族人民奋斗的成果，规定了国家的根本制度和根本任务"[1]，而中国各族人民奋斗的最终成果集中体现于宪法所规定的根本制度与基本制度以及宪法确立的指导思想、基本原则与公民的基本权利和义务规范之中。归结起来，现行《宪法》规定了我国的根本任务即沿着中国特色社会主义道路，集中力量进行社会主义现代化建设，把我国建设成为富强民主文明和谐美丽的社会主义现代化强国，实现中华民族的伟大复兴；《宪法》规定了国家的指导思想即马克思列宁主义、毛泽东思想、邓小平理论、"三个代表"重要思想、科学发展观、习近平新时代中国特色社会主义思想；《宪法》规定了基本原则即党的领导、宪法至上、人民主权、民主集中制、法治、人权保障等；《宪法》规定了我国根本制度即社会主义制度；《宪法》规定了根本政治制度即人民代表大会制度，以及中国共产党领导的多党合作和政治协商制度、民族区域自治制度、基层群众自治制度等基本政治制度；《宪法》规定了社会主义公有制、多种所有制经济、分配制度、社会主义市场经济体制等基本经济制度；《宪法》规定了自然资源与土地制度、财产保护制度、经济管理制度、社会保障制度、教育医疗卫生制度、文化制度、计划生育制度、生

---

[1] 参见现行宪法序言第13自然段。

态环境保护制度、行政区划制度、"一国两制"制度、公民基本权利制度、立法制度、行政制度、审判制度、检察制度、监察制度、军事制度、国家主席制度等基本制度。《宪法》所规定的上述内容，无论是序言还是正文，只有每一项内容都得以实施，才能被视为宪法的"全面"实施。

第二，主权空间内的全面实施。任何国家制定的宪法都是基于主权管辖领域之内的实施。我国宪法除了暂未在台湾地区实施外，其他各地必须全面实施宪法。按照《宪法》规定，大陆与港澳地区分别实行"一国"之下的"两制"：大陆实行社会主义制度，港澳实行资本主义制度。然而，"'一国'是实行'两制'的前提和基础，'两制'从属和派生于'一国'并统一于'一国'之内"[1]。香港与澳门特别行政区在遵循"一国两制"的宪法制度之下全面实施宪法。宪法能否在香港与澳门全面实施，是关乎国家主权的问题。由于基本法是宪法关于"一国两制"制度法律化的具体载体，因此，在特别行政区，除了《宪法》本身实施外，全面实施基本法就是间接地全面实施宪法。

第三，宪法主体的全部实施。宪法全面实施，意味着凡是负有宪法实施职责的所有主体都必须严格实施宪法。依照《宪法》序言与《宪法》第5条之规定，全国各族人民、一切国家机关和武装力量、各政党和各社会团体、各企业事业组织都是宪法实施的主体，所有上述主体都必须遵守宪法、保证宪法实施。只不过它们各自的职责与功能不同，决定了各自实施宪法的方式各异：全国人大及其常委会通过制定完备的法

---

[1]《中共中央关于坚持和完善中国特色社会主义制度、推进国家治理体系和治理能力现代化若干重大问题的决定》，载《党的十九大以来重要文献选编》，中央文献出版社2021年版，第292页。

律直接实施宪法；国务院和有立法权的地方人大及其常委会通过制定行政法规和地方性法规间接实施宪法；其他国家机关通过严格、公正执法或司法间接实施宪法；社会团体或组织则通过遵守宪法而实施宪法。在我国，人民也是宪法实施的重要主体，即人民始终以最终监督者的身份推动宪法的全面实施。对此，卡尔·施密特指出，人民在制宪后，就作为一个无定型、无组织的实体，但他们仍立于宪法法规之旁。[1]美国学者克莱默指出，一旦人民从政治舞台消失并把权利保障的任务完全委托给政府，他们很快会发现宪法就是一张废纸。[2]耶鲁大学宪法教授葛维宝则认为中国通过大众和媒体压力而非政治机制实施宪法。[3]可见，公民或人民作为宪法实施的主体，是推动当下中国宪法实施的最有效、最可靠的力量。

二、宪法全面实施方式与方法

按照事物自身的逻辑，宪法实施的核心在于实施主体及实施方法，而宪法实施的方法和方式应当基于实施主体的不同而不同。各个实施主体的职能与性质不同，因而所采取实施的方式也必然存在差异：全国人大及其常委会作为国家立法机关，其实施宪法的方式与路径是通过立法而将宪法规范转化为法律实施，但作为宪法解释与宪法监督机关，则通过对宪法的解释或通过宪法监督方式予以宪法实施；作为分别行使审判

---

[1] [德]卡尔·施密特：《宪法学说》，刘锋译，上海人民出版社 2005 年版，第 260 页。

[2] Larry D. Kramer, *The People Themselves: Popular Constitutionalism and Judicial Review*, Ohio: Oxford University, 2004, pp. 3—6.

[3] [美]葛维宝：《宪法实施：谁来进行，如何实施》，载《中国法律评论》2016 年第 4 期，第 184—186 页。

权、检察权的法院、检察院则通过司法过程的"运用宪法"[1]而实施宪法；中国共产党作为全面领导的执政党则通过政治动员的方式进行政治性实施；社会团体、企事业组织，以及公民个人需通过遵守宪法的方式予以实施。总之，各实施主体虽采取的实施方式皆有所不同，但均围绕宪法实施的不同侧面展开实施——法律实施与宪法解释均属于宪法内容的实施，法律实施将宪法内容直接法律化，以立法方式实施宪法；宪法解释是对宪法规范含义的进一步阐释，是以解释的方式对宪法内容进行补充性实施。宪法监督（包括执法检查与备案审查）则是基于宪法内容及其效力而保证宪法间接或直接实施：执法检查是对法律实施的状况进行监督而达到对宪法内容的间接实施；备案审查则是基于宪法效力即对一切规范性法律文件是否与宪法法律相抵触进行审查而保证宪法直接或间接实施。运用宪法是在司法过程中直接或间接适用宪法而实施宪法；政治动员与宪法遵守均是对宪法规范的遵守性消极实施，即只要组织以及公民个人皆遵守宪法，就能够保证宪法得以实施。可见，无论是法律实施、宪法解释，抑或宪法监督、宪法运用、宪法遵守，或是基于宪法内容，或是基于宪法效力而实施宪法，因此，笔者认为，出于宪法全面实施之考量，上述方式和方法均可视为宪法实施不可或缺的方式与方法。

第一，法律实施。法律实施是通过立法程序将宪法所规定的内容制定为具体的法律、法规等规范性文件而加以实施宪法，这种方法亦可称为通过完备的法律法规实施宪法。早在 20 世纪 80 年代初期就有学者指

---

[1]　2013 年《中共中央关于全面深化改革若干重大问题的决定》第一次提出了"运用宪法"的概念："建立健全全社会忠于、遵守、维护、运用宪法法律的制度。""运用宪法"思想其实是对党的十七大以来党中央提出来的"用法"思想的进一步具体化与升华的结晶。之后，党和国家政治文件均强调"运用宪法"这一要求。

出："只有宪法而没有各种具体法律，宪法的各项原则规定就很难得到贯彻。所以只有通过各种具体法律加以体现，才能使宪法得到全面实施。"[1]原因在于，"宪法具有不同于一般法律的重要独特之处，在于它的原则性、总括性、凝练性、方向性强"，因而"必须通过完备的法律法规推动宪法的实施、加强宪法实施"，即"通过不断完善法律法规和配套的规范性文件，保证宪法确立的制度和原则得到落实"。这一观点也已为宪法学界与执政者所接受。[2]因此，法律实施方法被视为当下我国宪法实施的主要路径与方法。问题在于，把具有高度原则性、概括性与抽象性的宪法规范化为具有法律逻辑结构的、可操作性的法律规范而加以实施，不失为宪法实施的重要方式，然而，宪法实施不能仅仅停留于此，毕竟宪法实施与法律实施是两种性质完全不同的概念，即使法律实施得再好，也不意味着宪法实施得好，因为宪法自身有其特别的实施方法，这就是宪法审查机制，无论世界各国采取哪一种宪法审查机制，都必然通过对法律自身的合宪性进行审查，来实施宪法。换言之，实施宪法的"法律"自身的合法性需要宪法审查机关予以合宪性审查，合乎宪法的予以维持，与宪法相抵触的则予以撤销或废止。因此，在我

---

[1] 温卓文：《加速制定地方性法规，促进宪法的全面实施》，载《贵州社会科学》1985 年第 2 期，第 67 页。

[2] 马克思主义理论研究和建设工程重点教材《宪法学》也认为："法律实施是宪法实施的重要环节，就国家机关而言，立法机关依据宪法制定法律，将宪法原则和规定予以具体化，行政机关依据法律作出行政行为，司法机关依据法律作出裁判，如果其行为违反了法律，可以通过法律机制予以纠正并追究法律责任，使之严格依法行使职权。就社会组织和个人而言，如果其行为违反了法律，要承担相应的法律责任。法律得到实施，便意味着通过法律得到具体化的宪法实质上也得到了实施"（《宪法学》编写组：《宪法学》，高等教育出版社、人民出版社 2011 年版，第 296 页）。党的十八届四中全会通过的《中共中央关于全面推进依法治国若干重大问题的决定》明确提出了"完善以宪法为统帅的中国特色社会主义法律体系，加强宪法实施"的要求，从而把"形成完备的法律规范体系"作为我国宪法实施的重要目标。

国，只有所有规范性文件都合乎宪法原则与精神，才能保证宪法的全面实施。

第二，宪法解释。宪法实施要求宪法规范在社会生活中发挥实际作用，而一旦使宪法成为行动中的活法，则必然离不开对宪法文本的解释，毕竟宪法文本具有高度的模糊性与概括性，遇到现实问题通常需要解释，因而解释宪法就成为世界各国实施宪法的必然选择，甚至可以说，没有宪法解释，就无法达致宪法实施。正如有学者指出，宪法解释对于人们遵守和适用宪法、弭除宪法问题上的分歧和争议来说具有无可替代的重要作用；中国宪法实施的关键在于充分发挥宪法解释的作用；[1]宪法解释是更好推进宪法实施的重要措施。[2]甚至有学者指出，作为规范含义查明的宪法解释是有权实施宪法的各国家机关共同分享的权力，在此意义上宪法解释等同于宪法实施。[3]可见，宪法解释是实施宪法的重要机制，它作为宪法实施的方式与方法得到了学界的普遍认同与肯定。然而，亦正是宪法解释成了我国宪法全面实施的"阿喀琉斯之踵"，因而通过宪法解释实施宪法依然任重道远。

第三，宪法监督。宪法监督实施指全国人大及其常委会行使宪法赋予的"监督宪法的实施"职权而监察督促宪法的实施。我国宪法能否全面实施，须赖于全国人大及其常委会的宪法监督。当下，全国人大及其常委会的宪法监督实施的具体方法主要包括执法检查与备案审查两种。执法检查是全国人大常委会和全国人大专门委员会对全国人大及其常委会制定的法律和有关法律问题的决议、决定贯彻实施的情况，进行检查

[1] 刘国：《宪法解释之于宪法实施的作用及其发挥》，载《政治与法律》2015年第11期，第46页。
[2] 莫纪宏：《宪法实施状况的评价方法及其影响》，载《中国法学》2012年第4期，第37页。
[3] 郑贤君：《宪法实施：解释的事业》，载《法学杂志》2013年第12期，第43页。

监督，其目的是维护法律的尊严，促进法律的贯彻执行。[1]执法检查是全国人大常委会通过保证法律实施进而达到宪法间接实施之目的。由于法律不过是宪法内容的具体化，因此，执法检查无非是间接地对宪法内容的实施情况进行检查。备案审查制度，既是一种规范性文件的合法性审查，又是一种合宪性审查，合法性审查之目的在于保证法律的全面实施，从而间接保证宪法的全面实施；合宪性审查则直接保证宪法的全面实施，即一切规范性文件都纳入备案审查的范围，保证任何规范性文件不得与宪法法律相冲突。为此，《立法法》第110条作出专门规定，国务院、中央军委、最高人民法院、最高人民检察院和省级人大常委会等国家机关，若认为行政法规、地方性法规、自治条例和单行条例同宪法或者法律相抵触的，即可向全国人大常委会书面提出进行审查的要求，由常委会工作机构分送有关的专门委员会进行审查、提出意见；上述机关以外的其他国家机关和社会团体、企业事业组织及公民则可以向全国人大常委会书面提出进行审查的建议。目前，备案审查制度是保证我国宪法全面实施的核心制度。

第四，宪法运用。从运用宪法的主体看，法院、检察院等司法机关均在适法中运用宪法规范，尤其是法院在裁判实践中，需要在判决说理部分援引宪法规范或阐明宪法原则与精神。2016年最高人民法院印发的《人民法院民事裁判文书制作规范》固然要求裁判文书不得引用宪法作为"裁判依据"，却提出可以在"说理部分"阐述宪法所"体现的原则和精神"。应当说，作为司法机关的法院在应当"运用宪法"的认识上已经形成广泛共识，目前学界存在争论的问题是法院如何运用宪法？仅

---

[1] 参见1993年9月2日第八届全国人大会常委会第三次会议通过《全国人民代表大会常务委员会关于加强对法律实施情况检查监督的若干规定》。

仅是适用宪法抑或可解释之？　根据人民法院在审判实践中的考察，有学者总结了法院实施宪法的三种适用模式：第一种是援用宪法说理＋援用宪法和法律判决；第二种是不援用宪法说理＋援用宪法和法律判决；第三种是宪法只作为说理依据＋援用法律判决。[1] 从法院运用宪法的模式看，法院不但在判决书的说理部分援引适用宪法，而且在裁判依据中，既有单独把宪法规范作为裁判依据的情形，又有把宪法规范与法律规范一起作为裁判依据的情形，然而，"法院即便只是援引宪法作为说理依据，宪法依旧可以对判决结果起到决定性作用"[2]。因此，尽管在人民法院审判实践中存在着最高人民法院要求不得在裁判文书中将宪法作为"裁判依据"的司法解释[3]，然而作为审判活动实践者的法院或法官还是会出于司法理性与审判活动的实际，在案件中结合法律事实与法律发现及说理论证之需要，除了在说理部分援用宪法外，也在裁判依据部分将宪法规范与法律规范一同作为裁判依据，这是裁判者的理性的选择，是由司法过程的性质决定的。

第五，政治动员。政治动员实施宪法的方法是通过执政党的政治动员，借助全社会的宪法宣传教育，以"提高全体人民特别是各级领导干部和国家机关工作人员的宪法意识和法制观念，让宪法家喻户晓……让广大人民群众充分相信法律、自觉运用法律，使广大人民群众认识到宪法不仅是全体公民必须遵循的行为规范，而且是保障公民权利的法律武器"[4]。通过宪法宣传教育，使广大人民群众、各级领导干部、各级工作

---

[1] 邢斌文：《法院如何援用宪法》，载《中国法律评论》2015年第5期，第138页。
[2] 同上注，第152页。
[3] 最高人民法院关于禁止法院援用宪法的相关司法解释，实际上存在着是否合乎宪法的价值判断问题，必要时可以通过合宪性审查予以确定其正当性。
[4] 习近平：《习近平谈治国理政》（第一卷），外文出版社2014年版，第141页。

人员和公职人员深刻认识到，"维护宪法权威就是维护党和人民共同意志的权威；捍卫宪法尊严，就是捍卫党和人民共同意志的尊严；保证宪法实施，就是保证党和人民根本利益的实现"[1]。因此，在我国宪法实施的实践中，依靠执政党的领导以及动员人民实施宪法，是"寄期望于通过改变社会公众的宪法观念，进而影响其行为，从而实现宪法规定的政治目的"[2]。总之，政治性宪法实施最根本的动力来自人民，具体实施则赖于国家机关及其工作人员的崇法、遵法、执法与适法，而党的领导是关乎我国宪法能否全面实施的关键。

第六，宪法遵守。宪法遵守是宪法全面实施的关键环节。在我国，遵守宪法的义务主体不仅是国家机关、武装力量、各政党、各社会团体、各企事业组织，还包括公民个人。我国宪法的独特之处就在于，宪法不仅调整了国家权力与公民权利之间的宪法关系，还调整公民之间的宪法关系。[3]因此，在我国，遵守宪法的义务实际上构成了"全民守法"的基本要求。全民守法的关键在于政府首先守法，德沃金针对政府守法

---

[1] 习近平：《习近平谈治国理政》（第一卷），外文出版社 2014 年版，第 137 页。

[2] 翟国强：《全面贯彻实施宪法的两种主要方式》，载《人民法治》2015 年第 Z1 期，第 34 页。

[3] 范进学：《论中国特色社会主义新时代下的宪法修改》，载《学习与探索》2018 年第 2 期，第 23 页。具体宪法条款，譬如《宪法》第 10 条关于"任何组织或者个人不得侵占、买卖或者以其他形式非法转让土地"的规定，第 12 条关于"禁止任何组织或者个人用任何手段侵占或者破坏国家的和集体的财产"的规定，第 15 条关于"国家依法禁止任何组织或者个人扰乱社会经济秩序"的规定，第 33 条关于"任何公民享有宪法和法律规定的权利，同时必须履行宪法和法律规定的义务"的规定，第 37 条关于"禁止非法拘禁和以其他方法非法剥夺或者限制公民的人身自由，禁止非法搜查公民的身体"的规定，第 38 条关于"禁止用任何方法对公民进行侮辱、诽谤和诬告陷害"的规定，第 39 条关于"禁止非法搜查或者非法侵入公民的住宅"的规定，第 40 条关于"任何组织或者个人不得以任何理由侵犯公民的通信自由和通信秘密"的规定，第 51 条关于"中华人民共和国公民在行使自由和权利的时候，不得损害国家的、社会的、集体的利益和其他公民的合法的自由和权利"的规定，第 42 条关于公民劳动的权利和义务的规定，第 46 条关于公民受教育的权利和义务的规定，第 49 条关于夫妻双方有实行计划生育的义务、父母有抚养教育未成年子女的义务、（转下页）

的重要性指出：“只有一个人看到他的政府和公共官员尊敬法律为道德权威的时候，即使这样做会给他们带来诸多不便，这个人才会在守法并不是他的利益所在的时候，也自愿地按法律标准行事。”[1]政府守法是公民守法的前提。只有全民遵守宪法和法律，才是宪法全面实施的最可靠的保证。

三、宪法全面实施的评价标准

如何判断宪法全面实施？其评断的标准是什么？这是人们评估宪法全面实施时必须要思考的问题。笔者认为，判断宪法是否全面实施，在很大程度上要看是否落实宪法本身的规定与要求。现行《宪法》第 5 条[2]实际上确立了宪法实施的标准，即：（1）一切规范性文件不得违宪，违宪者是否得以依法撤销和纠正？（2）一切宪法主体都必须遵守宪法和法律，一切违反宪法和法律的行为必须予以追究，违宪行为是否得以追究？（3）公民权利保障获得感与幸福感。笔者在此基础上，增加第（4）项标准即立法标准——是否形成完备的法律规范体系？以上四个标准作为评断宪法全面实施的基本依据。

（接上页）成年子女有赡养扶助父母的义务、禁止破坏婚姻自由，禁止虐待老人、妇女和儿童等内容的规定，第 52 条至第 56 条关于公民维护国家统一与民族团结的义务、必须遵守宪法和法律、保守国家秘密、爱护公共财产、遵守劳动纪律、遵守公共秩序、尊重社会公德、维护祖国的安全荣誉和利益、保卫祖国抵抗侵略、依法服兵役以及依法纳税等宪法义务的规定，等等，都涉及调整公民之间的宪法关系。

[1]　[美]罗纳德·德沃金：《认真对待权利》，信春鹰、吴玉章译，中国大百科全书出版社 1998 年版，中文序言第 21 页。

[2]　"中华人民共和国实行依法治国，建设社会主义法治国家。国家维护社会主义法制的统一和尊严。一切法律、行政法规和地方性法规都不得同宪法相抵触。一切国家机关和武装力量、各政党和各社会团体、各企业事业组织都必须遵守宪法和法律。一切违反宪法和法律的行为，必须予以追究。任何组织或者个人都不得有超越宪法和法律的特权"。

（一）宪法实施的立法标准：形成完备的法律规范体系

从宪法全面实施的角度看，形成完备的法律规范体系意味着宪法文本所规定的内容全面转化为具有条件假定、行为模式与行为后果的法律逻辑结构的、可操作性的具体实施的法律规范，只有宪法中所有的内容都化为法律规范，才能说宪法在法律上得以全面实施。因此，是否形成完备的法律规范体系，就成为我们评断宪法是否全面实施的立法标准。自 1997 年党的十五大报告提出"到 2010 年形成中国特色社会主义法律体系"的目标，到 2011 年第十一届全国人大四次会议全国人大常委会工作报告最终宣布中国特色社会主义法律体系已经形成，其主要标志是：第一，涵盖社会关系各个方面的法律部门已经齐全；第二，各个法律部门中基本的、主要的法律已经制定；第三，相应的行政法规和地方性法规比较完备；第四，法律体系内部总体做到科学和谐统一……国家经济建设、政治建设、文化建设、社会建设以及生态文明建设的各个方面实现了有法可依。[1] 然而，从"法律体系"的形成到"法律规范体系"的完备，强调的重点是存在差异的，"法律体系"强调的是法律的整个框架问题，"法律规范体系"则强调法律大厦框架之中的具体规则是否健全完备。犹如一棵大树，法律体系是主要枝干与树的结构，法律规范体系是树的细枝末节。那么，形成完备的法律规范体系的标志是什么？笔者认为，完备的法律规范体系的标志应当是：第一，《宪法》规定的每一项内容都被法律化，能够找到相应的法律规范；第二，全部法律规范都合乎宪法精神与宪法原则；第三，各种法律规范相互协调、相

---

[1] 吴邦国：《全国人民代表大会常务委员会工作报告》，载《十八大以来重要文献选编》，中央文献出版社 2013 年版，第 261—262 页。

互补正、内部统一，形成有机的统一体系。如果以此来评估宪法全面实施，那么可以说远未形成完备的法律规范体系。一个突出的表现是：关于宪法基本权利的立法仍缺乏具体的法律规范保障，公民基本权利在法律层面的保障仍待加强。正如有学者指出，平等权立法存在着对政府义务规定过于笼统、规范范围仅限于劳动就业等狭窄领域、缺乏禁止歧视条款等多方面问题，导致平等权立法相当程度上处于虚置状态；政治权利立法方面虽然规定了公民的选举权和被选举权，但基本没有涉及选举权的实质内涵，对选举权的行使程序和保障措施也缺乏实质具体的规定；对言论自由的规定则缺乏保护性规范和保障性措施，尤其缺乏具体的操作标准；对出版自由、结社自由、宗教信仰自由缺乏系统立法；对游行、集会、示威权利的规定，侧重于突出预防、限制、审查和追惩措施的内容；人身权利方面的立法较少，更多的是以行政法规加以规范，等等。[1]因此，只有形成了完备的法律规范体系，才能说宪法在立法上得到了全面实施。

（二）宪法实施的抽象性标准：依法撤销和纠正一切违宪的规范性文件

无论是宪法还是立法法[2]，均为全面实施宪法确立了一个基本抽象性审查标准，即一切规范性文件都不得抵触宪法，抵触者，则依法撤销或纠正。只有一切规范性文件合乎宪法，才能使宪法精神、原则与规范真正得以实施。当然，立法实践中并不能保证所有的规范性文件都能够

---

[1] 魏治勋：《全面有效实施宪法须加快基本权利立法》，载《法学》2014 年第 8 期，第 18 页。

[2] 现行《宪法》第 5 条规定："一切法律、行政法规和地方性法规都不得同宪法相抵触。"《立法法》第 87 条规定："宪法具有最高的法律效力，一切法律、行政法规、地方性法规、自治条例和单行条例、规章都不得同宪法相抵触。"

合乎宪法，因而制度上预设了规范性文件备案后的合法性审查与合宪性审查双重机制，以此确保所有规范性文件能够合乎宪法原则与精神，以此确保宪法的全面实施。

（三）宪法实施的具体性标准：一切违反宪法的行为必须予以追究

现行《宪法》第 5 条关于"一切国家机关和武装力量、各政党和各社会团体、各企业事业组织都必须遵守宪法和法律；一切违反宪法和法律的行为，必须予以追究"的规定，以及第 53 条关于"中华人民共和国公民必须遵守宪法和法律"的规定，实际上确立了所有遵守宪法的义务主体必须承担应有的责任。有学者认为："这就为确定违宪责任提供了原则指导。"[1] 由于属于原则性指导，所以《宪法》的规定并未明确追究宪法责任的主体、追究责任的程序与具体承担责任的罚则方式。任何一条完整的法律规范，必须具有条件假定、行为模式与法律后果的逻辑结构，而《宪法》中关于宪法义务的条款，均为具有行为模式之要素，独缺条件假定与法律后果，尤其是没有法律后果的规制，因而难以追究违宪者的宪法责任。譬如序言要求各宪法主体"必须"以宪法为根本活动准则，第 5 条规定各宪法主体"必须"遵守宪法和法律、一切违宪违法行为"必须"予以追究，其中义务条款采用的都是"必须"语词，一种最强烈的义务判断词，然而，一旦上述义务主体违反了"必须"之义务要求，那么如何承担宪法责任以及承担怎样的宪法责任，条文中却言之不详。事实上，作为公权力主体的国家机关与作为私主体的公民或组织，若违反宪法义务，则其承担宪法责任的方式是不同的。作为公权力

---

[1] 周叶中主编：《宪法》，高等教育出版社、北京大学出版社 2000 年版，第 410 页。

主体的国家机关及其公职人员，其承担宪法责任的方式包括被罢免、引咎辞职，以及规范性文件的被撤销、被宣布无效和被拒绝适用等；社会组织则被取缔或被中止资格。公民个人一旦违反宪法义务，就可能同时违反法律义务，因此，其承担的责任方式往往是以承担法律责任的方式，间接承担宪法责任。原因在于公民的宪法义务一般都体现为法律义务，如纳税、服兵役等宪法义务是通过税法、兵役法而得以实施；劳动义务、受教育义务则转化为劳动法或教育法上的法律义务；禁止破坏婚姻自由、禁止虐待老人、妇女和儿童等宪法义务则转化为婚姻法上的义务或刑法上的义务，等等。一旦违反上述宪法义务，即违反了相应的法律义务，因此，通过追究其法律责任，而使其间接承担宪法责任。

（四）宪法实施的终极标准：公民权利保障获得感与幸福感

习近平总书记在党的十九大报告中提出了使人民具有获得感、幸福感、安全感等美好生活的要求[1]，而这种获得感、幸福感最终体现于公民权利的全面保障与实现。人民对所有美好生活的向往，事实上都已充分体现在宪法文本之中。宪法记载了全体人民的共同意志与利益，记载了人民对富强、民主、文明、和谐、美丽的社会主义现代化生活的期许，记载了对政治、经济、文化、社会、环境等各种利益的诉求，而这些利益以及对美好生活的向往则皆具体化为宪法文本中的公民的政治、经济、社会、文化、环境生态等各种基本权利，这就是政治权利和自由、宗教信仰自由、人身自由权利、社会经济权利、教育科学文化权利和自由、监督权利，等等。总之，"宪法对公民的基本权利和义务作

---

[1]《中国共产党第十九次全国代表大会文件汇编》，人民出版社 2017 年版，第 36 页。

了全面的规定"[1]，因而我国宪法是"充分体现人民共同意志、充分保障人民民主权利、充分维护人民根本利益的好宪法……我们要依法保障全体公民享有广泛的权利，保障公民的人身权、财产权、基本政治权利等各项权利不受侵犯，保证公民的经济、文化、社会等各方面权利得到落实，努力维护最广大人民根本利益，保障人民群众对美好生活的向往和追求"[2]。因此，只要宪法文本中的所有基本权利与人权获得了保障与实现，人民的获得感与幸福感就能够得到极大的满足。无论是形成完备的法律规范体系，还是备案审查以及追究违宪责任，最终目的都是保障公民的宪法权利得以实现：形成完备的法律规范体系，目的在于使公民的宪法权利能够全部转化为法律权利，通过法律来保障公民的宪法权利实现；通过合宪性审查，使公民的基本权利不受规范性文件的立法侵害；通过追究违宪责任，使公民的基本权利不受公权力行为的侵害。因此，宪法全面实施的终极标准归结为公民个人的宪法权利和法律权利获得全面的保障，以及公民由此获得幸福感。

宪法全面实施是建设中国特色社会主义法治体系、建设社会主义法治国家的内在要求，是推进国家治理体系和治理能力现代化的必然选择；宪法全面实施就是从宪法序言到宪法正文，从宪法规定的国家根本制度、基本制度与重要制度，到宪法规定的基本原则与基本规范确立的所有内容，在主权管辖的空间区域内，都必须得到实行。如何让宪法全面实施？这就涉及全面实施宪法的途径与方法，归结起来，在我国全面实施宪法的途径与方法有以下六种：法律实施、政治动员、宪法监督、

---

[1] 胡锦涛：《在纪念宪法施行二十周年大会上的讲话》，载《十六大以来党和国家重要文献选编》上（一），人民出版社 2005 年版，第 455 页。

[2] 习近平：《在首都各界纪念现行宪法公布施行三十周年大会上的讲话》，载《十八大以来重要文献选编》（上），中央文献出版社 2014 年版，第 87 页、第 91 页。

宪法解释、裁判适用、宪法遵守。同时，如何判断宪法全面实施？其评断的标准是什么？笔者认为，判断宪法是否全面实施，在很大程度上要看是否落实宪法本身的规定与要求。具体说来，评价宪法全面实施的标准有四：一是宪法实施的立法标准，即形成完备的法律规范体系；二是宪法实施的具体性标准，即一切违反宪法的行为必须予以追究；三是宪法实施的抽象性标准，即依法撤销和纠正一切违宪的规范性文件；四是宪法实施的终极标准，即公民权利保障获得感与幸福感。以上四个标准共同作为评断宪法全面实施的基本依据。

第十章
我国宪法监督制度和程序的设定与审视

　　一部成文宪法典从应然意义上的"根本法"与"高级法"转变为实效的根本法与高级法，是离不开宪法监督及其完备的程式与步骤的。然而，总体上，我国学者谈论宪法监督主体与客体者多，论及宪法监督程序者少。而事实上，我国在宪法监督程序制度建设中已经在宪法内部设定了相应程序。在 1982 年宪法颁行 40 多年之际，迫切需要对宪法监督程序及相关制度进行认真审视与反思，并考察与总结这些宪法监督程序制度及其存在的问题，进而考量需要进行怎样的改革与完善，以切实保障公民基本权利、树立宪法权威、建设法治国家。

一、我国宪法关于宪法监督制度的顶层设计

　　我国自 1954 年宪法开始就初步确立了国家立法机关型宪法审查制度。根据 1954 年《宪法》第 47 条规定，全国人大是最高国家权力机关，也是行使国家立法权的唯一机关；第 27 条第 3 项规定，全国人大

"监督宪法的实施"；第 31 条第 6 项、第 7 项规定，全国人大常委会撤销国务院同宪法、法律和法令相抵触的决议和命令，以及改变或者撤销省、自治区、直辖市国家权力机关的不适当的决议。因此，1954 年《宪法》通过对违宪违法或不适当的规范性文件行使撤销权等规定，初步确立了立法监督制度。[1] 实际上，这种立法监督制度就是国家立法机关型宪法审查制度：第一，由最高权力机关即全国人大行使宪法监督权；第二，由全国人大的常设机关即全国人大常委会行使撤销与宪法、法律和法令相抵触的国务院的决议和命令，同时撤销省级国家权力机关的不适当的决议。不过，从"五四宪法"的规定看，除了赋予行使国家立法权的机关即全国人大宪法审查权外，还赋予了全国人大常委会针对国务院的决议、命令是否违宪予以审查并撤销的职权；至于针对省级国家权力机关的"不适当"的决议的审查撤销权，从广义宪法解释的角度分析，这里的"不适当"应当包含"与宪法相抵触"的含义。对此，蔡定剑就曾指出："不适当"应理解为包括违反宪法的不适当的立法在内。[2]

"七八宪法"关于宪法监督制度的设置在"五四宪法"基础上，进一步赋予了全国人大常委会"解释宪法和法律，制定法令"的职权。其中第 22 条规定全国人大行使"监督宪法和法律的实施"的职权；第 25 条规定全国人大常委会除行使"解释宪法和法律，制定法令"职权，还可以"改变或者撤销省、自治区、直辖市国家权力机关的不适当的决议"。"七八宪法"与"五四宪法"相比，未赋予全国人大常委会撤销国务院的与宪法法律相抵触的决议、命令的权力，却增加了常委会解释宪

---

[1]　全国人大常委会法制工作委员会法规备案审查室审定：《规范性文件备案审查制度理论与实务》，中国民主法制出版社 2011 年版，第 6 页。
[2]　蔡定剑：《我国宪法监督制度探讨》，载《法学研究》1989 年第 3 期，第 27 页。

法和法律的权力，以及法令的制定权之权限。

我国当下由全国人大及其常委会进行宪法监督的制度是 1982 年《宪法》确立的。从宪法监督制度的角度看，"八二宪法"既是对"五四宪法"的继承，又是对"七八宪法"的完善与发展。

"八二宪法"明确规定，除了全国人大外，全国人大常委会也行使国家立法权，从而使得全国人大常委会真正成为国家立法机关。就全国人大的宪法监督职权，"八二宪法"第 62 条规定了两项内容：一是监督宪法的实施；二是改变或者撤销全国人民代表大会常务委员会不适当的决定。就全国人大常委会的宪法监督职权，"八二宪法"第 67 条规定了三项内容：一是解释宪法，监督宪法的实施；二是撤销国务院制定的同宪法、法律相抵触的行政法规、决定和命令；三是撤销省、自治区、直辖市国家权力机关制定的同宪法、法律和行政法规相抵触的地方性法规和决议。

最为重要的是，"八二宪法"明确规定了我国宪法监督的原则与规范依据，即《宪法》序言最后自然段与第 5 条规定。《宪法》序言最后自然段规定："本宪法以法律的形式确认了中国各族人民奋斗的成果，规定了国家的根本制度和根本任务，是国家的根本法，具有最高的法律效力。全国各族人民、一切国家机关和武装力量、各政党和各社会团体、各企业事业组织，都必须以宪法为根本的活动准则，并且负有维护宪法尊严、保证宪法实施的职责。"第 5 条出于维护社会主义法制的统一和尊严之目的，明确规定："一切法律、行政法规和地方性法规都不得同宪法相抵触。一切国家机关和武装力量、各政党和各社会团体、各企业事业组织都必须遵守宪法和法律。一切违反宪法和法律的行为，必须予以追究。"

　　《宪法》序言与第 5 条的规定明确了宪法的根本法地位，以及效力最高、权威至上的法律位阶，从而为宪法监督提供了宪法依据。既然宪法在全部法律体系中具有最高的法律效力，处于凯尔森所说的"基础规范"[1]的法律地位，则宪法实施过程中必然会出现高级法与低级法之间的冲突问题。[2]按照宪法法理，宪法就是高级法，是判断其他法律规范性文件是否具有法律效力的准绳与尺度，凡是与宪法不一致或相冲突、相矛盾的法律规范性文件，都是无效的，没有法律效力，故而有了《宪法》第 5 条关于"一切法律、行政法规和地方性法规都不得同宪法相抵触"的规定；假如出现了法律、行政法规或地方性法规与宪法相抵触的情形，则按照《宪法》第 62 条、第 67 条之规定，分别由中央国家立法机关予以"改变"或"撤销"：（1）全国人大有权改变或者撤销全国人大常委会不适当的决定；（2）全国人大常委会撤销国务院制定的行政法规；（3）全国人大常委会撤销省级国家权力机关制定的地方性法规。

　　上述我国现行宪法确立的宪法监督制度的基本性质就是国家立法机关型宪法监督制度，由最高国家权力机关行使宪法监督权，以保证宪法的统一性与权威性。

----

[1] 凯尔森认为：法律秩序是一个规范体系，不能从一个更高规范中得来自己效力的规范，称为"基础规范"（basic norm），换言之，一个规范效力的理由却是一个预定、被预定是一个最终有效力的规范，即基础规范；可以从同一个基础规范中追溯自己效力的所有规范，组成一个规范体系或一个秩序（参见［奥］凯尔森：《法与国家的一般理论》，沈宗灵译，中国大百科全书出版社 1996 年版，第 126 页）。

[2] 高级法即自然法观念源自古希腊的斯多葛学派，斯多葛学派代表人物芝诺认为，根据神的意志、命运、理性这些基本概念，存在着一种控制宇宙万物的法律，这个法律就是自然法。自然法是神圣的，具有命令人们正确行动并禁止人们错误行动的力量。人类的一切制度，包括国家和法律，都服从于自然法［参见王乐理主编：《西方政治思想史》（第一卷），天津人民出版社 2006 年版，第 370 页、第 440 页］。

二、我国宪法监督程序的设定

（一）我国宪法监督程序之设定

我国宪法监督实行的是全国人民代表大会及其常委会的专门监督制度，至于其他主体譬如国务院及县级以上地方权力机关的监督[1]，在笔者看来，不是宪法层面的监督，而是法律层面的监督，故本书不予讨论。

从我国宪法规定看，1982 年《宪法》确立了全国最高权力机关实施宪法监督的体制，但除了规定宪法监督主体及其权限外，对如何实施宪法监督之程序规定却缺乏规定。上述各个宪法监督主体及权限的实施是由宪法以外的其他法律予以具体设定的。

第一，《全国人大组织法》设定了《宪法》第 62 条规定的全国人大"改变或撤销全国人大常委会不适当的决定"的适用程序。该法第 16 条规定：（全国人大召开会议期间）全国人民代表大会主席团，全国人民代表大会常务委员会，全国人民代表大会各专门委员会，国务院，中央军事委员会，国家监察委员会，最高人民法院，最高人民检察院，可以向全国人民代表大会提出属于全国人民代表大会职权范围内的议案。另外，该法第 17 条规定，一个代表团或者三十名以上的代表联名，可以

---

[1]《宪法》第 89 条第 13、14 项规定的国务院有权"改变或者撤销各部、各委员会发布的不适当的命令、指示和规章"和"改变或者撤销地方各级国家行政机关的不适当的决定和命令"，以及第 99 条规定的"地方各级人民代表大会在本行政区域内，保证宪法、法律、行政法规的遵守和执行，县级以上的地方各级人民代表大会有权改变或者撤销本级人大常委会不适当的决定"和第 104 条规定的"县级以上的地方各级人大常委会撤销本级人民政府的不适当的决定和命令，撤销下一级人民代表大会的不适当的决议"等皆属于法律监督的范畴。

向全国人大提出属于全国人大职权范围内的议案。全国人大改变或撤销全国人大常委会不适当的决定属于其职权范围内的事务，当然可适用该程序。其实，1982年《宪法》第72条还规定了全国人大代表和全国人大常委会组成人员也有权依照法律程序分别提出全国人大和全国人大常委会职权范围内的议案。遗憾的是，这一主体如何提起，却缺乏"法律程序"之规定。

第二，《全国人大组织法》第25条规定设定了全国人大常委会宪法监督程序。该条规定，对向常务委员会提出的议案和质询案，决定交由有关的专门委员会审议或者提请常务委员会全体会议审议。第37条第8项规定，全国人大各专门委员会审议全国人民代表大会常务委员会交付的被认为同宪法、法律相抵触的国务院的行政法规、决定和命令，国务院各部门的命令、指示和规章，国家监察委员会的监察法规，省、自治区、直辖市和设区的市、自治州的人民代表大会及其常务委员会的地方性法规和决定、决议，省、自治区、直辖市和设区的市、自治州的人民政府的决定、命令和规章，民族自治地方的自治条例和单行条例，经济特区法规，以及最高人民法院、最高人民检察院具体应用法律问题的解释，提出意见。1982年《宪法》规定全国人大常委会在其职权范围内撤销国务院制定的同宪法、法律相抵触的行政法规、决定和命令，撤销省、自治区、直辖市国家权力机关制定的同宪法、法律和行政法规相抵触的地方性法规和决议也是其职权范围内的事务，自然可以适用该程序。

第三，《立法法》第109条规定了宪法备案监督制度，即"行政法规、地方性法规、自治条例和单行条例、规章应当在公布后的三十日内依照下列规定报有关机关备案：（一）行政法规报全国人民代表大会常务委员会备案；（二）省、自治区、直辖市的人民代表大会及其常务委员会制定的地方性法规，报全国人民代表大会常务委员会和国务院备案；设区的市、自治州的人民代表大会及其常务委员会制定的地方性法规，由省、自治区的人民代表大会常务委员会报全国人民代表大会常务委员会和国务院备案；（三）自治州、自治县的人民代表大会制定的自治条例和单行条例，由省、自治区、直辖市的人民代表大会常务委员会报全国人民代表大会常务委员会和国务院备案；自治条例、单行条例报送备案时，应当说明对法律、行政法规、地方性法规作出变通的情况；（四）部门规章和地方政府规章报国务院备案；地方政府规章应当同时报本级人民代表大会常务委员会备案；设区的市、自治州的人民政府制定的规章应当同时报省、自治区的人民代表大会常务委员会和人民政府备案；（五）根据授权制定的法规应当报授权决定规定的机关备案；经济特区法规、浦东新区法规、海南自由贸易港法规报送备案时，应当说明变通的情况"。

第四，《立法法》第 110 条和第 112 条规定了全国人大常委会闭会期间宪法监督的程序。该法第 110 条规定，"国务院、中央军事委员会、国家监察委员会、最高人民法院、最高人民检察院和各省、自治区、直辖市的人民代表大会常务委员会认为行政法规、地方性法规、自治条例和单行条例同宪法或者法律相抵触的，或者存在合宪性、合法性问题的，可以向全国人民代表大会常务委员会书面提出进行审查的要求，由全国人民代表大会有关的专门委员会和常务委员会工作机构进行审查、提出意见。前款规定以外的其他国家机关和社会团体、企业事业组织以及公民认为行政法规、地方性法规、自治条例和单行条例同宪法或者法律相抵触的，可以向全国人民代表大会常务委员会书面提出进行审查的建议，由常务委员会工作机构进行审查；必要时，送有关的专门委员会进行审查、提出意见"。第112条规定，"全国人民代表大会专门委员会、常务委员会工作机构在审查中认为行政法规、地方性法规、自治条例和单行条例同宪法或者法律相抵触，或者存在合宪性、合法性问题的，可以向制定机关提出书面审查意见；也可以由宪法和法律委员会与有关的专门委员会、常务委员会工作机构召开联合审查会议，要求制定机关到会说明情况，再向制定机关提出书面审查意见。制定机关应当在两个月内研究提出是否修改或者废止的意见，并向全国人民代表大会宪法和法律委员会、有关的专门委员会或者常务委员会工作机构反馈。全国人民代表大会宪法和法律委员会、有关的专门委员会、常务委员会工作机构根据前款规定，向制定机关提出审查意见，制定机关按照所提意见对行政法规、地方性法规、自治条例和单行条例进行修改或者废止的，审查终止"。

综上所述，我们可以勾勒出我国宪法监督程序之基本内涵：

一方面，全国人大宪法监督程序，只发生于全国人大开会期间，"改变"或"撤销"全国人大常委会不适当的决定的程序为：（1）由主席团决定是否将议案和决定草案、决议草案提请会议表决；（2）再由主席团审议决定提交大会表决；（3）大会表决。

另一方面，全国人大常委会宪法监督程序分两种情形，一种是全国人大常委会召开常委会会议期间，另一种是在常委会会议闭会期间。在全国人大常委会召开常委会会议期间，全国人大常委会宪法监督程序由《全国人大组织法》规定，即：（1）全国人大各专门委员会、国务院、中央军委、国监委、最高人民法院、最高人民检察院向常委会提出属于常委会职权范围内的议案；（2）委员长会议决定是否将议案提请常务委员会全体会议表决，对暂不交付表决的，提出下一步处理意见；（3）委员长会议提请常委会会议审议；（4）常委会会议审议表决。

在全国人大常委会会议闭会期间，由国务院、中央军事委员会、国家监察委员会、最高人民法院、最高人民检察院和各省、自治区、直辖市的人民代表大会常务委员会提起的全国人大常委会宪法监督程序是由《立法法》第110条与第112条规定的，即：（1）上述五大机关或地方权力机关认为行政法规、地方性法规、自治条例和单行条例同宪法或者法律相抵触的，可以向全国人民代表大会常务委员会书面提出进行审查的要求；（2）由常务委员会工作机构分送有关的专门委员会进行审查、提出意见。

在全国人大常委会闭会期间，由其他国家机关和社会团体、企业事业组织以及公民提起的全国人大常委会宪法监督程序是：（1）上述主体认为行政法规、地方性法规、自治条例和单行条例同宪法或者法律相抵触的，可以向全国人民代表大会常务委员会书面提出进行审查的建议；（2）由常务委员会工作机构进行研究；（3）常委会工作机构认为必要时，送有关的专门委员会进行审查、提出意见。

然后上述程序依次按照以下步骤进行：

（1）全国人大专门委员会在审查中认为行政法规、地方性法规、自治条例和单行条例同宪法或者法律相抵触的，可以向制定机关提出书面审查意见；也可以由宪法和法律委员会与有关的专门委员会召开联合审查会议，要求制定机关到会说明情况，再向制定机关提出书面审查意见。（2）制定机关应当在两个月内研究提出是否修改的意见，并向全国人民代表大会法律委员会和有关的专门委员会反馈。（3）全国人大法律委员会和有关的专门委员会审查认为行政法规、地方性法规、自治条例和单行条例同宪法或者法律相抵触而制定机关不予修改的，可以向委员长会议提出书面审查意见和予以撤销的议案。（4）由委员长会议决定是否提请常务委员会会议审议决定。（5）常委会会议审议并决定。

（二）《立法法》与《工作办法》关于备案审查制度及其程序的设置

严格说来，1982年《宪法》确立的宪法监督制度是一种合"法"性审查制度，或者说是一种融合法性审查与合宪性审查一体的制度，其中的"法"，既包括宪法，又包括法律，因为《宪法》第62条第11款规定，全国人大可以改变或者撤销全国人大常委会不适当的决定，其中"不适当"就含有违反宪法或者违反法律等情形；《宪法》第67条第7款和第8款关于全国人大常委会有权撤销国务院制定的同宪法、法律相抵触的行政法规、决定和命令，以及有权撤销省、自治区、直辖市国家权力机关制定的同宪法、法律和行政法规相抵触的地方性法规和决议的规定，同样包含着合宪性审查与合法性审查两种情形。由此可知，"八二宪法"确立的宪法审查制度是一种集合宪性审查与合法性审查于一体的混合审查制，而非单一的合宪性审查制。

当然，宪法上的审查制度作为一种原则性顶层设计，只是初步构建了我国以最高国家立法机关为审查主体的合法性审查机制，这种审查制度需要由法律及相关规范性文件加以具体化、程序化、可操作化。2000年由全国人大制定通过的《立法法》，由全国人大常委会通过的《行政法规、地方性法规、自治条例和单行条例、经济特区法规备案审查工作程序》《司法解释备案审查工作程序》，以及全国各省、市、自治区制定的地方规范性文件备案审查规定或条例[1]，具体规定了备案审查的主体、对象、时效、程序及后果等各方面，从而构筑了规范性文件备案审查制

---

[1] 全国人大常委会法制工作委员会法规备案审查室编：《地方规范性文件备案审查法规汇编》，中国法制出版社2012年版。

度，这种备案审查制度遂成了中国特色的宪法审查制度或合宪性审查制度。2019 年 12 月 16 日，第十三届全国人大常委会第四十四次委员长会议通过了《法规、司法解释备案审查工作办法》，将原有的《行政法规、地方性法规、自治条例和单行条例、经济特区法规备案审查工作程序》《司法解释备案审查工作程序》合并并进行修改完善，从而形成了统一的备案审查工作制度规范。

1. 何谓备案审查

"备"字，古为"備"，许慎在《说文解字》中解释是："慎也，从人。"[1]"备"之义指预备、防备、准备、完备、设备、齐备等。[2]"案"字，《说文解字》解释："几屬，从木。"[3]"几"为矮或小的桌子，"屬"即"属"的古字，其义为"类"，故"案"意为狭长的桌子，架起来的砧板或隔板，考察、考据、查究，处理公事的记录、案卷等义。[4]"备案"之义，是"将事由写成文字送主管单位存查"[5]，或"向主管机关报告事由存案以备查考"[6]。就规范性文件的备案而言，指向特定主体告知的行为，告知内容为备案的标的，并需遵守法定的程序和形式。

"审"字指详知、明悉、详查、细究、慎重、果真、确实。[7]"查"字，同"楂""槎"，原意为水中浮木、木筏、寻检之义。[8]"审查"之义是"检查核对是否正确、妥当"。[9]从法律意义上说，审查指审查主

---

[1] 许慎：《说文解字》，中华书局 1963 年版，第 163 页。

[2] 徐复等编：《古汉语大辞典》，上海辞书出版社 2000 年版，第 999 页。

[3] 许慎：《说文解字》，中华书局 1963 年版，第 122 页。

[4] 徐复等编：《古汉语大辞典》，上海辞书出版社 2000 年版，第 1244 页。

[5] 《新华词典》，商务印书馆 2001 年第 3 版，第 46 页。

[6] 《现代汉语词典》，商务印书馆 2005 年第 5 版，第 58 页。

[7] 徐复等编：《古汉语大辞典》，上海辞书出版社 2000 年版，第 1225 页。

[8] 同上注，第 1557 页。

[9] 《现代汉语词典》，商务印书馆 2005 年第 5 版，第 1214 页。

体对审查对象的支配力，审查主体可以作出对审查对象产生实质性影响的决定。

规范性文件的"备案审查"，是国家机关对规范性文件的"备案"与"审查"制度相结合而形成的一种特定的法律制度，指有权机关将其制定的法规等规范性文件依法定期限和程序报法定机关备案，由接受备案的机关进行分类、存档，依法对规范性文件进行审查并作出处理的法律制度。[1]

备案审查的性质属于主动性的事后审查，法律、行政法规、地方性法规、自治条例和单行条例、规章应当在公布后一定期间内，由其制定机关主动依法报送有权机关存档并接受其审查，有权机关也可以对报送备案的规范性文件进行主动审查。不过，这种备案审查仅仅是对抽象性文件进行审查，审查主体与审查对象之间不存在某种利害关系，加之审查对象众多繁杂，审查人员相对较少，易出现"备而不审、审而不查"的现象。

2.《立法法》关于备案审查制度的设置

2000年3月15日，第九届全国人大第三次会议通过的《立法法》第五章专门针对备案审查作了明文规定；2023年3月13日，第十四届全国人大第三次会议对《立法法》作了修正。根据修改后的《立法法》，笔者对目前我国备案审查制度的设置总结如下：

（1）合宪性审查与合法性审查的依据

第98条规定了合宪性审查的法律依据，即宪法效力的至上性："宪法具有最高的法律效力，一切法律、行政法规、地方性法规、自治条例

---

[1]《规范性文件备案审查理论与实务》，中国民主法制出版社2011年版，第24页。

和单行条例、规章都不得同宪法相抵触。"第 99 条规定了合法性审查的法律依据，即法律效力仅低于宪法："法律的效力高于行政法规、地方性法规、规章。"

（2）全国人大及其常委会的宪法审查权限

第 108 条规定了全国人大及其常委会宪法审查的权限：全国人大有权改变或者撤销它的常务委员会制定的不适当的法律，有权撤销全国人民代表大会常务委员会批准的违背宪法和本法第 85 条第 2 款规定的自治条例和单行条例；全国人大常委会有权撤销同宪法和法律相抵触的行政法规，有权撤销同宪法、法律和行政法规相抵触的地方性法规，有权撤销省、自治区、直辖市的人大常委会批准的违背宪法和本法第 85 条第 2 款规定的自治条例和单行条例。从该规定可以看出，《立法法》依然承袭了《宪法》将合宪性审查与合法性审查混同的体制，未将两种不同性质的审查制度划分开来。

（3）关于法规、规章的备案

第 109 条规定，行政法规、地方性法规、自治条例和单行条例、规章应当在公布后的三十日内依照下列规定报有关机关备案：（1）行政法规报全国人大常委会备案；（2）省、自治区、直辖市的人大及其常委会制定的地方性法规，报全国人大常委会和国务院备案；（3）设区的市、自治州的人大会及其常委会制定的地方性法规，由省、自治区的人大常委会报全国人大常委会和国务院备案；（4）自治州、自治县制定的自治条例和单行条例，由省、自治区、直辖市的人大常委会报全国人大常委会和国务院备案；（5）部门规章和地方政府规章报国务院备案；地方政府规章应当同时报本级人大常委会备案；设区的市、自治州的人民政府制定的规章应当同时报省、自治区的人大常委会和人民政府备案。

（4）法规被动宪法审查的程序

《立法法》第110条、第112条、第113条仅仅规定了法规的被动性宪法审查的程序，而没有法律、规章的合宪性审查程序。

第一，提起审查的情形：即行政法规、地方性法规、自治条例和单行条例同宪法或者法律相抵触的。

第二，提起审查的主体：国务院、中央军事委员会、国家监察委员会、最高人民法院、最高人民检察院和各省、自治区、直辖市的人大常委会，以及其他国家机关和社会团体、企业事业组织以及公民。

第三，审查受理主体：上述五大主体可以向全国人大常委会可以书面提出进行审查的要求；其他主体可以向全国人大常委会书面提出进行审查的建议。

第四，送交审查：由全国人大常委会工作机构分送有关的专门委员会进行审查、提出意见；不同的是，若是针对审查"建议"，还需要由常务委员会工作机构进行研究，必要时，再送交有关的专门委员会进行审查、提出意见。

第五，具体审查主体：全国人大专门委员会、全国人大常委会工作机构或法律委员会、有关的专门委员会、常务委员会工作机构。

第六，提出审查意见：具体审查主体在审查中认为行政法规、地方性法规、自治条例和单行条例同宪法或者法律相抵触的，可以向制定机关提出书面审查意见；也可以由法律委员会与有关的专门委员会召开联合审查会议，要求制定机关到会说明情况，再向制定机关提出书面审查意见。

第七，制定机关是否修改与反馈的时效：制定机关应当在60天内研究提出是否修改的意见，并向全国人大法律委员会和有关的专门委员会或者常务委员会工作机构反馈。

第八，自行修改或废止，审查终止。全国人民代表大会法律委员会、有关的专门委员会、常务委员会工作机构根据前款规定，向制定机关提出审查意见、研究意见，制定机关按照所提意见对行政法规、地方性法规、自治条例和单行条例进行修改或者废止的，审查终止。

第九，予以撤销议案的提出：全国人大法律委员会、有关的专门委员会、常务委员会工作机构经审查、研究认为行政法规、地方性法规、自治条例和单行条例同宪法或者法律相抵触而制定机关不予修改的，应当向委员长会议提出予以撤销的议案、建议。

第十，全国人大常委会委员长会议的决定：由全国人大常委会委员长会议决定是否提请常务委员会会议审议决定。

第十一，全国人大常委会会议审议并作出是否撤销的决定。

上述法规的宪法审查程序将合宪性审查与合法性审查两种审查程序融为一体，未将合宪性审查从合法性审查独立出来。

第十二，反馈并公开：全国人大有关的专门委员会和常委会工作机构应当按照规定要求，将审查、研究情况向提出审查建议的国家机关、社会团体、企业事业组织以及公民反馈，并可以向社会公开。

3.《法规、司法解释备案审查工作办法》关于备案审查制度的设置

2000年10月16日，第九届全国人大常委会第三十四次委员长会议通过了《行政法规、地方性法规、自治条例和单行条例、经济特区法规备案审查工作程序》；2005年12月16日，第十届全国人大常委会第四十次委员长会议对该文件进行了修订[1]。《工作办法》于2019年12月

---

[1] 修订后的文件未查到原文。

16 日由第十三届全国人大常委会第四十四次委员长会议通过，它将原有的《行政法规、地方性法规、自治条例和单行条例、经济特区法规备案审查工作程序》和《司法解释备案审查工作程序》合并进行修改完善，形成了统一的备案审查工作制度性规范。《工作办法》在《立法法》基础上，将备案审查中的合宪性、合政策性、合法性、适当性四大审查程序[1]合而为一。

依据《工作办法》之规定，备案审查分为依职权审查、依申请审查、移送审查、专项审查等四种方式[2]，而每一种审查方式的审查主体、受理方式等不尽相同，故将四种审查中的合宪性审查程序分别归纳如下：

（1）依职权审查程序

第一，审查主体。全国人大宪法和法律委员会、全国人大常委会法工委是依职权审查主体。

第二，审查事由。对规范性文件中涉及宪法的问题，由审查主体主动进行合宪性审查。

第三，经审查主体研究，提出书面审查研究意见。

第四，及时反馈制定机关。

（2）依申请审查程序

第一，提起审查（要求或建议）主体。提起审查要求的主体是五大机关；提起审查建议的主体是国家机关、社会团体、企业事业组织以及

---

[1]　《法规、司法解释备案审查工作办法》第 36 条至第 39 条分别规定了合宪性、合政策性、合法性、适当性四种情形的审查。

[2]　备案审查方式主要有：依职权审查，即审查机关主动进行审查；依申请审查，即审查机关根据有关国家机关或者公民、组织提出的审查建议进行审查；专项审查，即审查机关对特定领域规范性文件进行集中清理和审查（参见沈春耀 2019 年 12 月 25 日在第十三届全国人民代表大会常务委员会第十五次会议上所作的《全国人民代表大会常务委员会法制工作委员会关于 2019 年备案审查工作情况的报告》）。

公民。

第二，受理主体。审查要求的受理主体是常委会办公厅（接收、登记）；审查建议的受理主体是全国人大常委会法制工作委员会。

第三，审查主体及其审查。审查要求报秘书长批转有关宪法和法律委员会会同法工委进行审查；审查建议由法工委依法进行审查研究，必要时，送有关专门委员会进行审查、提出意见。

第四，告知制定机关。审查中若发现规范性文件的规定可能存在违背宪法规定、宪法原则或宪法精神问题的情形的，应当函告制定机关，要求制定机关在 30 天内作出说明并反馈意见。

第五，沟通或询问。审查主体在审查研究中发现规范性文件可能存在问题的，可以与制定机关沟通，或者采取书面形式对制定机关进行询问。需要予以纠正的，在提出书面审查研究意见前，可以与制定机关沟通，要求制定机关及时修改或者废止。

第六，沟通式审查中止。经沟通，制定机关同意对规范性文件予以修改或者废止，并书面提出明确处理计划和时限的，可以不再向其提出书面审查研究意见，审查中止。

第七，提出书面审查意见。经沟通没有结果的，应当依照《立法法》第112条规定，向制定机关提出书面审查研究意见，要求制定机关在 60 天内提出书面处理意见。

第八，督促或约谈。制定机关收到审查研究意见后逾期未报送书面处理意见的，专门委员会、法工委可以向制定机关发函督促或者约谈制定机关有关负责人，要求制定机关限期报送处理意见。

第九，审查终止。制定机关按照书面审查研究意见对规范性文件进行修改、废止的，审查终止。

第十，提出撤销议案。制定机关未按照书面审查研究意见对规范性文件及时予以修改、废止的，专门委员会、法工委可以依法向委员长会议提出予以撤销的议案、建议。

第十一，委员长会议审议。委员长会议对撤销议案进行审议，并决定提请常委会会议审议。

第十二，全国人大常委会审议并作出决定。

第十三，反馈与公开。在审查工作结束后，由常委会办公厅向提出审查要求的机关进行反馈；法工委向提出审查建议的公民、组织进行反馈。对通过备案审查信息平台提出的审查建议，可以通过备案审查信息平台进行反馈。同时，专门委员会、常委会工作机构应当将开展备案审查工作的情况以适当方式向社会公开。

（3）移送审查程序

全国人大常委会法工委对有关机关通过备案审查衔接联动机制移送过来的法规、司法解释进行审查。

（4）专项审查程序

法工委结合贯彻党中央决策部署和落实常委会工作重点，对事关重大改革和政策调整、涉及法律重要修改、关系公众切身利益、引发社会广泛关注等方面的法规、司法解释进行专项审查。在开展依职权审查、依申请审查、移送审查过程中，发现可能存在共性问题的，可以一并对相关法规、司法解释进行专项审查。

在全国人大常委会依职权审查、专项审查、移送审查中，一旦发现规范性文件规定可能存在合法性、合政策性、适当性问题的，可以函告制定机关在30天内作出说明并反馈意见；其他审查程序与"依申请审查程序"第五步程序以下内容相同。

若就《立法法》与《工作办法》所规定的我国合宪性审查程序相比较，则可以看出，二者所规定的程序基本相同，只不过《工作办法》比《立法法》更加细化，甚至可将《工作办法》视为《立法法》关于备案审查、合宪性审查等程序的实施细则。二者相较，第一，《工作办法》增加并区分了四种审查方式；《立法法》与《工作办法》都规定了专项审查与移送审查，但后者就不同审查方式的程序作出了可操作性规定。第二，《工作办法》增加了沟通或询问程序。第三，《工作办法》增加了督促或约谈程序。因此，《工作办法》实质上是对《立法法》关于备案审查、合宪性审查等程序的完善与补充，也是一种使之完备与健全的具体体现。

《工作办法》所规定的合宪性审查程序，实则亦可作宪法解释程序适用。第七步审查主体提出审查意见、第十步提出撤销案均涉及宪法条文的理解与解释，如果规范性文件存在违背宪法规定、宪法原则或宪法精神的问题，审查主体就必须对相应的宪法条文规范作出理解与解释，方可判断并认定涉案的规范性文件是否存在违宪的问题，因此，审查主体的审查意见或撤销案本身就必然是一种关于宪法的解释案。该解释案经委员长会议审议，可以提请全国人大常委会会议审议并决定通过与否。从该意义上说，我国宪法解释程序机制已经蕴含其中。

（三）《全国人民代表大会常务委员会关于完善和加强备案审查制度的决定》关于合宪性审查程序的设置

2023 年 12 月 29 日，第十四届全国人大常委会第七次会议通过了《全国人民代表大会常务委员会关于完善和加强备案审查制度的决定》，在《立法法》与《工作办法》针对合宪性审查程序的相关规定基础上，增加了移送审查程序机制。

第一，该文件第六项针对"依申请审查"程序作如下规定：

"有关国家机关依法向全国人民代表大会常务委员会书面提出审查要求的，由全国人民代表大会有关的专门委员会和常务委员会工作机构进行审查、提出意见。

其他国家机关和社会组织、企业事业单位以及公民依法向全国人民代表大会常务委员会书面提出审查建议的，由常务委员会工作机构进行审查；必要时，送有关的专门委员会进行审查、提出意见。常务委员会工作机构对审查建议进行初步审查，认为建议审查的法规、司法解释可能与宪法或者法律相抵触，或者存在合宪性、合法性问题的，应当启动审查程序。

地方各级监察委员会、人民法院、人民检察院在监察、审判、检察工作中发现法规、司法解释同宪法或者法律相抵触，或者存在合宪性、合法性问题的，可以逐级上报至国家监察委员会、最高人民法院、最高人民检察院，由国家监察委员会、最高人民法院、最高人民检察院向全国人民代表大会常务委员会书面提出审查要求。"

与《立法法》《工作办法》规定的程序相比，该文件增加了地方监委、法院、检察院移送审查程序，即它们在工作中发现法规、司法解释同宪法或者法律相抵触，或者存在合宪性、合法性问题的，首先要逐级上报至国家监察委员会、最高人民法院、最高人民检察院，再由国家监察委员会、最高人民法院、最高人民检察院向全国人大常委会书面提出审查要求。

第二，该文件第九项明确规定了"移送审查机制"，即"其他机关在备案审查工作中发现法规、司法解释存在合宪性、合法性问题，移送全国人民代表大会常务委员会工作机构审查处理或者提出有关工作建议的，常务委员会工作机构应当进行审查"。

（四）地方规范性文件备案审查制度的设置

我国宪法和地方组织法规定，县级以上的地方各级人大常委会有权撤销本级人民政府的不适当的决定和命令，撤销下一级人大及其常委会的不适当的决议。撤销下一级人大及其常委会作出的不适当的决议、决定和本级人民政府发布的不适当的决定、命令，是宪法和地方组织法明确规定的县级以上地方各级人大常委会的一项重要监督职权。为了履行该职权，各省、自治区、直辖市均根据《宪法》《立法法》《监督法》等法律的规定，制定了《监督法》实施办法或者专门的地方性法规，建立了规范性文件备案审查制度。如黑龙江、吉林、辽宁、河北、河南、山西、陕西、湖北、江西、云南、海南、四川、重庆、西藏、新疆等地制定了《实施〈中华人民共和国各级人民代表大会常委会监督法〉办法》，对备案审查专章或者专节作出规定。北京、天津、上海、甘肃、宁夏、河北、山东、河南、湖南、江苏、浙江、安徽、福建、广东、广西、云南、青海、西藏、新疆等地制定了专门的备案审查地方性法规。上述地方性法规对规范性文件范围、备案、审查、撤销等都作了具体规定。[1]

在各省级人大常委会备案审查制度设计中，有27个省、自治区、直辖市的备案审查制度涉及合宪性审查与合法性审查，即省级人大常委会在审查过程中，既审查规范性文件是否同宪法相抵触，又审查是否同法律、法规相抵触；其他省、自治区、直辖市的备案审查仅涉及是否同

[1] 它们是：北京、天津、山西、内蒙古、上海、江苏、浙江、安徽、福建、山东、河北、河南、湖南、广东、广西、重庆、云南、西藏、甘肃、青海、宁夏、新疆、陕西、辽宁、海南、贵州、吉林等地。

法律、法规相抵触的合法性审查。其中涉及合宪性审查的地方法规包括：《安徽省各级人民代表大会常务委员会监督条例》（第 30 条）、《黑龙江省各级人民代表大会常务委员会规范性文件备案审查条例》（第 9 条）及《黑龙江省人民代表大会及其常务委员会立法条例》（第 91—92 条）、《山西省地方立法条例》（第 90—91 条）及《山西省各级人民代表大会常务委员会规范性文件备案审查条例》（第 16 条）、《上海市人民代表大会常务委员会规范性文件备案审查条例》（第 24—27 条）、《浙江省地方立法条例》（第 72 条）、《福建省人民代表大会及其常务委员会立法条例》（第 39 条）、《海南省实施〈中华人民共和国各级人民代表大会常务委员会监督法〉办法》（第 30 条）、《贵州省地方立法条例》（第 41—42 条）及《贵州省各级人民代表大会常务委员会监督条例》（第 40 条）、《西藏自治区立法条例》（第 54—56 条）及《西藏自治区各级人民代表大会常务委员会规范性文件备案审查条例》（第 17—18 条）、《内蒙古自治区人民代表大会及其常务委员会立法条例》（第 55 条）、《江苏省各级人民代表大会常务委员会规范性文件备案审查条例》（第 34—37 条）、《山东省地方立法条例》（第 61 条）、《河北省各级人民代表大会常务委员会规范性文件备案审查条例》（第 11 条）、《湖南省地方立法条例》（第 43 条）、《湖北省人民代表大会及其常务委员会立法条例》（第 56 条）及《湖北省各级人民代表大会常务委员会规范性文件备案审查工作条例》（第 27 条）、《广东省地方立法条例》（第 82、85 条）、《广西壮族自治区立法条例》（第 49 条）、《重庆市各级人民代表大会常务委员会规范性文件备案审查条例》（第 16 条）、《甘肃省地方立法条例》（第 75 条）、《青海省人民代表大会及其常务委员会立法程序规定》（第 47—48 条）、《宁夏回族自治区人民代表大会及其常务委员会立法程序规定》（第 30 条）、《新疆维吾尔自治区人民代表大会及其常务委员会立法条例》（第 51 条）、《陕西省地方立法条例》（第 82 条）及《陕西省地方各级人民代表大会常务委员会规范性文件备案审查规定》（第 10 条）、《辽宁省人民代表大会及其常务委员会立法条例》（第 66—67 条）、《吉林省地方立法条例》（第 43 条）及《吉林省各级人民代表大会常务委员会规范性文件备案审查条例》（第 12 条）、《江西省立法条例》（第 57 条）、《四川省人民代表大会及其常务委员会立法条例》（第 65、67 条）。[1]

考察上述 27 个省、自治区、直辖市的人大常委会制定的法规关于宪法审查的规定，我们发现，河北省、四川省二省市的法规只规定了备案的主动审查，浙江省、西藏自治区、海南省、内蒙古自治区四省区则仅规定了被动审查，而上海市、重庆市、山西省、福建省、贵州省、江苏省、湖北省、江西省、广西壮族自治区、陕西省、辽宁省的法规既规定了备案的主动审查，又规定了被动审查。

1. 备案的主动审查的程序

第一，审查的情形：超越法定权限制定；违反法定程序制定；同宪法、法律法规相抵触；违反宪法、法律法规规定，减损公民、法人和其他组织权利或者增加其义务；与上级或者本级人民代表大会及其常务委员会的决议、决定相抵触；其他不适当的情形。[2]《山西省各级人民代

---

[1] 参见全国人大常委会法制工作委员会法规备案审查室编：《地方规范性文件备案审查法规汇编》，中国民主法制出版社 2012 年版。

[2] 《监督法》第 30 条规定：县级以上地方各级人民代表大会常务委员会对下一级人民代表大会及其常务委员会作出的决议、决定和本级人民政府发布的决定、命令，经审查，认为有下列不适当的情形之一的，有权予以撤销：
　　（一）超越法定权限，限制或者剥夺公民、法人和其他组织的合法权利，或者增加公民、法人和其他组织的义务的；
　　（二）同法律、法规规定相抵触的；
　　（三）有其他不适当的情形，应当予以撤销的。

表大会常务委员会规范性文件备案审查条例》第18条、《上海市人民代表大会常务委员会规范性文件备案审查条例》第26条、《河北省各级人民代表大会常务委员会规范性文件备案审查条例》第8条、《贵州省各级人民代表大会常务委员会监督条例》第40条等皆作出相同的规定；《安徽省各级人民代表大会常务委员会监督条例》第30条、《福建省人民代表大会及其常务委员会立法条例》第39条、《贵州省地方立法条例》第41条、《湖北省人民代表大会及其常务委员会立法条例》第56条、《广西壮族自治区立法条例》第49条、《陕西省地方立法条例》第82条均在规定审查的情形时特别强调了对同宪法、法律、法规相抵触或不适当的规范性文件的审查。

第二，审查主体：县级以上人大常委会法制委员会（一般为备案审查工作机构）或有关机构，会同有关专门委员会进行审查。《上海市人民代表大会常务委员会规范性文件备案审查条例》则规定由法工委对报送备案的文件进行审查研究，根据职责分工送有关委员会审查研究；《海南省实施〈中华人民共和国各级人民代表大会常务委员会监督法〉办法》规定的审查主体是"专门委员会或人大常委会有关机构"。

第三，分送有关机构审查：备案审查工作机构根据规范性文件涉及的内容分送有关机构进行审查；可以征求规范性文件审查咨询专家学者的意见；对涉及改革发展稳定和人民群众切身利益、社会普遍关注重大问题等方面的规范性文件，也可以通过听取专项报告、组织实地调研、论证等方式，进行重点审查。

第四，审查意见反馈与时效：有关机构应当自收到规范性文件之日起30日内将审查意见书面反馈备案审查工作机构。

第五，提出纠正意见，向主任会议报告：备案审查工作机构或者有关机构经审查，认为规范性文件存在问题的，应当提出予以纠正的审查意见，向主任会议报告。

第六，主任会议研究并提出审查意见：主任会议对备案审查工作机构或者有关机构提出的审查意见进行研究，认为规范性文件应当予以纠正的，以人民代表大会常务委员会办公厅（室）文件形式向制定机关提出书面审查意见。备案审查工作机构在将审查意见交制定机关处理前，可以与制定机关沟通，要求其予以修改或者废止。经沟通，制定机关同意对规范性文件予以修改或者废止并书面提出明确处理计划的，可以不再向其提出书面的审查意见，审查中止；经沟通没有结果的，备案审查工作机构应当将书面的审查意见交制定机关处理。

第七，制定机关收到书面审查意见后，应当在 60 日内依照法定程序自行修改或废止规范性文件，并将书面处理意见报送给常务委员会办公厅（室）。

第八，制定机关收到书面审查意见后，未在规定期限内修改或者废止，也未书面提出无需修改或者废止理由，或者提出的理由不成立，备案审查工作机构或有关机构应当向主任会议提出撤销该规范性文件或者其部分内容的处理建议，由主任会议研究决定是否提请人民代表大会常务委员会会议审议，或者由主任会议提出议案，提请常务委员会会议审议。

第九，人民代表大会常务委员会会议审议撤销规范性文件或者其部分内容的议案时，制定机关应当派人到会听取意见，回答询问，并可以书面提出陈述意见。人民代表大会常务委员会会议经过审议，认为规范性文件或者其部分内容应予撤销的，应当作出撤销决定并向社会公开。

2. 被动审查程序

第一，提起审查的情形：超越法定权限制定；违反法定程序制定；同宪法、法律法规相抵触；违反宪法、法律法规规定，减损公民、法人和其他组织权利或者增加其义务；与上级或者本级人民代表大会及其常务委员会的决议、决定相抵触；其他不适当的情形。

第二，提起审查的主体：县级以上人民政府、人民法院、人民检察院、监察委员会和设区的市、县级人民代表大会常务委员会以及其他国家机关和社会团体、企业事业组织以及公民；不同的是，前者主体可以书面提出审查的要求；而后者主体可以提出书面审查的建议。

第三，受理审查的主体：人大常委会。

第四，分送有关机构：审查要求由专门委员会、备案审查工作机构、常委会其他工作机构按照职责分工进行审查；审查建议由备案审查工作机构进行研究，必要时，送有关专门委员会、常委会其他工作机构进行审查。

第五，提出书面审查意见：人大专门委员会、常委会法制工作机构和其他工作机构提出书面审查意见前，可以先与制定机关沟通，要求制定机关及时修改或者废止该规范性文件。经过沟通制定机关没有采纳建议，备案审查工作机关形成书面审查意见，报经主任会议同意之后，将书面审查意见交制定机关办理。

第六，制定机关提出修改意见及时效：制定机关收到书面审查意见后，应当在 60 日内依照法定程序自行修改或废止规范性文件，并将书面处理意见报送给常务委员会办公厅（室）。

第七，修改或废止，审查终止：制定机关按照所提意见对规章及规范性文件进行修改或者废止的，审查终止。

第八，制定机关收到书面审查意见后，未在规定期限内修改或者废止，也未书面提出无需修改或者废止理由，或者提出的理由不成立，备案审查工作机构或有关机构应当向主任会议提出撤销该规范性文件或者其部分内容的处理建议，由主任会议研究决定是否提请人民代表大会常务委员会会议审议，或者由主任会议提出议案，提请常务委员会会议审议。

第九，人民代表大会常务委员会会议审议撤销规范性文件或者其部分内容的议案时，制定机关应当派人到会听取意见，回答询问，并可以书面提出陈述意见。人民代表大会常务委员会会议经过审议，认为规范性文件或者其部分内容应予撤销的，应当作出撤销决定并向社会公开。

3. 地方规范性文件备案审查关于宪法解释与法律解释的问题

上述地方性法规所规定的合宪性审查与合法性审查制度，审查主体在审查过程中都会涉及对宪法或法律的理解与解释问题，由于它们均没有解释宪法与解释法律的权力，所以在遇到规范性文件与宪法或法律相抵触时将如何处理？当然，最佳的途径就是建立"解释案移送制度"，一旦遇到宪法或法律的解释时，将需要解释的个案移送至全国人大常委会，由具有宪法解释权或法律解释权的全国人大常委会负责解释。2023年12月，《全国人民代表大会常务委员会关于完善和加强备案审查制度的决定》第九项对此已作了明确规定："其他机关在备案审查工作中发现法规、司法解释存在合宪性、合法性问题，移送全国人民代表大会常务委员会工作机构审查处理或者提出有关工作建议的，常务委员会工作机构应当进行审查。"如果从学理解释的角度分析，除了全国人大常委会外，其他不拥有宪法解释或法律解释的审查主体，完全可以从学理上进行宪法解释或法律解释，如果从学理上认定法规或规章违反宪法或法律，则完全可以与制定机关沟通、协商，再由制定机关对可能违宪违法的内容加以修正或撤销。问题是，在被动审查过程中，各省市自治区的法规均规定，当审查机关认定制定机关制定的法规或规章与宪法或法律相抵触却不予修改时，最终由地方省级人大常委会审议作出予以撤销的决定，此种情形下，省级人大常委会就会面临解释宪法或法律的现实问题。笔者认为，遇有此种情况，则需要地方人大常委会移送至全国人大常委会，由全国人大常委会进行解释。或许有人担心，如果建立了解释案移送制度，将会出现大量的需要移送的宪法或法律解释案件，这种疑虑可能存在，但实际上出现的概率是极小的，原因在于，制定机关一般为同级人民政府或下一级地方人大常委会或人民政府，一旦被省级人大常委会审查机关认定与宪法、法律相抵触，则极少存在不予修改的情况，几乎没有任何一个机关首长会选择与人大常委会为"敌"。因此，确立省级人大常委会宪法或法律解释案移送制度，并不会增加多少这类解释案的数量。

三、我国现行宪法监督制度的基本特点

我国国家层面的备案审查制度，从审查主体上可分为全国人大常委会备案审查制与地方省级人大常委会备案审查制，无论全国人大常委会的备案审查还是地方省级人大常委会的备案审查，在涉及合宪性审查与合法性审查时，均未甄别两种不同审查制度的性质以至发生混同，导致两种审查融为一体，从而构成了我国国家层面备案审查制度的基本特征。

（一）合宪性审查与合法性审查"合二为一"

顾名思义，合宪性审查是针对所要审查的对象是否违反宪法而进行的审查；合法（律）性审查则是对所要审查的对象是否违反法律或上位法而作的审查。[1]合宪性审查意旨通过宪法的理解与解释，撤销并纠正违宪的规范性文件，以维护宪法的尊严与最高权威，保障宪法得到根本实施；合法性审查则意旨通过理解与解释法律，撤销并纠正违法的规范性文件，以维护我国法制的统一与尊严。合宪性审查机制通常由专门的宪法监督机关实施，而合法性审查无需交由专门监督机构，一般立法机关与司法机关均可实施。

《立法法》将宪法审查与法律审查不加区分地置于同一个条款之中，加之二者审查主体、审查程序完全相同，从而导致合宪性审查与合法性审查之混同。

开启这一先例的无疑是 1982 年《宪法》第 67 条之规定，该条第 7、8 项规定，全国人大常委会有权"撤销国务院制定的同宪法、法律相抵触的行政法规、决定和命令"、有权撤销省级"国家权力机关制定的同宪法、法律和行政法规相抵触的地方性法规"。2000 年 7 月施行的《立法法》第 88 条规定：全国人大有权改变或者撤销它的常务委员会制定的不适当的法律，有权撤销全国人民代表大会常务委员会批准的违背宪法和本法第 66 条第 2 款规定的自治条例和单行条例；全国人大常委会有权撤销同宪法和法律相抵触的行政法规，有权撤销同宪法、法律和行政法规相抵触的地方性法规，有权撤销省级人大常委会批准的违背宪

---

[1] 笔者在此把不属于宪法审查的其他是否合乎法律或合乎行政法规等审查统称为"合法（律）性审查"。

法和本法第 66 条第 2 款规定的自治条例和单行条例。2023 年 3 月新修订的《立法法》延续了这种表述。

上述规定其实包含着两种性质不同的审查：一种是可能同宪法相抵触的合宪性审查；一种是可能与法律、行政法规相抵触的合法性审查。合宪性审查属于宪法监督的范畴；合法性审查则属于法律监督的范畴。由于两种审查在性质、功能、目的、程序等方面皆存差异，因此各国皆把两种审查区别对待。而在我国，由于两种审查在审查主体、审查程序上高度统一，因而常常把合宪性审查与合法性审查视为同一回事，从而导致当下两种审查的趋同。

一方面，两种审查主体均为全国人大及其常委会。原因很简单，全国人大及其常委会是行使国家立法权的机关，全国人大常委会是解释宪法与解释法律的主体，只要是针对与宪法、法律相抵触的其他规范性法律文件，以上主体自然拥有审查的权力。2000 年通过的《立法法》第 90 条与新修改的《立法法》第 110 条，以及 2005 年 12 月十届全国人大常委会第四十次委员长会议新修订的《法规备案审查工作程序》和通过的《司法解释备案审查工作程序》，皆把法律、法规或司法解释是否同宪法或者法律相抵触的审查主体确定为全国人大常委会。加之，宪法赋予全国人大常委会解释宪法与解释法律的职权，合宪性审查与合法性审查之主体一致是显见的。

另一方面，法律规定的两种审查程序是一致的。合宪性与合法性审查程序主要由《立法法》《工作办法》规定。《立法法》第 110 条至第 113 条对两种审查程序作出了明确规定，归纳起来就是：

（1）审查要求或建议的提出。国务院、中央军委、国家监察委员会、最高人民法院、最高人民检察院和省级人大常委会以及其他国家机关、社会团体、企业事业组织与公民认为行政法规、地方性法规、自治条例和单行条例同宪法或者法律相抵触的，可以向全国人民代表大会常务委员会书面提出进行审查的要求或建议。

（2）分送有关机构。"要求"是由全国人大常委会工作机构分送有关的专门委员会进行审查、提出意见；"建议"是由全国人大常委会工作机构进行研究，必要时，送有关的专门委员会进行审查、提出意见。

（3）审查与意见的提出。全国人大专门委员会、常委会工作机构在审查、研究中认为行政法规、地方性法规、自治条例和单行条例同宪法或者法律相抵触的，可以向制定机关提出书面审查意见、研究意见；或由法律委员会与有关的专门委员会、常务委员会工作机构召开联合审查会议，要求制定机关到会说明情况，再向制定机关提出书面审查意见。

（4）制定机关提出是否修改意见并反馈。制定机关应当在两个月内研究提出是否修改的意见，并向全国人民代表大会法律委员会和有关的专门委员会或者常务委员会工作机构反馈。

（5）若出现合宪性或合法性问题——

① 自行修改或废止的，审查终止。制定机关按照所提意见对行政法规、地方性法规、自治条例和单行条例进行修改或者废止的，审查终止。

② 若不予修改的，全国人大法律委员会、有关的专门委员会、常委会工作机构应当向委员长会议提出予以撤销的议案、建议，由委员长会议决定提请常务委员会会议审议决定。

（6）情况反馈与社会公开。全国人大有关的专门委员会和常委会工作机构应当按照规定要求，将审查、研究情况向提出审查建议的国家机关、社会团体、企业事业组织以及公民反馈，并可以向社会公开。

至于《工作办法》中对规范性文件的合宪性与合法性审查规定的程序，则基本与《立法法》相同。

由于两种审查主体与审查程序完全相同而未加以区分，致使合宪性审查与合法性审查没有分离，并使合宪性审查并未真正地独立出来。

宪法所设计的合宪性或合法性审查需要宪法监督程序法或合宪性审查程序法加以具体规定实施。2000 年《立法法》的出台本来应当解决宪法上关于宪法监督或合宪性审查的程序问题，然而令人遗憾的是，《立法法》将本质上完全不同的两种审查程序规定为同一种程序，从而导致了我国宪法监督与合宪性审查趋同于一般合法性审查。现实中，国家立法机关本身也有意无意地将两种审查机制混同，皆视为"宪法审查"。全国人大常委会委员、全国人大法律委员会主任委员乔晓阳曾指出，从 2004 年成立"法规备案审查工作室"到 2014 年的十年期间，法规备案审查室一共提出了 44 件行政法规、地方性法规以及司法解释与宪法法律相抵触的审查案。经过沟通，44 件审查案全部进行了修改或者废止。他把合宪性审查与合法性审查均作为"宪法审查"看待。[1]

我们欲追问的是，既然有 44 件与宪法法律不一致的审查案，那么到底有多少是合宪性审查案？有多少是合法性审查案？有多少是既涉及合宪性又涉及合法性审查案？这三类不同的审查案是如何判断认定的？其遵循的原则是什么？合宪性审查案中涉及宪法相关的条款是否进行了解释？对既违宪又违法的法规是如何处理的？等等。如果上述三类案件皆以同样的程序作出审查，那么必然规避宪法解释问题，因为在没有全

---

[1]《乔晓阳详解我国宪法监督职能：10 年推动 44 件法规修改或废止》，载《长江日报》2015年 4 月 9 日，第 3 版。

国人大常委会针对违宪的相关宪法条款作出解释之前，违宪的规范性文件已经被制定机关自行修改或废止，从而使整个合宪性审查机制戛然而止。这种做法最早始于 2003 年 6 月国务院因孙某刚案而自行废止了涉嫌违宪的《城市流浪乞讨人员收容遣送办法》，颁布了《城市生活无着的流浪乞讨人员救助管理办法》。[1]当然，这种做法是合乎 2000 年 7 月施行的《立法法》之规定的。其实，无法出现众人期待的合宪性审查，归根结底还是因为《立法法》设定的程序存在合宪性合法性两类不同审查却适用同一程序的问题。

因此，我们建议，基于合宪性审查与合法性审查之本质差异，应当专门设定合宪性审查程序。凡是被认定违宪的规范性文件，必须提交全国人大常委会，并由全国人大宪法和法律委员会，依照《宪法》第 67 条规定，先对相关宪法条款进行解释，以此进行说理论证，最终作出予以撤销的裁定结论。而不是只能按照《立法法》规定的程序，由负责审查的机构向制定机关提出书面审查意见、研究意见或要求制定机关到会说明情况，再向制定机关提出书面审查意见，最后交由制定机关自己修

---

[1] 2003 年 3 月 17 日晚，任职于广州某公司的湖北青年孙某刚在前往网吧的路上，因无暂住证，被警察送至广州市收容遣送中转站，次日又被收容站送往一家收容人员救治站。在此，孙某刚因受到工作人员以及其他收容人员的殴打致死。该事件被称为"孙某刚事件"。5 月 14 日三名法学博士俞某（华中科技大学法学院）、腾某彪（中国政法大学法学院）、许某永（北京邮电大学文法学院）向全国人大常委会递交审查《城市流浪乞讨人员收容遣送办法》的建议书，认为收容遣送办法中限制公民人身自由的规定，与宪法和有关法律相抵触，应予以撤销。5 月 23 日，盛洪、沈岿、萧瀚、何海波 5 位学者以公民的名义，联合向全国人大常委会提交建议书，就孙某刚案及收容遣送制度实施状况提请启动特别调查程序。全国人大及其常委会在事件发生及学者提交建议书后，并未给予任何形式的回应；6 月 20 日，国务院总理温家宝签署国务院令，公布了《城市生活无着的流浪乞讨人员救助管理办法》，6 月 22 日，经国务院第 12 次常务会议通过的《城市生活无着的流浪乞讨人员救助管理办法》正式公布，并将于 2003 年 8 月 1 日起施行，1982 年 5 月 12 日国务院发布的《城市流浪乞讨人员收容遣送办法》同时废止。

正或废止。

如果在审查中遇到被审查的对象既违反宪法又违反法律或上位法的情形，那么，应当结合实际情况进行审查。通常情况下，应当遵循的首要审查原则是合法性审查优先。在被审查对象的上位法推定合宪之下，首先判断合法性问题，如果能够在合法性审查的层面解决合宪性问题，就不一定进行合宪性审查；如果被审查的对象所依据的上位法违宪，则再进行合宪性审查；如果被审查对象所依据的上位法缺乏，则直接进行合宪性审查。譬如，2015 年 5 月 7 日财政部、国家税务总局联合发布的《关于调整卷烟消费税的通知》要求，从 5 月 10 日始，我国卷烟批发环节从价税税率由 5% 提高至 11%，并按 0.005 元 / 支加征从量税。此次烟草税价调整影响广泛。统计显示，除了 3 亿多个烟民，目前我国还有 160 多万户烟农，520 多万家烟草零售商，从生产到销售全链条与烟草行业相关的人数多达 2 000 万。这种部委文件明显是既违宪又违法的。只要首先进行合法性审查即可解决合宪性问题，即根据新修改的《立法法》第 11 条关于"税种的设立、税率的确定和税收征收管理等税收基本制度"的事项只能制定法律的规定，判定其违反《立法法》税收法定之规定，即可解决合宪性问题。

只有把合宪性审查与合法性审查在审查程序上加以界分，才能彻底避免两类审查制度的混同，使我国的合宪性审查真正获得新生，使合宪性审查制度真正发挥其监督宪法实施的功能。

（二）备案审查是一种中国式的宪法审查

任何一个社会或国家的制度建构必然以本国的政治、经济、文化、历史传统为本，带有一国地域性之烙印。正所谓世界上没有最好的制度，只有最适合一国、一社会实际的制度。以全球化视阈察之，世界各国建立的"合宪性审查"制度林林总总，按学术通说，已存三类，即美国式的普通法院审查制、奥地利与德国式的宪法法院审查制，以及法国式宪法委员会审查制。基于中国特色或中国模式之独特性，中国所建构的"合宪性审查"制度不能归类于上述三种通式制度之任一种，而属于独立的第四种合宪性审查制度，或曰中国式合宪性审查制度。[1]

此外，法律不是我国备案审查的对象。从我国现行宪法法律关于备案审查制所建构的内容考察看，无疑是把法律排除在备案审查之外。其根据在于：（1）现行宪法未将与宪法相抵触的法律纳入审查的范围，表现在未规定与宪法相抵触的法律由哪一个国家机关实施审查；（2）《立法法》与《工作办法》仅仅就行政法规、地方性法规、自治条例和单行条例违宪时的备案审查作出了规定，而未对法律的合宪性实施审查问题进行规制；（3）《监督法》则未就法律是否违宪以及合宪性审查问题作出任何规定。

四、宪法监督程序之审视

单纯从宪法文本分析，我国实际上已经初步建立起了合乎代议机关宪法监督体制的相应程序。然而问题在于：上述宪法监督程序对于公民基本权利的保障与宪法权威的树立似乎没有发挥其应有的作用。程序的功效如果在现实生活中没有发生其效能，该程序就值得人们反思与深

---

[1] 范进学：《中国宪法实施与宪法方法》，上海三联书店 2014 年版，第 120—125 页。

省：程序失效之因何在？我们从程序设定的监督主体、程序设定的场景与提起主体、程序监督的客体及其合理性等方面进行思考。

（一）程序设定的监督主体

我国的宪法监督程序是基于我国宪法所规定的宪法监督主体而设定的，而这一监督主体是全国人大及其常委会，以下分别予以考察。

1. 作为宪法监督主体的全国人大

全国人大作为宪法监督主体源于 1954 年《宪法》第 27 条关于全国人大监督宪法实施之规定，1982 年《宪法》赋予的监督权限是改变或者撤销全国人民代表大会常务委员会不适当的决定。从赋权至今已四十余年，事实上，全国人大却从未改变或撤销过全国人大常委会"不适当"的决定。全国人大为什么没有监督的个案？这需要从三个方面予以考量：一是全国人大的构成与任务；二是全国人大常委会作出"不适当"的决定是否可能？三是即便可能作出不适当决定，全国人大能否监督？

首先，全国人大是一个由兼职代表组成的近三千人的机关，一年仅召开一次会议，会期为十天左右[1]，会议期间大会要讨论的主要事项已经由全国人大常委会事前作出明确安排与部署（《全国人大组织法》第 2 条）。按照制度性惯例，代表的职责主要是听取国务院总理的政府工作报告、最高人民法院院长的工作报告、最高人民检察院检察长的工作报告以及全国人大常委会工作报告、立法和监督等必须审议表决的议

---

[1]　除了新一届全国人大第一次会议从 3 月 5 日至 18 日（共 14 天）外，其他一年一度的会议一般为每年的 3 月 5 日至 13 或 14 日（如 2009 年第十一届我国人大第二次会议自 3 月 5 日至 13 日共计 9 天，2010 年、2011 年、2012 年则为每年的 3 月 5 日至 14 日共计 10 天）。

程。[1]由于人数众多、会期较短、任务明确，因此全国人大既无时间又无精力进行监督。

其次，全国人大常委会能否作出"不适当"的决定？无论在理论还是立法实践上，实际上都有作出"不适当"的可能，因为它是立法机

---

[1] 2009 年第十一届全国人民代表大会第二次会议议程是：听取和审议国务院总理温家宝关于政府工作的报告；审查和批准 2008 年国民经济和社会发展计划执行情况与 2009 年国民经济和社会发展计划草案的报告、批准 2009 年国民经济和社会发展计划；审查和批准 2008 年中央和地方预算执行情况与 2009 年中央和地方预算草案的报告、批准 2009 年中央预算；听取和审议全国人民代表大会常务委员会委员长吴邦国关于全国人民代表大会常务委员会工作的报告；听取和审议最高人民法院院长王胜俊关于最高人民法院工作的报告；听取和审议最高人民检察院检察长曹建明关于最高人民检察院工作的报告。

　　2010 年第十一届全国人民代表大会第三次会议议程是：听取并表决关于政府工作报告的决议草案、关于 2009 年国民经济和社会发展计划执行情况与 2010 年国民经济和社会发展计划的决议草案、关于 2009 年中央和地方预算执行情况与 2010 年中央和地方预算的决议草案、关于修改中华人民共和国全国人民代表大会和地方各级人民代表大会选举法的决定草案、关于全国人民代表大会常务委员会工作报告的决议草案、关于最高人民法院工作报告的决议草案、关于最高人民检察院工作报告的决议草案、关于确认全国人大常委会接受李东生辞去全国人大常委会委员职务的请求的决定草案。

　　2011 年第十一届全国人民代表大会第四次会议议程是：听取和审议政府工作报告；审查和批准国民经济和社会发展第十二个五年规划纲要；审查和批准 2010 年国民经济和社会发展计划执行情况与 2011 年国民经济和社会发展计划草案的报告，批准 2011 年国民经济和社会发展计划；审查和批准 2010 年中央和地方预算执行情况与 2011 年中央和地方预算草案的报告，批准 2011 年中央预算；听取和审议全国人民代表大会常务委员会工作报告；听取和审议最高人民法院工作报告；听取和审议最高人民检察院工作报告。

　　第十一届全国人民代表大会第五次会议议程是：听取和审议政府工作报告；审查和批准 2011 年国民经济和社会发展计划执行情况与 2012 年国民经济和社会发展计划草案的报告，批准 2012 年国民经济和社会发展计划；审查和批准 2011 年中央和地方预算执行情况与 2012 年中央和地方预算草案的报告，批准 2012 年中央预算；审议全国人民代表大会常务委员会关于提请审议《中华人民共和国刑事诉讼法修正案（草案）》的议案；审议全国人民代表大会常务委员会关于提请审议《第十一届全国人民代表大会第五次会议关于第十二届全国人民代表大会代表名额和选举问题的决定（草案）》的议案；审议全国人民代表大会常务委员会关于提请审议《中华人民共和国香港特别行政区选举第十二届全国人民代表大会代表的办法（草案）》的议案；审议全国人民代表大会常务委员会关于提请审议《中华人民共和国澳门特别行政区选举第十二届全国人民代表大会代表的办法（草案）》的议案；听取和审议全国人民代表大会常务委员会工作报告；听取和审议最高人民法院工作报告；听取和审议最高人民检察院工作报告。

关，它制定的法律有可能与宪法相抵触，因此从理想设计上说，由全国人大"撤销"或"改变"其常委会作出的"不适当"的决定无疑是正确的。但是，由于宪法既赋予了全国人大常委会立法权，又赋予了其释宪权与释法权，一个既可立法又可释宪释法的机关，能够作出"不适当"的决定吗？全国人大常委会对宪法与法律的解释具有最终的法律效力，其制定的法律实际上就是对宪法某一方面的解释，因此不可能存在"不适当"的决定。

最后，即使全国人大常委会作出了不适当的决定，这种"不适当"也只能由全国人大来判断。全国人大判断的时期只能在全国人大开会期间，前提是全国人大主席团、全国人大各专门委员会、国务院、中央军委、国家监察委员会、最高人民法院或最高人民检察院向全国人大提出了"改变"或"撤销"全国人大常委会不适当的决定的议案，然而，出于会期短与大会讨论问题为事先安排等原因，这种情况出现的可能性很低，至少到目前为止，还从未发生过。

2. 作为宪法监督主体的全国人大常委会

全国人大常委会的宪法监督权主要是撤销国务院制定的同宪法、法律相抵触的行政法规、决定和命令，以及撤销省、自治区、直辖市国家权力机关制定的同宪法、法律和行政法规相抵触的地方性法规和决议。全国人大常委会在1982年《宪法》颁布施行四十余年以来，还没有行使过宪法规定的职责，个中原因值得思考与分析。从现实看，国务院与地方国家权力机关制定的行政法规或地方性法规同宪法或法律相抵触的情形是存在的，像1982年国务院制定的《劳动教养试行办法》《城市房屋拆迁管理条例》《社团登记管理条例》等，以及河南省人大常委会通过的《河南省农作物种子管理条例》等法规，都可能存在与宪法或法律相抵触的情形。

全国人大常委会在履行实施宪法监督的宪法职责方面效果不佳，主要原因可能在于：其一，《立法法》规定了法规备案审查制度，即行政法规在公布后的三十日内报全国人民代表大会常务委员会备案，省、自治区、直辖市的人民代表大会及其常务委员会制定的地方性法规报全国人民代表大会常务委员会和国务院备案；设区的市、自治州的人民代表大会及其常务委员会制定的地方性法规，由省、自治区的人民代表大会常务委员会报全国人民代表大会常务委员会和国务院备案。备案审查就是为了防止行政法规和地方性法规与宪法或法律相抵触的一种事后审查。一般违宪或违法情形通过备案之审查形式得以避免。其二，全国人大常委会缺乏专任、常设的宪法监督机构。全国人大常委会是一个人数达 300 人的机关，每两个月召开一次常委会会议，每次会议议程都事先作好安排，在常委会会议期间几乎没有时间和精力讨论行政法规或地方性法规是否违宪或违法的情况。法规是否违宪或违法需要调查研究，需要听取制定机关意见，需要作出裁决，这不是数天可以完成的，因此需要设置专门的宪法监督机构才能胜任。

（二）程序设定的场景与程序提起主体

我国宪法监督程序运用的场景有两种：第一种是全国人大或常委会开会期间；第二种是全国人大常委会闭会期间。

全国人大或全国人大常委会开会期间，可以由有关机关或者代表提出宪法监督的议案，再由全国人大或常委会进行审查。这种监督场景的设定，问题有二：一是会期内有无进行宪法监督所需要的时间？二是有权提出宪法监督议案的主体能否提出？

前文已述，无论是提出全国人大会议议案还是常委会会议议案，其提出主体基本上是全国人大各专门委员会、国务院、中央军委、国家监察委员会、最高人民法院、最高人民检察院，除此以外，全国人大主席团和全国人大常委会还是全国人大会议议案的提出主体。尽管上述主体皆有权提出全国人大宪法监督或全国人大常委会宪法监督的议案，但是如果进一步追问的话，这种可能性几乎没有：第一，上述主体为何能提起宪法监督程序？其提起的动机何在？提起宪法监督程序，要求对全国人大常委会的不适当决定进行审查，或要求对国务院的行政法规或地方权力机关通过的地方性法规进行审查，需要相应的利害关系人，上述机关不可能成为其利害关系人，因此上述机关缺乏提出宪法监督程序的直接利害动机。第二，即使提起宪法监督程序，那么由上述机关的哪一个具体部门负责提起？又由谁最终决定提起？到目前为止，由于还缺乏由各个机关提起宪法监督程序的个案，所以还无法妄断。第三，全国人大会议会期或常委会会议会期都较短，加之每次会议讨论议程和议题都由全国人大常委会事先确定，所以，由上述机关在会议期间提出宪法监督议案的可能性几乎为零。

与之相随的问题是，在全国人大闭会期间，如果发现全国人大常委会制定的法律与宪法相抵触，那么如何向全国人大提起宪法监督程序？由谁提起？向什么机构提起？审查的程序又如何？诸如此类问题，法律均无规定。因此，就全国人大的宪法监督，只设定其开会期间的宪法监督程序场景是不够完善与充分的。毕竟全国人大一年只召开一次会议，且时间短暂，在进行宪法监督方面分身乏术，因而，必须设定全国人大闭会期间的宪法监督程序。

全国人大常委会闭会期间，提出宪法监督程序的主体有两种：一是国务院、中央军事委员会、国家监察委员会、最高人民法院、最高人民检察院和各省、自治区、直辖市的人民代表大会常务委员会认为行政法规、地方性法规、自治条例和单行条例同宪法或者法律相抵触的，可以向全国人民代表大会常务委员会书面提出进行审查的要求；二是其他国家机关和社会团体、企业事业组织以及公民认为行政法规、地方性法规、自治条例和单行条例同宪法或者法律相抵触的，可以向全国人民代表大会常务委员会书面提出进行审查的建议。应当说，这种程序设计照顾到各种主体进行宪法监督的权利诉求，不但国家五大机关和地方权力机关都拥有提起宪法监督程序的权利，而且其他国家机关、社会团体、企业事业组织和公民个人都拥有提起宪法监督程序的权利，但是为什么学界和民众仍然不满意？为什么仍然没有发挥其保障公民基本权利的功能？究其原因，可能还在于四点：一是毕竟全国人大常委会是解释宪法和解释法律的唯一主体，无论哪一类主体提出宪法监督的要求或建议，最终都需由全国人大常委会作出解释；二是现实中有学者提出诸如合宪性审查的建议，往往缺乏具体的回应，从而影响了其他类似建议的提出；三是一直无先例可循；四是利害关系人的缺失，宪法监督程序一般由权利的受害者提出，才具有监督的针对性，利害关系人以外的其他人，由于缺乏利害关系，即使提出，也是基于对公共利益的维护而缺乏可持久性。

（三）程序监督的客体

全国人大及其常委会作为宪法监督主体，其监督的客体分别是全国人大常委会通过的不适当的决定或法律、行政法规和地方性法规。至于其他监督客体如行政规章、地方性规章，则不在宪法监督之中，它们属于法律监督的对象，并由国务院或地方权力机关、政府机关进行法律监督。

从宪法监督程序设定的客体分析，作为全面保障宪法实施的监督，目前宪法监督之客体范围过窄。对全国人大常委会制定的法律或作出的决定、行政法规和地方性法规之宪法审查，皆为对抽象性法律文件的审查，这固然很重要，但是还远远不够。从侵害公民基本权利的事实看，侵权主体不仅为抽象性规范文件，更包括政府的具体行为、企事业或团体组织具体行为。这些行为需纳入宪法监督之客体之中。

同时，按照法律规范性文件效力位阶之高低，将国务院对部门规章的监督、省级人大对其常委会制定和批准的地方性法规定监督、地方人大常委会对本级人民政府制定的规章的监督，以及省级政府对下级政府制定的规章的监督，都归于法律监督，即使部委行政规章、某些地方性法规、地方行政规章违背宪法，也需要由上述法定的不同监督主体予以改变或撤销，这就形成了所谓的全国人大及其常委会为宪法监督主体、其他机关协助监督的体制。笔者之所以不愿将除全国人大及其常委会以外的其他监督视为"宪法监督"，主要原因在于，其他机关的监督是以部委行政规章、某些地方性法规、地方行政规章与法律冲突为前提条件，如果这些规范性文件与宪法相冲突的话，也应当纳入宪法监督的客体之中。宪法监督主体具有唯一性，因而只能由单一的监督主体承担。其实，法律监督与宪法监督并行不悖，法律以下的规范性文件如果只与法律相抵触，就由法律监督主体实施监督，但如果法律以下的规范性文件与宪法相抵触，亦应由宪法监督主体实施宪法监督，不能将宪法监督与法律监督混同，更不得将与宪法相抵触的部委行政规章、某些地方性法规、地方行政规章，只作为法律监督之客体，这极不利于宪法的实施，主要是不利于公民基本权利的维护，因为大量侵害公民基本权利的规定，主要来自法律以外的部委行政规章、某些地方性法规、地方行政规章。

（四）程序设定的合理性

从目前宪法监督程序设定程式与步骤看，其合理性值得怀疑，主要表现在：一是程序设定步骤过于复杂、严格，不利于宪法监督的实施；二是缺乏明确的受理机构，监督无"门"；三是缺乏时效的限制，随意性较大。

我们以全国人大常委会闭会期间宪法监督程序从提起到受理、审议、表决的过程为例。如果是国务院、中央军委、国家监察委员会、最高人民法院、最高人民检察院和各省、自治区、直辖市的人大常委会作为提起监督程序的主体，那么，共需七个步骤：第一步，由常务委员会工作机构分送有关的专门委员会进行审查、提出意见。第二步，由全国人大专门委员会进行审查。审查中认为行政法规、地方性法规、自治条例和单行条例同宪法或者法律相抵触的，则进行第三步，即向制定机关提出书面审查意见；也可以由法律委员会与有关的专门委员会召开联合审查会议，要求制定机关到会说明情况，再向制定机关提出书面审查意见。第四步，制定机关应当在两个月内研究提出是否修改的意见，并向全国人民代表大会法律委员会和有关的专门委员会反馈。第五步，全国人大法律委员会和有关的专门委员会再行审查，认为行政法规、地方性法规、自治条例和单行条例同宪法或者法律相抵触而制定机关不予修改的，可以向委员长会议提出书面审查意见和予以撤销的议案。第六步，由委员长会议决定是否提请常务委员会会议审议决定。第七步，常委会会议审议并决定。

如果是其他国家机关和社会团体、企业事业组织以及公民作为提起宪法监督程序的主体，其步骤共八步，只是在上述步骤基础上，多一前置步骤，即先由常务委员会工作机构研究是否进入审查程序，如果认为有必要，才由常委会工作机构送有关的专门委员会进行审查、提出意见，然后依次按照上述步骤进行。

其中问题在于：

第一，各个程序步骤没有时效的规制。譬如国家机关和社会团体、企业事业组织以及公民提起宪法监督程序后，常委会工作机构在多长时间内进行研究并给予当事人答复？如果认为无必要进行专门审查，需要以什么形式、在多长时间内告知当事人？当事人对此不服，可否再次提起？进入审查阶段后，专门委员会在多长时间内审查完毕，然后向制定机关提出意见？全国人大法律委员会和有关的专门委员会再行审查的时间需要多久？委员长会议决定是否提请常务委员会会议审议的决定需要在什么时间内作出？如果常委会会议进行审议，需要多长时间才能作出最终决定？如果缺乏时效的约束，宪法监督就无法得以有效实施。

第二，审查周期长，监督效率降低。即便在诸多监督步骤缺乏时效的规制下，从提起到常委会会议决定，以最快的时间起算，大概也需要6个月零14天：即常委会工作机构研究7天，专门委员会审查30天，制定机关60天，全国人大法律委员会和有关的专门委员会再行审查7天，委员长会议30天，常委会会议60天，共计194天。这是按照最快的时效设计的结果，一旦其中某个阶段拖延，则更使宪法监督遥遥无期，不仅大大降低监督效率，而且影响宪法监督程序提起主体的热情与信心。

第三，程序步骤过于严苛。宪法监督之目的在于保障公民权利的救济与实现，之所以撤销或改变与宪法相抵触的法律、法规，主要是因为这些违背宪法的规范性文件可能侵害到公民的基本权利，或限制、或剥夺、或克减、或侵害公民基本权利，故应撤销或改变。因此，基于公民基本权利保障的宪法监督程序的设定应当遵循方便、简化的原则，不能让程序使人望而生畏。我们考察中国大陆设定的宪法监督程序，其中受理的主体、审查主体、决定主体皆为国家最高权力的相关机构，譬如全国人大常委会工作机构、常委会各专门委员会、委员长会议、常委会会议等，如果再考虑全国人大监督程序则需由全国人大主席团、全国人大常委会、全国人大各专门委员会、国务院、中央军委、国家监察委员会、最高人民法院、最高人民检察院向全国人大提出"改变"或"撤销"全国人大常委会不适当的决定的议案，再由主席团决定交各代表团审议。或者先交有关的专门委员会审议，提出报告；再由主席团审议决定提交大会表决；最后大会表决。这样的程序设计貌似合理，其实往往令人望而却步。无论程序的启动，还是程序的次第展开，均需要最高国家权力机关各个部门参与，实则大大提高了监督的"门槛"。过高的门槛，就会阻挡公民权利诉求的步伐。

（五）存在着国家层面和政党层面两套合宪性审查制度

本书开篇就明确提出，中国合宪性审查制度是由国家层面的合宪性审查制度与政党层面的合宪性审查制度共同构成的观点，即党内法规和规范性文件的备案审查制度与国家层面的全国人大及其常委会的宪法审查制度，以及地方权力机关的宪法审查制度。从我国宪法审查的现实出发，从尊重我国的合宪性审查机制与制度出发，这种政党层面和国家层面并存的宪法审查制度确实体现了中国合宪性审查制度的特色与风格，同时体现着我国政治制度的优势与基本特点。然而，如果从应当建构一套体系完整、内部统一、规则一致、程序法定的合宪性审查机制与制度的角度评价，那么应当将政党层面和国家层面两套合宪性审查制度实行整合，建构一套统一、完整、普遍适用的合宪性审查机制与制度。这一建议存在着其可能性与现实的合理性：

首先，党内法规备案审查标准与国家层面的合宪性审查标准是统一的。宪法是我国的根本法，具有最高的法律效力，宪法是全国各族人民、一切国家机关和武装力量、包括共产党在内的各政党和各社会团体、各企事业组织都必须共同遵守的根本的活动准则与基本规范。习近平总书记在首都各界纪念现行宪法公布施行三十周年大会上的讲话中明确指出："宪法是国家的根本法，是治国安邦的总章程，具有最高的法律地位、法律权威、法律效力，具有根本性、全局性、稳定性、长期性。全国各族人民、一切国家机关和武装力量、各政党和各社会团体、各企业事业组织，都必须以宪法为根本的活动准则，并且负有维护宪法尊严、保证宪法实施的职责。任何组织或者个人，都不得有超越宪法和法律的特权。一切违反宪法和法律的行为，都必须予以追究。"[1]《党章》也要求"党必须在宪法和法律范围内活动"。因此，无论是党内法规的备案审查，还是国家层面的合宪性审查，都把宪法作为审查各类规范性文件是否合法的法律依据与基本标准。就党内法规的审查而言，《中国共产党党内法规制定条例》第 27 条明确规定：党的审议批准机关收到党内法规草案后，在交由所属负责法规工作的机构进行审核时，其

---

[1]《党的群众路线教育实践活动学习文件选编》，党建读物出版社 2013 年版，第 44 页。

主要审核的内容就包括"是否同宪法和法律不一致"；2019 年《中国共产党党内法规和规范性文件备案审查规定》不仅在第 11 条明文规定党内法规和规范性文件备案工作要保证"同宪法和法律相一致"[1]，而且在第 19 条规定中要求，违反宪法和法律的党内法规和规范性文件，审查机关应当不予备案通过，并要求报备机关进行纠正。在国家层面上的合宪性审查，无论是《宪法》第 5 条关于的"一切法律、行政法规和地方性法规都不得同宪法相抵触"及"一切违反宪法和法律的行为，必须予以追究"的规定，还是《立法法》第 98 条关于"宪法具有最高的法律效力，一切法律、行政法规、地方性法规、自治条例和单行条例、规章都不得同宪法相抵触"的规定，以及地方规范性文件关于备案审查法规的相关规定，皆把"宪法"作为合宪性审查的最高与最终标准。可见，党内法规备案审查与国家层面的合宪性审查共同以宪法作为审查标准，因此，两套审查标准具有一致性，从而为二者的制度融合奠定了宪法规范基础。

其次，两种合宪性审查均是在党的领导下进行的。党内法规与规范性文件的备案审查工作是由党的机关直接组织实施的，国家的合宪性审查同样必须在党的领导下才能有效地发挥其功能与效能。党的十九大报

---

[1]《中国共产党党内法规和规范性文件备案审查规定》第 11 条规定："审查机关对符合审查要求的报备党内法规和规范性文件，应当予以登记，从下列方面进行审查：（一）政治性审查。包括是否认真贯彻落实习近平新时代中国特色社会主义思想，是否同党的基本理论、基本路线、基本方略相一致，是否与党中央重大决策部署相符合，是否严守党的政治纪律和政治规矩等。（二）合法合规性审查。包括是否同宪法和法律相一致，是否同党章、上位党内法规和规范性文件相抵触，是否与同位党内法规和规范性文件对同一事项的规定相冲突，是否符合制定权限和程序，是否落实精简文件、改进文风要求等。（三）合理性审查。包括是否适应形势发展需要，是否可能在社会上造成重大负面影响，是否违反公平公正原则等。（四）规范性审查。包括名称使用是否适当，体例格式是否正确，表述是否规范等。审查机关在审查中，应当注重保护有关地区和部门结合实际改革创新的积极性。"

告指出："中国特色社会主义制度的最大优势是中国共产党领导，党是
最高政治领导力量"；在各项工作中，"坚持党对一切工作的领导"且
"必须把党的领导贯彻落实到依法治国全过程和各方面"。[1]合宪性审查
是依法治国的重要环节与核心内容，无论是全国人大及其常委会的合宪
性审查还是地方规范性文件的备案审查均须贯彻党的领导，党的领导是
社会主义法治的根本要求，全面依法治国、建设社会主义法治国家与法
治体系，都必须坚持党的领导这一根本政治原则与宪法原则。合宪性审
查涉及对法律的解释与宪法的解释，而宪法或法律实质上都是党的意志
与人民意志的体现，解释宪法仅仅交由全国人大常委会可能无法胜任，
最佳的解释方式应当是由党的机关对宪法或法律事先作出实质性解释，
再由党的机关将宪法解释案或法律解释案提交全国人大常委会，由全国
人大常委会作形式上的审议通过，最终以全国人大常委会的名义发布宪
法解释案。党在合宪性审查工作中的领导必须具体化、实质化与机构
化。既然党内法规和规范性文件的备案审查与国家法律、法规、规章等
规范性文件的合宪性审查皆坚持党的领导，那么就为二者的制度融合提
供了政治规范基础。

再次，合宪性审查程序基本一致。党内法规备案审查与国家宪法审
查除了审查主体具有显著不同外，其实在审查程序上大致相同。第一，
都要求应当备案的规范性文件自发布或公布之日起 30 日内由制定机关
报送相关机关备案。第二，由备案审查机关依照相关规定交由具体机构
负责审查。第三，具体审查机构发现问题，即告知文件的制定机关，再
由制定机关提出是否修改或撤销的意见。第四，如制定机关主动对存在

---

[1]《中国共产党第十九次全国代表大会文件汇编》，人民出版社 2017 年版，第 16、18 页。

问题的规范性文件进行修改或撤销，审查程序终止；若制定机关不主动修改或撤销，则由相关机构提出意见，最终由审查机关决定是否予以撤销。两套审查制度的程序基本相同，从而为二者的制度融合提供了制度规范基础。

最后，构建混合型合宪性审查机构既是可能的，更是现实的。中国国家意义上的合宪性审查制度之所以未见成效，与党、政两套审查制度的分离具有很大的关系。党的备案审查机制或合宪性审查制度与国家意义上的合宪性审查制度各自为政，国家意义上的宪法审查或合宪性审查仅仅强调全国人大及其常委会的国家机关自身作用，而未能从党的领导层面加以考量。如果合宪性审查仅仅依靠全国人大及其常委会，而脱离党中央的具体领导与参与，往往无法推动宪法审查的实质性进展。早在 2002 年 12 月 4 日，胡锦涛同志在首都各界纪念中华人民共和国宪法公布施行二十周年大会上的讲话中就明确提出："要抓紧研究和健全宪法监督机制，进一步明确宪法监督程序，使一切违反宪法的行为都能及时得到纠正。"十年之后的 2012 年 12 月 4 日，习近平总书记在首都各界纪念现行宪法公布施行三十周年大会上的讲话中再次重申"健全监督机制和程序，坚决纠正违宪违法行为"的要求。从 2013 年 11 月《中共中央关于全面深化改革若干重大问题的决定》提出"要进一步健全宪法实施监督机制和程序，把全面贯彻实施宪法提高到一个新水平"的要求，到 2014 年 10 月《中共中央关于全面推进依法治国若干重大问题的决定》提出"完善全国人大及其常委会宪法监督制度，健全宪法解释程序机制。加强备案审查制度和能力建设，把所有规范性文件纳入备案审查范围，依法撤销和纠正违宪违法的规范性文件"的明确要求，从党的十九大报告提出"加强宪法实施和监督，推进合宪性审查工作，维护宪法权威"的新要求，到党的十九届四中全会提出强调"健全保证宪法全面实施的体制机制。加强宪法实施和监督，落实宪法解释程序机制，推进合宪性审查工作"，二十多年的时间中，党中央一直强调宪法监督机制与程序建设，而这种宪法监督机制与程序实质是合宪性审查机制与合宪性审查程序及宪法解释程序建设。然而，二十多年过去了，针对宪法监督机制与程序制度可谓说得多、行动少，迄今为止仍未从制度上确立其宪法监督机制与程序。

　　为什么宪法监督机制与程序制度一直未确立起来？究其原因可能很多，但在笔者看来，最主要的原因可能在于过分突出全国人大及其常委会的国家机关作用，而忽视了党中央对于这一机制与制度的领导与参与作用。全国人大虽然是最高国家权力机关，却不是"最高监督机关"。曾担任全国人大常委会委员长的李鹏同志于1998年8月26日参加常委会对监督法草案分组审议，针对有的同志提出的"全国人大是最高国家权力机关，因此也是最高监督机关"的观点，指出："这不符合实际……全国人大和最高国家权力机关，但要在中国共产党的领导下工作，这是我们中国政治的特点。离开了这个原则，就处理不好党和人大的关系，位置摆不正，各方面的工作就都做不好了。如果人大的工作不是加强党的领导而是削弱党的领导，那么人大的工作就违背了我们国家的体制……人大也不应该是最高的监督机构。在中国，人大是在党的领导下的国家权力机关，党的领导不直接对人大发号施令，而是通过人大党组对人大工作进行领导，通过法定的程序把党的主张变为国家意志。"[1]李鹏基于中国政治制度的实际，揭示了党与人大之间的内在关

---

[1]　李鹏：《立法与监督——李鹏人大日记》（下），新华出版社、中国民主法制出版社2006年版，第562—563页。

系，即全国人大及其常委会毕竟是党领导下的国家权力机关，如果人大的工作离开了党的领导，位置摆不正，的确各方面的工作就都做不好。质言之，全国人大的工作必须紧密依靠党的领导，并在党的领导下开展宪法监督与审查工作，从这一角度来反思中国宪法监督机制与程序制度建设，就会发现，在强调人大作用的时候，并未重视和突出党的引领与具体参与作用。

因此，在中国，无论如何加强和完善宪法监督机制和程序制度建设，都必须突出党在制度建设中的引领作用，并由党的组织直接参与宪法监督机制与程序制度设计与建设。从该意义上说，突破合宪性审查机制与制度建设的瓶颈，关键是要构建由党内法规备案审查机关与国家层面的备案审查机关共同组成的混合型合宪性审查制度，由党中央直接推动合宪性审查机制与程序制度的确立与完善。譬如党中央首先通过一个《中共中央关于推动合宪性审查工作若干问题的意见》，明确规定成立一个由中共中央主导的合宪性审查工作领导小组，组长由党的总书记担任，成员由全国人大常委会委员长、国务院总理、中央纪委书记、分管宣传的政治局常委组成。同时在中央委员会成立"宪法监督审查委员会"，在全国人大及其常委会成立"宪法监督审查委员会"。党中央的"宪法监督审查委员会"与全国人大及其常委会的"宪法监督审查委员会"合署办公，真正实现混合型宪法监督审查机制。

（六）合宪性审查逻辑上的断裂

所谓合宪性审查逻辑上的断裂，指目前我国的备案审查或合宪性审查程序设计内置错误，堵塞了宪法解释之道，使合宪性审查在自身逻辑上断裂。

目前党内规范和规范性文件的备案审查与国家意义上的备案审查与合宪性审查，无论是主动审查还是被动审查，均在审查程序上存在着堵塞宪法解释之道的障碍，这种障碍使宪法解释几无可能。

第一，我们来看党内法规备案审查制度相关规定。《中国共产党党内法规和规范性文件备案审查规定》规定，审查中发现党内法规和规范性文件存在包括"同宪法和法律不一致"问题的，审查机关可以发函要求报备机关纠正，也可以由报备机关主动纠正，报备机关应当在30日内作出处理并反馈处理情况，逾期不作出处理，且无正当理由的，审查机关可以作出撤销的决定。

根据上述党内法规规定，党的备案审查机关若发现党内法规同宪法不一致的问题，先是建议报备机关自行纠正，只有在报备机关拒绝自我纠正的情形下，才由审查机关决定。问题在于，党内规范性文件的制定机关指中央纪律检查委员会、中央各部门和省、自治区、直辖市党委，试想，无论是中央纪委，还是其他党委，在中央负责备案审查的机关发现了规范性文件中的合宪性问题而建议报备机关自我纠正时，这些报备机关能够拒绝自我纠正吗？在民主集中制的党的权力体制结构中，报备机关的负责人都是上级党委选拔任命的，所以可以肯定，不会出现与中央相对抗的"报备机关"，百分之百会按照中央相关审查机关的建议进行自我修正，备案审查程序至此终止。因此，通过报备机关的自我纠正，就无须再由审查机关决定予以纠正或撤销，从而使党内法规和规范性文件备案审查程序不会走到底。当然，即使最终由审查机关决定予以纠正或撤销，也必须涉及对宪法的理解与解释问题，但是由于党的机关不具有解释宪法的宪法职权，关于宪法的解释仍然需要通过全国人大常委会进行。然而，由于最终不能进入宪法解释程序之内，所以这一规定形同虚设。

第二，我们看国家法律与地方法规关于合宪性审查程序的规定。

《立法法》第 112 条规定：（1）全国人民代表大会专门委员会、常务委员会工作机构在审查中认为行政法规、地方性法规、自治条例和单行条例同宪法或者法律相抵触的，可以向制定机关提出书面审查意见；也可以由宪法和法律委员会与有关的专门委员会、常务委员会工作机构召开联合审查会议，要求制定机关到会说明情况，再向制定机关提出书面审查意见。（2）制定机关应当在两个月内研究提出是否修改或废止的意见，并向全国人民代表大会宪法和法律委员会、有关的专门委员会或者常务委员会工作机构反馈。（3）全国人民代表大会宪法和法律委员会、有关的专门委员会、常务委员会工作机构根据前款规定，向制定机关提出审查意见，制定机关按照所提意见对行政法规、地方性法规、自治条例和单行条例进行修改或者废止的，审查终止。（4）全国人民代表大会宪法和法律委员会、有关的专门委员会、常务委员会工作机构经审查认为行政法规、地方性法规、自治条例和单行条例同宪法或者法律相抵触，或者存在合宪性、合法性问题需要修改或废止，而制定机关不予修改的，应当向委员长会议提出予以撤销的议案、建议，由委员长会议决定提请常务委员会会议审议决定。

《贵州省各级人民代表大会常务委员会监督条例》第 44 条与第 45 条规定：（1）规范性文件审查中，常务委员会法制工作机构或者承担备案审查工作的机构，认为规范性文件有包括"同宪法、法律、法规相抵触"的情形的，应当与有关专门委员会或者常务委员会有关工作机构进行研究，必要时通知制定机关派员说明情况，并提出审查意见交制定机关自行处理。（2）常务委员会法制工作机构或者承担备案审查工作的机构认为规范性文件应当修改或者撤销而制定机关不予修改或者撤销的，可以提出处理建议，由主任会议决定向制定机关提出书面审查意见。制定机关收到书面审查意见后，应当在两个月内提出处理报告。（3）制定机关拒不修改或者撤销的，由主任会议提请常务委员会会议审议，决定是否撤销。

《海南省实施〈中华人民共和国各级人民代表大会常务委员会监督法〉办法》第31条规定，专门委员会或者人大常委会工作机构经审查认为报送备案审查或者建议审查的规范性文件存在"同宪法、法律、法规或者本级人大及其常委会作出的决议、决定相抵触的"的情形之一的，书面报告法制委员会、法制工作委员会审查确认后，作如下处理：（1）向主任会议提出书面审查报告，经主任会议同意后，书面建议制定机关修改或者废止。制定机关应当在接到书面建议后六十日内作出修改或者废止的决定，并将修改或者废止情况书面报告人大常委会。（2）制定机关拒不修改或者废止的，由人大专门委员会或者人大常委会工作机构向主任会议提出撤销、部分撤销的议案或者建议，由主任会议决定提请本级人大常委会审议作出撤销或者部分撤销的决议、决定。

《安徽省各级人民代表大会常务委员会监督条例》第30条规定：在规范性文件审查中，认为规范性文件同宪法、法律、法规相抵触或者不适当的，由人民代表大会法制委员会或者常务委员会承担备案审查工作的机构，会同有关专门委员会、常务委员会工作机构研究后，交制定机关研究处理。制定机关不予纠正的，法制委员会或者承担备案审查工作的机构应当向主任会议报告，由主任会议决定是否提请常务委员会会议审议决定。

《西藏自治区立法条例》第56条规定：自治区人民代表大会党务委

员会应当对报请批准的设区的市的地方性法规的合法性进行审查。同宪
法、法律、行政法规和自治区的地方性法规、自治条例、单行条例不相
抵触的，应当在四个月内予以批准；同宪法、法律、行政法规和自治区
的地方性法规、自治条例、单行条例相抵触的，可以不予批准，也可以
附条件修改意见予以批准或者退回修改后再提请批准。

上述国家立法与地方立法中，不论是主动审查，还是被动审查的相
关程序，其程序上的设定都是在审查的基础上向规范性文件的制定机关
提出书面审查意见，需要修改的，最终是由制定机关自身对违宪的相关
文件予以修改或废止。尽管《立法法》设定了全国人大常委会审议决定
予以最终撤销的程序，但这一程序几乎是备而不用、束之高阁的。试
想，任何规范性文件的制定机关，一旦其制定的规范性文件被全国人大
常委会认定为违宪而要求修改，制定机关会冒着违宪风险与全国人大常
委会对抗吗？通常的情况是，制定机关对相关文件予以自我修改或废
止，因而几乎不大可能让程序走到底，最后眼看着由全国人大常委会来
撤销。假若这种可能不会发生，所有被认定为违宪的规范性文件均由制
定机关自我修改或废止，那么合宪性审查案几无成为宪法解释案之可
能。同样，地方性法规关于合宪性审查的规定，也都是在建议制定机关
自我修改或废止而被拒绝的前提下，由地方具体审查机构向地方人大常
委会主任会议提出修改或废止的建议，再由主任会议提请地方人大常委
会决定作出相关决定。自然这一程序设置也是备而不用的，理由基本一
致，即地方规范性文件的制定机关也不会违背地方人大常委会的意志，
拒绝修改或废止与宪法相抵触或不一致的修改或废止的建议。

有学者为了打通宪法解释之道，最终形成中国的合宪性审查机制，
建议让最高人民法院发挥桥梁与纽带作用，运用法律上所赋予的针对违

宪的规范性文件具有提请审查要求权，主动向全国人大常委会针对违宪的规范性文件提出合宪性审查的要求，再由全国人大常委会作出是否违宪的正式判断，进而期待出现中国的合宪性审查机制。[1]这种观点虽然具有一定的现实性与可操作性，但仍无可能，原因就在于《立法法》第112条关于合宪性审查程序的设定。即便最高人民法院在审判实践中遇到所适用的规范性文件可能存在合宪性问题而提请全国人大常委会进行合宪性审查，进而希望由全国人大常委会对宪法作出解释，也必须按照《立法法》第112条的程序规定，最终负责审查的机构只能向制定机关提出审查意见，而制定机关一旦对违宪的规范性文件进行修改或废止，就无法进入全国人大常委会就与违宪规范性文件相关的宪法条款进行解释的程序通道，从而基本上堵塞了宪法解释的可能。因此，问题的关键在于：只有在全国人大常委会负责具体审查的机构认定制定机关所制定的规范性文件违反宪法而制定机关拒绝修改的情形下，才能最后进入宪法解释之道的可能性。可是，这种可能是以制定机关拒绝接受审查机构的书面意见为前提的。

如果要构建我国合宪性审查制度，就必须废除这一预设的程序前提，一旦由负责审查的机构认定是违宪的，就必须直接提请全国人大常委会委员长会议，由委员长会议决定向全国人大常委会提出宪法解释案，最终由常委会审议并作出正式宪法解释案。

---

[1]　林来梵：《建构宪法实施的动力机制》，载《人民法治》2015年2—3月号。

第十一章
合宪性审查机制的完善

我国合宪性审查制度与机制的完善，必须遵循习近平新时代中国特色社会主义思想，从适合我国自身的政治体制与制度与尊重现阶段合宪性审查制度自身的特点与优势出发，构建适合中国国情的合宪性审查制度。本章所提出的完善方法与建议都以此为基点进行考量。

一、确立我国合宪性审查制度的基本原则

由于我国合宪性审查制度的特殊性，在现阶段，从我国国情与现实出发，要真正推动合宪性审查工作不断发展，就必须首先确立两个基本原则：一是基本法律不予审查原则；二是党内法规和规范性文件不予审查原则。

（一）基本法律不予审查原则

"基本法律"一词在我国首次出现是在 1980 年 8 月 26 日彭真同志

向五届全国人大第三次会议作的常委会工作报告中，他谈到民法和民事诉讼法时称其"是很重要的基本法律"[1]。1982年《宪法》文本才第一次正式出现"基本法律"这一术语，《宪法》第62条第3款规定全国人大行使"制定和修改刑事、民事、国家机构的和其他的基本法律"；对于全国人大常委会的职权，《宪法》第67条第2款和第3款规定：常委会行使"制定和修改除应当由全国人民代表大会制定的法律以外的其他法律"的职权，以及"在全国人民代表大会闭会期间，对全国人民代表大会制定的法律进行部分补充和修改，但是不得同该法律的基本原则相抵触"。2000年3月，由第九届全国人大第三次会议通过的《立法法》第7条又重申了1982年《宪法》的上述规定。[2]然而，《宪法》《立法法》及历届全国人大常委会工作报告、全国人大及其常委会的其他正式文件，均未对"基本法律"的内涵如标准、位阶效力等作出权威性解释。目前只是学者从学术研究与探讨的角度，对"基本法律"进行了分析与阐释[3]，譬如韩大元与刘松山在《宪法文本中"基本法律"的实证

---

[1]　彭真：《全国人民代表大会常务委员会工作报告》(1980年)，载《全国人民代表大会常务委员会公报》1980年第5期。

[2]　2000年3月15日第九届全国人大第三次会议通过的《中华人民共和国立法法》第7条规定：全国人民代表大会和全国人民代表大会常务委员会行使国家立法权。全国人民代表大会制定和修改刑事、民事、国家机构的和其他的基本法律。全国人民代表大会常务委员会制定和修改除应当由全国人民代表大会制定的法律以外的其他法律；在全国人民代表大会闭会期间，对全国人民代表大会制定的法律进行部分补充和修改，但是不得同该法律的基本原则相抵触。

[3]　具体文章可参见：韩大元、刘松山：《宪法文本中"基本法律"的实证分析》，载《法学》2003年第4期；薛佐文：《论"基本法律"和"法律"的性质和地位》，载《西南政法大学学报》2003年第2期；韩大元、王贵松：《中国宪法文本中"法律"的涵义》，载《法学》2005年第2期；薛佐文：《对立法权限度的法理思考——专论全国人大与全国人大常委会的立法权限》，载《河北法学》2008年第2期；莫纪宏：《论宪法与基本法律的效力关系》，载《河南社会科学》2010年第5期；马英娟：《再论全国人大法律与全国人大常委会法律的位阶判断》，载《华东政法大学学报》2013年第3期；李克杰：《中国"基本法律"概念的流变及其规范化》，载《甘肃政法学院学报》2014年第3期，等等。

分析》一文中认为：“基本法律是指由全国人民代表大会制定的仅次于
宪法而高于其他法律的对国家政治、经济和社会生活某个领域重大和全
局性事项作出规范的法律。”

从宪法规定分析，“八二宪法”第一次赋予了全国人大常委会行使
“国家立法权”的职权，在此之前全国人大是“唯一”行使“国家立法
权”的机关。[1]之所以 1982 年《宪法》赋予作为全国人大常设机关的
常委会国家立法权，立宪者的考量是：“由于全国人大代表人数较多，
不便经常进行工作、行使职权……因此，草案将原来属于全国人大的一
部分职权交由它的常委会行使，扩大全国人大常委会的职权和加强它的
组织，更好地发挥国家最高权力机关的作用。”[2]因此，全国人大常委会
拥有的立法权是由全国人大立法权派生出来的。[3]结合 1982 年《宪法》
第 62 条与第 67 条关于全国人大及其常委会的立法职能之规定与彭真同
志《关于中华人民共和国宪法修改草案的说明》，笔者认为，立宪的基
本意图是划分全国人大及其常委会的立法权限，即全国人大制定哪些法
律，常委会制定哪些法律，而不是对“基本法律”和非基本法律进行定
义上的界分，从全国人大制定的包括基本法律与非基本法律在内的全部

---

[1] 1954 年宪法规定：“全国人民代表大会是行使国家立法权的唯一机关”，全国人民代表大
会行使“制定法律”的职权；全国人大常委会行使“解释法律”和“制定法令”的职权。
1955 年 7 月，第一届全国人大第二次会议通过了《关于授权常委会制定单行法规的决议》，
该决议授予了全国人大常委会制定单行法规的权力；1959 年 4 月，第二届全国人大第一次
会议通过决议，进一步授权全国人大常委会在全国人大闭会期间，根据实际情况的发展和
工作的需要对现行法律中的一些不再适用的条文，适时地加以修改，作出新的规定；1978
年宪法第一次正式赋予了全国人大常委会“解释宪法”的权力。

[2] 彭真同志于一九八二年四月二十二日在第五届全国人民代表大会常务委员会第二十三次会
议上作《关于中华人民共和国宪法修改草案的说明》。参见许崇德：《中华人民共和国宪法
史》(下卷)，福建人民出版社 2005 年版，第 437 页。

[3] 薛佐文：《论“基本法律”和“法律”的性质和地位》，载《西南政法大学学报》2003 年第
2 期，第 82 页。

法律，到常委会制定的一部分法律，就是除全国人大制定的法律以外的"其他法律"，因此，宪法关于全国人大及其常委会立法职权的划分规定，表达了五层含义：一是全国人大有权"制定刑事、民事、国家机构的和其他的基本法律"；二是全国人大有权制定"刑事、民事、国家机构的和其他的基本法律"以外的法律；[1]三是"由全国人民代表大会制定的法律"包括基本法律与非基本法律；四是全国人大常委会制定除应当由全国人民代表大会制定的法律以外的其他法律，也就是说，常委会可以制定除全国人大制定的法律（包括基本法律与非基本法律）以外的（非基本）法律；五是全国人大闭会期间，常委会在不得同全国人大制定的法律的基本原则相抵触的前提下，可以对全国人大制定的法律（包括基本法律）进行部分补充和修改。

从 1982 年《宪法》的上述规定看，宪法只是规定了全国人大常委会可以分享全国人大的国家立法权的职权。换言之，1982 年之前，所有的国家法律均由全国人大制定，其中就包括基本法律与非基本法律；由于 1982《宪法》赋予了全国人大常委会与全国人大共享"国家立法权"的权力，所以全国人大常委会自然可以制定"除全国人大制定的法律以外的其他法律"；然而由于全国人大有权"制定刑事、民事、国家机构的和其他的基本法律"，由此可推知，"基本法律"制定主体只能为全国人大，作为全国人大常设机关的常委会不能制定"基本法律"，而

---

[1] 有学者认为：从法理上讲，1982 年宪法实施后，全国人大就只能制定"基本法律"而不能再制定"其他法律"了（参见薛佐文：《论"基本法律"和"法律"的性质和地位》，载《西南政法大学学报》2003 年 3 月第 4 卷第 2 期）。这一观点不符合《宪法》第 67 条第 2 款关于"全国人民代表大会制定的法律"的立法意图，宪法文本的字词不是可有可无的，这里之所以使用"法律"而非"基本法律"，就清楚地表明立宪者心中的"法律"包括基本法律与非基本法律，这一理解与解释也符合宪法条款的体系解释。

只能制定"基本法律"之外的"非基本法律"。由于全国人大常委会是从属于全国人大的创设机关，其立法权是由全国人大立法权派生而来的，要对全国人大负责并报告工作，也有可能制定或通过"不适当"的决定，所以《宪法》第 62 条第 11 款又赋予了全国人大对其常设机关即常委会制定或通过的"不适当"的决定予以"改变"或"撤销"的审查监督权，从而为全国人大常委会制定的法律由全国人大进行合宪性审查提供了宪法依据。而对于全国人大自身制定的"基本法律"，除了《宪法》第 5 条要求"一切法律"都不得同宪法相抵触外，宪法并未规定具体由谁进行审查监督。由于人民代表大会制是我国的根本政治制度，因此否定了西方国家那种权力制衡式的由全国人大（议会）之外的第三者机构对全国人大（议会）制定的基本法律进行审查的可能性。所以，全国人大制定的"基本法律"不可能受到最高国家权力机关之外的其他权力机关的监督与审查，即使另设一个独立于全国人大的机构，如"宪法法院"或"宪法委员会"的制度构建，也不符合我国的政治制度与政治体制，并将与之背道而驰。如此看来，全国人大制定的基本法律具有不可审查性。如若审查，也只能由全国人大自己进行自我审查。然而，这种自我审查应当不属于合宪性审查范畴，自己针对自己起草或制定的规范性文件，对照"宪法"进行自我审查，使自己制定的基本法律不与宪法相抵触，这是立法者的基本要求，问题是制定出来的"基本法律"是否与宪法相抵触，由谁进行合宪性审查？由于该问题在现行宪法中没有规定，《立法法》也未对基本法律的合宪性审查作出规定，所以，从学理上推论，基本法律的合宪性问题属于自我审查的问题，而不应当由全国人大之外的其他机关进行审查。

从我国法律体系的法律数量看，最庞大的是法规群与规章群，违宪或违法的规范性文件多属于行政法规、地方性法规与政府规章等规范性文件。在"孙某刚事件"发生后的 2003 年 5 月 14 日，北京大学法学院博士毕业、任教于华中科技大学法学院的俞某，中国政法大学法学院的腾某彪以及北京邮电大学法学院的许某永三人以公民个人的名义，针对国务院 1982 年制定的《城市流浪乞讨人员收容遣送办法》向全国人大常委会提起了合宪性审查建议书。三位博士认为，国务院 1982 年颁布的《城市流浪乞讨人员收容遣送办法》与中国宪法和有关法律相抵触，作为中华人民共和国公民，他们建议全国人大常委会就《城市流浪乞讨人员收容遣送办法》的合宪性进行审查。正是该建议，开启了中国普通公民向全国人大常委会提起合宪性审查建议的先河。此后，公民个人向全国人大常委会提起合宪性审查建议的对象几乎都是行政法规、地方性法规或政府规章，几乎没有针对基本法律的案例，近年来针对普通法律的合宪性审查仅有 1 起。2003 年 6 月 21 日北京理工大学胡星斗教授针对《国务院关于劳动教养问题的决定》向全国人大常委会发出了《对劳动教养的有关规定进行违宪违法审查的建议书》；2004 年 1 月，广东省政协委员朱征夫等也共同发起要求废除劳教的提案，要求广东先行一步废除劳教制度；2007 年 11 月 29 日，江平、茅于轼、胡星斗等 69 名学界专家以公民名义，联名向全国人大常委会和国务院递交针对劳教制度的"合宪性审查建议书"。2012 年，一份由 15 位国内法学、人口学学者联名签署的修法建议书被寄送至全国人大，建议审查修改由全国人大常委会制定的《人口与计划生育法》、取消对公民生育权的限制、废止生育审批制度、废止社会抚养费制度。自 2017 年全国人大常委会法制工作委员会向全国人大常委会报告备案审查工作情况以来，由公民个人提出的合宪性或涉宪性问题的审查建议共计 10 份，涉及收容教育制度（2018）、公安交通部门查阅复制当事人通信记录（2019）、人身损害赔偿案件中城镇与农村居民补偿标准二元制（2020）、上级人民检察院调用辖区内检察人员办理案件（2022）、对涉罪重点人员的配偶、子女、父母和其他近亲属在受教育、就业、社保权利进行限制（2023）、因犯罪受过刑事处罚者进行职业限制（2024）等方面存在的与宪法规定不一致的问题。诸如此类的公民提起合宪性审查的建议案，几乎都针对行政法规或地方性法规，针对普通法律的只有全国人大常委会制定的《人口与计划生育法》的合宪性审查建议案这一份。因此，在我国，只要普通法律、法规或规章等规范性文件的合宪性问题解决了，合宪性问题就能够得到解决。

　　基本法律不予审查原则确立的意义就在于：第一，避免了全国人大对自己制定的基本法律进行自我审查的批评与指责。全国人大作为最高国家权力机关，其制定的基本法律具有"基础规范"的作用与功能，在实践上对其不予审查，是充分相信基本法律不会违反宪法，即便违宪，也相信全国人大可以通过严格的法律制定程序与自我完善机制进行妥当处理。第二，避免全国人大常委会作为常设机关监督全国人大的权力逻辑上的悖论。在宪法设计上，全国人大常委会是全国人大的常设机关，自身隶属于全国人大，向全国人大负责并报告工作；若在合宪性审查实践中，由常委会审查全国人大制定的基本法律是否违宪，在权力逻辑上是矛盾的，在现实中也是不可能的。第三，将全国人大常委会合宪性审查工作的重点放在法律之外的法规、规章与司法解释等规范性文件上，就抓住了事物的主要矛盾。只要法律外的规范性文件的合宪性问题解决了，宪法的权威就能够树立起来，公民的宪法权利或人权就能够得到保障。

（二）党内法规和规范性文件不予审查原则

我国《宪法》《立法法》《监督法》《行政法规、地方性法规、自治条例和单行条例、经济特区法规备案审查工作程序》及《司法解释备案审查工作程序》等规范性法律文件，皆把合宪性审查的对象局限于法律、法规、自治条例和单行条例、规章以及司法解释等，而没有将党内法规和规范性文件纳入国家意义上的合宪性审查范围之中。国家意义上的规范性法律文件对党内法规和规范性文件的合宪性问题均遵循不予审查的原则。

党内法规和规范性文件的合宪性审查尽管不在全国人大及其常委会审查范围之内，却由党的机构负责审查。根据 2019 年修订的《中国共产党党内法规和规范性文件备案规定》第 4 条规定："各级党委，党的纪律检查委员会、党委（决策）议事协调机构以及党的工作机关、党委直属事业单位，党组（党委）承担备案审查工作主体责任。各级党委办公厅（室）负责牵头办理本级党委备案审查工作，统筹协调、督促指导本地区备案审查工作。有关部门和单位应当在职责范围内积极协助开展备案审查工作，共同发挥审查把关作用。各级党委应当与同级人大常委会、政府等有关方面建立健全备案审查衔接联动机制。"所谓"备案式"合宪性审查，指备案审查工作主体主动对其收到的报送机关需要备案的党内法规和规范性文件"是否同宪法不一致"进行审查的活动。

事实上，党内法规和规范性文件归党审查而国家机关对其不予审查原则是一个既定事实，也就是说，这一原则事实上为国家立法者与国家层面的合宪性审查主体所遵循。这里的问题是，人大常委会机关为何对党内法规和规范性文件采取不予审查的原则？

第一，党内法规和规范性文件属于中国共产党内部规范性文件，是党治理自身事务的基本规范。根据《中国共产党党内法规制定程序暂行条例》的规定，党内法规指党的中央组织、中央各部门、中央军委原总政治部和各省、自治区、直辖市党委制定的用以规范党组织的工作、活动和党员的行为的党内各类规章制度的总称；党章是最根本的党内法规，其他党内法规是党章有关规定的具体化。根据《中国共产党党内法规和规范性文件备案审查规定》第 2 条规定："本规定所称规范性文件，指党组织在履行职责过程中形成的具有普遍约束力、在一定时期内可以反复适用的文件。"因此，包括《党章》在内的党内法规和规范性文件是共产党治理自身事务和工作的基本准绳与规范，对于加强党的建设，保证党的各项工作和党内生活的制度化而言，具有十分重要的作用。党规党法的效力只对党内事务和党的组织及其成员具有普遍约束力，对党外其他组织或公民个人没有任何约束力。共产党是我国的执政党，是领导党，共产党所制定的规范性文件不在全国人大常委会审查之列。实践中，国家宪法和法律将党内法规和规范性文件的合宪性审查交由执政党自身进行，因此，全国人大及其常委会对其不予审查是有法定依据的。

第二，党内法规与规范性文件的合宪性由党内审查机制进行保证。执政党对党内法规和规范性文件从制定到通过之后全过程中都有相关机构进行合宪性审查，以确保党内法规文件与宪法相一致，不会出现违宪情形。《党内法规制定程序暂行条例》第 6 条规定，制定党内法规应"遵守党必须在宪法和法律的范围内活动的规定，不得与国家法律相抵触"的原则；同时，条例规定了审定程序，即党内法规起草工作完成后，应履行审定手续，报送中央审议；具体承办机构（中央办公厅）负责校核并向中央提出校核报告。这样规定，就确保了党内法规在制定过程中就不出现违宪。另外，党内法规和规范性文件自发布之日起 30 日内，按照《党内法规和规范性文件备案审查规定》由制定机关报送审查机关备案，再由审查机关对报备的党内法规和规范性文件进行"是否同宪法和法律相一致"的合宪性审查。通过主动性报备式合宪性审查，就基本确保党内法规和规范性文件不会出现违宪现象。所以，在此前提下，再由全国人大常委会进行审查就显得没有必要。

第三，党内法规和规范性文件不在人民法院案件受理范围之内。如果说党内法规和规范性文件的备案审查是主动性合宪性审查，那么由利害关系人针对党的规范性文件提起合法性或合宪性审查属于被动性审查。对于当事人提起的这种被动性审查，党的文件或国家法律、法规等法律文件皆未规定此种情况。从理论上说，这种情况是有可能发生的。譬如，1988 年云南省高级人民法院在审查受理水利电力部第十四工程局诉云南省机电设备公司房屋产权纠纷一案时遇到了中共云南省委的一份文件即批转了云南省经委《关于统一管理物资和设置省物资管理总局的请示》，而这份指示引发了产权纠纷，于是云南省高院向最高人民法院提出了请示报告，最高人民法院《关于因党委发文调整引起的房产纠纷不属法院主管范围的批复》中指出："经研究认为：水电部第十四工程局要求收回的房屋是经云南省委发文件批转调整给云南省机电公司使用的，不属法院主管范围，不应受理，可告知当事人向有关部门申请解决。"[1] 这是由当事人针对党的文件提起的唯——起纠纷，按照最高人民法院的司法批复，此类案件不属于法院管辖范围。因此，关于党的规范性文件的合法性或合宪性被动审查在目前既不在法院受案范围之内，又

---

[1] 参见《最高人民法院关于因党委发文调整引起的房产纠纷不属法院主管范围的批复》，（88）民他字第 62 号。

不在全国人大常委会审查范围之内。

二、我国合宪性审查机构的理论探索与确立

（一）我国合宪性审查机构的理论探索

合宪性审查是保障宪法有效实施的重要监督制度。宪法是一国的根本法，具有最高法律效力、最高权威，一切规范性文件皆不得与宪法相抵触，通过合宪性审查，将与宪法不一致的规范性文件予以撤销或废止，从而维护一国法律体系的统一与法律的尊严，所以，世界各国几乎都设立了合宪性审查制度。截至 2012 年的资料统计表明，世界上 193 个国家中，只有 3 个国家的宪法没有规定宪法监督制度。[1] 长期以来，我国宪法监督制度中始终未确立一个具有权威的专门机构，因此，自 1982 年《宪法》产生迄今，学者们提出过诸多极具价值与影响的方案与建议。对这些建议或方案之得失进行分析与评判，对于我国合宪性审查制度的构建与完善来说具有重要借鉴意义。

在 1982 年《宪法》起草与全民讨论过程中，曾有四种方案：一是由全国人大设立宪法委员会；二是设立宪法法院；三是由检察机关负责；四是国家设立监察委员会。但多数人主张设立宪法委员会，认为这种形式更灵活一些，不仅可以监督宪法的实施，还可以负责宪法解释工作。[2] 时任全国人大常委会法制工作委员会主任的王汉斌也证实："当

---

[1] 相关数据统计来自《世界各国宪法编辑委员会》编：《世界各国宪法》（四卷本），中国检察出版社 2012 年版。

[2] 刘政：《人民代表大会制度的历史足迹》，中国民主法制出版社 2014 年版，第 254 页；许崇德：《中华人民共和国宪法史》（下卷），福建人民出版社 2005 年第二版，第 374—375 页。

时研究，较多的意见倾向于设立宪法委员会。"[1] 主要负责 1982 年《宪法》制定的彭真同志对保障宪法实施的问题非常重视，他针对各种宪法保障实施的方案指出："有人提出搞宪法委员会，也有提设宪法法院的。这个问题要作为一个重要问题考虑和提出。怎么监督宪法执行？主要是依靠人民，十亿人。专门机构要不要？可以提两个方案，权衡一下。这个问题可以研究。就是设宪法委员会，也要设在全国人大和人大常委会下，全国人大一元化不要多元化。放在谁手里？放在大多数人手里可靠。"[2] 关于宪法实施保障机构的设立，尽管彭真同志没有对设立宪法法院提出明确的反对意见，但这种设置显然不符合中国政治制度的设计，因为中国的根本政治制度是中国共产党领导下的人民代表大会制度，共产党是中国最高政治领导力量，全国人大是国家最高权力机关，任何超出这一政治体制的机构都不可能为中国政治制度所容纳。宪法法院作为限制最高权力机关立法权的机构，及可能对党内法规文件进行合宪性审查的机构，在中国现实政治制度中不可能有存在的空间与土壤，因此，设立宪法法院的设想最早即被否定。多数人的意见倾向于设立宪法委员会，认为这种形式更灵活一些，不仅可以监督宪法的实施，还可以负责宪法解释工作。综合考虑之后，其他设立宪法实施监督的方案都被否定了，因此，宪法实施保障的机构设立问题最终回到了是否要设立宪法委员会以及如何设立的问题上来。

　　关于宪法委员会的设置，1982 年《宪法》起草时也有三种方案：第一种是设立直属全国人大的宪法委员会，其地位与全国人大常委会相

---

[1] 王汉斌：《王汉斌访谈录——亲历新时期社会主义民主法制建设》，中国民主法制出版社 2012 年版，第 125 页。
[2] 《彭真传》编写组：《彭真传》第四卷，中央文献出版社 2012 年版，第 1473 页。

等，只对全国人大负责并报告工作。第二种意见主张设立的宪法委员会地位应低于全国人大常委会，对全国人大及其常委会负责并报告工作。它协助全国人大及其常委会监督宪法的实施，对法律、法规的合宪性提出意见或报告，对违宪行为提出处理意见，由全国人大或全国人大常委会作出决定。第三种意见主张应设立一个跟全国人大平行的宪法委员会，类似于法国的宪法委员会，由最有名望、最有权威的人士组成。

根据彭真同志的意见，宪法修改委员会秘书处提出了两个比较性方案：一是不设宪法监督机构的方案；二是设立宪法监督机构的方案。并草拟了条文："全国人民代表大会设立宪法委员会，协助全国人民代表大会和全国人民代表大会常务委员会监督宪法的实施，对中央和省、自治区、直辖市国家机关的重大违宪行为，向全国人民代表大会和全国人民代表大会常务委员会提出报告。"该草案被纳入宪法修改稿之中。后又经决定暂时不写入草案中，等中央决定后再作处理。在 20 世纪 80 年代初期，立宪者就已经意识到了建立宪法实施保障机构的重要性，并试图在宪法中予以确立，但最终还是囿于中国政治制度的现实而放弃，从而选择了一种不设专门宪法实施保障机关而由最高国家权力机关和它的常设机关监督和保障宪法的实施之路。

1982 年 11 月 6 日，宪法修改委员会副主任彭真同志在第五届人大第五次会议上作的《关于宪法修改草案的报告》中指出："《序言》总结建国以来制定和执行宪法的正反两方面的历史经验，明确指出：'全国各族人民、一切国家机关和武装力量、各政党和各社会团体、各企业事业组织，都必须以宪法为根本的活动准则，并且负有维护宪法尊严、保证宪法实施的职责。'全国人大和它的常委会都有监督宪法实施的职权，地方各级人大在本行政区域内保证宪法的遵守和执行。中国共产党领导中国人民制定了新宪法，中国共产党也将同全国各族人民一道，同各民主党派和各人民团体一道，共同维护宪法尊严和保证宪法实施。宪法通过以后，要采取各种形式广泛地进行宣传，做到家喻户晓。十亿人民养成人人遵守宪法、维护宪法的观念和习惯，同违反和破坏宪法的行为进行斗争，这是一个伟大的力量。"[1]在审议宪法修改案时，许多代表团又提出设立宪法委员会的意见，宪法修改工作小组对此进行了研究，由宪法修改委员会副秘书长胡绳在主席团会议上作了说明，他说："是不是要设立一个专门的机构来保证宪法实施呢？这个问题在起草宪法过程中，宪法修改委员会讨论过。设立一个专门的机构，如果参照外国的经验，是有这样搞的。有的国家设立了宪法法庭或者宪法委员会，现在在我们国家要保证宪法实施，设立一个什么样的最高权力机构合适呢？实际上还只能是全国人大常委会。在我们国家不可能在全国人大常委会以上再有一个什么更高的权力机关。所以现在我们的宪法规定，全国人大常委会负有监督宪法实施的责任。过去 50 年代的宪法是把这个职责归于全国人大，但是全国人大每年才召开一次会议，所以它要监督是困难的，而全国人大常委会可能比较经常地来执行这个职务。而且这一次又规定设立各个专门委员会，它可以审议全国人大常委会交付的被认为与宪法相违背的法规和决议。而且宪法又规定，对全国人大常委会制定的不适当的规定，全国人大可以提出意见加以纠正。这样一套制度实际上已经起了某些国家宪法法庭、宪法委员会的作用。"[2]胡绳最后说："依靠整个国家机构，首先是人大、人大常委会，然后是整个司法机关、检

[1]《彭真传》编写组：《彭真传》第四卷，中央文献出版社 2012 年版，第 1483—1484 页。

[2]　王汉斌：《王汉斌访谈录——亲历新时期社会主义民主法制建设》，中国民主法制出版社 2012 年版，第 126 页。

察机关、行政机关，再加上全国人民来保证宪法的实施，这才是保护宪法实施的一套完整的体系。"[1]彭真同志在大会审议中针对宪法实施保障问题作了进一步补充，他说，大家关心宪法能不能执行的问题。是不是搞一个有权威的机构来监督宪法的实施？外国有的是宪法委员会，有的是大法官，像美国、巴基斯坦就是大法官。我们是不是也采用这样的形式？宪法规定了最高国家权力机关是全国人民代表大会，人大常委会、国家主席、国务院、军委、两高，都由它产生，受它监督。全国人大一年只开一次会，审议加强人大常委会的职权，全国人大和它的常委会都有监督宪法实施的职权。恐怕很难设想再搞一个比全国人大常委会权力更大、威望更高的组织来管这件事。按照宪法规定，全国人大和它的常委会设六个委员会，凡是人大和它的常委会认为违反宪法的问题，就可以交有关的专门委员会去研究。违宪的，全国人大常委会组成人员可以提出来，代表也可以提出来。每一个公民、每一个单位也可以检举，由常委会交专门委员会去研究，这在组织上讲比较理想。这是从机构上来讲。从法律上来讲，宪法序言里说了，一切国家机关和武装力量，包括人民解放军，各政党，当然也包括中国共产党，各社会团体、各企事业组织都必须以宪法为根本的行动准则，并且负有维护宪法尊严、保证宪法实施的责任。宪法条文还规定，任何人，任何组织都没有超越宪法和法律的特权。[2]

从彭真同志与胡绳同志的上述报告与解释中我们知道，确立专门保障宪法实施机构的意见在最高决策层看来是没有必要的，因为全国人大

[1] 刘政：《人民代表大会制度的历史足迹》，中国民主法制出版社2014年版，第256页。
[2] 《彭真传》编写组：《彭真传》第四卷，中央文献出版社2012年版，第1484—1487页；刘政：《人民代表大会制度的历史足迹》，中国民主法制出版社2014年版，第256页。

及其常委会本身就是最有威望的人组成的最具权威性的国家最高权力机关，如果连这样一个机关都无法遏制违宪相关问题，那么其他机构也无可能防止违宪事件的发生。因此，最终保证宪法实施的机关是全国人大与全国人大常委会，而不是通过设立宪法委员会来保障宪法实施。参与宪法草案起草的肖蔚云先生是这样解释的，他说："最高国家权力机关和它的常设机关既是最有权威的机关，又可以经常性地监督宪法的实施，这样做比较适合我国的实际情况，也体现了全国人大统一行使最高国家权力的政治制度。"[1]

关于宪法委员会设立问题，即使在1982年宪法通过之后，仍有不少人尤其是法学界人士提出设立类似全国人大专门委员会性质的宪法委员会的建议。第六届全国人大曾考虑设立一个类似其他专门委员会的宪法委员会，协助全国人大及其常委会监督宪法的实施。第七届全国人大在起草监督法过程中，也曾提出这种建议，设立类似其他专门委员会的宪法委员会，对违反宪法的规范性文件和具体的违宪行为提出处理意见，报全国人大或其常委会决定。1993年对宪法部分内容进行修改时，一些人提出全国人大设立专门委员会性质的宪法监督委员会，建议在《宪法》第70条中增加这方面的规定。中共中央在《关于修改宪法部分内容的建议的说明》中认为，根据《宪法》第70条的规定，全国人大可以设立专门委员会性质的宪法监督委员会，宪法可以不再作规定。[2]

自1982年宪法公布施行始迄今四十余年的宪法实施实践中，全国

---

[1] 肖蔚云：《我国现行宪法的诞生》，北京大学出版社1986年版，第65页。

[2] 《中华人民共和国第八届全国人民代表大会第一次会议文件汇编》，人民出版社1993年版，第119页。

人大及其常委会作为宪法明确规定的"监督宪法实施"的保障机关，在监督宪法的实施方面做得很不够，或者说几乎没有起到监督实施的应有作用。出现这种状况的原因，早在1991年吴家麟教授就分析过："我国监督宪法实施的机构是全国人大及其常委会，这在政治体制上说是适宜的，但实际上难以发挥作用。全国人大由近3 000名代表组成，每年召开一次会，会期只有两个星期左右，这十天来要听好几个报告，要讨论、审议、酝酿、表决，很难在监督宪法的实施上有所作为。全国人大已经到了第七届了，还没见过到哪一届全国人大的哪一次会议在监督宪法实施方面采取过什么行动。全国人大常委会人数少，每两个月开会一次，本来可以在监督宪法的实施方面多发挥作用，但由于立法任务繁重，顾不了审查和处理违宪问题，事实上全国人大常委会除了发出严格遵守宪法、加强教育之类的一般口号之外，从来没有讨论和处理过具体的违宪问题。"[1]这种状况一直持续至今也未改变。这与立宪者当时所设想的状况完全不同，既没有人大代表针对违宪行为提出来，又没有专门委员会针对违宪问题提出来。尤其是2000年《立法法》规定了法规备案审查制度之后，相关国家机关或公民个人及其社会组织可以依照申请针对法规提出合宪性审查的要求或建议，因而不断有公民个人或组织针对违宪行为向全国人大常委会提出申请，但最终由于缺乏一个专门的机构受理并处理而不了了之。我国备案审查的实践也说明，没有一个专门协助全国人大及其常委会监督宪法实施的机构，对于宪法实施的监督是无能为力的。因此，宪法学界一直没有停止对设立宪法实施保障专门机构的学术探索。

---

[1] 吴家麟：《论设立宪法监督机构的必要性和可行性》，载《法学评论》1991年第3期。

学术界的主流意见还是期待在全国人大之下设立一个与其他专门委员会并列的宪法委员会，在人大闭会期间受全国人大常委会的领导。例如吴家麟教授在 1991 年就提出建议，主张成立全国人大宪法监督委员会，受全国人大领导，在全国人大闭会期间，受常务委员会领导。[1] 韩大元教授建议由全国人大设立专门的宪法委员会，协助全国人大及其常委会监督宪法的实施并负责研究审议违宪争议，拟定争议处理决定。[2] 胡锦光教授建议设立宪法委员会，其性质为全国人大的专门委员会，其地位是全国人大和全国人大常委会的协助机构，并不具有宪法上的独立地位。[3] 秦前红教授建议在全国人大设立专门委员会性质的宪法委员会，协助全国人大及其常委会监督宪法实施，具体负责研究和审议违宪争议，草拟争议处理决定，同时制定相关法律，完善宪法监督和宪法解释程序，这将是我国完善宪法实施和宪法监督制度的重大顶层设计。[4] 由此可见，由全国人大设立一个专门宪法委员会性质的宪法委员会作为协助全国人大及其常委会监督宪法实施的专门机构的设想，获得了多数学者的基本共识。不过，也有学者建议设立与全国人大常委会地位平行的宪法委员会。如林来梵教授就持这种观点，他主张设立直属全国人大、与全国人大常委会平行的宪法委员会，或借鉴中央军事委员会或国家监察委员会的模式，设立由中共中央和全国人大双重领导的与全国人大常委会平行的宪法委员会。[5] 持此观点的还有江国华等学者，他们也主张："宪法委员会设在全国人大之下作为全国人大的常设机关，与全国人大

［1］　吴家麟：《论设立宪法监督机构的必要性和可行性》，载《法学评论》1991 年第 3 期。
［2］　韩大元：《关于推进合宪性审查工作的几点思考》，载《法律科学》2018 年第 2 期。
［3］　胡锦光：《论推进合宪性审查工作的体系化》，载《法律科学》2018 年第 2 期。
［4］　秦前红：《设立宪法委员会与完善宪法监督制度》，载《理论视野》2017 年第 2 期。
［5］　林来梵：《合宪性审查的宪法政策论思考》，载《法律科学》2018 年第 2 期。

常委会地位平行。"[1]

　　然而，设立与全国人大常委会地位平行的宪法委员会，以作为全国人大的第二个常设机关是否可行？按照江国华等学者的观点，"宪法委员会作为全国人大的常设机关，负责监督宪法实施，有权对全国人大常委会制定和批准的法律法规进行审查，可以有效避免全国人大常委会'自我监督'的逻辑悖论。由于全国人大常委会作为全国人的常设机关，其制定的非基本法律及其所作的法律解释、法律修改，以及其批准的自治条例和单行条例、国务院的行政法规、省自治区直辖市人民代表大会及其常务委员会制定的地方性法规，在数量上要远多于全国人大制定的基本法律，在细密程度上也远甚于全国人大制定的基本法律，在违宪的可能性上也远高于全国人大制定的基本法律。因此，全国人大常委会制定或批准的法律法规不能被排除在审查范围之外。这就内在地要求宪法委员会的法律地位至少不能低于全国人大常委会，否则，宪法监督的权威性和有效性难以保障。在人民代表大会制度的体制下，宪法委员会不宜比全国人大常委会地位更高，因此，将宪法委员会设定为全国人大的常设机关是适宜的"。这种观点似乎十分合理，却忽视了全国人民代表大会与其常委会的地位，不符合中国根本政治制度。按照1982年制宪者的意图，全国人大常委会虽然是全国人大的常设机构，但全国人大与全国人大常委会都是行使国家立法权的最高权力机关，1982年2月27日，宪法修改委员会秘书长胡乔木同志在宪法修改委员会第二次全体会议上说，之所以设立常委会，主要是弥补全国人大人数多、开会时间短，不可能有充分时间来考虑立法及其他许多问题的困难，人大常委会

---

[1]　江国华、彭超:《中国宪法委员会制度初论》，载《政法论丛》2017年第1期。

享有仅次于人大的很广泛的权力，由于人大常委会经常开会，这样就起了一个国会的作用，跟一个经常工作的国会差不多。[1]1982年4月22日，宪法修改委员会副主任委员彭真同志在第五届全国人大常委会第23次会议上作《关于宪法修改草案的说明》时指出，全国人大是一元化的最高国家权力机关，行使国家最高权力。草案将原来全国人大的一部分权力交由它的常委会行使，来解决发挥国家最高权力机关作用的问题，因为全国人大常委会委员实际上也可以说是常务代表。[2]可以说，全国人大及其常委会是一体的，共同构成国家最高权力机关。在我国，全国人大常委会委员长是国家元首的一部分，它与国家主席共同行使国家元首的职权。刘少奇同志在关于1954年宪法草案的报告中说得很清楚："适应我国的实际情况，并根据中华人民共和国成立以来建设最高国家权力机关的经验，我们的国家元首职权由全国人民代表大会所选出的全国人民代表大会常务委员会和中华人民共和国主席结合起来行使。我们的国家元首是集体的国家元首。"[3]肖蔚云对此指出："这种集体国家元首表现为全国人大常委会集体决定的内容和国家主席执行相结合的形式，这是我国国家制度的一个特点。"[4]由此可知，全国人大常委会作为全国人大的常设机关，既是国家最高权力机关，又是国家元首制度的组成部分，这种宪法上的崇高地位是除了全国人大以外的任何国家机关所不能比拟的。试想，如何再设立一个与宪法地位相同的国家机构呢？即使在全国人大之下设立一个宪法委员会，也只能使其成为全国人大的一个专门委员会，而不能成为一个常设机关。如果设立一个与全国人大常

---

[1]　许崇德：《中华人民共和国宪法史》(下卷)，福建人民出版社2005年第二版，第395页。

[2]　同上注，第437页。

[3]　《刘少奇选集》(下卷)，人民出版社1985年版，第157页。

[4]　肖蔚云：《我国现行宪法的诞生》，北京大学出版社1986年版，第69页。

委会地位相同的宪法委员会，不但直接冲击国家权力机构的设置，而且一旦宪法委员会与常委会之间发生意见分歧或冲突，全国人大如何协调与处理？全国人大常委会委员长、副委员长、秘书长及其常务委员组成了全国人大常委会，常委会本身就是在闭会期间行使全国人大的部分职权，发挥全国人大的作用，所以，试图设立与全国人大常委会地位相当的宪法委员会这一建议在目前看来是不合乎我国政治制度的，也不符合立宪者的意图。

因此，唯一可行的方案就是在全国人大之下设立一个专门委员会性质的宪法委员会，并在全国人大闭会期间受全国人大常委会的领导。按照韩大元教授的建议，宪法委员会设立后，需要对现行法律委员会的一些职权进行调整，将其并入宪法委员会，在对法律草案的合宪性审查方面，宪法委员会与法律委员会需要作出职能上的分工，宪法委员会处理宪法问题，法律委员会主要负责对法律草案进行统一审议。[1]这一建议最终被写入《中华人民共和国宪法解释程序法（专家建议稿）》第5条规定中："全国人民代表大会设立宪法委员会，研究、审议和拟定于宪法解释相关的议案。宪法委员会受全国人民代表大会领导；在全国人民代表大会闭会期间，受全国人民代表大会常务委员会领导。宪法委员会由主任委员、副主任委员若干人和委员若干人组成。"[2]这样规定，就使宪法委员会成为协助全国人大常委会解释宪法的重要主体。

（二）合宪性审查机构的确立：全国人大宪法和法律委员会

十三届全国人大一次会议通过的《宪法修改案》第44条规定，《宪

---

[1] 韩大元：《关于推进合宪性审查工作的几点思考》，载《法律科学》2018年第2期。
[2] 韩大元、张翔等：《宪法解释程序法研究》，中国人民大学出版社2016年版，第174页。

法》第 70 条第 1 款中"全国人民代表大会设立民族委员会、法律委员会、财政经济委员会、教育科学文化卫生委员会、外事委员会、华侨委员会和其他需要设立的专门委员会"修改为"全国人民代表大会设立民族委员会、宪法和法律委员会、财政经济委员会、教育科学文化卫生委员会、外事委员会、华侨委员会和其他需要设立的专门委员会"。"宪法和法律委员会"虽然名义上是由"法律委员会"更名而来，但实际上可理解为全国人大新设立的一个专门委员会。

宪法修正案这次调整是在党的十九届三中全会审议通过的《深化党和国家机构改革方案》（以下简称《方案》）中首次提出的，《方案》指出："全国人大法律委员会更名为全国人大宪法和法律委员会。为弘扬宪法精神，增强宪法意识，维护宪法权威，加强宪法实施和监督，推进合宪性审查工作，将全国人大法律委员会更名为全国人大宪法和法律委员会。全国人大宪法和法律委员会在继续承担统一审议法律草案工作的基础上，增加推动宪法实施、开展宪法解释、推进合宪性审查、加强宪法监督、配合宪法宣传等职责。"[1]《方案》虽然只是在"法律委员会"的基础上增添了"宪法"二字，但对于落实党的十九大提出的"加强宪法实施与监督，推进合宪性审查工作，维护宪法权威"的新时代要求而言则具有重大现实意义与实践价值。《方案》不仅说明了作如此调整的原因，还界定了全国人大宪法和法律委员会的功能。按照《方案》要求，全国人大宪法和法律委员会今后作为我国合宪性审查的专门机构，将担负起推动宪法实施、开展宪法解释、推进合宪性审查、加强宪法监督、配合宪法宣传的重要使命。

---

[1]　中共中央印发《深化党和国家机构改革方案》，载《光明日报》2018 年 3 月 22 日，第 6 版。

1. 从"法律委员会"到"宪法和法律委员会"之修宪目的

习近平总书记于 2012 年 12 月 4 日在首都各界纪念现行宪法公布施行三十周年大会上的讲话中指出,"保证宪法实施的监督机制和具体制度还不健全",为此提出了"全面贯彻实施宪法"的目标。2013 年《中共中央关于全面深化改革若干重大问题的决定》明确提出"要进一步健全宪法实施监督机制和程序,把全面贯彻实施宪法提高到一个新水平"。2014 年《中共中央关于全面推进依法治国若干重大问题的决定》同样指出要"完善全国人大及其常委会宪法监督制度,健全宪法解释程序机制"。党的十九大报告重申"加强宪法实施和监督,推进合宪性审查工作,维护宪法权威"。党的十九届四中全会通过的《中共中央关于坚持和完善中国特色社会主义制度、推进国家治理体系和治理能力现代化若干重大问题的决定》再次重申"加强宪法实施和监督,落实宪法解释程序机制,推进合宪性审查工作"。党的二十大报告强调:"加强宪法实施和监督,健全保证宪法全面实施的制度体系"。2022 年 12 月 19 日,习近平总书记在《谱写新时代中国宪法实践新篇章——纪念现行宪法公布施行 40 周年》重要文章中提出,必须坚持宪法实施与监督制度化法规化,健全保证宪法全面实施的制度体系,不断提高宪法实施和监督水平。[1] 党的二十届三中全会通过的《中共中央关于进一步全面深化改革 推进中国式现代化的决定》再次强调,必须全面贯彻实施宪法,维护宪法权威;健全保证宪法全面实施制度体系,建立宪法实施情况报告制度;完善合宪性审查、备案审查制度。可以说,完善和健全宪法实施监督和程序,推动合宪性审查工作,已成为关乎"全面贯彻实施宪法"

---

[1] 习近平:《谱写新时代中国宪法实践新篇章——纪念现行宪法公布施行 40 周年》,载《中国人大》2022 年第 12 期,第 7—8 页。

与"全面推进依法治国"的关键，而宪法具体实施机构的缺失则成为我国宪法监督实施的"阿喀琉斯之踵"，无论是宪法监督还是宪法解释，最重要、最关键的是确立一个具体负责实施宪法的专门机构。宪法修改将"法律委员会"更名为"宪法和法律委员会"则既符合中央关于深化党和国家机构改革的精神，又符合我国宪法规范与宪法设计。

第一，全国人大宪法和法律委员会的重构是党中央深化人大机构改革、完善人大专门委员会设置的需要。党的十九届三中全会通过的《中共中央关于深化党和国家机构改革的决定》提出要"深化人大机构改革"及"完善人大专门委员会设置，更好发挥其职能作用"。[1]《方案》也提出"要适应新时代我国社会主要矛盾变化，完善全国人大专门委员会设置，更好发挥职能作用"。随着我国依法治国基本方略的全面推进与落实，"依法治国首先是依宪治国、依法执政关键是依宪执政"的理念已深入人心。执政党充分认识到："维护宪法权威，就是维护党和人民共同意志的权威。捍卫宪法尊严，就是捍卫党和人民共同意志的尊严。保证宪法实施，就是保证人民根本利益的实现。只要我们切实尊重和有效实施宪法，人民当家作主就有保证，党和国家事业就能顺利发展。反之，如果宪法受到漠视、削弱甚至破坏，人民权利和自由就无法保证，党和国家事业就会遭受挫折。"[2]因此，全面贯彻实施宪法是实现全面推进依法治国、加快建设社会主义法治国家这一目标的根本要求，是建设社会主义法治国家的首要任务与基础性工作。在中国特色社会主义新时代下，弘扬宪法精神、增强宪法意识、维护宪法权威、加强

---

[1]《中共中央关于深化党和国家机构改革的决定》，载《光明日报》2018年3月5日，第3版。

[2]　习近平：《在首都各界纪念现行宪法公布施行三十周年大会上的讲话》，载《十八大以来重要文献选编》(上)，中央文献出版社2014年版，第87页。

宪法实施和监督、树立宪法至上理念就成为新时代全体社会成员的基本共识。然而，如何全面贯彻实施宪法，就需要一个具体负责落实的机构。其实这个问题在制定1982年宪法过程中，就一直是大家关注和讨论的热点问题，当时就存在三种意见：第一种是主张设立一个与全国人大常委会地位相等的宪法委员会，它只对全国人大负责并报告工作；第二种意见设立一个地位低于全国人大常委会的宪法委员会，对全国人大常委会负责并报告工作；第三种意见主张应设立跟全国人大平行的、类似于法国的宪法委员会。[1]韩大元教授曾提出在"宪法解释程序法"的制度设计中，可以考虑两种方案：一种是设立具有专门委员会性质的"宪法委员会"，另一种是将现有的法律委员会调整为"宪法和法律委员会"。[2]多数学者赞成设立宪法委员会。[3]2018年3月的宪法调整与《方案》采取了第二种方案，将"法律委员会"更名为"宪法和法律委员会"，赋予其"推动宪法实施、开展宪法解释、推进合宪性审查、加强宪法监督、配合宪法宣传等"职责，从而把宪法和法律委员会作为实施宪法和监督宪法的专门机构，最终解决了学术界与实务界关于是否设立以及如何设立专门宪法监督机构的问题。

第二，我国宪法文本中，常常将"宪法和法律"并列使用。如《宪法》第5条关于"一切国家机关和武装力量、各政党和各社会团体、各企业事业组织都必须遵守宪法和法律。一切违反宪法和法律的行为，必

---

[1] 刘政：《人民代表大会制度的历史足迹》，中国民主法制出版社2014年版，第254—255页。

[2] 范进学：《论中国特色社会主义新时代下的宪法修改》，载《学习与探索》2018年第3期，第8页。

[3] 参见韩大元：《关于推进合宪性审查工作的几点思考》，载《法律科学》2018年第2期；胡锦光：《论推进合宪性审查工作的体系化》，载《法律科学》2018年第2期；林来梵：《合宪性审查的宪法政策论思考》，载《法律科学》2018年第2期。

须予以追究。任何组织或者个人都不得有超越宪法和法律的特权"的规
定，第33条关于"任何公民享有宪法和法律规定的权利，同时必须履
行宪法和法律规定的义务"的规定，第53条关于"中华人民共和国公
民必须遵守宪法和法律"的规定，第89条关于国务院"根据宪法和法
律，规定行政措施……"的规定等，都明确使用了"宪法和法律"这种
并列用法。因此，用"宪法和法律"委员会取代"法律"委员会是符合
宪法文本的语言规范的。

第三，将"法律委员会"更名为"宪法和法律委员会"更合乎现行
宪法的制度设计功能。从"监督宪法的实施"的职能看，无论是全国人
大还是全国人大常委会均肩负着这一功能，然而，不管是在全国人大之
下还是全国人大常委会之下单独设计一个"宪法委员会"，皆无法完美
地将上述功能在全国人大及其常委会之间统合起来，如果在全国人大之
下再设立一个与"法律委员会"并行的"宪法委员会"，则具有一定的
重复性，如果将宪法委员会单独设立在全国人大常委会之下，那么全
国人大"监督宪法的实施"的职权也面临着落空的可能。只有将现有的
"法律委员会"更名为"宪法和法律委员会"，才能兼顾全国人大与全国
人大常委会监督宪法实施的功能，使二者有机地统一起来。

第四，将全国人大"法律委员会"更名为"宪法和法律委员会"，
较好地解决了"宪法和法律委员会"与全国人大常委会之间的关系。如
果在全国人大之下设立一个与全国人大常委会并列的"宪法委员会"或
"宪法监督委员会"，二者之间的关系将难以调处与解决：一个是宪法
规定的监督宪法实施与解释宪法的法定机关，一个是监督宪法与法律实
施的具体机构，一旦宪法委员会认为全国人大常委会制定的法律或解释
的宪法草案违反宪法，那么如何解决？而作为全国人大的一个委员会

即"宪法和法律委员会"则完全不同，根据《宪法》第 70 条关于"在全国人民代表大会闭会期间，各专门委员会受全国人民代表大会常务委员会的领导。各专门委员会在全国人民代表大会和全国人民代表大会常务委员会领导下，研究、审议和拟订有关议案"之规定，"宪法和法律委员会"在全国人大闭会期间受全国人大常委会的领导，这样就可以将"宪法和法律委员会"径直作为全国人大常委会解释宪法的具体工作机构，在全国人民代表大会和全国人民代表大会常务委员会领导下，研究、审议和拟订有关议案，担负起全国人大常委会"解释宪法"的工作。

第五，"宪法和法律委员会"取代"法律委员会"之改革的成本与代价最小。无论宪法制度如何改革，都必须考虑到改革所付出的成本，特别是政治成本。"宪法和法律委员会"取代"法律委员会"是在充分尊重我国现有宪法制度前提下进行的改革，既符合我国宪法的政治制度，又合乎宪法制度的功能，没有任何改革的风险。[1]

基于上述理由，《宪法》第 70 条规定将全国人大法律委员会更名为"宪法和法律委员会"是适宜的、妥当的。

2. 全国人大宪法和法律委员会的功能定位

《方案》明确指出："全国人大宪法和法律委员会在继续承担统一审议法律草案工作的基础上，增加推动宪法实施、开展宪法解释、推进合宪性审查、加强宪法监督、配合宪法宣传等职责。"这实际上就是中央对新改革后的全国人大宪法和法律委员会功能的重新定位。根据党中央关于全国人大宪法和法律委员会的机构设计，宪法和法律委员会作为协

---

[1] 范进学：《论中国特色社会主义新时代下的宪法修改》，载《学习与探索》2018 年第 3 期，第 8—9 页。

助全国人大和全国人大常委会监督宪法实施的专门职能机构，其功能应该是协助全国人大及其常委会在宪法实施、宪法解释、合宪性审查、宪法监督与宪法宣传等方面开展工作。监督宪法的实施与解释宪法是我国现行宪法赋予全国人大及其常委会的职权，其他还有如全国人大可以"改变或者撤销全国人民代表大会常委会不适当的决定"，全国人大常委会可以"撤销国务院制定的同宪法、法律相抵触的行政法规、决定和命令"，以及"撤销省、自治区、直辖市国家权力机关制定的同宪法、法律和行政法规相抵触的地方性法规和决议"等方面的职权，都需要全国人大及其常委会设置一个专门机构予以具体负责实施，倘若全国人大及其常委会缺乏这样一个机构，那么宪法赋予的职权将始终处于"虚置"状态，全国人大宪法和法律委员会的成立，使得宪法赋予全国人大及其常委会的上述职权的实现有了制度性载体与保障，也由此明确了设置专门保障和监督宪法实施机构的重大意义与价值。归结起来，宪法和法律委员会具有以下五大基本功能。

（1）推动宪法实施

所谓宪法实施，指宪法在国家现实生活中的贯彻落实，是使宪法规范的内容转化为具体社会关系中的人的行为。法律实施是宪法实施的重要环节；法律得到实施，便意味着通过法律得到具体化的宪法实质上也得到了实施。[1]"宪法的生命在于实施，宪法的权威也在于实施"。[2]实施意味着实现、施行，宪法实施则意味着宪法规范在现实生活中得以运行，产生法律上的实际效力。宪法文本是无言的、静止的，宪法的实施

---

[1]《宪法学》编写组：马克思主义理论研究和建设工程重点教材《宪法学》，高等教育出版社、人民出版社 2011 年版，第 296 页。

[2] 习近平：《在首都各界纪念现行宪法公布施行三十周年大会上的讲话》，载《十八大以来重要文献选编》(上)，中央文献出版社 2014 年版，第 88 页。

需要制度保障才能有效运行，发挥其应有的作用。我国《宪法》规定了宪法实施的主体与义务主体，即《宪法》序言最后一段所指出的："全国各族人民、一切国家机关和武装力量、各政党和各社会团体、各企业事业组织，都必须以宪法为根本的活动准则，并且负有维护宪法尊严、保证宪法实施的职责。"宪法序言的表述表达了两种意义：一是宪法实施的主体；二是保证宪法实施的义务主体。一方面，全国各族人民、一切国家机关和武装力量、各政党和各社会团体、各企业事业组织，只要其在现实生活中以宪法为根本的活动准则，按照宪法规范要求行为，宪法规定自然得到落实和实现。所以，宪法实施主体是上述各个主体，由于实施宪法是他们的共同宪法义务，所以，他们又被称为宪法实施的义务主体。另一方面，从义务判断的完整性看，序言的表述只告诉人们谁是保证宪法实施的义务主体，却没有声明义务责任主体，因而《宪法》序言的规定并不能使上述宪法义务主体成为宪法实施的力量。[1]全国人大及其常委会作为监督宪法实施的机关，由于自身缺乏专门负责监督宪法实施的机构而使监督活动一直处于停滞状态，无法真正监督各类宪法实施主体的具体实施行为。宪法将"宪法和法律委员会"确立为协助全国人大及其常委会负责监督宪法实施的专职机构，就能够经常性地通过监督宪法实施的各项活动，并就宪法实施中存在的问题进行专门调研，提出对策或方案，从而有效推动宪法实施。

（2）开展宪法解释

宪法解释指有权解释机关在监督宪法的实施过程中对宪法条文的理解与说明。[2]在我国，宪法解释是由享有宪法解释权的全国人大常委会

---

[1] 范进学：《中国宪法实施与宪法方法》，上海三联书店 2014 年版，第 12 页。
[2] 韩大元、张翔等：《宪法解释程序研究》，中国人民大学出版社 2016 年版，第 4 页。

在宪法实施过程中，就宪法的规定需要进一步明确具体含义，或出现新的情况时需要明确适用宪法依据的活动。我国现行宪法把解释宪法的职权授予全国人大常委会，全国人大常委会应该就宪法实施中出现的问题作出必要的解释和说明，使宪法的规定得以有效落实。尤其是"在对违宪活动的审查过程中，往往由于对宪法条款的含义有不同理解，发生争执。为解决这种争执，就需要全国人大常委会作出宪法解释"[1]。在我国改革开放的四十余年中，中国社会处于一个大变革的时代，从计划经济到社会主义市场经济的形成、从人治到社会主义法治国家的建设，从毛泽东思想到习近平新时代中国特色社会主义思想的确立，宪法需要面对不断变化的新情况、新问题而与时俱进，社会变迁除了通过宪法修改应对外，还应当更加注重对宪法的解释。修宪固然是必要的，但频繁修宪会直接影响宪法的稳定性，而宪法解释在保持宪法文字不变的前提下，保持了宪法文本稳定，所以，"宪法解释可以在不变动宪法文本的情况下，使宪法适应社会现实的变迁，这就很好地协调了宪法的规范性价值与现实性价值，保证了二者的平衡和统一"。[2]1982 年《宪法》迄今已作了五次修改[3]，平均七年修宪一次，我国宪法四十余年来仅仅通过修宪的单一方式来应对我国社会、政治、经济、文化等各种复杂关系所发生的急剧变革，然而作为具有宪法解释权的全国人大常委会一直没有启动解释宪法的程序，未对宪法的内容作出任何解释，在改革开放四十余

---

[1]　王汉斌：《王汉斌访谈录——亲历新时期社会主义民主法制建设》，中国民主法制出版社 2012 年版，第 133 页。

[2]　韩大元、张翔等：《宪法解释程序研究》，中国人民大学出版社 2016 年版，第 7—8 页。

[3]　1988 年 4 月 12 日第七届全国人大一次会议、1993 年 3 月 29 日第八届全国人大一次会议、1999 年 3 月 15 日第九届全国人大二次会议、2004 年 3 月 14 日第十届全国人大二次会议和 2018 年 3 月 11 日第十三届全国人大一次会议分别对 1982 年宪法进行了部分修改。

年的社会变迁的过程中缺失了宪法解释对于宪法规范与宪法价值的整合、修补、引导、规制作用，宪法解释在中国社会大变革时期缺席而未能发挥其应有的功能，不能不说是一种莫大的遗憾。这种缺席与遗憾也是因为全国人大及其常委会缺乏一个具体负责解释宪法的机构。宪法和法律委员会的确立，使全国人大常委会"解释宪法"的职权有了负责实施的平台与机制，对今后开展宪法解释活动提供了有力的制度保障。

（3）推进合宪性审查

"推进合宪性审查工作"[1]是党的十九大报告中在中国特色社会主义新时代下首次提出的新要求。合宪性审查工作其实一直在进行，这就是我国的备案审查制。严格说，1982年《宪法》确立的宪法审查制度是一种合"法"性审查制度，或者说是一种融合法性审查与合宪性审查一体的制度，其中的"法"，既包括宪法，又包括法律。宪法上的审查制度作为一种原则性顶层设计，只是初步构建起我国以最高国家立法机关为审查主体的合法性审查机制，这种审查制度需要由法律及相关规范性文件加以具体化、程序化、可操作化。2000年，由全国人大制定通过的《立法法》、由全国人大常委会通过的《行政法规、地方性法规、自治条例和单行条例、经济特区法规备案审查工作程序》，以及全国各省、市、自治区制定的地方规范性文件备案审查规定或条例[2]，则具体规定了备案审查的主体、对象、时效、程序及后果等各方面，从而构筑起规范性文件备案审查制度，这种备案审查制度遂成为中国特色的宪法审查制度或称合宪性审查制度。然而，我国的备案审查制度是集合法性

---

[1] 《中国共产党第十九次全国代表大会文件汇编》，人民出版社2017年版，第31页。
[2] 全国人大常委会法制工作委员会法规备案审查室编：《地方规范性文件备案审查法规汇编》，中国法制出版社2012年版。

审查与合宪性审查于一体的审查制度，因为合宪性审查是针对所要审查的对象是否违反宪法而进行的审查；合法性（律）审查则是对所要审查的对象是否违反法律或上位法而作的审查。合宪性审查意旨通过对宪法的理解与解释，撤销并纠正违宪的规范性文件，以维护宪法的尊严与最高权威，保障宪法得到根本实施；合法性审查则意在通过理解与解释法律，撤销并纠正违法的规范性文件，以维护我国法制的统一与尊严。合宪审查机制通常是由专门的宪法监督机关实施，而合法审查则无需专门监督机构，一般立法机关与司法机关均可实施。我国《立法法》将合宪性审查与合法性审查不加区分地置于同一个条款之中，加之二者审查主体、审查程序等完全相同，从而导致了合宪性审查与合法性审查之混同。

党的十九大报告特别提出"推进合宪性审查工作"的要求，意味着需要重点突出合宪性审查在全面依法治国进程中对于维护宪法权威的重要意义，加强合宪性审查工作的开展。目前对行政法规、地方性法规、司法解释的具体审查研究工作是由2004年5月全国人大常委会在法工委内设立的"法规备案审查室"负责。目前我国备案审查制度明显存在两大问题：一是法规备案审查工作室地位低（相当于司局级）、规模小（八到十二人左右），不足以应对大量法律文件的备案审查；二是法工委对依申请进行的审查，均属于合法性审查，根本未触及合宪性审查。可以说，这种状况与弘扬宪法精神、履行宪法使命、树立宪法至上、培育宪法信仰、全面贯彻实施宪法的新时代下的新要求是不相适应的。因此，为落实党的十九大提出的"推进合宪性审查工作，维护宪法权威"的要求，就必须设立推动合宪性审查工作的专门机构，宪法和法律委员会的成立恰逢其时，应当担负起推动合宪性审查工作的历史使命。

（4）加强宪法监督

宪法监督从学理上可分为广义的宪法监督与狭义的宪法监督，广义的宪法监督指国家为了监督宪法的实施而确立各种外部措施制度的统称，既包括狭义上的宪法监督即"由特定国家机关按照法律程序对国家机关作出的宪法行为进行合宪性审查的制度"[1]，又包括"除宪法监督专门机关之外的其他国家机关、社会团体、政党组织和公民个人对宪法的监督和制约"[2]。从狭义上说，宪法监督与合宪性审查是不可分的，宪法监督是通过合宪性审查实现的，合宪性审查本身就是宪法监督的有机组成部分。然而，宪法监督不能等同于合宪性审查，合宪性审查只是针对法律、法规、规章和司法解释等规范性文件是否合乎宪法而进行的审查，是宪法监督的主要形式而绝非唯一的形式。宪法序言规定，"全国各族人民、一切国家机关和武装力量、各政党和各社会团体、各企业事业组织，都必须以宪法为根本的活动准则，并且负有维护宪法尊严、保证宪法实施的职责"；《宪法》第5条明确要求，"一切国家机关和武装力量、各政党和各社会团体、各企业事业组织都必须遵守宪法和法律。一切违反宪法和法律的行为，必须予以追究"。

可见，宪法监督的主体除了合宪性审查机关外，还包括全国各族人民、一切国家机关和武装力量、各政党和各社会团体、各企业事业组织。这意味着宪法监督的形式还涵盖人民监督、国家机关监督、政党监督、社会监督、舆论监督等形式；同时，意味着上述主体是被监督的对象，他们是否以宪法为其根本的活动准则？他们是否遵守宪法？另外，

[1]《宪法学》编写组：马克思主义理论研究和建设工程重点教材《宪法学》，高等教育出版社、人民出版社2011年版，第299页。
[2] 李忠：《宪法监督论》，社会科学文献出版社1999年版，第4页。

宪法修改确立的"国家工作人员就职时应当依照法律规定公开进行宪法宣誓"制度，也是监督国家机关工作人员实施宪法的一项重要形式。公职人员借助宪法宣誓，借助一种具象化、符号化的仪式将对宪法的情感、价值、信念表达出来，使宣誓人对宪法的神圣价值获得了内心的认同和良心上的绝对忠诚，以庄严、肃穆的仪式，烘托宪法不可侵犯的神圣性，昭示宪法的至上权威，同时使全体社会成员对他们已经宣誓的承诺与宪法履职行为进行广泛社会监督。上述宪法监督同样需要一个专门的宪法监督机构予以落实，尤其是需要让第 5 条所规定的"一切违反宪法和法律的行为，必须予以追究"的宪法规范得以有效落实。因此，宪法和法律委员会在加强宪法监督方面可以发挥更大优势与作用。

（5）配合宪法宣传

宪法是国家的根本法，"我国宪法以国家根本法的形式，确立了中国特色社会主义道路、中国特色社会主义理论体系、中国特色社会主义制度的发展成果，反映了我国各族人民的共同意志和根本利益，成为历史新时期党和国家的中心工作、基本原则、重大方针、重要政策在国家法制上的最高体现"[1]；尤其是 2018 年的宪法修改，把党的十九大确定的重大理论观点和重大方针政策特别是习近平新时代中国特色社会主义思想载入国家根本法，为新时代坚持和发展中国特色社会主义提供了有力的宪法保障。因此，在全社会树立宪法至上理念、弘扬宪法精神、增强宪法意识、养成宪法信仰、培育宪法文化，就必须加强宪法宣传，诚如习近平总书记所要求的："我们要在全社会加强宪法宣传教育，提高全体人民特别是各级领导干部和国家机关工作人员的宪法意识和法制观

---

[1] 习近平：《在首都各界纪念现行宪法公布施行三十周年大会上的讲话》，载《十八大以来重要文献选编》（上），中央文献出版社 2014 年版，第 86 页。

念，弘扬社会主义法治精神，努力培育社会主义法治文化，让宪法家喻户晓，在全社会形成学法尊法守法用法的良好氛围。我们要通过不懈努力，在全社会牢固树立宪法和法律的权威，让广大人民群众充分相信法律、自觉运用法律，使广大人民群众认识到宪法不仅是全体公民必须遵循的行为规范，而且是保障公民权利的法律武器。我们要把宪法教育作为党员干部教育的重要内容，使各级领导干部和国家机关工作人员掌握宪法的基本知识，树立忠于宪法、遵守宪法、维护宪法的自觉意识。"[1]普法宣传的主要职责由新组建的司法部承担[2]，宪法和法律委员会作为推动宪法监督与实施的专职机构，通过宪法解释、合宪性审查、宪法监督等方面的工作，就能够凭借其具体的行动与作为更好地配合司法部等国家机关进行宪法宣传。宪法知识宣传固然重要，但通过宪法和法律委员会对宪法条文词语的解释，可以使人们更加深刻理解与理会宪法的原则与精神；通过宪法和法律委员会对违宪的一切规范性文件的合宪性审查与纠正，可以使人们更加尊崇宪法的神圣；通过宪法和法律委员会对一切违宪行为的追究，可以使人们更加敬畏宪法的权威与尊严。

3. 全国人大宪法和法律委员会的使命

全国人大宪法和法律委员会成立后，需要紧紧围绕上述五大基本功能，尽快开展以下工作：

（1）处理与全国人大常委会负责备案审查的相关工作机构的工作程序与制度衔接的法律问题

按照《立法法》规定，无论是国务院、中央军事委员会、国家监察

---

[1] 习近平：《在首都各界纪念现行宪法公布施行三十周年大会上的讲话》，载《十八大以来重要文献选编》(上)，中央文献出版社 2014 年版，第 91 页。

[2] 《深化党和国家机构改革方案》第 32 项规定：重新组建的司法部的主要职责之一是"负责普法宣传"。国务委员王勇在十三届全国人大一次会议上作《关于国务院机构改革方案的说明》中重申了这一职责。

委员会、最高人民法院、最高人民检察院和各省、自治区、直辖市的人民代表大会常务委员会等提出的审查要求，还是上述机关以外的其他国家机关和社会团体、企业事业组织以及公民提出的审查建议，都由常务委员会工作机构即法工委下设的法规备案审查工作室负责，同时具体审查由全国人大各专门委员会、常委会法制工作委员会负责。根据《全国人大组织法》规定，各专门委员会审议全国人民代表大会常务委员会交付的被认为同宪法、法律相抵触的国务院的行政法规、决定和命令，国务院各部、各委员会的命令、指示和规章，省、自治区、直辖市的人民代表大会和它的常务委员会的地方性法规和决议，以及省、自治区、直辖市的人民政府的决定、命令和规章，提出报告；法律委员会统一审议向全国人民代表大会或者全国人民代表大会常务委员会提出的法律草案。然而，从《方案》赋予全国人大宪法和法律委员会的新职能与重使命看，显然上述规定需要作出修改与调整，宪法和法律委员会在工作机制、工作程序、职责分工等各方面需要与《立法法》《监督法》《全国人大组织法》等法律规定相衔接与协调。这项工作应当是宪法和法律委员会目前所面临的迫切任务，具体而言，今后，无论是主动性备案审查还是依申请而进行的被动性合法性审查，凡是涉及规范性文件的合宪性问题的，一律由宪法和法律委员会负责进行审查，并对向全国人大或者全国人大常委会提出的法律草案的合宪性负责统一进行审议。

（2）起草"合宪性审查程序法"

宪法和法律委员会的重构，其中一个重要的原因就是要推进合宪性审查工作。然而，要推动合宪性审查工作，则必须首先起草和制定合宪性审查工作的程序法，凡事预则立，不预则废。目前我国合宪性审查工作的重中之重就是尽快着手起草"合宪性审查程序法",将合宪性审查工作纳入法律程序之中,依法有序审查。目前我国已经形成由党委、人大、政府、军队各系统分工负责、相互衔接的规范性文件备案审查制度体系,即同时存在全国人大常委会对行政法规、地方性法规、司法解释的备案审查,国务院对地方性法规、部门规章、地方政府规章的备案审查,地方人大常委会对本级及下级地方政府规章以及下一级地方人大及其常委会的决议、决定和本级地方政府的决定、命令的备案审查,党中央和地方党委对党内法规和党内规范性文件的备案审查,以及中央军事委员会对军事规章和军事规范性文件的备案审查。[1]然而各种备案审查中均会涉及合宪性审查,这些合宪性审查在各自备案审查机制中程序皆不相同,各自为政,其中存在一个共同的问题是除了全国人大常委会,其他备案审查机关都缺乏合宪性审查与宪法解释的权力,因此,必须将各种合宪性审查主体与程序统一起来,确立全国人大常委会作为唯一的合宪性审查机关,其他备案审查主体若遇到合宪性审查问题,必须通过移送制度,将需要合宪性审查的规范性文件移送至全国人大常委会,由常委会移交宪法和法律委员会进行具体审查。

(3)起草"宪法解释程序法"

作为合宪性审查的专门机构,在进行合宪性审查过程中,必然遇到对宪法条文的理解与解释,这时,只有通过宪法解释,才能作出合宪性的判断,对合乎宪法的规范性文件予以维护,对与宪法相抵触的规范性文件予以改变、撤销或废止。对宪法进行解释,同样需要程序规制。

---

[1] 沈春耀在第十二届全国人民代表大会常务委员会第三十一次会议上《关于十二届全国人大以来暨2017年备案审查工作情况的报告》,载中国人大网,http://www.npc.gov.cn/npc/xinwen/2017-12/27/content_2035723.htm,最后访问时间:2022年11月6日。

1982 年宪法虽然将"解释宪法"的职权授予全国人大常委会，但全国人大常委会如何解释宪法的程序一直未确立，解释程序的缺失也直接导致宪法解释主体无法可依。建议全国人大宪法和法律委员会在起草"宪法解释程序法"时参考由韩大元教授带领"宪法解释程序法"课题组向国家有关部门提交的《宪法解释程序法（专家建议稿）》。[1] 该建议稿就宪法解释程序法的立法目的与遵循的基本原则、宪法解释主体与事由、宪法解释请求的提起与受理、宪法解释案的起草与审议、宪法解释的通过及效力等皆作出了明确规定。

（4）积极协助全国人大及其常委会开展工作

宪法和法律委员会只是全国人大设立的一个专门委员会，受全国人大领导；在全国人大闭会期间，它受全国人大常委会领导；它是在全国人大及其常委会的领导下，研究、审议和拟定有关议案，因此，宪法和法律委员会可以协助全国人大及其常委会开展的工作包括：①宪法修正案草案的审议。②审议下列法律和其他决定是否与宪法相抵触：由全国人大审议的法律案；全国人大常委会通过的法律、决定；全国人大常委会批准的自治条例和单行条例；全国人大常委会、国务院、最高人民法院、最高人民检察院工作报告中与宪法实施相关的内容；由全国人大常委会审议的法律；国务院制定的行政法规、决定和命令；省、自治区、直辖市国家权力机关制定的地方性法规和决议；自治区的自治条例和单行条例；省、自治区、直辖市的人大常委会批准的自治条和单行条例。③针对中央国家机关以及省、自治区、直辖市国家机关的重大违宪行为，向全国人大及其常委会提出报告。④解决国家机关及相互关系中存

----

[1]　韩大元、张翔等：《宪法解释程序研究》，中国人民大学出版社 2016 年版，第 174—178 页。

在的合宪性争议；⑤对依申请提起的合宪性审查要求或建议中所涉及的规范性文件进行合宪性审查；⑥起草全国人大常委会宪法解释的草案；⑦全国人大及其常委会行使职权中其他涉及宪法的工作。

三、确立合宪性审查移送制度

在我国，无论事实上存在多少备案审查制度及其审查主体，作为规范性文件合宪性审查主体的都只能是全国人大及其常委会，具体负责的机构是全国人大宪法和法律委员会。这种合宪性审查制度是宪法确立的，合宪性审查职权是由宪法授予的，因此，凡是涉及规范性文件是否与宪法相抵触的合宪性审查问题，皆一律移交具有合宪性审查职权的全国人大常委会，由宪法和法律委员会进行具体合宪性审查。为此就需要在我国确立合宪性审查并实行宪法解释的移送制度。

（一）党内法规和规范性文件合宪性审查移送制度

按照《中国共产党党内法规制定条例》和《中国共产党党内法规和规范性文件备案审查规定》之规定，从党内法规制定到通过，都需要对法规草案或正式文件进行合宪性审查。在党内法规制定时，需要由所属负责法规工作的机构进行审核，正如《中国共产党党内法规制定条例》第27条规定："审议批准机关收到党内法规草案后，交由所属法规工作机构进行前置审核。"审核内容之一就是党内法规草案"是否同宪法和法律不一致"。按照《中国共产党党内法规和规范性文件备案审查规定》，对于中央纪律检查委员会党中央（决策）议事协调机构以及党中央工作机关、党中央直属事业单位，党中央批准设立的党组（党委），各省、自治区、直辖市党委应当向中央办公厅报备党内法规和规范性文件，其中包括对规范性文件"是否同宪法和法律不一致"的情形进行合宪性审查。由于党内法规和规范性文件是由各级党委进行合宪性审查，然而党的机关缺乏宪法所规定的宪法审查的职权，因此，若遇到合宪性审查的问题，需提交具有合宪性审查职权的全国人大常委会进行审查。从而，在机制与程序上实现了《中国共产党党内法规和规范性文件备案审查规定》第4条所提出的"各级党委应当与同级人大党委会、政府等有关方面建立健全备案审查衔接联动机制"的要求。

（二）最高人民法院、最高人民检察院合宪性审查移送制度

按照《立法法》第 110 条第 1 款的规定，国家监察委员会、最高人民法院、最高人民检察院认为行政法规、地方性法规、自治条例和单行条例同宪法或者法律相抵触的，可以向全国人民代表大会常务委员会书面提出进行审查的要求。但正如林来梵教授所指出的那样："遗憾的是，这个制度虽然看似授予了最高院一项很大的'权力'，但缺乏足够的运行动力机制。根据现行的职权配置情况，最高法更倾向于行使司法解释权，即通过对已有的法律进行详细的、符合上位法的解释来直接解决这个问题，而不是向全国人民代表大会常务委员会书面提出审查要求。"[1]因为最高人民法院、最高人民检察院缺乏宪法审查与解释宪法的权力，所以《立法法》才规定最高人民法院遇到合宪性审查问题需向全国人大常委会提出合宪性审查的要求。但是，在司法实践中，真正遭遇到法律、法规、规章、司法解释等规范性文件与宪法相抵触的现实问题的是地方监察委员会、地方各级人民法院和地方各级人民检察院，他们在审

---

[1]　林来梵：《建构宪法实施的动力机制》，载《人民法治》2015 年 2—3 月号，第 19 页。

判实践中遇到需要提起合宪性审查的问题，只能按照《立法法》第110条第2款之规定，"可以向全国人民代表大会常务委员会书面提出进行审查的建议"，何况这种"建议"须"由常务委员会工作机构进行审查，必要时，送有关的专门委员会进行审查、提出意见"。当然，地方监察委员会、地方各级人民法院、地方各级人民检察院，遇到合宪性审查等法律适用的疑难问题，最有可能是向上一级监委、法院、检察院或最高人民法院、最高人民检察院提出司法解释请求，而非向全国人大常委会提出合宪性审查的建议。因此，确立一种地方监察委员会、地方各级人民法院、地方各级人民检察院基于合宪性审查问题而具有的移送制度就显得十分重要。这种移送制度的具体程序，具体构想是：

（1）监委、法院、检察院在办理普通司法案件时，如果发现适用的规范性法律文件可能存在与宪法相抵触或不一致的情形时，监委、法院或检察院可以中止当前的诉讼程序，并通过监委、法院或检察院内部案件请示制度，将案件中涉及的规范性法律文件是否与宪法相抵触的问题，以书面形式上报至国家监察委员会、最高人民法院或最高人民检察院。

（2）国家监察委员会、最高人民法院或最高人民检察院经过审核，认为确实涉及合宪性审查问题，即根据《立法法》第111条第1款规定，以书面提起审查要求的法定形式，移送全国人大常委会，由具有合宪性审查权的机关进行合宪审查。

（3）全国人大常委会对规范性文件的合宪性问题作出正式判断之后，将相关判断发回法院或检察院，由原审法院继续审理原案。

如此一来，凡是在监察、审判与检察实践中遇到的所有宪法问题的审查均通过案件移送制度，由全国人大常委会工作机构及有关的专门委员会负责合宪性审查。

（三）省、自治区、直辖市人大常委会合宪性审查移送制度

在第十章中，笔者论及地方省级人大常委会的备案审查制度时，曾指出：在各省级人大常委会备案审查制度设计中，黑龙江、山西、上海、浙江、安徽、福建、海南、贵州、西藏等省、自治区、直辖市的备案审查制度涉及合宪性审查与合法性审查。由于省级地方权力机关没有宪法审查和宪法解释的宪定职权，因而无权对地方规范性文件进行合宪性审查。因此，一旦在备案审查过程中遇到规范性文件的合宪性问题，也必须通过"合宪性审查移送制度"，将涉及规范性文件是否合乎宪法的问题移送至全国人大常委会，由具有宪法审查权和宪法解释权的全国人大常委会负责合宪性审查。或许有人担心，如果建立了解释案移送制度，将会出现大量的需要移送的宪法或法律解释案件，这种疑虑可能存在，但实际上出现的概率是极小的，原因在于：制定机关一般为同级人民政府或下一级地方人大常委会或人民政府，一旦其制定的文件被省级人大常委会审查机关认定与宪法、法律相抵触，则极少存在不予修改的情况。因此，最终通过合宪性审查移送制度的情形不会大量出现。

四、"合宪性审查程序法"的制定与起草

随着我国迈入中国特色社会主义新时代，以及全国人大宪法和法律委员会作为监督宪法实施专责机构的确立，我国合宪性审查工作将进入一个快速发展的历史时期。中共中央《深化党和国家机构改革方案》指出："全国人大宪法和法律委员会在继续承担统一审议法律草案工作的基础上，增加推动宪法实施、开展宪法解释、推进合宪性审查、加强宪

法监督、配合宪法宣传等职责。"为了全国人大宪法和法律委员会能够顺利履行这些新的职责，就必须起草和制定"合宪性审查程序法"，使我国合宪性审查工作制度化、法律化、规范化、程序化。

（一）制定"合宪性审查程序法"的迫切性及其重要意义

合宪性审查的目的是对一切规范性文件是否与宪法相抵触进行审视与判断，与宪法的原则、内容或精神相违背的，由合宪性审查机关予以撤销或废止，以维护宪法的至上权威与神圣尊严。建立合宪性审查制度是实施宪法自身的必然要求，因为《宪法》第 5 条规定"一切法律、行政法规和地方性法规都不得同宪法相抵触。一切国家机关和武装力量、各政党和各社会团体、各企业事业组织都必须遵守宪法和法律。一切违反宪法和法律的行为，必须予以追究"。按照宪法的规定，如何使同宪法相抵触的法律、法规得到纠正？如何使得违反"必须遵守宪法"义务的机关、政党、团体或组织承担其宪法责任？如何使得违反宪法的行为必须得到追究？只有确立合宪性审查制度，由宪法实施的专责机构对抽象性行为或规范性文件合宪性审查，才能保障宪法规范的具体实施，才不会使宪法的规定流于形式。

长期以来，困扰中国合宪性审查的关键问题是全国人大及其常委会之下缺乏一个协助其具体监督宪法实施的专门机构，2018 年 3 月的修宪对于设立监督宪法实施的专责机构而言，"忽如一夜春风来，千树万树梨花开"。2018 年《宪法修正案》将《宪法》第 70 条中规定的全国人大"法律委员会"更名为"宪法和法律委员会"，意味着中国宪法实施监督的专责机构在第五次"八二宪法"修改的"春风"中真正确立起来了。尽管中国选择的合宪性审查的道路既非普通法院式，也非宪法法院或宪法委员会式，而是立足于中国自己的国情、世情，按照党的十九大报告提出的"完善人大专门委员会设置，优化全国人大常委会和专门委员会组成人员的结构"的要求，遵循党的十九届三中全会《中共中央关于深化党和国家机构改革的决定》中提出的"深化人大机构改革""完善人大专门委员会设置，更好发挥其职能作用"的原则，以及《关于深化党和国家机构改革的方案》(以下简称《方案》)提出的"要适应新时代我国社会主要矛盾变化，完善全国人大专门委员会设置，更好发挥职能作用"的精神，提出的"全国人大法律委员会更名为全国人大宪法和法律委员会"的宪法修改意见，是"为弘扬宪法精神，增强宪法意识，维护宪法权威，加强宪法实施和监督，推进合宪性审查工作，将全国人大法律委员会更名为全国人大宪法和法律委员会"。这种具有中国特色的宪法实施监督制度的选择，具有更大更强的制度优势。一方面它是在中国共产党的领导下进行的，是党中央为全面推进依法治国作出的战略选择；另一方面它立足于我国人民代表大会这一根本政治制度，是人民当家作主的自我选择，从而充分体现了党的领导、人民当家作主、依法治国有机统一的根本政治制度安排。因此，全国人大宪法和法律委员会这一宪法实施监督专责机构的确立，必将在继续承担统一审议法律草案工作的基础上，在推动宪法实施、开展宪法解释、推进合宪性审查、加强宪法监督、配合宪法宣传等诸多方面发挥其应有的作用与职责。

随着我国监督宪法实施专责机构的确立，抓紧起草和制定"合宪性审查程序法"就迫切需要提到国家立法的议事日程上来了，因为一旦确立了宪法实施监督的专责机构，就直接面临着宪法和法律委员会遵循怎样的法定程序进行合宪性审查的问题。因为从权力的行使与运行而言，只要权力行使并启动运行，则程序必须先行，不在程序规制的轨道上运行的权力，则是非法的、无效的，任何权力的运行均须在程序的规制中进行。宪法实施监督专责机构的合宪性审查权的行使或运行也没有例外。

　　其实，关于宪法监督程序制定完善的问题，早在 2002 年 12 月 4 日，胡锦涛同志在首都各界纪念中华人民共和国宪法公布施行二十周年大会上讲话中就提出来了，他在讲话中要求"要抓紧研究和健全宪法监督机制，进一步明确宪法监督程序，使一切违反宪法的行为都能及时得到纠正"[1]；十年之后的 2012 年 12 月 4 日，习近平总书记在首都各界纪念现行宪法公布施行三十周年大会上的讲话中再次强调："全国人大及其常委会和国家有关监督机关要担负起宪法和法律监督职责，加强对宪法和法律实施情况的监督检查，健全监督机制和程序，坚决纠正违宪违法行为。"[2] 2013 年 11 月，党的十八届三中全会通过的《中共中央关于全面深化改革若干重大问题的决定》又进一步提出"要进一步健全宪法实施监督机制和程序，把全面贯彻实施宪法提高到一个新水平"；2014 年 10 月，党的十八届四中全会通过的《中共中央关于全面推进依法治国若干重大问题的决定》中再次更加明确提出"完善全国人大及其常委会宪法监督制度，健全宪法解释程序机制。加强备案审查制度和能力建设，把所有规范性文件纳入备案审查范围，依法撤销和纠正违宪违法的规范性文件，禁止地方制发带有立法性质的文件"的要求；党的十九大报告则显明地提出"加强宪法实施监督，推进合宪性审查工作，维护宪法权威"的要求。按照中央全面依法治国的新时代要求以及宪法修改的

---

[1] 胡锦涛：《在首都各界纪念中华人民共和国宪法公布施行二十周年大会上的讲话》，载《十六大以来党和国家重要文献选编》上（一），人民出版社 2005 年版，第 458 页。

[2] 习近平：《在首都各界纪念现行宪法公布施行三十周年大会上的讲话》，载《十八大以来重要文献选编》，中央文献出版社 2014 年版，第 90 页。

新精神，为进一步推进合宪性审查工作，迫切需要起草和制定合宪性审查工作的程序法，为健全宪法监督程序与机制提供基本的法治保障。

可能有人会说，《立法法》《工作办法》或《全国人民代表大会常务委员会关于完善和加强备案审查制度的决定》等相关法律文件针对合宪性审查的程序作出规定，没有必要制定专门的"合宪性审查程序法"。然而，笔者认为，随着我国宪法监督实施专责机构的确立以及党中央文件精神的具体落实，制定一部专门的"合宪性审查程序法"势在必行。

第一，合宪性审查具体实施主体的变更。尽管全国人大常委会作为监督宪法实施与合宪性审查的主体地位未变，但具体协助全国人大及其常委会进行宪法实施监督的专责机构发生了改变。按照《立法法》第110条至第112条规定，全国人大专门委员会、常务委员会工作机构应当专门负责合法性审查工作；依据《工作办法》第5条规定，备案审查的专责机构是全国人大常委会办公厅，具体审查主体是常委会工作机构和全国人大各专门委员会。《立法法》和《工作办法》皆以全国人大常委会工作机构及各专门委员会作为具体审查主体而设置审查程序，随着审查主体由上述机构变更为全国人大宪法和法律委员会，相应的审查程序随之作出适当的修改与重构。只有设计出一套细致具体的合宪性审查程序，作为宪法监督实施专责机构的宪法和法律委员会才能有所作为，发挥其应有的宪法监督、宪法实施、宪法解释、宪法宣传等功能。

第二，合宪性审查移送制度的确立决定了宪法审查监督程序的重构。合宪性审查权力的唯一性与专属性，决定了除了全国人大及其常委会外，其他任何机关或组织都无权进行合宪性审查。换言之，宪法审查权力只能由全国人大常委会行使，合宪性审查主体是唯一的，又是专属性的，它排斥其他机构行使合宪性审查权的可能。合宪性审查必然意味着宪法解释，而解释宪法是全国人大常委会的专有职权，是其他机关所不能具有的，从而决定了全国人大常委会的"解释宪法"与合宪性审查的权力是专属的和排他的。[1]既然合宪性审查权以及解释宪法权都是唯一的和专属的，那么任何其他党政机关都无权进行合宪性审查与宪法解释，从而决定了合宪性审查移送制度的必要性与必然性。无论是党内法规和规范性文件的备案审查机关，还是最高人民法院和最高人民检察院，以及省、自治区、直辖市的权力机关，凡是遇到规范性文件是否合乎宪法的合宪性审查的问题，都必须移送至具有合宪性审查权的机关进行审查。然而，合宪性审查移送制度恰是目前我国备案审查或合法性审查所缺失的，需要通过对合宪性审查监督程序的重构加以补充完善。譬如如何移送，即具体移送的程序、移送后对审查结果的效力影响等需作出明确的规定。

第三，合宪性审查的独立性决定了审查程序的独立设置。合宪性审查的对象与目的很明确，就是对所有规范性文件进行合宪性审查，以维护社会主义法治的统一与尊严，维护宪法的权威，它与法规备案审查、合法性审查在审查对象与功能上虽有重合，但明显存在极大的不同。首先，目前法规备案审查的对象是不涵盖"法律"的，即只审查法律外的法规、规章和司法解释规范性文件，而合宪性审查的范围涵盖一切法律、法规、规章、司法解释等规范性文件。其次，法规备案审查属于合法性审查，即审查的标准是是否与法律相一致；合宪性审查虽然属于广义上的合法性审查，但审查标准是宪法，即一切规范性文件是否与宪法相一致。再次，法规备案审查的直接目的是维护法律的权威与尊严，而

---

[1] 范进学：《认真对待宪法解释》，山东人民出版社 2007 年版，第 15 页。

合宪性审查是维护宪法的权威与尊严。在法的效力体系中，倘若宪法没有权威与尊严，那么法律也没有权威与尊严；宪法的权威与尊严是法律得以具有权威与尊严的基石。最后，法规备案审查的效力应当服从于合宪性审查的效力。备案审查仅仅是保证规范性文件的合法性，维护"法律"的权威。然而，这里的"法律"又必须是与宪法相一致的、与宪法不抵触的法律，一旦这种"法律"与宪法相抵触，即会成为合宪性审查的对象，合宪性审查的效力是最高的，凡是与宪法不一致的法律一律无效。因此，法规备案审查的效力必须服从合宪性审查的效力。既然合宪性审查具有其独特的作用与功能，且与法规备案审查存在较大的差异，就应当遵从事物自身的规律和逻辑，单独设置合宪性审查程序。目前的根本问题在于我国的法规备案审查制度与合宪性审查制度、合法性审查与合宪性审查在程序上合二为一，使合宪性审查混同于一般的合法性审查。造成这种局面，是由于《立法法》将"宪法审查与法律审查不加区分地置于同一个条款之中，加之二者审查主体、审查程序等完全相同，从而导致了合宪审查与合法审查之混同"。[1]因此，从合宪性审查制度自身的独立性出发，必须对合宪性审查机制与制度进行重构，使其从目前的备案审查制度与合法性审查制度中脱离并独立出来，合宪性审查制度独立性的标志就是"合宪性审查程序法"的制定。只有跳出以法规备案审查程序或合法性审查程序取代合宪性审查程序的窠臼，才能真正迎来中国合宪性审查制度的春天。

第四，合宪性审查程序涉及审查主体应当遵循的原则，然而目前法规备案审查制度未设立。由于法律层面上的法规备案审查制度是在《立

---

[1]　范进学：《完善我国宪法监督制度之问题辨析》，载《学习与探索》2015年第8期。

法法》第五章"适用与备案审查"中确立的，而全国人大常委会通过的《工作办法》过于简单，在备案审查或合法性审查程序的设计中皆未涉及审查主体应当遵循怎样的基本原则。合宪性审查是中国共产党加强宪法监督和实施、全面依法治国的重要举措与手段，在中央，为加强对法治中国建设的统一领导，按照党的十九大部署，专门成立了中央全面依法治国领导小组，为了从制度上保证党对依法治国的全面领导，作为全面依法治国重要组成部分的合宪性审查，必须首先坚持中国共产党在合宪性审查工作中的核心领导地位原则。同时，宪法上规定的合宪性审查主体是全国人大及其常委会，人民代表大会制度是我国的根本政治制度，合宪性审查工作必须在人民代表大会制度这一根本制度框架下开展，因此还必须遵循人民代表大会制度的根本制度安排及原则。

（二）构建"合宪性审查程序法"遵循的基本原则

1. 坚持中国共产党的核心领导

宪法修改将"中国共产党领导是中国特色社会主义最本质的特征"载入《宪法》第1条之中，从宪法序言到宪法条款，中国共产党始终总揽全局、协调各方的领导核心地位得以在宪法中充分体现出来。中国共产党是中国的长期执政党，这种执政地位与领导地位是中国人民的选择和中国历史的选择所确立的，党的领导不仅是中国特色社会主义最本质的特征，也是社会主义法治的最根本的保证。党的领导、中国特色社会主义制度与中国特色社会主义法治理论，这三方面实质上是中国特色社会主义法治道路的核心要义，全面推进依法治国这件大事能不能办好，最关键的是方向是不是正确、政治保证是不是坚强有力；党的领导和社会主义法治是一致的，社会主义法治必须坚持党的领导，党的领导必须依靠社会主义法治；坚持党的领导，是社会主义法治的根本要求，是党和国家的根本所在、命运所在。[1]

党的十八大以来，习近平总书记提出并反复强调的一个重要论断是"中国共产党的领导是中国特色社会主义最本质的特征"。这是党的十八大以来以习近平同志为核心的党中央关于中国共产党历史地位的全新论断，正如党的十九大报告中指出"中国特色社会主义最本质的特征是中国共产党领导，中国特色社会主义制度的最大优势是中国共产党领导，党是最高政治领导力量"；并重申"党政军民学，东西南北中，党是领导一切的"；提出"坚持党对一切工作的领导"的基本原则，并将它置于新时代坚持和发展中国特色社会主义基本方略的第一条。中国共产党的领导直接决定和体现着中国特色社会主义的性质。中国特色社会主义包括道路、理论体系、制度和文化，其中的每一个方面都体现了党的领导：中国特色社会主义道路是中国共产党领导人民开创的，中国特色社会主义理论体系是中国共产党的指导思想和行动指南，中国特色社会主义制度的建设和发展都必须在党的领导下完成，中国特色社会主义文化是在中国共产党领导下发展的。一言以蔽之，中国特色社会主义就是中国共产党领导人民开创的，没有共产党的领导，就没有中国特色的社会主义。党的领导这一政治原则是新时代中国特色社会主义取得成功和走向胜利的根本政治保证。

"把加强党对一切工作的领导贯穿改革各方面和全过程，完善保证党的全面领导的制度安排"是党的十九届三中全会通过的《关于深化党和国家机构改革的决定》中明确提出的。该决定还指出："要加强党

---

[1] 习近平：《关于〈中共中央关于全面推进依法治国若干重大问题的决定〉的说明》，载《中国共产党第十八届中央委员会第四次全体会议文件汇编》，人民出版社 2014 年版，第 78—79 页。

对涉及党和国家事业全局的重大工作的集中统一领导。"[1]同时，中共中央印发的《关于深化党和国家机构改革的方案》中提出："深化党中央机构改革，要着眼于健全加强党的全面领导的制度，优化党的组织机构，建立健全党对重大工作的领导体制机制，更好发挥党的职能部门作用。"[2]党的十九大报告提出的"推动合宪性审查工作"，就是党中央全面依法治国的一项制度安排，关乎宪法实施重要制度安排的合宪性审查及其程序的立法，当然必须坚持党的领导核心地位。党领导立法是新时代中国特色社会主义立法的鲜明特点与最大的政治优势，是党的领导在立法中的具体体现。合宪性审查制度如果没有党的领导，是建立不起来的，即使建立起来，也无法充分发挥其应有的价值与功能。尤其是合宪性审查的对象是法律、法规、规章，也可能是党内法规和规范性文件，没有党的领导进行合宪性审查，任何国家机关都难以真正有效地实施，因为，"我们党的政策和国家法律都是人民根本意志的反映，在本质上是一致的"，党的政策通过法定程序成为国家意志、形成法律之后，"实施法律就是贯彻党的意志，依法办事就是执行党政策"。[3]因此，对法律或党内法规与规范性文件的审查，需要在党的领导下，甚至是在党的审查机关直接共同参与下进行，这是中国特色社会主义制度即国体决定的。

众所周知，1982 年宪法确立的我国的国家性质即国体是"工人阶级领导的、以工农联盟为基础的人民民主专政的社会主义国家"，其中国体即人民民主专政的核心是"工人阶级领导"，因为工人阶级是先进

---

[1]《中共中央关于深化党和国家机构改革的决定》，载《光明日报》2018 年 3 月 5 日，第 3 版。

[2] 中共中央印发《深化党和国家机构改革的方案》，载《光明日报》2018 年 3 月 22 日，第 6 版。

[3] 中共中央文献研究室编：《习近平关于全面依法治国论述摘编》，中央文献出版社 2015 年版，第 20 页。

生产力的代表，最富于革命的彻底性、严密的组织性和纪律性。然而，"工人阶级领导"主要通过中国共产党领导才能实现。中国共产党在中国，不仅是领导党，更是执政党，共产党的执政模式不同于西方竞争性政党的轮流执政，它是长期执政而非短期或周期性执政，最重要的是，这种由共产党领导并长期执政的政治制度，不仅是全体中国人民的自我选择，还是历史的必然选择。《党章》明确指出："中国共产党是中国工人阶级的先锋队，同时是中国人民和中华民族的先锋队，是中国特色社会主义事业的领导核心，代表中国先进生产力的发展要求，代表中国先进文化的前进方向，代表中国最广大人民的根本利益。"习近平总书记在党的十九大报告中也指出："中国共产党人的初心和使命，就是为中国人民谋幸福，为中华民族谋复兴"，全党"永远把人民对美好生活的向往作为奋斗目标"。因此，中国共产党完全不同于西方资产阶级政党，中国共产党的利益与人民的利益是完全一致的。社会主义与中国特色社会主义都是中国共产党领导人民开创的，没有共产党，就没有社会主义；没有共产党的领导，就没有中国特色的社会主义。所以，中国共产党领导是中国特色社会主义最本质的特征是我国国体的核心与灵魂。[1]

由于合宪性审查程序或宪法监督程序的构建是一个国际政治生活中的制度事件，因此必须由宪法或法律加以明确。[2]而设计某些重大政治方面的法律草案必须经党中央审议，这是我国立法工作必须遵守的一个基本政治原则。1991年党中央《关于加强对国家立法工作领导的若干意见》明确规定：党中央对某些重大政治方面的法律草案或政治方面的法

---

[1] 范进学：《2018年修宪与中国新宪法秩序的重构》，载《法学论坛》2018年第3期。
[2] 陈冬：《宪法监督程序研究》，中国检察出版社2011年版，第185页。

律都必须经过党中央审议或批准。[1]因此，合宪性审查程序立法也必须坚持党的统一领导，发挥党的核心领导作用。

2. 坚持人民代表大会根本政治制度

我国的合宪性审查模式不同于任何西方资本主义国家的宪法审查模式，既非普通法院型的美国模式，也不是宪法法院型欧洲模式或宪法委员会型的法国模式，而是中国特色社会主义立法机关即最高国家权力机关型的合宪性审查模式，这一模式的基本特点在于由最高国家权力机关即全国人大及其常委会实施宪法审查，具体是由受全国人大及其常委会领导的专门委员即"宪法和法律委员会"协助实施合宪性审查。我国宪法的这种制度安排植根于人民代表大会制度这一中国的根本政治制度。

我国宪法所设计的人民代表大会制度，是集党的领导、人民当家作主与依法治国三者有机统一于一体的根本政治制度。党的领导不仅载入宪法序言，而且直接纳入宪法规范并构成中国国体的核心要素。人民当家作主是国家一切权力属于人民以及人民依照宪法和法律，通过各种途径和形式，管理国家事务、管理经济和文化事业、管理社会事务的民主权利。依法治国是 2004 年宪法修改所确立的宪法上的社会主义法治原

---

[1]《关于加强对国家立法工作领导的若干意见》规定：党中央介入立法过程分四种情形：（1）宪法的修改、某些重大政治方面和特别重大的经济、行政方面的法律草案，在提请全国人大审议前，都须经过党中央政治局（或党委）与中央全会的审议；其他法定机关提出的修宪议案，也需经全国人大常委会党组或全国人大中的党的领导小组报送党中央审定；（2）政治方面的法律在起草前应由全国人大常委会将立法思想和原则呈报党中央审批；（3）政治方面的法律和重大经济、行政方面的法律，在提交全国人大或常委会审议前，由全国人大常委会党组呈报党中央政治局或其常委审批；（4）中央对法律起草工作实行统一领导，凡由全国人大及其常委会起草的法律，一律由全国人大常委会党组报中央审批，其他部门起草的法律草案需报全国人大审议的，也由全国人大常委会党组统一报中央审批（参见蔡定剑：《历史与变革：新中国法制建设的历程》，中国政法大学出版社 1999 年版，第 165—166 页）。

则，建设社会主义法治国家成为依法治国的最终价值目标。三者的关系可以概括为：人民在党的领导下，通过人民代表大会制度，依照宪法和法律管理并治理国家、社会，最终建成社会主义法治国家，实现当家作主的各项民主权利。习近平总书记在党的十九大报告中曾指出："人民代表大会制度是坚持党的领导、人民当家作主、依法治国有机统一的根本政治制度安排，必须长期坚持、不断完善……党的领导是人民当家作主和依法治国的根本保证，人民当家作主是社会主义民主政治的本质特征，依法治国是党领导人民治理国家的基本方式，三者统一于我国社会主义民主政治伟大实践。"[1]因此，人民代表大会制度是人民行使国家权力的制度架构，没有人民代表大会制度，人民就失去行使国家权力的制度载体，进而失去当家作主的民主权利。然而，人民行使国家权力的过程，离不开中国共产党的领导，其根本原因在于我国现行宪法序言中所阐明的显见的真理："中国共产党领导中国各族人民，在经历了长期的艰难曲折的武装斗争和其他形式的斗争以后，终于推翻了帝国主义、封建主义和官僚资本主义的统治，取得了新民主主义革命的伟大胜利，建立了中华人民共和国。从此，中国人民掌握了国家的权力，成为国家的主人"；"中国新民主主义革命的胜利和社会主义事业的成就，是中国共产党领导中国各族人民，在马克思列宁主义、毛泽东思想的指引下，坚持真理，修正错误，战胜许多艰难险阻而取得的"。习近平总书记在庆祝中国共产党成立95周年大会上的讲话中提出："中国特色社会主义最本质的特征是中国共产党领导，中国特色社会主义制度的最大优势是中国共产党领导。坚持和完善党的领导，是党和国家的根本所在、命脉所

---

[1]《中国共产党第十九次全国代表大会文件汇编》，人民出版社2017年版，第30页。

在，是全国各族人民的利益所在、幸福所在。"[1]一言以蔽之，没有共产党就没有新中国，没有共产党就没有中国人民当家作主的实现，没有共产党就没有中国特色社会主义，更不可能实现中华民族伟大复兴的中国梦，正是中国共产党领导人民缔造了国家。正如塞缪尔·P. 亨廷顿指出："在那些传统政治制度或崩溃或软弱或根本不存在的政体中，强大的政党组织是唯一能最终排除腐化型的或普力夺型（praetorian）或群众型的社会动乱的选择。政党不仅仅是各辅助组织，更是合法性和权威性的源泉。在缺乏合法性的传统根基的情况下，人们就只好在意识形态、领袖魅力和主权在民论中去寻求合法性。为了能够长期存在下去，意识形态、领袖魅力或主权在民论等各种原则又都必须体现在一个政党的身上。不是政党反映国家意志，而是政党缔造国家，国家是党的工具。政府的行动只有反映了政党的意志才是合法的。政党是合法性的根基，因为它是国家主权、人民意志或无产阶级专政的制度化身。"[2]在中国，由于中国共产党是中国最高政治领导力量，办好中国的事情，关键在中国共产党，因为共产党就是"国家主权、人民意志或无产阶级专政的制度化身"。因此，坚持人民代表大会根本政治制度，就是要坚持党领导下的由全国人大以及常委会行使宪法审查或合宪性审查的权力，把所有规范性文件纳入合宪性审查范围，依法撤销和纠正违宪的规范性文件，维护宪法权威和尊严。

3. 坚持宪法至上

合宪性审查的唯一标准就是宪法，标准的唯一性注定了宪法的至上

---

[1]《习近平谈治国理政》第 2 卷，2017 年版，第 43 页。
[2] 塞缪尔·P. 亨廷顿：《变化社会中的政治秩序》，王冠华等译，生活·读书·新知三联书店 1989 年版，第 85 页。

权威性。宪法至上指宪法在所有社会规则体系中具有最高的权威性与最高的法律效力，其他一切规则都不得同宪法相抵触，人人受宪法的统治支配，当人的意志与宪法发生矛盾时，以宪法为准绳。一言以蔽之，宪法居于绝对至上或支配的地位，一切行为以宪法为标准，实现法的统治而不是人的统治。宪法至上是法治的精髓，它排斥的是人的恣意妄为，法治最核心的含义是约束所有权力，如果权力者依然在宪法规则之外行使权力，那么宪法的效力与权威就没有至上，宪法存在的意义则不复存在。

宪法至上，意味着宪法具有最高的法律效力，是基础规范，其最高效力来自全体人民的授权。我国《宪法》序言指出，宪法"具有最高的法律效力"。《宪法》第 5 条作出了明确规定："一切法律、行政法规和地方性法规都不得同宪法相抵触。"这在宪法上确立了宪法自身最高的效力地位。我国《立法法》第 98 条规定："宪法具有最高的法律效力，一切法律、行政法规、地方性法规、自治条例和单行条例、规章都不得同宪法相抵触。"可见，宪法至上是法律至上的前提，毕竟法律不是由人民直接制定的，而是由人民选举的代表机关及代表制定的，人民的代表机关及代表有可能滥用人民所委托的立法权，制定出与宪法相冲突或抵触的法律，这时就需要以宪法为依据进行审查，对合宪的法律予以维护，对违宪的法律予以撤销或废止。因此，宪法至上是绝对的。

宪法至上在习近平总书记在首都各界纪念现行宪法公布施行三十周年大会上的讲话中表达得非常清晰，他说："宪法是国家的根本法，是治国安邦的总章程，具有最高的法律地位、法律权威、法律效力，具有根本性、全局性、稳定性、长期性。全国各族人民、一切国家机关和武装力量、各政党和各社会团体、各企业事业组织，都必须以宪法为根本的活动准则，并且负有维护宪法尊严、保证宪法实施的职责。任何组织或者个人，都不得有超越宪法和法律的特权。一切违反宪法和法律的行为，都必须予以追究。"从字义上分析，宪法至上意味着：（1）宪法具有最高的法律地位；地位最高，意味着价值地位最高，一切价值服从于宪法价值。（2）宪法具有最高的法律权威；权威最高，意味着一切权威都必须依附于宪法权威。（3）宪法具有最高的法律效力；效力最高，意味着一切法律规范性文件都不得与宪法相抵触，抵触者无效。（4）全国各族人民、一切国家机关和武装力量、各政党和各社会团体、各企业事业组织，都必须以宪法为根本的活动准则；一切主体都必须遵守宪法，服从宪法，以宪法办事。（5）任何组织或者个人，都不得有超越宪法和法律的特权；职权权限法定，宪法法律无授权不得行使。（6）一切违反宪法和法律的行为，都必须予以追究。责任法定，违宪违法行为必须承担法定责任。

在我国，宪法是国家的根本法，是治国安邦的总章程，具有最高的法律地位、法律权威、法律效力，具有根本性、全局性、稳定性、长期性，全国各族人民、一切国家机关和武装力量、各政党和各社会团体、各企业事业组织，都必须以宪法为根本的活动准则，并且负有维护宪法尊严、保证宪法实施的职责。任何组织或者个人，都不得有超越宪法和法律的特权。一切违反宪法和法律的行为，都必须予以追究。宪法至上重在约束权力，任何权力的行使必须受到宪法的限制，一切人都必须在宪法范围内活动，包括执政党也要依法执政、依宪执政。因此，合宪性审查中必须坚持宪法至上原则，以宪法为最高法律规范，检查与审视一切规范性文件是否与宪法相抵触，保证宪法的至上权威与崇高的尊严，使宪法得以全面有效地贯彻实施。

4. 坚持程序法定

程序是国家机关权力运行开启的地方，也是权力运行终结的地方。任何制度包括合宪性审查制度，都是一套规则体系，规则就是程序最基本的要素。程序无非是为进行某项活动或过程所规定的途径或先后顺序，而规范这种途径或先后顺序的活动必须依靠规则，以规则的形式把这种活动的途径、方法、步骤确定下来，可以使之有所遵循。因此，程序法定包括两层含义：一是立法要求，即合宪性审查程序应当由法律事先明确规定；二是权力运行要求，即合宪性审查活动应当依据国家法律规定的审查程序进行。合宪性审查程序必须通过制定法律规则的方式把合宪性审查活动的一切行为的先后顺序——合宪性主体与事由、合宪性审查的提起、合宪性审查要求或建议的受理、审查审议、审查结果的公布及其审查的效力等——作出明确的规定，这就是合宪性程序立法的主要目的。程序法定原则是现代法治的基本要求，也是社会主义法治的根本要求。依法治国，首先就是要求依照程序治国，由于制度是规则的制度，而规则又是程序的规则，所以，依程序治国就是依法律规则治国，尊重程序，就是尊重规则，遵守程序，就是遵守规则。一旦合宪性审查程序以法律的形式确立，则合宪性审查机构必须坚持程序法定原则，维护合宪性审查程序的权威。

（三）关于制定"合宪性审查程序法"的说明

1. 关于制定"合宪性审查程序法"的基本考虑

宪法是国家的根本法，是治国安邦的总章程，具有最高的法律地位、法律权威、法律效力，具有根本性、全局性、稳定性、长期性；全国各族人民、一切国家机关和武装力量、各政党和各社会团体、各企业事业组织，都必须以宪法为根本的活动准则，并且负有维护宪法尊严、保证宪法实施的职责；任何组织或者个人，都不得有超越宪法和法律的特权；一切违反宪法和法律的行为，都必须予以追究。党的十八大以来，习近平总书记多次强调，坚持依法治国首先要坚持依宪治国，坚持依法执政首先要坚持依宪执政，他于《在首都各界纪念现行宪法公布施行三十周年大会上的讲话》中指出："全面贯彻实施宪法，是建设社会主义法治国家的首要任务和基础性工作。"因此，习近平总书记不仅提出了"我们要坚持不懈抓好宪法实施工作，把全面贯彻实施宪法提高到一个新水平"的要求，还提出了"加强对宪法和法律实施情况的监督检查，健全监督机制和程序，坚决纠正违宪违法行为"的要求。党的十九大报告更加明确提出了"加强宪法实施和监督，推进合宪性审查工作"的新时代要求。合宪性审查工作是全面贯彻实施宪法、维护宪法权威、推进全面依法治国、推进国家治理体系和治理能力现代化的重大举措。

第一，加强宪法实施和监督，必须以推进合宪性审查工作为核心。

我国现行宪法把"监督宪法的实施"赋予了全国人大及其常委会。为实施宪法，全国人大及其常委会通过制定完备的法律来推动宪法实施，保证宪法确立的制度和原则得到落实；国务院和有立法权的地方人大及其常委会通过制定和修改与法律相配套的行政法规和地方性法规，来保证宪法和法律得到有效实施。这种通过立法实施宪法的方式是宪法实施的重要途径。《宪法》序言还规定："全国各族人民、一切国家机关和武装力量、各政党和各社会团体、各企业事业组织，都必须以宪法为根本的活动准则，并且负有维护宪法尊严、保证宪法实施的职责。"然而，国家机关、政党、社会团体、企事业组织的行为是否违反宪法的规定，则需要监督，这就是宪法上赋予全国人大及其常委会"监督宪法的实施"的主要使命所在。监督宪法的实施，一方面，是要监督根据宪法制定的规范性文件是否同宪法相抵触；另一方面，是要监督国家机关、政党、社会团体、企事业组织的行为是否违反宪法的规定。这种监督宪法的实施行为，是为了保证宪法和《立法法》所规定的宪法的至上地位。因为任何法律或规范性文件的制定及其本身，都不能保证它总是与宪法相一致，这需要具有合宪性审查权的机关进行合宪性审查，以保障所有的规范性文件都不与宪法相抵触，从而保证宪法的正确实施。同时，也要对国家机关、政党、社会团体、企事业组织的行为是否违反宪法进行审查，以保证"一切违反宪法和法律的行为必须予以追究"。因此，合宪性审查是监督宪法实施的须臾不可离的手段与措施。1982 年宪法颁布施行后，全国人大及其常委会为保证宪法实施与监督做了大量的工作，并在我国确立了法规备案审查制度，以保证法规、规章、司法解释等规范性文件的合宪性。然而，我国的宪法实施和监督工作与实现全面依法治国、全面贯彻宪法实施的目标还存在着较大的差距，也存在着不少问题，主要表现在"保证宪法实施的监督机制和具体制度还不健全"以及"公民包括一些领导干部的宪法意识还有待进一步提高"。[1] 因此，习近平总书记在党的十九大报告中明确提出了"加强宪法实施和监督，推进合宪性审查工作"的新时代要求。为落实党的十九大提出的"推进合宪性审查工作"精神，党中央《深化党和国家机构改革的方案》将全国人大法律委员会更名为宪法和法律委员会，《宪法修正案》又将《宪法》第 70 条作了修改，正式确立了全国人大宪法和法律委员会作为监督宪法实施的专责机构。为了顺利开展合宪性审查工作，必须起草和

---

[1] 习近平：《在首都各界纪念现行宪法公布施行三十周年大会上的讲话》，载《十八大以来重要文献选编》(上)，中央文献出版社 2014 年版，第 87 页。

制定"合宪性审查程序法",使合宪性审查工作有章可循,并使之制度化、规范化和程序化。

第二,维护社会主义法治的统一与尊严,必须以合宪性审查为抓手。

1982 年《宪法》第 5 条明确规定"国家维护社会主义法制的统一和尊严。一切法律、行政法规和地方性法规都不得同宪法相抵触。一切国家机关和武装力量、各政党和各社会团体、各企业事业组织都必须遵守宪法和法律。一切违反宪法和法律的行为,必须予以追究"。自 1982 年以来,这一宪法规定仍未能得到有效落实,其中一个重要原因是长期以来我国宪法监督制度中缺乏一个专门协助全国人大及其常委会监督宪法实施的机构。没有一个专责监督宪法实施的机构,仅仅依靠全国人大或全国人大常委会,是难以完成监督宪法实施的职责的。因此,随着党的十九大提出的"推进合宪性审查工作"新要求以及宪法修改把全国人大宪法和法律委员会确立为监督宪法实施的专责机构,我国的合宪性审查工作将必然进入一个快速推进并发展的轨道,上述《宪法》第 5 条所规定的内容与要求将会通过合宪性审查这一着眼点而实现。同时,由于 2018 年修宪将《宪法》序言第 7 自然段中的"健全社会主义法制"修改为"健全社会主义法治",所以,为了维护社会主义法治的统一和尊严,必须起草和制定"合宪性审查程序法"。

第三,把全面贯彻实施宪法提高到一个新水平,需要进一步健全宪法监督机制和程序。

从 2002 年胡锦涛同志在首都各界纪念中华人民共和国宪法公布施行二十周年大会上的讲话中提出"进一步明确宪法监督程序"到 2012 年习近平总书记在首都各界纪念现行宪法公布施行三十周年大会上的讲

话中再次提出"健全监督机制和程序"，到 2013 年《中共中央关于全面深化改革若干重大问题的决定》提出"要进一步健全宪法实施监督机制和程序，把全面贯彻实施宪法提高到一个新水平"，再到 2022 年习近平总书记在其发表的《谱写新时代中国宪法实践新篇章——纪念现行宪法公布施行 40 周年》重要文章中提出"要完善宪法监督制度，推进宪法监督的规范化、程序化建设"，党中央一以贯之地明确要求健全宪法实施监督程序。何谓"健全"？实际上就是要抓紧推动合宪性审查程序的立法工作，尽快起草和制定出合乎中国特色与国情的"合宪性审查程序法"。只有制定出合宪性审查程序的基本法律，才能说宪法实施监督程序健全了。所以，起草和制定"合宪性审查程序法"就是落实党中央提出的推进法治中国建设要求的重大举措，从而把全面贯彻实施宪法提高到一个新水平。

2. 关于制定"合宪性审查程序法"的总体要求与原则

起草和制定"合宪性审查程序法"是事关监督宪法实施的重大立法活动，必须在党中央集中统一领导下进行。起草和制定"合宪性审查程序法"的总体要求是，高举中国特色社会主义伟大旗帜，全面贯彻党的十九大精神，坚持以马克思列宁主义、毛泽东思想、邓小平理论、"三个代表"重要思想、科学发展观、习近平新时代中国特色社会主义思想为指导，坚持党的领导、人民当家作主、依法治国有机统一，把党中央关于加强宪法实施和监督、健全宪法实施监督程序、推进合宪性审查工作的新要求与方针通过法定程序上升为国家意志，成为国家法律，体现党和国家全面贯彻实施宪法的新要求，保证合宪性审查工作有序推进，把全面贯彻实施宪法提高到一个新水平。

在贯彻和体现上述总体要求的前提下，起草和制定"合宪性审查程序法"还必须遵循以下四大原则：

一是坚持中国共产党的核心领导。坚持党中央集中统一领导，增强政治意识、大局意识、核心意识、看齐意识，坚定中国特色社会主义道路自信、理论自信、制度自信、文化自信，坚定不移走中国特色社会主义政治发展道路和中国特色社会主义法治道路，把坚持党中央集中统一领导贯穿于合宪性审查程序起草和制定全过程，确保立法的正确政治方向。

二是坚持人民代表大会制度。坚持人民代表大会根本政治制度，就是要坚持党领导下的由全国人大及其常委会行使宪法审查或合宪性审查的权力，把所有规范性文件纳入合宪性审查范围，依法撤销和纠正违宪的规范性文件，维护宪法权威和尊严。

三是基本法律不予审查原则。该原则确立的意义就在于：第一，避免了全国人大对自己制定的基本法律进行自我审查的批评与指责。全国人大作为最高国家权力机关，其制定的基本法律具有"基础规范"的作用与功能，在实践上对其不予审查，是充分相信基本法律不会违反宪法，即便违宪，也相信全国人大能够通过严格的法律制定程序与自我完善机制实现妥当处理。第二，避免以全国人大常委会为常设机关监督全国人大的权力逻辑上的悖论。在宪法设计上，全国人大常委会是全国人大的常设机关，自身隶属于全国人大，向全国人大负责并报告工作；若在合宪性审查实践中，由常委会审查全国人大制定的基本法律是否违宪，在权力逻辑上是矛盾的，在现实中也是不可能的。第三，将全国人大常委会合宪性审查工作的重点放在法律之外的法规、规章与司法解释等规范性文件上，就抓住了事物的主要矛盾。只要法律外的规范性文件的合宪性解决了，宪法的权威就能够树立起来，公民的宪法权利或人权就能够得以保障。

四是党内法规和规范性文件不予审查原则。我国《宪法》《立法法》《监督法》《工作办法》等规范性法律文件，皆把合宪性审查的对象局限于法律、法规、自治条例和单行条例、规章以及司法解释等规范性文件，而没有将党内法规和规范性文件纳入国家意义上的合宪性审查范围之中。国家意义上的规范性法律文件对党内法规和规范性文件的合宪性问题均遵循不予审查的原则。共产党是我国的执政党，是领导党，共产党所制定的规范性文件不在全国人大常委会审查范围之列。实践中，国家宪法和法律将党内法规和规范性文件的合宪性审查交由执政党自身进行审查，因此，全国人大及其常委会对其不予审查是有法定依据的。

第十二章
落实宪法解释程序机制

  党的二十大报告重申了"加强宪法实施和监督"这一法治中国建设的基础性要求，并提出要"健全保证宪法全面实施的制度体系"。[1]宪法实施和监督的加强则必然意味着对宪法规范的解释，保证宪法全面实施的制度体系的健全也必然包含着宪法解释制度的健全，毕竟宪法解释本身就是宪法实施的重要方式与有效保证宪法全面实施制度体系的重要内容。因此，如何落实以及怎样落实宪法解释程序机制，既关乎我国宪法解释制度的完善，亦关乎我国宪法的全面贯彻实施。然而，由于我国长期以来缺乏一部专门规范宪法解释的程序性法律，加之，全国人大常委会从未有过以"宪法解释案"的形式正式解释宪法的实践，因此，我国宪法解释程序机制建设自现行宪法实施四十余年以来就为学者所诟病，被视为我国宪法实施中的"阿喀琉斯之踵"。鉴于此，一些宪法学

---

[1] 习近平：《高举中国特色社会主义伟大旗帜 为全面建设社会主义现代化国家而团结奋斗——在中国共产党第二十次全国代表大会上的报告》，人民出版社 2022 年版，第 41 页。

家呼吁应当制定宪法解释程序法；[1]亦有人大代表向全国人大提交"关于制定宪法解释程序法的议案"；[2]还有学者结合宪法及相关法律所涉及的宪法解释程序规则，提出了如何完善宪法解释程序机制的建议。[3]关于宪法解释程序机制的建设问题，党的十八届四中全会首次提出了"健全宪法解释程序机制"的要求。为此，全国人大常委会党组认真研究制定了有关健全宪法解释程序的意见。[4]有关部门也对宪法解释问题进行了比较充分的研究，并制定了相应的程序规则。[5]然而，笔者查阅了2015年至2024年的全国人大常委会工作报告，有关健全宪法解释程序机制的问题对此均未提及；至于全国人大常委会党组制定的有关健全宪法解释程序的意见，作为内部文件亦从未向社会公开。自2019年10月党的十九届四中全会为完善中国特色社会主义法治体系、健全保证宪法

[1]　2007年，韩大元教授以司法部部级课题"宪法解释制度研究"为基础，成立了宪法解释程序研究课题组，于2009年草拟并公布了《宪法解释程序法（专家建议稿）》（初稿），并于2011年向国家有关部门提交了上述专家建议稿。参见韩大元、张翔等：《宪法解释程序研究》，中国人民大学出版社2016年版，第174—181页。另可参见韩大元：《〈宪法解释程序法〉的意义、框架与思路》，载《浙江社会科学》2009年第9期；韩大元：《论当代宪法解释程序的价值》，载《吉林大学社会科学学报》2017年第4期；秦前红：《建议尽快制定〈宪法解释程序法〉》，载《社会科学报》2015年4月2日，第3版。

[2]　2012年3月，梁慧星等35名代表向第十一届全国人大第五次会议提交了《关于制定宪法解释程序法的议案》（第181号），并附有韩大元教授领衔课题组完成的《宪法解释程序法（草案）》。参见《梁慧星：应制定〈宪法解释程序法〉》，载财经网，https://china.caixin.com/2012-03-11/100366674.html，最后访问时间：2022年12月26日。

[3]　秦前红教授针对制定"宪法解释程序法"所涉及的主要内容提出了建设性意见（参见秦前红：《〈宪法解释程序法〉的制定思路和若干问题探究》，载《中国高校社会科学》2015年第3期）。王旭教授也在已有制度的基础上就宪法解释程序机制的细节提出了完善的建议（参见王旭：《论我国宪法解释程序机制：规范、实践与完善》，载《中国高校社会科学》2015年第4期）。

[4]　乔晓阳：《党的十八大以来立法工作新突破》，载《求是》2017年第11期。习近平总书记在党的十九届二中全会第二次全体会议上的讲话中明确指出："党中央二〇一七年三月转发了《中共全国人大常委会党组关于健全宪法解释工作程序的意见》，提出了明确要求、规定了工作规范，有关方面要认真贯彻落实。"（习近平：《切实尊崇宪法，严格实施宪法》，载习近平：《论坚持全面依法治国》，中央文献出版社2020年版，第206页）。

[5]　本书编写组编著：《党的十九大报告辅导读本》，人民出版社2017年版，第269页。

全面实施的体制机制进一步提出了"落实宪法解释程序机制"的新要求之后，2020年至2022年全国人大常委会委员长栗战书在《全国人民代表大会常务委员会工作报告》中提出了"落实宪法解释程序机制"、积极回应涉及宪法有关问题的关切的要求。[1] 2021年1月，中共中央印发的《法治中国建设规划（2020—2025年）》特别强调"加强宪法解释工作，落实宪法解释程序机制，回应涉及宪法有关问题的关切"。[2] 2022年12月19日，习近平总书记在其发表的《谱写新时代中国宪法实践新篇章——纪念现行宪法公布施行40周年》重要文章中更加明确提出了"健全保证宪法全面实施的制度体系，必须坚持宪法规定、宪法原则、宪法精神全面贯彻，坚持宪法实施、宪法解释、宪法监督系统推进"的新理念新思想，并重申"落实宪法解释程序机制，积极回应社会各方面对涉宪问题的关切"。[3] 基于理论逻辑与实践逻辑，按照党中央和全国人大常委会工作部署安排，我国宪法解释程序机制事实上已完成了其"健全"阶段，转而进入了贯彻"落实"的新阶段。鉴于全国人大常委会党组讨论制定的有关健全宪法解释程序的意见属于政策性文件而无从查阅，笔者欲在对已有的与宪法解释程序相关的规则与实践进行考察、分析与提炼的基础上，勾勒出我国当下宪法解释程序机制的基本框架与

---

［1］ 栗战书：《全国人民代表大会常务委员会工作报告》（2020年5月25日），载《十九大以来重要文献选编（中）》，中央文献出版社2021年版，第578页；栗战书：《全国人民代表大会常务委员会工作报告——2021年3月8日在第十三届全国人民代表大会第四次会议上》，载《十九大以来重要文献选编（下）》，中央文献出版社2023年版，第215页；栗战书：《全国人民代表大会常务委员会工作报告——2022年3月8日在第十三届全国人民代表大会第五次会议上》，载《十九大以来重要文献选编（下）》，中央文献出版社2023年版，第731页。

［2］《中共中央印发〈法治中国建设规划（2020—2025年）〉》，载中共中央办公厅法规局编：《中国共产党党内法规选编（2017—2022）》，法律出版社2024年版，第241页。

［3］ 习近平：《谱写新时代中国宪法实践新篇章——纪念现行宪法公布施行40周年》，载《光明日报》2022年12月20日，第1版。

完善路径。从学理上探讨我国宪法理论和宪法实践中业已存在的宪法解释程序机制及其完善与落实等问题，对于推动我国宪法解释理论与解释实践创新、健全保证宪法实施的宪法解释制度体系、不断提高宪法解释的能力与水平，都具有重大的现实意义与深远的学术价值。

一、我国宪法解释的实践模式及其程序机制考察

任何法律文本均由语言文字构成，其规范意义必须借助解释方法方可揭示。宪法尤因其文本具有高度抽象、概括之特质，愈加需要通过解释其文字含义，方能理解与把握立宪者之意旨与目的。就阐释文本的含义而言，任何对宪法文本内容进行具体化的立法活动都可视为一种对宪法的解释。根据宪法所制定的一切法律法规，实则对宪法某一具体规范含义的阐释，在该意义上说，根据宪法制定的法律可视为一种对宪法文本相关内容的解释，即立法型宪法解释。譬如《民法典》对宪法上的民事基本权利的立法解释就属于此类型宪法解释。其中关于宪法上对私有财产进行征收征用的补偿问题，《民法典》第 117 条、第 243 条、第 245 条均作了具体规定。[1]《民法典》的上述规定，可被视为全国人大以立法的形式对宪法上的征收征用补偿条款所作的解释，该立法型宪法解释

---

[1]《民法典》第 117 条的规定是"应当给予公平、合理的补偿"。《民法典》第 243 条针对征收集体所有的土地和组织、个人的房屋以及其他不动产的补偿，作出了更加具体规定，征收集体所有的土地，应当依法及时足额支付土地补偿费、安置补助费以及农村村民住宅、其他地上附着物和青苗等的补偿费用，并安排被征地农民的社会保障费用，保障被征地农民的生活，维护被征地农民的合法权益；征收组织、个人的房屋以及其他不动产，应当依法给予征收补偿，维护被征收人的合法权益；征收个人住宅的，还应当保障被征收人的居住条件。《民法典》第 245 条针对因抢险救灾、疫情防控等紧急需要而依法征用组织、个人的不动产或者动产的补偿问题作了规定，被征用的不动产或者动产使用后，不仅应当返还被征用人，而且在组织、个人的不动产或者动产被征用或者征用后毁损、灭失的，还应当给予补偿。

重点明确了宪法上关于补偿条款的具体含义，并使之具有明确性、具体性与可操作性。而这种立法型宪法解释的结果就是法律文本的诞生，不过由于法律文本亦同样具有概括性、抽象性与模糊性，因此对法律文本的解释就成为法官适用法律并据此作出判断的职责所在。我们需要明确的是，立法型宪法解释本质上属于立法活动，其行为应当遵守立法程序，因而，在严格意义上，立法型宪法解释不属于笔者所指称的"宪法解释"。[1] 目前除了少数学者主张立法型宪法解释观点外，立法型宪法解释并未受到宪法学界的广泛认可。

然而我国宪法实施实践中存在的另一种宪法解释模式应当引起人们的重视，即全国人大常委会以"决议"或者"决定"的形式行使解释宪法的职权，由于该解释模式不针对具体的案件事由而对宪法文本内容予以解释，故学者们将其称为抽象解释。这种抽象型宪法解释模式在我国已有若干案例，一些学者已经作出相关的梳理。如胡锦光、王丛虎曾较早总结过八个宪法解释例；[2] 王振民后来梳理出六个宪法解释

---

[1] 也有学者对立法性宪法解释提出了批评，认为在我国目前的解释体制下，立法机关和解释机关是同一机关，而细化宪法的任务一般来说是通过立法实现的；如果宪法解释的任务由非立法机关承担，则可以起到拾遗补阙的作用，但如果由立法机关自己承担，则可能屏蔽掉这一功能，因为立法（包括法律的废立改）更直接、更方便，从而使宪法解释显得多余。参见马岭：《我国宪法解释的切入口探析》，载《中国社会科学院研究生院学报》2020 年第 2 期。

[2] 这八个解释案分别是：1979 年 9 月 13 日全国人大常委会通过的《关于省、自治区、直辖市可以在一九七九年设立人民代表大会常务委员会和将革命委员会改为人民政府的决议》、1980 年 9 月 10 日全国人大通过的《关于修改宪法和成立宪法修改委员会的决议》、1981 年 6 月 10 日全国人大常委会通过的《关于加强法律解释工作的决议》、1982 年 12 月 4 日全国人大通过的《关于本届全国人民代表大会常务委员会职权的决议》、1983 年 9 月 2 日全国人大常委会通过的《关于国家安全机关行使公安机关的侦查、拘留、预审和执行逮捕的职权的决定》、1987 年 1 月 22 日全国人大常委会通过的《关于加强法制教育维护安定团结的决定》、1990 年 4 月 4 日全国人大通过的《关于〈中华人民共和国香港特别行政区基本法〉的决定》、1993 年 9 月 2 日全国人大常委会通过的《关于加强对法律实施情况检查监督的若干规定》。参见胡锦光、王丛虎：《论我国宪法解释的实践》，载《法商研究》2000 年第 2 期。

例；[1] 周伟也整理了六个宪法解释例。[2] 但值得注意的是，其中没有一个案例是为他们所共同认可的宪法解释例。不过，有些宪法解释例确已得到我国宪法学界的基本认同，如《全国人民代表大会常务委员会关于国家安全机关行使公安机关的侦查、拘留、预审和执行逮捕的职权的决定》和《关于中国人民解放军保卫部门对军队内部发生的刑事案件行使公安机关的侦查、拘留、预审和执行逮捕的职权的决定》。笔者认为，这两个由全国人大常委会通过的"决定"实际上就是极典型的宪法解释例。其因在于：第一，全国人大常委会是宪法上的解释宪法的主体，享有宪法解释职权；第二，它是对《宪法》第 37 条、第 40 条中的"公安机关"的职权所作的限缩性解释，国家安全机关与军队保卫部门分享了本应当由公安机关行使的职权，因而事实上是对公安机关相关职权的限缩。因此，这种决定型宪法解释就是落实宪法解释程序机制的体现与

---

[1] 这六个解释例分别是：1982 年 12 月 4 日全国人大通过的《关于本届全国人民代表大会常务委员会职权的决议》、1983 年 9 月 2 日第六届全国人大常委会二次会议通过的《关于国家安全机关行使公安机关的侦查、拘留、预审和执行逮捕的职权的决定》、1998 年 12 月 29 日第九届全国人大常委会第六次会议通过的《关于新疆维吾尔自治区生产建设兵团设置人民法院和人民检察院的决定》、1996 年 5 月 15 日第八届全国人大常委会第十九次会议通过的《〈中华人民共和国国籍法〉在香港特别行政区实施的几个问题的解释》、1998 年 12 月 29 日第九届全国人大常委会第六次会议通过的《关于〈中华人民共和国国籍法〉在澳门特别行政区实施的几个问题的解释》、1996 年第九届全国人大常委会第十次会议通过的《关于〈中华人民共和国香港特别行政区基本法〉第二十二条第四款和第二十四条第二款第（三）项的解释》。

[2] 这六个解释例分别是：1981 年 6 月 10 日全国人大常委会通过的《关于加强法律解释工作的决议》、1986 年 12 月 2 日第六届全国人大常委会第 18 次会议通过对地方组织法的修改案、1993 年 9 月 2 日全国人大常委会通过的《关于加强对法律实施情况检查监督的若干规定》、1993 年 12 月 29 日第八届全国人大常委会五次会议通过的《关于中国人民解放军保卫部门对军队内部发生的刑事案件行使公安机关的侦查、拘留、预审和执行逮捕的职权的决定》、1998 年 12 月 29 日第九届全国人大常委会第六次会议通过的《关于新疆维吾尔自治区生产建设兵团设置人民法院和人民检察院的决定》、对全国人大常委会立法权限的一系列立法性解释。参见周伟：《宪法解释方法与案例研究》，法律出版社 2007 年版，第 95—102 页。

表达，它起到积极回应社会关切，实现宪法的连续性、稳定性、权威性和适应性相统一的作用。

第三种宪法解释模式是附随型宪法解释，即依附于合宪性审查，并在合宪性审查中遵循相关审查程序而进行的宪法解释。一般而言，包括宪法在内的法解释与具体案件必须具有关联性，即在具体案件中需要对宪法条文的含义作进一步明确时才可能具备解释的可能，因为对于适用者而言，"恰恰就是在讨论该规范对此类案件事实得否适用时，规范文字变得有疑义"。[1]我国台湾地区学者黄茂荣曾借用德国学者的表述指出："真正的法律解释的问题与其说是从法律条文自身，毋宁说是从应去或拟去处理的案件所引起。"[2]可见，宪法解释案需伴随法规范的具体适用方可发生。在我国，宪法文本的具体适用之情形主要是备案审查过程中的合宪性审查。[3]曾担任全国人大常委会秘书长、法工委主任的王汉斌指出："宪法解释主要是针对是否符合宪法作出的具有法律效力的解释。在对违宪活动的审查过程中，往往由于对宪法条款的含义有不同理解，发生争执。为解决这种争执，就需要全国人大常委会作出宪法解释。"[4]有学者对此指出，宪法解释一般是在合宪性审查中启动的，脱离合宪性审查的单独解释较为少见。[5]因为只有在合宪性审查过程中，才

[1] ［德］卡尔·拉伦茨：《法学方法论》，陈爱娥译，商务印书馆2003年版，第193页。
[2] 黄茂荣：《法学方法与现代民法》，中国政法大学出版社2001年版，第252页。
[3] 其中包括党内备案审查中的合宪性审查与国家意义上的备案审查中的合宪性审查，党内法规和规范性文件备案审查中的合宪性审查即使涉及宪法的解释，亦仍需提交有权机关进行解释，故本文集中讨论全国人大常委会解释宪法的程序问题，党的机关关于宪法的理解与解释在本文中不予涉及。
[4] 王汉斌：《王汉斌访谈录——亲历新时期社会主义民主法制建设》，中国民主法制出版社2012年版，第133页。
[5] 马岭：《我国宪法解释的切入口探析》，载《中国社会科学院研究生院学报》2020年第2期。

可能遇到被审查的规范性文件与宪法相抵触的问题，从而会出现需要对相应的宪法条文作出解释的情形。可见，合宪性审查将蕴含着宪法解释，甚至我们可以说宪法解释是合宪性审查的必然结果，如果不对宪法相关内容作出解释，合宪性审查结论将无从谈起。全国人大常委会法工委法规备案审查室主任梁鹰指出：可以说，每一次合宪性审查实践，都可能涉及对宪法相关问题的研究，都会涉及对宪法相关内容的理解和把握；启动合宪性审查，就必然要涉及对宪法精神、宪法原则、宪法规定等的理解、认识和把握；推进合宪性审查工作，对正式启动宪法解释程序提出了要求。[1]因此，合宪性审查程序与宪法解释程序几近一体，在某种意义上说，二者之间具有高度的契合性，事实上，合宪性审查意见作出的过程就是宪法解释的过程，合宪性审查需要借助宪法解释，通过对宪法条文的准确理解与解释，以此确认相关的规范性文件是否与宪法相抵触。因此，笔者认为，考察我国宪法解释程序机制首先从考察合宪性审查程序入手。

事实上，我国合宪性审查程序已由《立法法》所规定。[2]笔者根据现行《立法法》第110条至第113条之规定，归纳出我国合宪性审查程序中的规范要素：（1）提请审查（要求与建议）的主体；（2）提请审查的对象；（3）审查请求的受理机关与受理形式；（4）审查请求的受理结果。上述《立法法》规定的法规审查程序实际上是一种集合宪性与合法性审查于一体的复合式程序。依照该程序，既可启动法规的合宪性审

---

[1]　《落实宪法解释程序机制　推进合宪性审查工作》，载中国人大网，http://www.npc.gov.cn/npc/c30834/201912/819bcd512b704530bf245f91a8aefaed.shtml，最后访问时间：2025年1月6日。

[2]　2000年第九届全国人民代表大会第三次会议通过的《立法法》第五章以"适用与备案"为标题初步规定了我国合宪性与合法性审查的程序；2023年修改后的《立法法》第五章则以"适用与备案审查"为标题，合宪性与合法性审查的程序设计未作变动。

查，亦可进行法规的合法性审查。之后，法规审查程序的复合式特点又为《工作办法》所确认。[1]

依据《工作办法》之规定，备案审查分为依职权审查、依申请审查、移送审查、专项审查等四种方式[2]，而每一种审查方式的审查主体、受理方式等不尽相同，其中典型的合宪性审查程序是"依申请审查程序"，具体包含以下步骤：（1）审查要求或建议的提出；（2）受理机关研究审查；（3）存在合宪性、合法性、合政策性、适当性质疑时，审查机关应函告制定机关，要求作出说明并反馈意见；（4）审查机关与制定机关可先行沟通，沟通有效，审查中止；（5）沟通无效，审查机关出具书面意见，并要求制定机关反馈处理意见；（6）制定机关及时反馈，达成一致，审查终止；（7）制定机关未及时反馈，由审查机关督促或约谈，达成一致，审查终止；（8）未达成一致，提出撤销议案，由委员长会议决定提请常委会会议审议；（9）审查机关向审查要求、建议提出者进行反馈。依职权审查、移送审查、专项审查等其他审查程序，则与"依申请审查程序"第四步及之后的程序内容相同。

《工作办法》所规定的合宪性审查程序，实则亦可作宪法解释程序适用。合宪性审查程序一旦被启动，审查主体势必要对相关宪法条文进

---

[1] 《法规、司法解释备案审查工作办法》于 2019 年 12 月 16 日由第十三届全国人大常委会第四十四次委员长会议通过，它将原有的《行政法规、地方性法规、自治条例和单行条例、经济特区法规备案审查工作程序》和《司法解释备案审查工作程序》合并进行修改完善，形成了统一的备案审查工作制度性规范。

[2] 备案审查方式主要有：依职权审查，即审查机关主动进行审查；依申请审查，即审查机关根据有关国家机关或者公民、组织提出的审查建议进行审查；专项审查，即审查机关对特定领域规范性文件进行集中清理和审查。参见沈春耀：《全国人民代表大会常务委员会法制工作委员会关于 2019 年备案审查工作情况的报告》（2019 年 12 月 25 日在第十三届全国人民代表大会常务委员会第十五次会议上），载中国人大网，http://www.npc.gov.cn/npc/c30834/201912/24cac1938ec44552b285f0708f78c944.shtml，最后访问时间：2022 年 7 月 30 日。

行理解与解释，以判断审查对象是否存在合宪性疑虑。而此种解释若作为审查意见或撤销议案的一部分内容为常委会会议审议通过之后就必然成为一种关于宪法的解释案。从该意义上说，我国宪法解释程序机制已经蕴含在合宪性审查程序之中。

二、我国宪法解释程序机制何以健全

尽管我们可以从《立法法》与《工作办法》等相关规定中发掘和提炼出宪法解释程序机制，但这些规定毕竟是对我国备案审查机制的规定——《立法法》关于合宪性审查程序的规定是在第五章"适用和备案审查"中确立的；《工作办法》本身就是针对法规、司法解释备案审查工作规定的办法，严格说是对《立法法》备案审查机制的实施细化。目前，在我国现行有效的立法中，不仅没有规范宪法解释程序的专门立法，甚至在规定合宪性审查程序的立法条文中也从未出现过"宪法解释"的字眼，所谓"宪法解释程序"机制均是以学理"推定"而来，因此，不管全国人大常委会内部是否制定了有关健全宪法解释程序的意见，从现有的法规范看，附随型宪法解释程序事实上都已蕴含于备案审查与合宪性审查程序之中，无论是依职权审查、依申请审查、专项审查还是移送审查，只要在审查中发现规范性文件存在与宪法的规定、原则或精神不一致的问题[1]，审查机关皆有可能针对存在问题的法规或者规范性文件，向制定机关提出审查意见或向全国人大常委会委员长会议提

---

[1] 习近平总书记指出"坚决维护和贯彻宪法规定、原则、精神""必须坚持宪法规定、宪法原则、宪法精神全面贯彻"（习近平：《谱写新时代中国宪法实践新篇章——纪念现行宪法公布施行40周年》，载《光明日报》2022年12月20日，第1版）。

出撤销案。而审查意见或撤销案必然包含着对宪法规定、原则或精神的理解与解释，因为在判断法律法规等规范性文件是否合乎宪法时，必须对相关宪法内容的含义作出理解与解释，只有如此，才能判断其他规范文件是否与宪法相契合，才能对规范性文件的合宪性问题作出有效的判断。若没有对宪法的解释，就难以证成规范性文件是合宪的，因此，从某种意义上说，这种审查意见或撤销案实际上就是一种宪法解释案。所以，假若目前我国现实中存在宪法解释程序机制的话，那就是附随型宪法解释程序机制。或许这种附随型宪法解释程序机制，才是具有中国特色的宪法解释程序机制。

当然，附随型宪法解释程序与独立型宪法解释程序有所不同。独立型宪法解释程序，顾名思义就是宪法解释程序的启动是独立的，只要满足宪法解释的事由或要件，即可提起宪法解释要求或建议，然后渐次依照宪法解释程序进行到底。它不依附于备案审查或合宪性审查，不以提起合宪性审查为前提，它自身就具备独立的提请事由。韩大元教授领衔的课题组起草的《宪法解释程序法（专家建议稿）》(以下简称：《专家建议稿》）旨在建构一种独立型宪法解释程序。[1]从《专家建议稿》所设置的结构内容上看，宪法解释程序的构成要素包括宪法解释的主体与事由、提起宪法解释请求的主体与方式、请求的受理、宪法解释案的起草与审议、宪法解释案的通过等事项。如果将《专家建议稿》所设计的宪法解释程序与《立法法》《工作办法》所规定的合宪性审查程序相比较（见表1[2]），就会发现除了提起事由不同外，解释或审查主体、请

---

[1]《中华人民共和国宪法解释程序法（专家建议稿）》，载韩大元、张翔等：《宪法解释程序研究》，中国人民大学出版社2016年版，第174—178页。

[2] 该表仅就申请提起合宪性审查与宪法解释的程序比较，特此说明。

求提起主体、请求受理主体以及起草审议主体都基本一致。《专家建议稿》第 6 条规定的解释事由包括以下内容：宪法的规定需要进一步明确具体含义的；宪法实施中需要明确适用依据的；规范性文件与宪法相抵触，需要明确宪法的规定的含义等。而《立法法》与《工作办法》规定的审查事由则是规范性文件是否与宪法相抵触，或是否存在规范性文件违背宪法规定、宪法原则或宪法精神的问题。具体相同或相似之处在于：（1）有权进行宪法解释或审查的主体都是全国人大常委会，具体的受理与研究工作则由法制工作委员会与宪法和法律委员会承担。（2）宪法解释与审查请求的提起主体均包括国家机关、社会团体、企事业组织和公民个人，《专家建议稿》则根据四种不同的提请事由来设置相应的提请主体，分别是预防性解释的请求主体、抽象审查性解释的请求主体、具体审查性解释的请求主体和以主张基本权利救济为目的的解释请求主体，《立法法》与《工作办法》规定的提起主体只有抽象审查请求主体一种。（3）审查意见或撤销案与解释案的起草前提与负责主体有所差异。就起草前提而言，出具书面审查意见的前提是审查机关与制定机关之间沟通无果，而撤销案被提起的前提是制定机关对于被法制工作委员会与宪法和法律委员会认定存在合宪性疑虑的法规或者规范性文件拒绝修改，此时《立法法》与《工作办法》规定由法制工作委员会与宪法和法律委员会向委员长会议提出予以撤销的议案，而解释案的起草前提则是全国人大常委会委员长会议经讨论后决定解释宪法。就审查意见、撤销案与解释案起草的负责主体而言，审查意见或撤销案是宪法和法律委员会与法工委负责提出，而《专家建议稿》规定的解释案则是由作为全国人大专门委员会的宪法委员会在征询拟设立的宪法解释咨询委员会意见的基础上负责拟订。（4）撤销案与解释案的审议程序稍有不同。就

《立法法》与《工作办法》规定的撤销案而言，其经法工委与宪法和法律委员会向常委会委员长会议提出后，需要由委员长会议讨论决定是否提交常委会审议。而《专家建议稿》规定的解释案一旦完成拟定，则直接由作为专门委员会的宪法委员会提交常委会审议，无需再经委员长会议决定是否提交常委会审议，因为解释案起草的前提就是委员长会议已决定解释宪法。(5)宪法解释案的通过，《专家建议稿》明确规定由全国人大常委会全体委员三分之二以上多数通过；而《立法法》与《工作办法》并未针对撤销案的通过作例外规定。从上述两种宪法解释的模式比较看，《专家建议稿》所设计的独立型宪法解释程序与《立法法》《工作办法》所规定的附随型宪法解释程序几乎重合，并无实质性差异，只是提请的事由不同，导致解释主体或审查主体所承担的任务有所偏重而已。

表1　合宪性审查程序与《专家建议稿》中宪法解释程序之比较

	《立法法》	《工作办法》	《专家建议稿》
提起事由	同宪法相抵触的	对法规、司法解释进行审查研究，发现法规、司法解释存在违背宪法规定、宪法原则或宪法精神问题的，应当提出意见	同宪法相抵触的
提起主体	国务院、中央军委、最高人民法院、最高人民检察院和省级人大常委会；其他国家机关和社会团体、企事业组织以及公民	国家机关、社会团体、企事业单位组织以及公民	国务院、中央军委、最高人民法院、最高人民检察院、省级人大及其常委会，60人以上全国人大代表或一个代表团；其他国家机关和社会团体、企事业组织及公民
受理主体	全国人大常委会法工委	全国人大常委会办公厅	全国人大常委会法工委
审理主体	全国人大宪法和法律委员会、其他专门委员会、全国人大常委会工作机构	全国人大有关专门委员会、全国人大常委会法工委	全国人大宪法委员会提出意见，全国人大常委会委员长会议决定

（续表）

	《立法法》	《工作办法》	《专家建议稿》
相关草案起草主体	全国人大宪法和法律委员会、其他专门委员会、全国人大常委会工作机构	全国人大专门委员会、全国人大常委会法工委	全国人大法律委员会
审议与决定主体	全国人大常委会委员长会议审议并决定提请全国人大常委会决定	全国人大常委会委员长会议	全国人大常委会
通过主体	全国人大常委会	全国人大常委会	全国人大常委会

从我国宪法解释程序实际出发，笔者认为，附随型宪法解释应成为我国宪法解释的主要模式之一，其优势在于以下几个方面：第一，《立法法》与《工作办法》均作出了具体规定，有法可依；第二，提起请求的事由单一，仅通过合宪性审查而自然启动对宪法的解释，不会引起社会关系的急剧变动；第三，与独立型宪法解释模式相比，没有本质的差别。然而，独立型宪法解释模式提起解释的事由较为复杂，除了抽象审查性解释的请求外，还有预防性解释的请求、具体审查性解释的请求，以及以基本权利救济为目的的个人请求解释的请求。实际上，在合宪性审查实践中，这些问题或许可以得到解决，譬如预防性解释的请求实际上涉及的是立法过程中的合宪性审查问题。对此，全国人大常委会委员长栗战书指出："严格执行立法法、监督法和常委会议事规则，确保每一次会议、每一项议程、每一件议案都符合宪法法律规定和法定程序。"[1]习近平总书记则明确要求"坚持依法立法，最根本的是坚持依宪立法，坚决把宪法规定、宪法原则、宪法精神贯彻到立法中，体现到各项法律法规中。一切法律、行政法规和地方性法规都不得同宪法相抵

---

[1]　栗战书：《全国人民代表大会常务委员会工作报告》，载《十九大以来重要文献选编（中）》，中央文献出版社2021年版，第576—577页。

触，一切违反违背宪法规定、原则、精神的法律法规规定必须予以纠正"。[1] 这意味着，党和国家都高度关注并高度重视立法过程中法律草案内容的合宪性问题，并确保在立法过程中事先避免规范性文件的违宪问题。

事实上，若是全国人大常委会的立法活动则无需提出解释请求，因为它自己就是宪法解释者；若是其他机关的立法如行政立法或地方性立法，则一般是依据"法律"立法，而无需提出宪法解释的请求。具体审查性解释是指法院在审理案件过程中，认为所适用的规范性文件同宪法相抵触而裁定中止诉讼程序，由最高人民法院决定向全国人大常委会提出解释宪法的请求，这一解释请求其实可由提起合宪性审查要求的主体所涵摄，即最高人民法院认为规范性文件同宪法相抵触即可提起合宪性审查要求。至于个人请求解释的事由，其实质是一种宪法诉愿，由于我国宪法制度或诉讼制度中未规定公民宪法诉愿制度，故个人即使按照宪法解释程序获得了全国人大常委会关于宪法相关规范的解释，亦无法通过诉讼程序维护自身利益，而只能转向《立法法》与《工作办法》的规定向全国人大常委会提起合宪性审查的建议。可见，独立型宪法解释模式相较于附随型宪法解释模式并不具有明显的优势，却会带来更多的制度性变动。因此，中央文件提出的"健全"或"落实宪法解释程序机制"的要求，实则针对的是抽象型宪法解释程序机制与附随型宪法解释程序机制。

由于我国宪法解释程序隐含在合宪性审查实践之中，因此，当下健全完善宪法解释程序机制最可行的方法是将注意力集中于合宪性审查程

---

[1] 习近平：《谱写新时代中国宪法实践新篇章——纪念现行宪法公布施行 40 周年》，载《光明日报》2022 年 12 月 20 日，第 1 版。

序中可能产生的书面审查研究意见或撤销案，强调在书面审查意见或撤销案的拟定过程中充分运用宪法解释方法，强化宪法说理功能，使审查意见或者撤销案中有关宪法解释的内容能够以"宪法解释案"之名予以公布。笔者以现有的有关宪法解释程序的规则为基础和出发点，针对宪法解释程序机制，专门就议案的起草、审议与决定通过提出以下完善建议。

第一，完善宪法解释案起草机制。就附随型宪法解释程序机制而言，宪法解释案是以作为判断规范性文件是否合宪的审查意见或撤销案为载体呈现，其起草工作应由党内备案审查机关与国家层面的审查机关共同参与。以往的方案都是将党的机关排斥在宪法解释之外，仅由国家层面的审查机构拟定宪法解释草案，《专家建议稿》还提出在全国人大常委会设立"宪法解释咨询委员会"作为宪法解释案起草的咨询机关，具体负责对需要解释的宪法条文的规范内涵进行学理论证，然后由宪法和法律委员会负责起草。该方式虽有其合理性，但对党内备案审查机构关于宪法解释的审核意见未予以充分重视。党的机关参与宪法解释案的起草，应当是不可或缺的一环，因为在现实的政治实践中，无论是宪法制定抑或宪法修改都集中体现了党的意志或主张，由党的机关参与宪法解释案的起草工作，无疑会在一定程度上保证宪法解释的客观性与宪法条文理解的准确性。因此，凡是有关宪法解释案的起草，必须由宪法和法律委员会与党内备案审查机构共同参与，或由宪法和法律委员会先行起草，然后交由党内备案审查机构进一步审定，最后由党内机构与国家层面的审查机构共同向委员长会议提出宪法解释案，由委员长会议决定列入常委会会议议程。

第二，完善宪法解释案的审议与通过程序。《宪法》《立法法》《全国人大组织法》《全国人大常委会议事规则》都规定了全国人大常委会的审议与决定（决议）程序。关于法律解释的审议程序，《立法法》规定首先由常务委员会工作机构研究拟订法律解释草案，并由委员长会议决定列入常委会会议议程；其次，进入常委会会议议程的法律解释草案，经常务委员会会议审议，由宪法和法律委员会根据审议意见进行审议、修改，提出法律解释案草案的表决稿；最后由常务委员会全体组成人员的过半数通过。《全国人大组织法》和《全国人大常委会议事规则》关于议案审议的规定，则是先由全国人大常委会委员长会议审议，然后决定是否提交常委会审议；或先交有关的专门委员会审议、提出报告，再决定是否提请常务委员会会议审议。关于宪法解释案的审议，因为是基于合宪性审查而进行的宪法解释，可直接由书面审查意见或者撤销案的起草者向委员长会议提出宪法解释案，由委员长会议决定提请常委会会议审议；同时，宪法解释案的表决应由常务委员会全体组成人员的三分之二多数通过，并由常委会发布公告予以公布。

第三，针对合宪性审查要求与建议的审查研究工作应当统一由宪法和法律委员会负责进行。根据《工作办法》的规定，审查要求由宪法和法律委员会会同法工委进行审查，审查建议则由法工委先行审查，必要时才送交专门委员会进行审查。笔者认为，无论是审查要求还是建议，凡是涉及宪法的问题，都应当一律由宪法和法律委员会负责审查，法工委与专门委员会协同审查，因为宪法和法律委员会是全国人大常委会特别授权"推进合宪性审查"与"开展宪法解释"职责的专门机构，从组织架构而言，宪法和法律委员会是由全国人大常委会通过法律的形式赋权从事合宪性审查的专责主体。

值得注意的是，关于我国的合宪性审查程序，《工作办法》在《立法法》的基础上增加规定了"沟通或询问"与"督促或约谈"两道程序，这可能使合宪性审查程序难以进行到底，即无需等到宪法和法律委员会提出书面审查意见甚或撤销案，合宪性审查程序就会宣告中止（或终止）。按照《工作办法》的规定，审查机关在审查研究中发现规范性文件可能存在问题的，可以与制定机关沟通，或采取书面形式对制定机关进行询问，要求制定机关及时修改或者废止；经沟通，制定机关同意对规范性文件予以修改或者废止，就可以不再向其提出书面审查研究意见，审查中止。经沟通没有结果的，才依照《立法法》第112条规定，向制定机关提出书面审查意见。制定机关收到审查意见后逾期未报送书面处理意见的，审查机关可以向制定机关发函督促或者约谈制定机关有关负责人，要求制定机关限期报送处理意见。制定机关按照合宪性审查机构的书面审查意见对规范性文件作出修改或废止，审查即可终止。依据上述程序与制度安排，在我国政治体制与组织架构之下，制定机关一经审查机关沟通或询问，即会对可能违宪的规范性文件予以修改或废止，更何况还有后续督促或约谈程序之保障。因此，理论上可能进入提出审查意见或撤销案程序阶段，但现实中可能因程序设计上的问题而难以达致。这是研究我国合宪性审查程序与宪法解释程序时必须注意的问题。

三、如何开启我国宪法解释程序机制之门

在我国宪法解释程序机制迈入日益健全与完善的新时代，如何落实宪法解释程序机制将成为健全保证宪法全面实施的体制机制的关键所在。笔者认为，在当下，全国人大常委会如何尽快启动以及何时启动我国宪法解释程序机制则尤为重要。换言之，选择启动我国宪法解释程序

机制的时机与方法是最核心的问题。

关于如何启动我国宪法解释程序机制，笔者注意到，一些中青年宪法学者已经对这一问题有所关注并提出了极具启迪性与建设性方案。如马岭主张，在宪法解释的启动方面，建议引入民间的力量作为突破口，即考虑由全国人大常委会接受某项民间建议而启动审查程序并在审查过程中进行宪法解释，或将《立法法》第110条规定的审查建议权扩大解释为对法律解释和宪法解释的建议权进而单独适用宪法解释。[1]翟国强主张从三个方面推进宪法解释工作，即从非正式解释到正式解释、从附带性解释宪法到围绕宪法的解释以及从单一主体宪法解释到协调性的宪法解释。[2]林彦则认为，将宪法解释纳入立法程序，是当下启动宪法解释程序机制的最佳途径和最稳妥的方案。[3]还有学者主张，我国宪法解释程序机制的"落实"，应当在具体宪法解释与抽象宪法解释的"双重"路径中实现，全国人大及其常委会是具体宪法解释权的主体，而独立于合宪性审查活动的抽象宪法解释权则由全国人大常委会享有，宪法解释既可体现为合宪性审查活动中的具体宪法解释，又可体现为独立于合宪性审查活动的抽象宪法解释。[4]上述四种方案各具特色，然而皆有可商榷之处。

首先，马岭的方案是希望借助民间力量，通过提起合宪性审查建议而由全国人大常委会通过启动合宪性审查程序，进而启动附随型宪法解

---

[1] 马岭：《我国宪法解释的切入口探析》，载《中国社会科学院研究生院学报》2020年第2期。

[2] 翟国强：《宪法解释的启动策略》，载《中国社会科学院研究生院学报》2020年第2期。

[3] 林彦：《宪法解释应嵌入立法程序》，载《中国社会科学院研究生院学报》2020年第2期。

[4] 郑磊：《宪法解释与合宪性审查的关系——基于法解释二元结构的勾勒》，载《中国社会科学院研究生院学报》2020年第2期。

释。该方案不失为一条比较稳妥并可能实现的捷径。但可能存在的问题在于，合宪性审查程序未必会进行到底，因为一旦规范性文件的制定机关按照审查主体的意见作出了修改或废止，审查构成即会中止，从而导致宪法解释案无法产生。

其次，翟国强的方案注意到了我国宪制实践中存在的非正式宪法解释的问题，试图将"鸭子浮水"式的非正式解释变成"鸭子上岸"的正式解释，从而开启我国宪法解释程序之门。然而，有关部门的"法律咨询"式的非正式宪法解释，与其称之为"解释"，毋宁说是一种"宪法理解"或"宪法阐释"[1]，这种"宪法理解"或"宪法阐释"倘若成为"宪法解释"，则必须由全国人大常委会会议审议通过，并正式公布，才可能成为正式的宪法解释。翟国强方案所提出的"从附带性解释宪法到围绕宪法的解释"的主张，是企图在援引宪法进行法律解释时，让宪法来"唱主角"，其他法律规范"作配角"，以此实现宪法解释，其初衷是可以理解的，却把本来意义的法律解释人为地变成了"宪法解释"，就可能颠倒了事物的本质。至于第三种方式即从单一主体宪法解释到协调性的宪法解释，该主张本身就存在较大的学术争议，故以此作为启动宪法解释机制之方案的妥当性值得慎思。

再次，林彦的方案是希望在全国人大常委会的立法程序中，通过释明立法的宪法依据，而达致宪法解释之目的。此方案与翟国强主张的第一种方案具有异曲同工之妙。问题在于，这种依附于立法之宪法依据的"宪法解释"，在实质内容上可能属于对宪法的解释，却缺乏宪法解释的形式要件，即缺乏以全国人大常委会的名义通过并公布的形式要件，故

---

[1]　关于合宪性审查中的宪法阐释与宪法解释之界分，可参见范进学、张玲玲：《论我国合宪性审查中的宪法阐释与宪法解释》，载《浙江学刊》2022 年第 3 期。

也难以成为宪法解释案。

最后，郑磊的方案意图很明显，如果具体性宪法解释之路走不通，就选择抽象性宪法解释之道。郑磊实际上已经注意到，通过合宪性审查实现宪法解释的路径可能存在着障碍，尤其是关于收容教育制度的废止，就是以"不见宪法"的方式落幕，从而错失了通过个案的合宪性审查而出台宪法解释案的良机，所以，他才遗憾地承认，有合宪性审查必含宪法解释，宪法解释未出场，则未有典型的合宪性审查，只能是一次关于宪法案件的一般性备案审查实践。因此，他把打开宪法解释大门的可能性寄托于抽象性宪法解释。然而，这种希望也许会落空，毕竟具体解释与抽象解释的主体均为同一个机关，要想实现"东方不亮西方亮"的宪法解释策略，则必须有两个不同的解释主体。

上述四种方案虽有其之弊，但仍不失为迄今为止所能提出的最佳策略了。然而，笔者以为，上述方案均忽略了前文所提到的决定型宪法解释的具体实践。全国人大常委会以常委会会议的形式通过有关宪法条款内容解释的"决定"，这种"决定"本身就可视为全国人大常委会依照《宪法》第 67 条所赋予的"解释宪法"的职权所作出的宪法解释案。其依据是：第一，全国人大常委会是宪法授权"解释宪法"的唯一主体，这一职权的行使必须以事实上解释了宪法内容为依据。第二，它对宪法条文部分内容作出解释，这是宪法解释的实质性要件，如果全国人大常委会没有针对宪法条文内容作任何解释，也就意味着它没有行使"解释宪法"的职权，所以，即使以"决定"的名义通过和公布，也不能称之为宪法解释案。第三，这种解释案满足了经由常委会会议审议通过并予以正式公布的形式要件。因此，笔者认为，只要合乎上述三个基本要件，全国人大常委会的"决定"就应属于宪法解释案。因此，我国宪法解释程序机制事实上业已由全国人大常委会以"决定"的形式开启，而当下需要开启的是附随型宪法解释程序机制。上述马岭方案、翟国强方案及郑磊方案均有所涉及。党中央和全国人大常委会提出的"落实宪法解释程序机制"，除了进一步落实全国人大常委会以"决定"的形式解释宪法的模式外，还需尽快落实附随型宪法解释程序机制。

笔者认为，全国人大常委会在其所接受备案的规范性文件中或者在其收到的由公民、组织提出的审查建议中，可择机对与宪法的规定和精神相抵触的规范性文件开展合宪性审查，通过对相关宪法条款的内容作出解释，或可就此启动附随型宪法解释程序之门，这不仅有其必要性，而且有其可能性，也更能够回应社会现实的要求与涉宪问题的关切，满足人民群众对于宪法价值的期待。根据全国人大常委会委员长栗战书所作的《2020 年全国人大常委会工作报告》，2019 年报送备案的行政法规、地方性法规、司法解释有 1 995 件，报送备案的特别行政区本地法律有 33 件，研究处理公民、组织提出的审查建议 138 件。经审查，督促制定机关纠正的与宪法法律规定和精神相抵触、不符合、不适应的规范性文件有 506 件。[1]全国人大常委会工委主任沈春耀所作的《关于2019 年备案审查工作情况的报告》中提到："督促制定机关纠正与宪法法律规定有抵触、不符合的规范性文件。其中就包括一起与宪法规定相抵触的地方性法规个案：有的地方性法规规定，公安机关交通管理部门调查交通事故时可以查阅、复制当事人通信记录。经审查认为，该规定不符合保护公民通信自由和通信秘密的原则和精神；对公民通信自由和通信秘密保护的例外只能是在特定情形下由法律作出规定，有关地方性

---

[1]　栗战书：《2020 年全国人民代表大会常务委员会工作报告》，载《十九大以来重要文献选编（中）》，中央文献出版社 2021 年版，第 566—567 页。

法规所作的规定已超越立法权限。经向制定机关指出后，有关规定已经修改。"[1]全国人大常委会法工委《关于 2020 年备案审查工作情况的报告》则集中披露了三件对法规、司法解释中涉及的合宪性、涉宪性问题进行研究并稳妥处理的案例，其中一起是对民航发展基金征收展开的合宪性审查。[2]《关于 2021 年备案审查工作情况的报告》又披露了两起合宪性审查案例。[3]《关于 2022 年备案审查工作情况的报告》披露了检察官调用的合宪性审查案例；《关于 2023 年备案审查工作情况的报告》披露了涉罪重点人员的近亲属部分基本权利受限的合宪性审查案例；《关于 2024 年备案审查工作情况的报告》又披露了一起对犯罪受过刑事处罚者进行职业限制的合宪性审查案例。问题在于，上述涉宪案件均未进一步发展成为宪法解释案。

笔者认为，全国人大常委会应当在合宪性审查程序中提出的审查意见或撤销案中，充分考虑到宪法解释的价值，并将这种包含宪法解释的审查意见或撤销案，依照《立法法》《工作办法》《全国人大常委会议事规则》规定的程序，以"宪法解释案"之名向社会公布，即可形成宪法

[1] 沈春耀：《全国人民代表大会常务委员会法制工作委员会关于 2019 年备案审查工作情况的报告》（2019 年 12 月 25 日在第十三届全国人民代表大会常务委员会第十五次会议上），载中国人大网，http://www.npc.gov.cn/npc/c30834/201912/24cac1938ec44552b285f0708f78c944.shtml，最后访问时间：2025 年 1 月 6 日。
[2] 沈春耀：《全国人民代表大会常务委员会法制工作委员会关于 2020 年备案审查工作情况的报告》（2021 年 1 月 20 日在第十三届全国人民代表大会常务委员会第二十五次会议上），载中国人大网，http://www.npc.gov.cn/npc/c30834/202101/239178b5d03944c7b453ddc6bdd7c087.shtml，最后访问时间：2025 年 1 月 6 日。
[3] 法工委针对国务院有关主管部门对有的民族自治地方民族教育条例等法规提出合宪性审查建议与对某地方性法规关于亲子鉴定罚款规定的审查建议予以合宪性审查的案例（沈春耀：《全国人民代表大会常务委员会法制工作委员会关于 2021 年备案审查工作情况的报告》，载中国人大网，http://www.npc.gov.cn/npc/c30834/202112/2606f90a45b1406e9e57ff45b42ceb1c.shtml，最后访问时间：2025 年 1 月 6 日）。

解释案。[1]全国人大宪法和法律委员会副主任委员周光权教授就建议："考虑挑选个别明显与宪法相抵触、带有普遍性的问题或做法，就如何准确理解宪法精神、确保宪法正确实施等，推动全国人大常委会择机启动第一次合宪性审查程序，推动宪法解释机制落实落地。"[2]笔者认为，这种建议不但切实可行，而且具有很强的针对性与现实意义，恰是落实宪法解释程序机制的最好实践。因此，落实宪法解释程序机制需要全国人大常委会积极履行宪法赋予其解释宪法的职权，才有可能实现。诚如有学者所指出的："只有在制度上积极行使宪法解释权，才能'激活'合宪性审查机制，从而形成良性宪法实施的制度循环。"[3]

党的十九届四中全会以来，党中央关于宪法解释制度的安排从"健全宪法解释程序机制"转向为"落实宪法解释程序机制"，这一转变意味着启动我国解释程序机制的现实要求已经成为社会共识，因此，在学理上探讨我国立法实践中可能存在的宪法解释程序机制以及其完善与落实等问题就具有强烈的现实意义与学术价值。笔者总结并分析了立法型、抽象型、附随型与独立型四种宪法解释模式。立法型宪法解释本质上属于立法活动，其遵守立法程序，因而不属于典型意义上的宪法解释。抽象型宪法解释是全国人大常委会以"决定"或"决议"的形式作出的有关宪法相关条款内容的解释，此类型解释亦可视为由全国人大常委会行使"解释宪法"的职权而作出的宪法解释案。附随型宪法解释依附于备案审查与合宪性审查程序，它以合宪性审查为前置要件，合宪性

---

[1] 范进学、张玲玲：《论我国合宪性审查中的宪法阐释与宪法解释》，载《浙江学刊》2022年第3期。

[2] 周光权：《推动宪法解释机制落实落地》，载《法治日报》2021年11月9日，第5版。

[3] 任喜荣：《合宪性审查的"破题"与"激活"——以宪法解释为内核的制度发展》，载韩大元、莫纪宏主编：《中国宪法年刊》（第十四卷），法律出版社2019年版，第17页。

审查程序与宪法解释程序具有高度的契合性，从该意义而言，作出合宪性审查意见的过程就是解释宪法的过程。若要判断规范性文件是否存在与宪法不一致或相冲突的问题，审查主体则须对相应的宪法规范作出理解与解释，因此，审查主体的审查意见或撤销案本身就是一种关于宪法的解释案。该解释案经委员长会议审议，可提请全国人大常委会会议审议并决定通过与否。在此意义上说，我国宪法解释程序机制或许已蕴含其中。因此，中央文件所要求"落实"的宪法解释程序机制，实际上是落实抽象型宪法解释与附随型宪法解释的程序机制。鉴于抽象型宪法解释已开启了我国解释之门，所以，当下亟须启动的是附随型宪法解释程序机制。该机制可在备案审查和由公民、组织提出的合宪性审查建议中得到落实，即全国人大常委会通过审查与宪法的规定和精神相抵触的规范性文件，对相应宪法条款的内容作出解释，以此启动附随型宪法解释程序机制，以便最终落实我国宪法解释程序机制。

第十三章
宪法实施40余年：
实践经验与发展逻辑论

我国现行宪法自1982年颁行实施迄今已40余年，40余年可以说是宪法得以全面有效贯彻实施的40余年。本章通过认真考察、总结40余年的宪法实施实践，分析其得失，并对未来我国宪法实施的发展逻辑作出展望。

一、1982年宪法实施40余年之实践经验

习近平总书记在主持党的十九届中央政治局第四次集体学习时的讲话中明确指出："改革开放四十年来的历程充分证明，我国现行宪法有力坚持了中国共产党领导，有力保障了人民当家作主，有力促进了改革开放和社会主义现代化建设，有力推动了社会主义法治国家进程，有力促进了人权事业发展，有力维护了国家统一、民族团结、社会和谐稳定，是符合国情、符合实际、符合时代发展要求的好宪法，是充分体现

人民共同意志、充分保障人民民主权利、充分维护人民根本利益的好宪法，是推动国家发展进步、保证人民创造幸福生活、保障中华民族实现伟大复兴的好宪法，是我们国家和人民经受住各种困难和风险考验、始终沿着中国特色社会主义道路前进的根本法制保证。"[1]这是习近平总书记对现行宪法公布施行40余年来实施状况的最好评价。2014年12月，时任全国人大常委会委员长张德江在深入开展宪法宣传基于大力弘扬宪法精神的座谈会上的讲话中曾指出："改革开放三十多年来我国取得的巨大成就，都离不开宪法的保证与推动，在一定意义上说，都可以看作是宪法实施的结果。何谓宪法的实施？那就是我们在党的领导下，按照宪法的规定做了宪法所要求的事情，正确地做事和做正确的事，并且取得了巨大成功。这是改革开放的成就，也是宪法实施的成就。"[2]既然现行宪法施行40余年来得以全面有效贯彻实施，那么其实施的实践经验值得从学理上加以深入考察与分析。笔者认为，现行宪法40余年的全面实施，其实施的实践经验集中体现于以下七个方面。

（一）通过完备的法律实施宪法

通过完备的法律实施宪法指通过立法，以法律的形式，将原则性、总括性、纲领性、凝练性、方向性强的宪法原则、规范等内容加以具体化，从而使宪法获得实施。这种法律实施即制定机关通过立法，是实施宪法的重要方式[3]。通过法律实施宪法的方式事实上获得了主流学术界

---

[1] 习近平：《论坚持全面依法治国》，中央文献出版社2020年版，第215页。
[2] 《十八大以来重要文献选编》（中），人民出版社2016年版，第234页。
[3] 全国人大常委会法工委宪法室编：《规范性文件备案审查理论与实务》，中国民主法制出版社2020年版，第7页。

与政界的一致认可。[1]

通过考察发现，40 余年来，通过完备的法律实施宪法的立法实践经历了四个发展阶段，它们从中国特色社会主义法律体系初步形成、基本形成到正式形成，再到迄今的发展完善。通过制定完备的法律规范体系，将宪法所规定的全部内容化为明确具体的、可操作的法律规范加以实施。诚如习近平总书记所指出："通过完备的法律推动宪法实施，保证宪法确立的制度和原则得到落实。"[2]

第一，中国特色社会主义法律体系初步形成。彭真同志在《关于中华人民共和国宪法修改草案的报告》中指出："宪法修改草案经过全国人民代表大会审议和正式通过以后，就要作为具有最大权威性和最高法律效力的国家根本大法付诸实施了。我们相信，新的宪法必定能够得到严格遵守和贯彻执行。"[3]《宪法》序言明确要求"全国各族人民、一切国家机关和武装力量、各政党和各社会团体、各企业事业组织，都必须以宪法为根本的活动准则，并且负有维护宪法尊严、保证宪法实施的职责"。同时，宪法赋予了全国人大及其常委会监督宪法实施的职权，赋予了地方各级人大在本行政区域内保证宪法的遵守和执行的职权。然而，由于宪法是以法律的形式确认了我国各族人民奋斗的成果，对国家的根本制度、根本任务和国家生活中最重要的原则所作的规定，在内容上具有极大的概括性、高度的原则性，因此，具体实施宪法时需要将其内容转化为法律加以落实。当然，对宪法所规定的政治、经济、文化、

[1] 范进学：《宪法实施：到底实施什么？》，载《学习与探索》2013 年第 1 期，第 54—55 页；范进学：《论宪法全面实施》，载《当代法学》2020 年第 5 期，第 74—75 页。
[2] 习近平：《论坚持全面依法治国》，中央文献出版社 2020 年版，第 13 页。
[3] 全国人大常委会法工委宪法室：《中华人民共和国制宪修宪重要文献资料选编》，中国民主法制出版社 2021 年版，第 112 页。

社会、生态等所有内容的法律化过程就是中国特色社会主义法律体系逐步形成的过程。党的十五大明确提出"加强立法工作，提高立法质量，到 2010 年形成中国特色社会主义法律体系"[1]的立法目标。加强立法工作，建立中国特色社会主义法律体系，不仅是实施党的十五大确立的依法治国方略的基础和前提，更是实施宪法的重要途径与方式。到 2000 年 11 月，构成中国特色社会主义法律体系的宪法及宪法相关法、民商法、行政法、经济法、社会法、刑法、诉讼与非诉讼程序法等七个法律部门都有一批基本的、主要的法律出台，并且有相应的行政法规和地方性法规与之配套，因而"从总体上说，我国在政治生活、经济生活、社会生活等主要方面已基本有法可依，以宪法为核心的有中国特色社会主义法律体系的框架已经形成"。[2] 2001 年 3 月，李鹏同志在第九届全国人大四次会议上作全国人大常委会工作报告时将构成中国特色社会主义法律体系的基本标志概括为三个方面：一是涵盖各个方面的法律部门应当齐全；二是各个法律部门中基本的、主要的法律应当制定出来；三是以法律为主干，相应的行政法规、地方性法规、自治条例和单行条例，应当制定出来与之配套。[3] 2002 年 12 月 4 日，胡锦涛同志在首都各界纪念宪法公布施行二十周年大会上的讲话中就指出："20 年来，我们加快立法步伐，提高立法质量，制定了一大批法律、行政法规和地方性法规，以宪法为核心的中国特色社会主义法律体系已经初步形成，国家经

---

[1] 江泽民：《高举邓小平理论伟大旗帜　把建设有中国特色社会主义事业全面推向二十一世纪》，载《十五大以来重要文献选编》（上），人民出版社 2000 年版，第 33 页。
[2] 李鹏：《加强立法工作，建立有中国特色社会主义法律体系》，载《十五大以来重要文献选编》（中），人民出版社 2001 年版，第 1427 页。
[3] 李鹏：《全国人民代表大会常务委员会工作报告》，载《十五大以来重要文献选编》（中），人民出版社 2001 年版，第 1713—1714 页。

济、政治、文化和社会生活的各个方面已经基本做到有法可依。"[1]中国特色社会主义法律体系的初步形成，从根本上改变了那种无法可依的状况，有力地推动了宪法实施，从而保障了改革开放和社会主义现代化建设事业的健康顺利发展。

第二，中国特色社会主义法律体系基本形成。所谓"基本形成"指初步形成与正式形成之间的过渡阶段，2003 年 3 月，时任全国人大常委会委员长吴邦国在第十届全国人大一次会议上提出，到 2008 年基本形成中国特色社会主义法律体系。[2]经过十届全国人大五年的立法实践，这一立法目标得以实现，因此，2008 年 3 月，吴邦国同志在第十一届全国人大一次会议上作工作报告时宣布：我国现行有效的法律共 229 件，涵盖宪法及宪法相关法、民商法、行政法、经济法、社会法、刑法、诉讼及非诉讼程序法等七个法律部门；现行有效的行政法规近 600 件，地方性法规 7 000 多件。以宪法为核心，以法律为主干，包括行政法规、地方性法规等规范性文件在内的，由七个法律部门、三个层次的法律规范构成的中国特色社会主义法律体系已经基本形成。[3]中国特色社会主义法律体系的基本形成，不仅使国家经济、政治、文化、社会生活的各个方面基本做到有法可依，为依法治国、建设社会主义法治国家、实现国家长治久安提供了有力的法制保障，还极大地推动了现行宪法的有效实施。

第三，中国特色社会主义法律体系正式形成。我国立法从改革开放之前的无法可依到 2010 年年底，我国已制定现行有效法律 236 件、行

---

[1]《十六大以来党和国家重要文献选编》上（一），人民出版社 2005 年版，第 454—455 页。
[2] 同上注，第 327 页。
[3]《十七大以来重要文献选编》（上），人民出版社 2009 年版，第 330 页。

政法规 690 多件、地方性法规 8 600 多件，涵盖社会关系各个方面的法律部门已经齐全，各法律部门中基本的、主要的法律已经制定，相应的行政法规和地方性法规比较完备，法律体系内部总体做到科学统一。鉴于此，吴邦国同志在第十一届全国人大四次会议上所作的工作报告中宣布："一个立足中国国情和实际、适应改革开放和社会主义现代化建设需要、集中体现党和人民意志的，以宪法为统帅，以宪法相关法、民法商法等多个法律部门的法律为主干，由法律、行政法规、地方性法规等多个层次的法律规范构成的中国特色社会主义法律体系已经形成。"[1]中国特色社会主义法律体系的形成，是我国社会主义法治史上的重要里程碑，习近平总书记指出："我们国家和社会生活各方面总体上实现了有法可依，这是我们取得的重大成就。"[2]它不仅标志着国家经济建设、政治建设、文化建设、社会建设以及生态文明建设的各个方面实现了有法可依，更重要的是标志着 1982 年宪法得到了全面贯彻实施。宪法的全面贯彻实施，首要的就是将宪法规范通过立法转化为法律法规和各种规范性文件，因为它们追根溯源，都是"以宪法作为总依据，是宪法制度和原则的具体展开、延伸和深化，是宪法实施的重要体现"。[3]《立法法》第 5 条也明确作出了"立法应当符合宪法的规定、原则和精神"的规定。而中国特色社会主义法律体系就是支撑宪法规范体系大厦的全部材料，法律体系成为贯彻落实宪法原则、规范、精神的制度体系与规则体系。因此，通过完备的法律实施宪法是 40 余年以来宪法实施的最重要的实践经验。

---

[1]《十七大以来重要文献选编》(下)，人民出版社 2013 年版，第 262 页。
[2] 习近平：《论坚持全面依法治国》，中央文献出版社 2020 年版，第 19 页。
[3] 张德江：《深入开展宪法宣传教育，牢固树立宪法法律权威》，载《十八大以来重要文献选编》(中)，人民出版社 2016 年版，第 236 页。

第四，完善中国特色社会主义法律体系。中国特色社会主义法律体系的形成，并不意味着我国这一法律体系是一劳永逸的，而是要随着中国特色社会主义现代化建设事业的发展而与时俱进、不断丰富发展完善的。习近平总书记对此指出："我们需要继续完善法律。一个是要适时制定新的法律，一个是要及时修改和完善现行法律。"[1] 因此，在我国社会主义法律体系形成之后，我国的立法工作不仅面临着国家安全、科技创新、公共卫生、生物安全、生态文明、防范风险、涉外法治、社会建设、保障改善民生领域等重要领域、新兴领域、涉外领域的立法问题，还将面临着大量的法律修改、清理与废止的重任。因此，只有通过不断完善中国特色社会主义法律体系，才能持久地推动我国宪法实施。党中央提出"完善以宪法为核心的中国特色社会主义法律体系，加强宪法实施"[2] 的新要求，就是通过不断完善已形成的法律体系而加强宪法实施的重要方式，只有不断完善法律规范性文件，才能保证宪法确立的制度和原则得到落实，使每一项立法都符合宪法精神。

（二）通过法律实施推动宪法实施

中国特色社会主义法律体系的形成，虽然总体上解决了有法可依的问题，但如何使已经制定出来的法律得以实施才最为关键和重要，毕竟，法律的生命在于实施。习近平总书记指出："有了法律不能有效实施，那再多的法律也是一纸空文，依法治国就会成为一句空话。"[3]

---

[1] 习近平：《论坚持全面依法治国》，中央文献出版社 2020 年版，第 20 页。

[2] 《中共中央关于全面推进依法治国若干重大问题的决定》，载《十八大以来重要文献选编》（中），人民出版社 2016 年版，第 160 页。

[3] 习近平：《严格执法，公正司法》，载《十八大以来重要文献选编》（上），人民出版社 2014 年版，第 717 页。

习近平总书记在关于《中共中央关于全面推进依法治国若干重大问题的决定》的说明中进一步指出："如果有了法律而不实施、束之高阁，或者实施不力、做表面文章，那制定再多的法律也无济于事。全面推进依法治国的重点应该是保证法律严格实施。"[1]法律若不能得以有效实施，法律的权威将无法确立。由于法律都是根据宪法而制定的，是对宪法内容的具体化，因而法律规范的实施，从某种意义上说，就是宪法规范的实施。法律若无权威，则意味着宪法的权威亦难以确立。所以，法律实施状况直接关系到宪法所确立的各项原则、规定和内容能否贯彻实施问题，宪法实施的好坏将取决于法律实施的好坏。因而通过法律实施推动宪法实施就具有特别重要的意义。

如何保障法律实施？这个问题在我国除了严格执法、公正司法及全民守法外，还需负有监督宪法法律实施的全国人大及其常委会担负极其重要的宪法职责。换言之，通过全国人大及其常委会对法律实施的监督，保障法律真正落实。从全国人大常委会40余年来的实践考察，对法律实施的监督主要方式是执法检查与听取工作报告，对法律实施中普遍存在的问题，形成有法律约束力的审议意见，要求有关执法部门提出整改措施，在规定的时间内向全国人大常委会作出整改汇报。其中执法检查是人大监督的法定形式和重要途径，是"监督宪法和法律实施的重要工作，对于维护宪法、法律尊严，促进宪法、法律的贯彻实施，做到有法必依、执法必严、违法必究，具有重要意义"。[2]在实践中，全国人大常委会不断深化执法检查工作规律的认识，探索形成了包括选题、

---

[1] 《十八大以来重要文献选编》(中)，中央文献出版社 2016 年版，第 150 页。
[2] 李鹏:《全国人大常委会工作报告》，载《十五大以来重要文献选编》(下)，人民出版社 2003 年版，第 2299 页。

组织、报告、审议、整改、反馈六个环节的"全链条"执法检查工作流程。[1]借助执法检查，对诸多重要领域的关乎民生的法律如职业教育法、消费者权益保护法、农业法、水污染防治法、老年人权益保障法、民族区域自治法、食品安全法、安全生产法、道路交通安全法、环境保护法、水法、促进科技成果转化法、大气污染防治法、海洋环境保护法、传染病防治法、防震减灾法、农产品质量安全法、统计法、可再生能源法、渔业法、中小企业促进法、就业促进法、高等教育法、野生动物保护法、土壤污染防治法、慈善法、反不正当竞争法、公共文化服务保障法、农业机械化促进法、企业破产法、畜牧法、中医药法、消防法、固体废物污染环境防治法、公证法等法律进行执法检查，有力保障了法律的有效实施。法律的有效实施，使得相关领域的宪法原则与制度也得到了有效实施。因此，通过法律实施推动宪法实施不仅是宪法实施的重要方法，更是我国宪法实施之重要实践经验。

（三）通过备案审查制度保障宪法实施

保障宪法法律实施是我国备案审查的主要功能。[2]1982 年宪法确立了宪法实施的监督制度，将"监督宪法的实施"职责赋予了全国人大及其常委会。然而，全国人大及其常委会依照什么规定或程序开展监督一直处于空白之中。1988 年，时任全国人大常委会委员长万里在第七届全国人大常委会第一次会议上的讲话中首次提出"要研究和制定进行

---

[1] 张德江：《全国人大常委会工作报告》，载《十八大以来重要文献选编》（中），人民出版社 2016 年版，第 657 页；张德江：《全国人大常委会工作报告》，载《十九大以来重要文献选编》（上），人民出版社 2019 年版，第 347 页。
[2] 全国人大常委会法工委宪法室编：《规范性文件备案审查理论与实务》，中国民主法制出版社 2020 年版，第 7 页。

监督的具体办法和程序，明确监督的内容和方式，使监督工作逐步走向制度化、法律化"[1]的要求。1990 年 3 月，江泽民同志提出"抓紧制定监督法"。[2]1993 年 3 月，乔石同志在第八届全国人大常委会第一次会议上的讲话中再次就健全宪法监督机制问题提出了明确要求："要进一步制定和完善监督宪法实施的具体制度和程序，健全监督宪法实施的机构。"[3]1996 年年初，乔石同志再次提出要起草监督法。2002 年 12 月，胡锦涛同志在首都各界纪念现行宪法公布施行二十周年大会上的讲话中提出"要抓紧研究和健全宪法监督机制，进一步明确宪法监督程序，使一切违反宪法的行为都能及时得到纠正"。[4]然而《监督法》直到 2006 年 8 月才由第十届全国人大常委会通过。2012 年 12 月，习近平总书记在首都各界纪念现行宪法公布施行三十周年大会上的讲话中指出"保证宪法实施的监督机制和具体制度还不健全"，提出"要坚持不懈抓好宪法实施工作，把全面贯彻实施宪法提高到一个新水平"。[5]2013 年 11 月，党的十八届三中全会通过的《中共中央关于全面深化改革若干重大问题的决定》提出"要进一步健全宪法实施监督机制和程序"，并"健全法规、规章、规范性文件备案审查制度"。[6]2014 年 10 月，党的十八届四中全会通过的《中共中央关于全面推进依法治国若干重大问题的决定》明确提出"完善全国人大及其常委会宪法监督制度"，以及"加强备案审查制度和能力建设，把所有规范性文件纳入备案审查范围，依法

---

[1] 《十三大重要文献选编》（上），人民出版社 1991 年版，第 234 页。
[2] 李鹏：《立法与监督：李鹏人大日记》下，新华出版社 2006 年版，第 529 页。
[3] 《十四大以来重要文献选编》（上），人民出版社 1996 年版，第 255 页。
[4] 《十六大以来党和国家重要文献选编》上（一），人民出版社 2005 年版，第 458 页。
[5] 习近平：《论坚持全面依法治国》，中央文献出版社 2020 年版，第 10—11 页。
[6] 《十八大以来重要文献选编》（中），人民出版社 2016 年版，第 160 页。

撤销和纠正违宪违法的规范性文件"。[1]

备案审查制度作为中国特色的宪法监督制度，是由 2000 年《立法法》正式确立的。事实上，1987 年全国人大常委会办公厅和国务院办公厅联合发布了《关于地方性法规备案工作的通知》，对地方性法规、自治条例和单行条例报备时间、内容、方式作出了规定。1993 年至 1999 年，全国人大常委会有关部门每年都对地方性法规进行审查，对有问题的地方性法规作出相应处置。2000 年的《立法法》则专设"适用和备案审查"一章，就我国备案审查原则与程序作出了明确具体规定。2006 年《监督法》也专设"规范性文件备案审查"一章对备案审查制度作了完善性规定。

全国人大常委会对于备案审查制度主要根据《立法法》规定，通过制定工作程序、设立专门机构以及听取审议备案审查工作情况报告制度进行完善。第一，委员长会议分别于 2000 年和 2003 年通过了《行政法规、地方性法规、自治条例和单行条例、经济特区法规备案审查工作程序》和《司法解释备案审查工作程序》；2014 年 9 月、2016 年 12 月，法工委则先后制定了《全国人大常委会法制工作委员会对提出审查建议的公民、组织进行反馈的工作办法》和《全国人大常委会法制工作委员会法规、司法解释备案审查工作规程（试行）》；2019 年 12 月，第十三届全国人大常委会第四十四次委员长会议将备案审查程序作出了统一规定，初步实现了备案审查工作的制度化与规范化。第二，2004 年 5 月，全国人大常委会在法工委设立了法规备案审查室，专门承担备案审查具体工作职责；2018 年，第十三届全国人大通过修宪，将全国人大"法律

---

[1]《十八大以来重要文献选编》(上)，中央文献出版社 2014 年版，第 529 页。

委员会"更名为"宪法和法律委员会";2018 年 6 月,全国人大常委会通过《关于全国人大宪法和法律委员会职责问题的决定》,明确规定宪法和法律委员会在继续承担统一审议法律草案等工作的基础上,增加推动宪法实施、开展宪法解释、推进合宪性审查、加强宪法监督、配合宪法宣传等工作职责。由此我国最终确立了宪法监督的专门机构,并解决了学术界长期以来关于在我国是否设立以及如何设立专门的机构来保障宪法实施的理论与实践问题。[1] 第三,全国人大常委会法工委自 2017 年 12 月首次就年度备案审查工作情况向常委会作报告,而全国人大常委会首次听取备案审查工作情况报告,迄今常委会已连续听取备案审查工作情况报告八次。听取报告制度,有助于对法工委备案审查工作进行监督,从而积极推动合宪性审查工作的有效展开。

党的十九大提出的"加强宪法实施和监督,推进合宪性审查工作,维护宪法权威"[2] 的新要求,使得合宪性审查成为备案审查制度推动宪法实施的最重要的核心内容。习近平总书记指出:"全国人大常委会的备案审查工作,当然就包括审查有关规范性文件是否存在不符合宪法规定、不符合宪法精神的内容。"[3] 2018 年 1 月,习近平总书记在党的十九届二中全会二次会议的讲话中要求"要健全宪法监督机制,推进合宪性审查工作。有关方面拟出台的法规规章、重要政策和重大举措,凡涉及宪法有关规定如何理解、如何适用的,都应当事先经过全国人大常委会合宪性审查,确保同宪法规定、宪法精神相符合"。[4] 2019 年 10

[1] 王汉斌:《王汉斌访谈录——亲历新时期社会主义民主法制建设》,中国民主法治出版社 2012 年版,第 125—127 页。
[2] 习近平:《决胜全面建成小康社会,夺取新时代中国特色社会主义伟大胜利》,载《十九大以来重要文献汇编》(上),中央文献出版社 2019 年版,第 27 页。
[3] 习近平:《论坚持全面依法治国》,中央文献出版社 2020 年版,第 206—207 页。
[4] 同上注,第 206 页。

月，党的十九届四中全会通过的《中共中央关于坚持和完善中国特色社会主义制度、推动国家治理体系和治理能力现代化若干重大问题的决定》进一步提出了"健全保证宪法全面实施的体制机制"及"推进合宪性审查工作，加强备案审查制度和能力建设，依法撤销和纠正违宪违法的规范性文件"。[1]2022 年 12 月 19 日，习近平总书记在《谱写新时代中国宪法实践新篇章——纪念现行宪法公布施行 40 周年》重要文章中指出："提高合宪性审查、备案审查能力和质量，推进合宪性审查工作"。[2]2024 年 7 月 18 日，党的二十届三中全会通过的《中共中央关于进一步全面深化改革　推进中国式现代化的决定》则指出要"完善合宪性审查、备案审查制度"。可以说，合宪性审查已经成为中国特色的社会主义宪法监督制度，它是具有中国特色与中国风格的宪法实施监督制度的选择，具有很强的制度优势。首先，它是在中国共产党的领导下进行的，是党中央为全面推进依法治国作出的战略选择；其次，人民代表大会制度是我国的根本政治制度，合宪性审查是具体的制度安排，将合宪性审查"嵌入"并植根于人民代表大会制度，填补了制度漏洞，节省了制度成本，是最适合我国制度结构的安排；最后，立足于人民代表大会这一根本政治制度，是人民当家作主的自我选择，从而充分体现了党的领导、人民当家作主、依法治国有机统一。[3]通过合宪性审查制度，确保宪法所规定的"一切法律、行政法规和地方性法规都不得同宪法相

---

［1］《党的十九届四中全会〈决定〉学习辅导百问》，党建读物出版社、学习出版社 2019 年版，第 11 页。

［2］习近平：《谱写新时代中国宪法实践新篇章——纪念现行宪法公布施行 40 周年》，载《中国人大》2022 年第 12 期，第 8 页。

［3］范进学、张玲玲：《习近平法治思想之宪法实施论》，载《哈尔滨工业大学学报（社会科学版）》2022 年第 1 期，第 24 页。

抵触"的实现，推动全面有效贯彻实施宪法。

（四）通过健全法律制度实施宪法

宪法实施需要法律制度支撑。党的十八大以来，加强宪法实施的方式得到了扩展，在通过完备的法律实施宪法外，发展出通过健全法律制度实施宪法的新模式。具体而言，党和国家通过确立国家宪法日、宪法宣誓、烈士纪念日等新制度以及实施宪法规定的特赦、国家勋章与国家荣誉称号等制度，加强宪法实施。

一方面，通过确立新的法律制度实施宪法。设立国家宪法纪念日与宪法宣誓制度是党的十八届四中全会提出的，《中共中央关于全面推进依法治国若干重大问题的决定》提出"将每年十二月四日定为国家宪法日。在全社会普遍开展宪法教育，弘扬宪法精神。建立宣誓制度，凡经人大及其常委会选举或者决定任命的国家工作人员正式就职时公开向宪法宣誓"。[1]为贯彻党的十八届四中全会精神，全国人大常委会分别于 2014 年 11 月、2015 年 7 月通过了《关于设立国家宪法日的决定》和《关于实行宪法宣誓制度的决定》，以立法形式确立了国家宪法日制度和宪法宣誓制度。国家宪法日制度的设立，有利于增强全社会的宪法意识，弘扬宪法精神；宪法宣誓制度的建立，则是深入推进依法治国、依宪治国的重大举措，有力激励和教育国家工作人员忠于宪法、遵守宪法、维护宪法，加强宪法实施和监督。烈士纪念日制度则是 2014 年 8 月由全国人大常委会《关于设立烈士纪念日的决定》建立的，9 月 30 日为烈士纪念日，这一天国家举行纪念烈士活动。烈士纪念日制度对于

---

[1]《十八大以来重要文献选编》(中)，人民出版社 2016 年版，第 160 页。

弘扬烈士精神，培养公民的爱国主义、集体主义精神和社会主义道德风尚，培育和践行社会主义核心价值观具有重大现实意义。

另一方面，实施宪法规定的制度以落实宪法。这主要表现在三个方面：一是实施宪法特赦制度；二是实施国家功勋荣誉表彰制度；三是建立健全香港特别行政区维护国家安全的法律制度。特赦制度是《宪法》第 80 条规定的，即国家主席有权发布特赦令。为纪念中国人民抗日战争暨世界反法西斯战争胜利七十周年，体现依法治国理念和人道主义精神，2015 年 8 月，全国人大常委会根据宪法，通过了《关于特赦部分服刑罪犯的决定》，决定对依据 2015 年 1 月 1 日前人民法院作出的生效判决正在服刑，释放后不具有现实社会危险性的罪犯实行特赦。经过严格的法定程序，特赦了九类服刑罪犯共 23 593 人，这是宪法规定特赦制度的一次重大实践。[1] 实施宪法规定的特赦制度，对于贯彻实施宪法、体现人道主义精神而言具有重大政治意义与法治意义。国家功勋荣誉表彰制度是《宪法》第 67 条第 17 项规定的国家重要制度，新中国成立 70 周年之际，根据宪法规定，2019 年 9 月，全国人大常委会作了《关于授予国家勋章和国家荣誉称号的决定》，将国家最高荣誉授予为新中国建设和发展建立卓越功勋的 36 位杰出人士和为促进中外交流合作作出杰出贡献的 6 位国际友人。这是现行宪法实施以来首次集中颁授国家勋章。这对于弘扬民族精神和时代精神而言具有重大宪法意义。全国人大常委会根据宪法和香港基本法规定，审议通过了《全国人大关于建立健全香港特别行政区维护国家安全的法律制度和执行机制的决定》，这是新形势下坚持和完善宪法确立的"一国两制"精神、维护宪法和基本法

---

[1]《十九大以来重要文献选编》(中)，中央文献出版社 2021 年版，第 566 页。

确定的特别行政区宪制秩序的重大举措。

总之，无论根据宪法精神建立新的法律制度，还是实施宪法所规定的制度，都是以制度形态落实宪法实施。从广义上说，制定完备的法律实施宪法也属于通过建立法律制度实施宪法；从狭义而言，只有专门为实施宪法而确立新的制度或实施宪法已规定制度，才是本书所指的通过健全法律制度实施宪法。

（五）通过宪法解释实施宪法

宪法实施要求宪法规范在社会生活中发挥实际作用，而一旦使宪法成为行动中的活法，则必然离不开对宪法文本的解释，毕竟宪法文本具有高度的模糊性与概括性，遇到现实问题通常需要解释，因而解释宪法就成为世界各国实施宪法的必然选择，甚至可以说，没有宪法解释，就无法达致宪法实施。[1]40 余年来，1982 年宪法得到了全面贯彻实施，这种有效实施的方式与路径离不开全国人大常委会的宪法解释。学术界主流观点认为宪法解释实践在我国没有展开，其标志就是没有出现完整意义上的宪法解释案。实务界以及少数学者则认为我国已有大量的宪法解释实践，只是这些实践没有上升为宪法解释案。我们认为，不能否认全国人大常委会 40 余年来通过实质性宪法解释保证现行宪法有效实施的客观事实，也得承认这种实质性宪法解释与完整意义的宪法解释案相比仍存在形式的、程序的要件不足之事实。承认全国人大常委会实质性宪法解释的实践，就是尊重和承认现行宪法得以有效实施的历史与客观事实。[2]正如有学者指出："从宪法实施的角度看，没有宪法解释，就

---

[1] 范进学：《论宪法全面实施》，载《当代法学》2020 年第 5 期，第 76 页。
[2] 范进学、张玲玲：《论我国合宪性审查中的宪法阐释与宪法解释》，载《浙江学刊》2022 年第 3 期，第 66 页。

不可能有宪法的有效实施。"[1]

1982 年宪法实施 40 余年来，全国人大常委会主要运用实质性宪法解释方法来实施宪法，这种实质性宪法解释主要包括立法型宪法解释与决定型宪法解释两种。立法型宪法解释就是通过制定法律实施宪法的方式，这种方式虽然是以立法的形式出现的，但实则对宪法相关内容作了实质性解释。当然也可通过宪法解释实施宪法，只不过立法型宪法解释不为学界所认同。决定型宪法解释模式是全国人大常委会以"决议"或者"决定"的形式行使对宪法相关内容的实质性解释，由于该解释模式不针对具体的案件事由，故学者们将其称为抽象解释，如全国人大常委会通过的《关于国家安全机关行使公安机关的侦查、拘留、预审和执行逮捕的职权的决定》《关于新疆维吾尔自治区生产建设兵团设置人民法院和人民检察院的决定》《关于全国人民代表大会宪法和法律委员会职责问题的决定》《关于设立国家宪法日的决定》《关于实行宪法宣誓制度的决定》《关于特赦部分服刑罪犯的决定》及《关于授予国家勋章和国家荣誉称号的决定》等规范性文件，均可归入决定型宪法解释模式之中。可见，决定型宪法解释只是一种实质性宪法解释，它尚缺乏形式上的程序要件。正是全国人大常委会的实质性宪法解释，使得宪法所规定的极具原则性、总括性、模糊性的内容化为具体、明确的规则规范而得以实施。

（六）通过法院裁判说理实施宪法

我国《宪法》序言最后自然段明确要求一切国家机关都必须以宪法

---

[1] 莫纪宏：《法律事实理论视角下的实质性宪法解释》，载《法学研究》2021 年第 6 期，第 3 页。

为根本的活动准则。这里的一切国家机关当然包括人民法院。问题就在于法院作为国家审判机关如何以宪法作为其根本的活动准则。法院既然行使审判权，对争议案件进行裁判，那么在裁判活动中将宪法作为法律渊源加以援引与裁判说理就是理所应当的事。故而从法院裁判的角度看，裁判说理自然是实施宪法的一种方式。

笔者曾对法院实施宪法的三条路径作过考察与分析，认为法院实施宪法方式依次经历了"宪法司法化"、合宪性解释与法院援引宪法的三种方式。[1]然而随着 2008 年最高人民法院关于"齐案批复"的废止，以及合宪性解释作为一种法律方法在审判实践中运用偏少，法院实施宪法的方式几乎仅存援引宪法与裁判说理。2016 年最高人民法院印发的《人民法院民事裁判文书制作规范》亦明确规定："裁判文书不得引用宪法……作为裁判依据，但其体现的原则和精神可以在说理部分予以阐述。"其中的裁判说理则意味着在裁判过程中法官运用宪法原则和精神进行"宪法说理"。[2]这一规定作为法院裁判说理实施宪法的方式实际上得到了最高人民法院的认可。法院援引宪法、进行裁量说理必然涉及对宪法相关条款内容的理解与阐释，最高人民法院《关于加强和规范裁判文书释法说理的指导意见》指出："诉讼各方对案件法律适用无争议且法律含义不需要阐明的，裁判文书应当集中围绕裁判内容和尺度进行释法说理。诉讼各方对案件法律适用存有争议或者法律含义需要阐明的，法官应当逐项回应法律争议焦点并说明理由。法律适用存在法律规范竞合或者冲突的，裁判文书应当说明选择的理由。"事实上，法院在

---

[1] 范进学：《法院实施宪法路径的探索与反思》，载《政法论丛》2021 年第 6 期。

[2] 范进学、张玲玲：《论我国合宪性审查中的宪法阐释与宪法解释》，载《浙江学刊》2022 年第 3 期，第 71 页。

审判活动过程中，援引宪法条文作为说理理由的案件并不多。[1]有学者就认为，法院援用宪法说理在绝大部分情况下只是为了处理非常普通和简单的案件，援用宪法也仅仅是在说理部分简单提及宪法文本，援用宪法的必要性很小。[2]然而，无论法院援引宪法说理的案件多或少，法院援用宪法裁判说理即便"不是我国宪法实施的主要途径"[3]，它作为一种实施宪法的方式都是不争的事实，因为这种宪法说理毕竟也是对宪法规范内容的一种阐释性适用。

（七）通过创制性制度安排实施宪法

通常意义而言，宪法实施自然是实施宪法所规定的内容与已有规范。倘若现实政治生活中出现了宪法和法律上均未预想的事件，从而导致无法直接适用宪法规范，那将如何处理？这一问题实际上是法律漏洞或宪法漏洞问题。王泽鉴先生指出："法律漏洞指关于某一个法律问题，法律依其内在目的及规范计划，应有规定，而未规定。"[4]魏德士认为，任何法律秩序都有漏洞，没有漏洞的法律秩序是不存在的。[5]既然法律漏洞是这个社会发展中必然存在的客观问题，就会面临出现漏洞时如何及时修补的问题。欧美法系中往往把漏洞补充交给法官作出创造性适用，在我国则由最高立法机关予以创造性的弥补与修复。这种创制性的法律适用同样是法律实施，而且是一种体现高超法律智慧的实施。2016

---

[1]　冯健鹏：《我国司法判决中的宪法援引及其功能——基于已公开判决文书的实证研究》，载《法学研究》2017 年第 3 期。

[2]　邢斌文：《法院援用宪法的经验研究能为我们带来什么？》，载《浙江学刊》2019 年第 3 期。

[3]　邢斌文：《论法院在合宪性审查工作中的角色定位》，载《人大研究》2021 年第 2 期，第17 页。

[4]　王泽鉴：《法律思维与民法实例》，中国政法大学出版社 2001 年版，第 251 页。

[5]　[德]伯恩·魏德士：《法理学》，丁小春、吴越译，法律出版社 2003 年版，第 357 页。

年全国人大常委会在妥善处理辽宁拉票贿选案[1]的过程中，作了一种创制性制度安排，这种创制性制度安排就是对宪法遇到漏洞情形时的最好实施。

辽宁拉票贿选案是新中国成立以来查处的第一起在省级层面、严重违反党纪国法、严重破坏党内选举制度和人大选举制度的重大案件。[2]案件发生后，按照相关法律规定，涉案的辽宁省人大代表资格终止后，其省人大常委会组成人员的职务也相应终止。辽宁省人大常委会因组成人员已不足半数，无法召开常委会会议履行职责。依据《中华人民共和国选举法》第8条规定，县级以上人大常委会主持本级人民代表大会代表的选举。在辽宁省十二届人大常委会已无法运行的情况下，如何召集辽宁省十二届人大七次会议以及如何重新选举组建该届人大会议，我国《宪法》和《中华人民共和国选举法》对此均未有规定。正如时任全国人大常委会副委员长李建国在作《关于〈全国人民代表大会常务委员会关于成立辽宁省第十二届人民代表大会第七次会议筹备组的决定（草案）〉的说明》时指出，"一个省级人大常委会出现这种情况，新中国历史上还没有过"[3]，这种情况就构成了宪法漏洞。为及时妥善处理这一从未遇到过的特殊问题，全国人大常委会根据宪法精神和有关法律原

---

[1]　辽宁拉票贿选案基本案情：2013年1月辽宁省第十二届人大第一次会议选举全国人大代表过程中，有2人通过拉票贿选当选省人大常委会副主任，有45名通过拉票贿选当选全国人大代表，参加选举的616名省人大代表中有523人收受了财物。辽宁省第十二届人大常委会共有组成人员62名，其中有38名省人大常委会组成人员，因代表资格终止，其常委会组成人员的职务相应终止。这样，辽宁省人大常委会组成人员已不足半数，无法召开常委会会议履行职责。

[2]　张德江：《全国人大及其常委会工作报告》，载《十八大以来重要文献选编》（下），中央文献出版社2018年版，第653页。

[3]　参见中国人大网，http://www.npc.gov.cn/zgrdw/npc/xinwen/2016-10/12/content_1998982.htm，最后访问时间：2025年1月8日。

则作了创制性安排。2016 年 9 月 13 日，临时召开的全国人大常委会第二十三次会议，审议通过了全国人大常委会代表资格审查委员会的报告，依法确定辽宁省 45 名拉票贿选的全国人大代表当选无效；审议通过了关于成立辽宁省第十二届人民代表大会第七次会议筹备组的决定，决定由筹备组代行辽宁省人大常委会部分职权，负责筹备辽宁省十二届人大七次会议的相关事宜。

全国人大常委会创制性制度安排，是全国人大常委会在出现宪法与法律漏洞情形下进行的大胆探索与富有智慧性的尝试，它表明全国人大常委会没有拘泥于宪法文本，而是在秉持对事物本质的充分认识、对宪法精神和原则精髓的深刻洞悉把握，以及对高超政治智慧的运用与遵循的前提下，去修复和补充宪法法律本身所具有的漏洞，进而促进和推动宪法实施。这是创造性地实施宪法的最好的案例，因而有学者认为，它是全国人大常委会实施宪法时一个新的行为类型。[1] 创制性制度安排，对于今后解决我国宪法与法律漏洞问题提供了极其宝贵的宪法实施实践经验。

综上，1982 年宪法颁布施行 40 余年以来，我国就如何保障全面有效实施宪法方面探索并发展出了诸多重要的实践经验，这些经验是中国特色社会主义宪法实施的历史逻辑与实践逻辑的客观反映，它们都极具中国特色社会主义制度的特色与底蕴，在 1982 年宪法实施 40 余周年之际，我们应当认真对待并总结其中蕴含的丰富历史实践经验，这对于未来我国宪法实施而言具有重要的借鉴与启迪价值。

---

[1]　李少文：《全国人大常委会在宪法实施中的创制行为及其界限——以"辽宁贿选案"为例》，载《政治与法律》2021 年第 5 期，第 64 页。

二、1982 年宪法实施 40 余年之原因分析

1982 年宪法全面有效实施的 40 余年是极其不平凡的 40 余年，宪法实施 40 余年所积累的实践经验实际上是一个不断探索、发展、丰富与完善的产物。我们认为，宪法实施 40 余年所取得的实践经验主要基于以下三个基本原因。

（一）党的领导是保障宪法实施的最根本保证

制宪易，行宪难。由于宪法的本质是约束国家权力、保障公民权利，因此，如何让宪法把权力者的权力束缚住，从来都是近现代国家治理之难事。1982 年宪法公布颁行 40 余年以来，之所以能够获得全面贯彻实施，其最重要的原因在于党的领导，申言之，党的领导是保障宪法实施的最根本保证。习近平总书记指出："党领导人民制定宪法法律，领导人民实施宪法和法律，党自身必须在宪法法律范围内活动。这是我们党深刻总结新中国成立以来正反两方面历史经验特别是'文化大革命'惨痛教训之后得出的重要结论，是我们党治国理政必须遵循的一项重要原则。"[1]

党领导人民实施宪法法律，主要体现为几个方面：

第一，党自身具有高度自律与奥德修斯式的自缚精神。自党的十二大首次将"党必须在宪法和法律范围内活动"写入党章，其作为一项极其重要的原则就一直为党章所遵循。不仅如此，根据党的十一届六中全

---

[1] 习近平：《论坚持全面依法治国》，中央文献出版社 2020 年版，第 201 页。

会和党的十二大精神，党领导人民制定的 1982 年宪法又将这一党的原则载入了 1982 年宪法，成为一项宪法原则。[1]奥德修斯作为希腊神话中的英雄，为了避免受到塞壬岛美丽女妖歌声的诱惑，主动事先命令船员把自己捆绑在桅杆上，任凭女妖的歌声多么动人，都不得让人解开捆绑，以此顺利抵抗住了诱惑。这种自缚精神体现出来的就是权力自我约束精神。党对自我权力的设限就是自缚精神的生动体现。

第二，党和国家领导人高度重视宪法实施。宪法能否实施，关键取决于党和国家领导人是否重视。1982 年宪法制定之后，党和国家领导人高度重视宪法的实施。邓小平同志要求"全党同志和全体干部都要按照宪法、法律、法令办事"。[2]江泽民同志多次强调"维护宪法的尊严、保证宪法的实施极为重要"，同时要求"建立健全保障宪法实施的法律体系，把宪法的一系列原则性规定通过立法落到实处"。[3]胡锦涛同志在纪念现行宪法公布施行二十周年大会上的讲话中提出"在全社会进一步树立宪法意识和宪法权威，切实保证宪法的贯彻实施"，以及"要全面贯彻实施宪法"。[4]他在纪念全国人大成立五十周年大会上的讲话中要求"全党同志、全体国家机关工作人员和全国各族人民都要认真学习宪法、遵守宪法、维护宪法，保证宪法在全社会的贯彻实施"。[5]党的十八大之后，以习近平同志为核心的党中央更加高度重视宪法的实施，

---

[1] 1982 年《宪法》序言第 13 个自然段规定：各政党都必须以宪法为根本的活动准则，并且负有维护宪法尊严、保证宪法实施的职责。第 5 条规定：各政党都必须遵守宪法和法律；一切违反宪法和法律的行为，必须予以追究。任何组织或者个人都不得有超越宪法和法律的特权。

[2] 《邓小平文选》(第二卷)，人民出版社 1994 年版，第 371 页。

[3] 江泽民：《在中共中央党外人士座谈会上的讲话》，载《人民日报》1999 年版 2 月 1 日，第 1 版。

[4] 《十六大以来重要文献选编》上（一），人民出版社 2005 年版，第 452、457 页。

[5] 《十六大以来重要文献选编》(中)，中央文献出版社 2006 年版，第 225 页。

习近平总书记明确提出了"宪法的生命在于实施，宪法的权威也在于实施"的重要论断，要求"要坚持不懈抓好宪法实施工作，把全面贯彻实施宪法提高到一个新水平"。[1]2018年2月24日，在中共中央政治局第四次集体学习时习近平总书记强调："我们党首先要带头尊崇和执行宪法，把领导人民制定和实施宪法法律同党坚持在宪法法律范围内活动统一起来。任何组织和个人都不得有超越宪法法律的特权。一切违反宪法法律的行为，都必须予以追究。"[2]党的十八届四中全会专门通过了《中共中央关于全面推进依法治国若干重大问题的决定》，就"完善以宪法为核心的中国特色社会主义法律体系，加强宪法实施"作出了具体部署，不但要求每一项立法都符合宪法精神，而且要求"用科学有效、系统完备的制度体系保证宪法实施"[3]，并就健全宪法实施和监督制度作出了一系列制度安排，如完善全国人大及其常委会宪法监督制度、健全宪法解释程序机制、加强备案审查制度和能力建设、设立国家宪法日，建立宪法宣誓制度、推进合宪性审查工作等，大大弘扬了宪法精神，增强了社会主体的宪法意识，极大地推动了宪法实施。因此，党和国家领导人对宪法实施的高度重视是1982年宪法得以全面贯彻实施的核心与关键。

第三，党组织和党员领导干部在宪法实施中的模范遵守作用。作为负责1982年宪法制定的彭真同志格外重视党员领导干部对宪法实施的作用，他指出："党员必须以身作则，成为奉公守法的模范。"[4]胡耀邦

---

[1] 习近平：《论坚持全面依法治国》，中央文献出版社2020年版，第11页。
[2] 习近平：《更加注重发挥宪法重要作用　把实施宪法提高到新的水平》，载《党建》2018年第3期，第1页。
[3] 《十八大以来重要文献选编》（中），中央文献出版社2016年版，第160页。
[4] 彭真：《论新时期的社会主义民主与法制建设》，中央文献出版社1989年版，第188页。

同志在党的十二大报告中要求"特别要教育和监督广大党员带头遵守宪法和法律"。党的十四届四中全会通过的《关于加强党的建设几个重大问题的决定》要求"各级党组织和全体党员要模范地遵守国家的宪法和法律"。[1] 2001 年李鹏同志在全国法制宣传日座谈会上的讲话中要求"各级党组织及其领导人员必须带头遵守宪法，做遵守宪法、维护宪法的模范，在发表讲话，进行决策时，都必须对照宪法，看看是否符合宪法规定，做到违宪的话不说，违宪的事不做"。[2] 江泽民同志在党的十六大报告中要求"党员和公布特别是领导干部要成为遵守宪法和法律的模范"。[3] 胡锦涛同志在纪念全国人大成立五十周年大会的讲话中要求"各级党组织和全体党员都要模范地遵守宪法和法律"。[4] 党的十八大以后，习近平总书记在多个不同场合以各种形式强调领导干部要尊崇宪法和遵守宪法，做尊法守法的模范。譬如，2013 年，习近平总书记在主持第十八届中央政治局第四次集体学习时提到："各级领导干部要带头依法办事，带头遵守法律，对宪法和法律保持敬畏之心……如果领导干部都不遵守法律，怎么叫群众遵守法律？"[5] 2017 年，党的第十九大报告提出要求："各级党组织和全体党员要带头尊法学法守法用法。"[6] 2018 年 1 月，习近平总书记在党的十九届二中全会上讲话，提出："各级干部特别是领导干部必须带头尊崇宪法、学习宪法、遵守宪法、维护宪法、运用宪法。"[7] 党中央在《法治中国建设规划（2020—

---

［1］《十四大以来重要文献选编》(中)，人民出版社 1997 年版，第 963 页。

［2］《十五大以来重要文献选编》(下)，人民出版社 2003 年版，第 2100 页。

［3］《十六大以来重要文献选编》上 (一)，人民出版社 2005 年版，第 27 页。

［4］《十六大以来重要文献选编》(中)，中央文献出版社 2006 年版，第 226 页。

［5］习近平：《论坚持全面依法治国》，中央文献出版社 2020 年版，第 25 页。

［6］《十九大以来重要文献选编》(上)，中央文献出版社 2019 年版，第 27 页。

［7］习近平：《论坚持全面依法治国》，中央文献出版社 2020 年版，第 207 页。

2025 年）》中明确提出"党带头尊崇和执行宪法，把党领导人民制定和实施宪法法律同党坚持在宪法法律范围内活动统一起来，保障宪法法律的有效实施"。2020 年 2 月，习近平总书记在中央全面依法治国委员会第三次会议上的讲话中再次要求"各级领导干部必须强化法治意识，带头尊法学法守法用法，做制度执行的表率"。[1] 2020 年 10 月，党的二十大报告强调发挥领导干部的带头作用，努力使尊法学法守法用法在全社会蔚然成风。2022 年 12 月，习近平总书记在《谱写新时代中国宪法实践新篇章——纪念现行宪法公布施行 40 周年》署名文章中要求在推动宪法宣传教育中，"要抓住领导干部这个'关键少数'"。[2] 可见，党领导人民实施宪法的一个重要方面是通过要求党组织及其党员的模范遵守宪法来领导广大人民群众遵守宪法。

第四，通过加强党对全面依法治国的领导，保证宪法法律的实施。2019 年《中共中央关于加强党的政治建设的意见》指出：中央和地方各级人常机关、行政机关、政协机关、监察机关、审判机关、检察机关本质上都是政治机关；要始终坚持在党的领导下依法实施经济社会管理活动。习近平总书记把党对国家机关的领导概括为"党领导立法、保证执法、支持司法、带头守法"，"把依法治国、依法执政、依法行政统一起来，把党总揽全局、协调各方同人大、政府、监察机关、审判机关、检察机关依法依章程履行职能、开展工作统一起来"。[3] 党自身不仅恪守在宪法和法律范围内活动的宪法原则，而且更重要的是党通过对国家机关的领导充分保证宪法实施。具体而言，通过领导立法，使党的主张通

---

[1]《十九大以来重要文献选编》（中），中央文献出版社 2021 年版，第 420 页。

[2] 习近平：《谱写新时代中国宪法实践新篇章——纪念现行宪法公布施行 40 周年》，载《中国人大》2022 年第 12 期，第 8 页。

[3] 习近平：《论坚持全面依法治国》，中央文献出版社 2020 年版，第 201—202 页。

过法定程序成为国家意志；通过党的国家政权机关实施党对国家和社会的领导，进而实施宪法、保证宪法有效贯彻。

（二）坚持依宪治国、依宪执政是宪法实施的核心

1999 年宪法修改案把"依法治国、建设社会主义法治国家"这一治国基本方略写进宪法，使其成为宪法基本原则。将法治作为宪法的原则与规范，这是执政党法治修养的最突出的表现，它表明我们执政党彻底摈弃人治而厉行法治的决心。事实上，江泽民同志于 1999 年 1 月在中共中央征求党外人士对修宪意见的座谈会上就指出："我们讲依法治国，建设社会主义法治国家，首先是依照宪法治理国家、建设国家。"李鹏同志在通过宪法修改案的第九届全国人大二次会议闭幕式上提出了"依法治国，归根到底就是依照宪法治国"[1] 的命题。2001 年 12 月 3 日，李鹏同志在全国法制宣传日座谈会上的讲话中又将上述命题表述为"依法治国，首先必须依照宪法治国，严格依照宪法规定办事"。[2] 2004 年 9 月，胡锦涛同志在首都各界纪念全国人大成立 50 周年大会上的讲话中正式提出了"依法治国首先要依宪治国，依法执政首先要依宪执政"[3] 的完整表述。2012 年 12 月 4 日，习近平总书记在首都各界纪念现行宪法 50 周年大会上的讲话中强调指出："依法治国，首先是依法治国；依法执政，关键是依宪执政。"[4] 2018 年 3 月 17 日，习近平主席在新中国历史上以国家元首的身份首次进行了宪法宣誓，向人民作出"忠于宪法，维护宪法权威"的庄严承诺，深刻体现了以

---

[1]《十五大以来重要文献选编》（上），人民出版社 2000 年版，第 812 页。

[2]《十五大以来重要文献选编》（下），人民出版社 2003 年版，第 2099 页。

[3]《十六大以来重要文献选编》（中），中央文献出版社 2006 年版，第 225 页。

[4] 习近平：《论坚持全面依法治国》，中央文献出版社 2020 年版，第 15 页。

习近平同志为核心的党中央坚持依宪治国、依宪执政的坚定意志和坚强决心。

依法治国、依法执政为何首先依宪治国、依宪执政？原因有三。

第一，依法治国与依法执政之"法"必须是良法、善法，而良善评价的唯一的最终标准就是一切法律、法规、规章都不得同宪法相抵触，一切立法都必须合乎宪法规定、宪法原则和宪法精神，毕竟宪法是党和人民意志的集中体现，是国家的根本法，是国家各种制度和法律法规的总依据，是全面依法治国的根本依据，是我们党长期执政的根本法律依据。[1]因此，依法治国首先是依宪治国，依法执政关键是依宪执政。只有首先依宪治国、依宪执政，才能以良法达致善治，保障宪法所确立的制度、原则和规则得到全面实施。依照宪法治国理政，最重要的是保证党和国家公职人员的思维与行为都合乎宪法的规定，合乎宪法的原则，以及合乎宪法的精神。宪法是衡量一切国家机关及其工作人员言行的标准与尺度，只要其言行与宪法相抵触，就是严重的违法，必须予以追究。

第二，法律权威与法治权威能否树立均取决于宪法有无权威。宪法权威，无非指宪法得到社会成员的普遍接受与自觉服从，并在现实生活中具有道德效力和实际拘束力。宪法的权威，直接影响法律的权威和法治的权威。倘若一个国家和社会中的最高法——宪法都缺乏权威，那么根据宪法制定的法律也不可能具有权威。正如韩大元教授指出，法律权威实际上反映了权威与权力的法律化方式，而法律权威的基础和最高形态乃是宪法权威。[2]习近平总书记明确指出："法治权威能不能树立起

---

[1] 习近平：《论坚持全面依法治国》，中央文献出版社 2020 年版，第 10、188、201 页。
[2] 韩大元：《论宪法权威》，载《法学》2013 年第 5 期，第 20 页。

来，首先要看宪法有没有权威。"[1]因为宪法权威关系着党和人民意志的权威，本质上说，维护宪法权威就是维护党和人民共同意志的权威。因此，只有坚持依宪治国、依宪执政，才能持之以恒地落实并实施宪法的各项规定，真正将宪法原则、精神、规定落实到治国理政的实践之中，从而使宪法持续发挥其效力。实施是权威确立的标志，毕竟宪法权威在于实施。

第三，取信于民。习近平总书记指出："宪法是国家布最大的公信于天下。"[2]宪法既然集中体现了党和人民的统一意志和共同愿望，是国家意志的最高表现形式，是国家的根本法，具有最高法律效力、最高法律权威，就必须得到实施。没有实施，宪法不过是写着人民权利的一张白纸，没有任何现实效力。而没有得到实施的宪法，是对国家公信力的最大伤害。这就是党的十八大以来习近平总书记多次讲"全面贯彻实施宪法是全面依法治国、建设社会主义法治国家的首要任务和基础性工作"的原因，这就是习近平总书记提出"我们把实施宪法摆在全面依法治国的突出位置，采取一系列有力措施加强宪法实施和监督工作，维护宪法法律权威"[3]的根本原因。既然宪法是国家向全体人民宣布的承诺书，国家就必须保障承诺书的有效实现，只有保证宪法的真正实施，才能获得人民对国家公信力的确信，进而取信于民。

（三）宪法宣传教育是实施宪法的重要基础

习近平总书记指出："宪法法律的权威源自人民的内心拥护和真诚

---

[1]《十八大以来重要文献选编》(中)，中央文献出版社 2016 年版，第 148 页。

[2] 习近平：《论坚持全面依法治国》，中央文献出版社 2020 年版，第 199 页。

[3] 习近平：《论坚持全面依法治国》，中央文献出版社 2020 年版，第 196—197 页。

信仰，加强宪法学习宣传教育是实施宪法的重要基础。"[1]宪法或法律制定之后需要为人们所知晓，只有知晓，方才知法、懂法，从而守法；法律获得遵守，方能被人们所接受，从而具有道德效力，使得宪法法律得以实施，因此宪法法律宣传教育是宪法法律实施最深厚的基础。彭真同志在作《关于中华人民共和国宪法修改草案的报告》时指出："宪法通过以后，要采取各种形式广泛地进行宣传，做到家喻户晓。十亿人民养成人人遵守宪法、维护宪法的观念和习惯，同违反和破坏宪法的行为进行斗争，这是一个伟大的力量。"[2]换言之，要把宪法和法律交给全国人民掌握，宪法和法律一旦为广大群众所掌握，就会变成强大的物质力量。怎样把宪法和法律交给人民？就要开展普法教育活动。[3]

我国自 1985 年 11 月开始迄今所开展的八个五年普法规划及其实施都把宪法教育纳入普法教育的主要任务之中。第一个普法五年规划提出把遵守维护宪法的观念以及维护宪法尊严、保障宪法实施作为法制教育的重点与核心。第二个五年规划提出，法制宣传教育要以宪法为核心，深入普及宪法，在广大公民中强化宪法观念，提高维护宪法尊严、保障宪法实施的自觉性。第三个五年规划要求，在全体公民中继续深入进行以宪法、基本法律和社会主义市场经济法律知识为主要内容的宣传教育，学习宪法和法律知识，做到知法、守法、护法。第四个五年规划首次明确将我国现行宪法实施日 12 月 4 日作为全国法制宣传日，并继续将学习宣传宪法和国家基本法律，增强公民遵纪守法、维护

---

[1] 习近平：《论坚持全面依法治国》，中央文献出版社 2020 年版，第 218 页。

[2] 《中华人民共和国制宪修宪重要文献资料选编》，中国民主法制出版社 2021 年版，第 112 页。

[3] 王汉斌：《王汉斌访谈录——亲历新时期社会主义民主法制建设》，中国民主法制出版社 2012 年版，第 129—130 页。

自身合法权益和民主参与、民主监督的意识作为重点。第五个五年规划明确要求全党同志特别是各级领导干部要带头学习法律知识，努力提高宪法意识和法制观念，把深入学习宣传宪法视为法制宣传教育的基础性、根本性和重点工作，通过进一步学习宣传宪法，努力提高全体人民特别是各级领导干部和公务员的宪法意识。第六个五年规划提出突出学习宣传宪法，突出抓好宪法的学习宣传教育，使广大人民群众全面深刻理解宪法的基本原则和精神，进一步增强全体公民的宪法意识、公民意识、爱国意识、国家安全统一意识和民主法制意识。在全社会牢固树立党的领导、人民当家作主和依法治国有机统一的观念，树立国家一切权力属于人民的观念，树立权利与义务相统一的观念，形成崇尚宪法、遵守宪法、维护宪法权威的良好氛围，使宪法在全社会得到一体遵行。第七个五年规划第一次明确把以往的"法制"教育改为"法治"教育，并提出把学习宣传宪法摆在首要位置，要在全社会开展宪法教育、弘扬宪法精神、树立宪法权威，尤其是强调提高各级领导干部和国家机关工作人员的宪法意识、宪法观念，坚决维护宪法尊严。2021 年实施的第八个五年规划明确要求在全社会深入持久开展宪法宣传教育活动，阐释好"中国之治"的制度基础，阐释好新时代依宪治国、依宪执政的内涵和意义，阐释好宪法精神。最重要的是提出了两项重点任务：一是为弘扬宪法精神，要求在新市民仪式、青少年成人仪式、学生毕业仪式等活动中设置礼敬宪法环节；二是在"五四宪法"历史资料陈列馆基础上建设国家宪法宣传教育馆。党和国家开展实施的 40 余年法治宣传教育，从最初宪法知识的普及教育，渐次到宪法观念、宪法尊严、宪法意识、宪法原则和精神、宪法权威的宪法教育，从全体公民的宪法教育到突出和强调对各级领导干部和国家工作人员的宪法教育，都极大地提高了宪法的地位与实效，并逐渐培育起民众对宪法的信仰，这对于宪法的全面贯彻实施发挥了重要的精神力量。正如习近平总书记所说："宪法的根基在于人民发自内心的拥护，宪法的伟力在于人民出自真诚的信仰。"[1]

国家宪法日的设立也构成了我国宪法宣传的制度安排。国家宪法日，实际上就是宣传宪法日。每年宪法宣传日前后，党和国家主要领导人都对宪法宣传教育发表讲话、作出指示或举行座谈会，在全社会倡导和弘扬宪法精神、宣传和学习宪法，这对于宪法实施发挥了重要的推动作用。如习近平总书记曾在国家宪法日之际作出两次重要指示[2]，作为党和国家最高领导人，在宪法日作出重要指示，对于进一步推动和鼓励全体民众学习、宣传宪法和实施宪法而言，具有极其重要的作用。

三、我国宪法实施之未来发展逻辑

习近平总书记在纪念宪法公布施行三十周年大会上的讲话，以及在党的十九届二中全会的讲话中对我国宪法实施提出了一个更高的要求，

---

[1] 习近平：《论坚持全面依法治国》，中央文献出版社 2020 年版，第 204 页。

[2] 习近平总书记在首个国家宪法日之际作出重要指示，要求"要以设立国家宪法日为契机，深入开展宪法宣传教育，大力弘扬宪法精神，切实增强宪法意识，推动全面贯彻实施宪法，更好发挥宪法在全面建成小康社会、全面深化改革、全面推进依法治国中的重大作用"（习近平：《切实增强宪法意识　推动全面贯彻实施宪法》，载中国人大网，http://www.npc.gov.cn/zgrdw/npc/zt/qt/gjxfz/2014-12/04/content_1888113.htm，最后访问时间：2022 年 11 月 8 日）；在第五个国家宪法日到来之际，习近平总书记作出重要指示，"强调要在全党全社会深入开展尊崇宪法、学习宪法、遵守宪法、维护宪法、运用宪法的宣传教育活动，弘扬宪法精神，树立宪法权威，使全体人民都成为社会主义法治的忠实崇尚者、自觉遵守者、坚定捍卫者"（习近平：《切实增强宪法意识　推动全面贯彻实施宪法》，载中国人大网，http://www.npc.gov.cn/zgrdw/npc/zt/qt/gjxfz/2014-12/04/content_1888113.htm，最后访问时间：2022 年 11 月 8 日）。

就是把全面贯彻实施宪法和依宪治国工作"提高到一个新水平"。[1]笔者认为，把我国宪法实施提高到一个新水平应当作为未来宪法实施之发展逻辑。问题在于，什么样的宪法实施才是宪法实施的"新水平"？我们提出以下五个方面作为未来宪法实施之可能发展逻辑。

（一）人民应当成为推动宪法实施的主体

宪法到底由谁实施？主流观点是主张把国家机关作为宪法实施重要主体。"马工程"重点教材《宪法学》认为，尽管从广义上讲宪法实施主体包括国家机关、政党、社会团体、企事业组织和公民等，但从狭义上讲，宪法实施主要通过国家机关以作出宪法行为的方式得以实施。[2]有学者将其称为"宪法实施主体的一元化"，即将宪法实施主体限定在国家机关这一宏观范畴之内，认定宪法实施主要是某一个部门或机构的任务。[3]然而，这种一元化宪法实施主体论的问题就在于实施宪法的动力不足，国家机关是宪法限制与约束的对象与客体，而权力意志本身是排斥任何限制的，因而宪法实施与权力意志内在地存在着矛盾与冲突。既然国家机关作为宪法实施主体实施宪法时缺乏足够的动力，就必须转变固有思维，实现从以国家机关实施宪法为主导的宪法实施观到以人民为中心的宪法实施为主导的宪法实施观的根本转变。[4]彭真同志在第五届全国人大第五次会议上作关于宪法修改草案的报告时指出："十亿人民养成人人遵守宪法、维护宪法的观念和习惯，同违反和破坏宪法的行

［1］习近平：《论坚持全面依法治国》，中央文献出版社 2020 年版，第 11、201 页。
［2］《宪法学》编写组：《宪法学》，高等教育出版社、人民出版社 2011 年版，第 296 页。
［3］朱学磊：《论我国宪法实施主体的多元化》，载《江汉学术》2017 年第 2 期，第 28 页。
［4］范进学：《论以人民为中心的宪法实施主体观》，载《学习与探索》2021 年第 7 期，第 80 页。

为进行斗争，这是一个伟大的力量。"[1]他在第六届全国人大第一次会议上作了进一步阐明，"保证宪法的实施，从根本上说，要依靠人民群众的力量"，如果"十亿人民充分认识实施宪法同他们的根本利益和切身利益的关系，就会自觉地为维护宪法尊严、保证宪法实施而奋斗"，因为宪法"代表十亿人民的根本利益和长远利益，同时也保护每个公民正当的个人利益和当前利益"。[2]习近平总书记在中央全面依法治国工作会议上提出了"以人民为中心"的法治理念，他指出，全面依法治国"必须坚持为了人民、依靠人民"。[3]中央政法委委员、秘书长陈一新指出："人民是全面依法治国的主体和力量源泉。"[4]习近平总书记以人民为中心的法治思想在宪法实施的具体体现就是要确立以人民为中心的宪法实施主体观。

（二）宪法监督程序将更加完善

宪法实施离不开宪法监督，宪法监督必须遵循法定程序。从 2002 年 12 月胡锦涛同志在首都各界纪念现行宪法公布施行二十周年大会上的讲话中提出"要抓紧研究和健全宪法监督机制，进一步明确宪法监督程序"，到 2013 年 11 月党的十八届三中全会通过的《中共中央关于全面深化改革若干重大问题的决定》提出"要进一步健全宪法实施监督机制和程序"，再到 2014 年 10 月党的十八届四中全会通过的《中共中

---

[1]《彭真传》编写组：《彭真传》第 4 卷，中央文献出版社 2012 年版，第 1484 页。

[2]彭真：《论新时期的社会主义民主与法制建设》，中央文献出版社 1989 年版，第 188 页。

[3]《习近平在中央全面依法治国工作会议上发表重要讲话》，载中央人民政府网，http://www.gov.cn/xinwen/2020-11/17/content_5562085.htm，最后访问时间：2020 年 1 月 4 日。

[4]陈一新：《习近平法治思想是马克思主义中国化最新成果》，载《人民日报》2020 年 12 月 30 日，第 10 版。

央关于全面推进依法治国若干重大问题的决定》提出"完善全国人大及其常委会宪法监督制度"，进而到党的十九大习近平总书记提出"加强宪法实施和监督，推进合宪性审查工作"，党的十九届四中全会重申"加强宪法实施和监督，推进合宪性审查工作"[1]，党的二十大报告提出"加强宪法实施和监督，健全保证宪法全面实施的制度体系"，最后到习近平总书记在《谱写新时代中国宪法实践新篇章——纪念现行宪法公布施行 40 周年》署名文章中提出"要完善宪法监督制度，推进宪法监督的规范化、程序化建设"[2]，我国的宪法监督程序机制建设实际上进入了以宪法监督程序化与合宪性审查程序机制作为中国特色宪法监督的重要载体的新时代。因此，以《立法法》《监督法》及《工作办法》所确立的合宪性审查程序将更加完善。

（三）宪法阐释将成为宪法实施的重要方式

宪法阐释是相较于宪法解释而言的，宪法解释具有宪法上的专指性，宪法解释职权仅仅属于全国人大常委会，其他机关对宪法的理解与阐明都不能称为宪法解释。然而，随着我国宪法监督进入合宪性审查时代，以及合宪性审查作为合宪性审查机关的重要工作，在宪法适用活动中，针对宪法文本的含义或意义作出理解、说明与阐释是一项经常性的职能，就需要对这种理解性说明作出诠释，笔者将其界定为"宪法阐释"。所谓宪法阐释指非宪法解释机构在宪法适用活动中对宪法文本含义或意义的说明、阐明与揭示。宪法解释与宪法阐释的概念主要差异就

［1］《十九大以来重要文献宣布》(中)，中央文献出版社 2021 年版，第 277 页。
［2］习近平：《谱写新时代中国宪法实践新篇章——纪念现行宪法公布施行 40 周年》，载《中国人大》2022 年第 12 期，第 8 页。

在于其各自的主体不同，无论实质性宪法解释还是形式性宪法解释，其解释主体均须是宪法上具有解释宪法职权的全国人大常委会，全国人大常委会所作实质性宪法解释缺失的只是形式与程序性要件。而宪法阐释的主体必须是全国人大常委会之外的非有权解释主体。[1]这种对宪法的意义的揭示与阐释对于人们更准确地理解宪法含义、目的、精神来说具有重要的引导性价值与功能，同时这种常态化的阐释活动为我国有权解释机关即全国人大常委会"解释宪法"无论在理论上还是实践上都作出了储备。因此，我们相信，宪法阐释将会成为我国今后宪法实施的重要方式。

（四）赋予合宪性审查决定的溯及力而实施宪法

推进合宪性审查，加强宪法实施，应当是未来我国宪法实施的重要途径。然而，合宪性审查的效力目前除了对与宪法相抵触或不一致的规范性文件予以撤销或废止外，对于依据被撤销或废止的规范性文件作出的具体措施导致公民权利受到损害后如何救济的问题缺乏规定，这对于保障公民权利、实现实质正义具有诸多不利的影响。针对合宪性审查决定的溯及力问题，学界也存有争议。有学者主张"不能认为备案审查决定有溯及力，决定只是针对每个具体规范性文件具有效力，表明其被撤销、修改的结果，该决定无法溯及"。[2]而更多学者还是主张合宪性审查决定具有溯及力。如有学者主张："我国未来仍然有必要在备案审查程序中专门规定撤销决定的溯及力问题，从而使得备案审查的结果能够

[1] 范进学、张玲玲：《论我国合宪性审查中的宪法阐释与宪法解释》，载《浙江学刊》2022年第3期，第69页。
[2] 梁洪霞：《关于备案审查结果溯及力的几个基础问题》，载《法学论坛》2022年第2期，第61页。

兼顾法安定性与实质正义。"[1]还有学者认为："合宪性审查决定的溯及力以不溯及既往为原则，但当公民的基本权利受到侵害时，合宪性审查决定中确认违宪的规范性文件应当自始无效。对于因违宪的规范性文件而正受到侵害的公民，应当恢复其基本权利，巩固公民对宪法的信仰，维护宪法的权威。"[2]我们认为，合宪性审查决定是否具有溯及力的问题，应当遵循有利于公民保障为原则，凡是有利于公民权利保障的合宪性审查决定应当具有溯及力，对由此给公民造成的权利损害予以救济。

（五）通过科学有效、系统完备的制度体系实施宪法

习近平总书记在党的十九届二中全会二次会议上的讲话中提出"用科学有效、系统完备的制度体系保证宪法实施"的要求。[3]党的十九届四中全会则提出"健全保证宪法全面实施的体制机制"。党的二十大报告，以及习近平总书记的《谱写新时代中国宪法实践新篇章——纪念现行宪法公布施行 40 周年》署名文章，以及党的二十届三中全会通过的《中共中央关于进一步全面深化改革　推进中国式现代化的决定》都更加明确要求"健全保证宪法全面实施的制度体系"。以制度体系实施宪法，就需要这套制度体系具备科学有效、系统完备的两个要件。科学有效指制度体系的科学性与有效性；系统完备指制度体系内部整体性与内容的完备性。在中国特色社会主义法律体系形成的前提下，党中央提出以建设中国特色社会主义法治体系为全面依法治国的总目标，要求"形

---

[1]　王锴：《论备案审查结果的溯及力——以合宪性审查为例》，载《当代法学》2020 年第 6 期，第 37 页。
[2]　达璐：《合宪性审查决定的效力与实效》，载《四川师范大学学报（社会科学版）》2021 年第 5 期，第 131 页。
[3]　习近平：《论坚持全面依法治国》，中央文献出版社 2020 年版，第 201 页。

成完备的法律规范体系"。就宪法全部规范而言，无非包括国家机关权力规范与公民基本权利规定。从完备的法律规范体系看，国家机关权力规范形成了具体的法律规范体系；公民基本权利规范基本包括宗教信仰思想权利、人身权利、政治权利、经济权利、社会权利、文化权利等规范内容，在通过法律实施宪法的基本权利的过程中，除了政治权利规范尚缺乏完备的法律规范实施外，其他基本权利几乎皆有相应的法律规范体系进行保障。因此，若从科学有效、系统完备的制度体系标准衡量，那么将公民政治权利规范通过立法转化为法律规范，当是未来我国通过完备的法律规范体系进行宪法实施的重点。质言之，就是将宪法所规定的公民政治权利规范进行法律化实施。

第十四章
宪法教育 40 余年:
经验、问题反思与展望

1982 年宪法公布施行迄今已 40 余年，这 40 余年既是宪法实施与宪法监督的 40 余年，亦是宪法教育的 40 余年。值此之际，为了更好地展望未来，有必要对我国 40 余年的宪法教育实践展开认真的梳理、总结与审视反思，以期推动未来我国宪法教育事业的发展之完善，从而助益于培育全社会尊重宪法、遵守宪法乃至信仰宪法、维护宪法权利、捍卫宪法权威与尊严的宪法意识与宪法精神。

一、1982 年以来宪法教育 40 余年之基本经验

黑格尔说过:"只有培养了对法的理解之后，法才有能力获得普遍性。"[1]任何法一经制定，必须先为民众所知晓，并有意识地加以宣传普

---

[1]［德］黑格尔:《法哲学原理》，范扬、张企泰译，商务印书馆 1961 年版，第 220 页。

及教育，以培育人们对法的理解，进而获得其内心对法的遵守与义务服从的接受。1982 年宪法公布施行后，为了让广大民众能够掌握，以便"养成人人遵守宪法、维护宪法的观念和习惯"[1]，自 1985 年至今，党和国家已开展"八个五年"规划的全民普法教育运动。[2]这场持续的全民普法教育是针对法知识、法意识与法精神进行的宣扬与教育，而在这 40余年党和国家推动的自上而下式的宪法教育过程中，广大民众的宪法意识、权利意识、公民意识逐渐养成，全社会基本形成了尊法学法守法用法的良好氛围。因此，对这场普法教育运动所积累的宪法教育的实践经验展开认真的总结与提炼，无疑对未来我国宪法教育的发展具有启发与指引价值。

（一）将宪法教育始终作为普法教育的核心

党和国家自发起并推动全民普法运动伊始，即将宪法教育作为普法教育的核心内容加以认真对待并高度重视。1985 年 11 月，由中共中央、国务院转发的《中央宣传部、司法部关于向全体公民基本普及法律常识的五年规划》[3]（以下简称《规划》1）明确将"宪法"纳入普及法律常识的基本内容，重点普及"我国宪法的地位和作用，我们国家的根本制度和根本任务，公民的基本权利和义务，国家机构的组织、职权及

---

[1] 彭真：《关于中华人民共和国宪法修改草案的报告》，载《中华人民共和国制宪修宪重要文献资料选编》，中国民主法制出版社 2021 年版，第 112 页。

[2] 1984 年 6 月司法部在辽宁省本溪市召开了全国法制宣传教育工作座谈会，会上提出了用五年左右时间在全体公民中基本普及法律常识。1985 年 11 月，党中央、国务院转发了中央宣传部和司法部《关于向全体公民普及法律常识的五年规划》；同月，第六届全国人大常委会第十三次会议通过了《关于在公民中基本普及法律常识的决议》，以此为标志，开始了迄今八个五年规划的全国性普法运动。

[3] 参见《中华人民共和国国务院公报》1985 年第 36 期。

活动原则，维护宪法尊严、保障宪法实施是每个公民的神圣职责"等宪法内容；要求通过学习，牢固树立"法制观念"，尤其是"遵守、维护宪法的观念"。同月，全国人大常委会通过的《关于在公民中基本普及法律常识的决议》[1]（以下简称《决议》1）规定，普及法律常识的内容是以宪法为主的法律常识，目的是"将法律交给广大人民掌握，使广大人民知法、守法，树立法制观念，学会运用法律武器，同一切违反宪法和法律的行为作斗争，保障公民合法的权利和利益，维护宪法和法律的实施"。由此可见，党和国家自普法运动伊始就非常重视宪法教育，将宪法的地位与作用、公民的基本权利和义务，以及国家机构的组织、职权和活动原则等宪法核心内容作为宪法教育的目的与重点。众所周知，宪法的地位与作用在《宪法》文本中表达得很明确，即宪法是"国家的根本法，具有最高的法律效力"，且"一切法律、行政法规和地方性法规都不得同宪法相抵触。一切国家机关和武装力量、各政党和各社会团体、各企业事业组织都必须遵守宪法和法律。一切违反宪法和法律的行为，必须予以追究。任何组织或者个人都不得有超越宪法和法律的特权"。《宪法》条文关于宪法地位与作用的规定表明，宪法具有最高的法律地位、法律权威、法律效力，一切抽象或者具体的公权行为均须满足合宪性要求。公民的基本权利是宪法核心内容，近代经典意义上的宪法的诞生就是为了保障公民基本权利免受国家权力的侵害；宪法规定国家机构的组织职权和活动原则，是在为国家机关设置权力行使的方式与范围，任何国家机关均须在宪法和法律范围内行使职权。通过对国家机构职权与活动原则的学习，公民就能够对国家机关的履职活动进行监督，

---

[1]　参见《中华人民共和国国务院公报》1985 年第 33 期。

从而树立守宪、护宪的宪法观念。此后，党和国家开展的七个五年的法制（治）教育也都一如既往地以宪法教育为核心。

1990 年 12 月，中共中央、国务院在批转《中央宣传部、司法部关于在公民中开展法制宣传教育的第二个五年规划》[1]（以下简称《规划》2）的通知中明确指出，"法制宣传教育要以宪法为核心"。《规划》2 中提出的具体要求是"深入普及宪法和有关法律常识，在广大公民中强化宪法观念，提高维护宪法尊严、保障宪法实施的自觉性"，要求县、团级以上领导干部"学习宪法学理论"，要求全体公民"继续深入学习宪法"。1991 年 3 月，全国人大常委会通过的《关于深入开展法制宣传教育的决议》[2]（以下简称《决议》2）要求以宣传、学习《宪法》为核心开展法制宣传教育。

1996 年 5 月，《中宣部司法部关于在公民中开展法制宣传教育的第三个五年规划》（以下简称《规划》3）与同月全国人大常委会通过的《关于继续开展法制宣传教育的决议》[3]（以下简称《决议》3）都继续将宣传宪法知识作为普法教育的主要内容，要求一切有接受教育能力的公民都要学习宪法等法律知识，做到知法、护法，依法维护自身合法权益，要求县、处级以上领导干部重点了解和掌握宪法。《决议》3.还明确提出，"各级领导干部特别是高级领导干部应当带头学习宪法和法律知识，模范遵守宪法和法律"。

2001 年 4 月，《中央宣传部、司法部关于在公民中开展法制宣传教育的第四个五年规划》（以下简称《规划》4）同样将学习宣传宪法等法

---

[1] 参见《中华人民共和国国务院公报》1991 年第 5 期。
[2] 参见《中华人民共和国国务院公报》1991 年第 6 期。
[3] 参见《中华人民共和国全国人民代表大会常务委员会公报》1996 年第 4 期。

律知识作为法制教育的重点工作，并首次将培养公民权利义务对等的法制观念与民主参与、民主监督等民主意识作为普法教育的任务。同月全国人大常委会通过的《关于进一步开展法制宣传教育的决议》[1]（以下简称《决议》4）则第一次将"宣传学习宪法，强化全体公民的宪法意识"作为法制宣传教育的首要内容，并要求各级领导干部"增强法制观念特别是宪法观念"。

2006 年 3 月，中共中央、国务院在转发《中央宣传部、司法部关于在公民中开展法制宣传教育的第五个五年规划》[2]（以下简称《规划》5）的通知中要求全党同志特别是各级领导干部"努力提高宪法意识和法制观念"。《规划》5 把学习宣传宪法作为"法制宣传教育的基础性、根本性和重点工作"，不仅要求"努力提高全体人民特别是各级领导干部和公务员的宪法意识"，还重点要求领导干部树立"在宪法和法律范围内活动""国家一切权力属于人民"及"国家尊重和保障人权"等宪法观念。宪法原则教育首次被纳入法制宣传教育规划之中，党在宪法和法律范围内活动、一切权力属于人民、国家尊重和保障人权三原则是宪法最基本、最核心的原则，对这三大原则的强调，充分说明了党和国家精准地把握了针对领导干部开展宪法教育的关键所在。同年 4 月，全国人大常委会通过的《关于加强法制宣传教育的决议》[3]（以下简称《决议》5）将"进一步宣传普及宪法，使全体公民进一步掌握宪法的基本知识，忠于宪法、遵守宪法，维护宪法的权威"作为法制宣传教育的首要内容。

---

[1]　参见《中华人民共和国全国人民代表大会常务委员会公报》2001 年第 4 期。
[2]　参见《全国人民代表大会常务委员会公报》2006 年第 5 期。
[3]　同上注。

2011 年 3 月，《中央宣传部、司法部关于在公民中开展法制宣传教育的第六个五年规划》[1]（以下简称《规划》6）将"突出学习宣传宪法"作为首要任务，宪法教育的内容除了《规划》1 所列举的内容之外，增加了中国共产党的领导地位，马克思列宁主义、毛泽东思想、邓小平理论和"三个代表"重要思想的指导地位，国体和政体，中国共产党领导的多党合作和政治协商制度、民族区域自治制度及基层群众自治制度，坚持公有制为主体、多种所有制经济共同发展的基本经济制度，以及国家生活的基本原则等须大力宣传的新内容。强调通过宪法教育，使广大民众全面深刻理解宪法的基本原则和精神，增强全体公民的宪法意识、公民意识、爱国意识、国家安全统一意识和民主法制意识。在全社会牢固树立三个观念：党的领导、人民当家作主和依法治国有机统一的观念，国家一切权力属于人民的观念，权利与义务相统一的观念。形成崇尚宪法、遵守宪法、维护宪法权威的良好氛围，使宪法在全社会得到一体遵行。同年 4 月，全国人大常委会通过的《关于进一步加强法制宣传教育的决议》[2]（以下简称《决议》6）也提出要突出抓好宪法的学习宣传，深入学习宣传宪法确立的我国的国体政体、根本制度、根本任务、公民的权利和义务等主要内容和精神，进一步增强公民的宪法意识和社会主义民主法治观念，形成崇尚宪法、遵守宪法、维护宪法权威的良好氛围，同时要求广大公务员尤其是各级领导干部带头学习宪法和法律。

2016 年 4 月，《中央宣传部、司法部关于在公民中开展法治宣传教育的第七个五年规划》[3]（以下简称《规划》7）提出要"突出学习宣传

---

[1] 《人民日报》2011 年 7 月 28 日，第 9 版。

[2] 参见《全国人民代表大会常务委员会公报》2011 年第 4 期。

[3] 参见人民政协网，http://www.rmzxb.com.cn/c/2016-04-17/770195.shtml，最后访问时间：2022 年 11 月 9 日。

宪法"，并要求"把学习宣传宪法摆在首要位置"。同时，《规划》7第一次提出在全社会普遍开展"宪法教育"，在《决议》6提出的宪法教育基本内容的基础上，又把"依宪治国、依宪执政"理念与党的领导是宪法实施的最根本保证纳入宪法教育内容，并要求"提高全体公民特别是各级领导干部和国家机关工作人员的宪法意识，教育引导一切组织和个人都必须以宪法为根本活动准则，增强宪法观念，坚决维护宪法尊严"。同月，全国人大常委会通过的《关于开展第七个五年法治宣传教育的决议》[1]（以下简称《决议》7）也提出要"突出学习宣传宪法"，具体内容包括"把学习宣传宪法摆在首要位置，在全社会普遍开展宪法宣传教育，重点学习宣传宪法确立的我国的国体、政体、基本政治制度、基本经济制度、公民的基本权利和义务等内容，弘扬宪法精神，树立宪法权威"。《决议》7首次提出"在全社会树立宪法法律至上、法律面前人人平等、权由法定、权依法使等基本法治理念"。

2021年6月，《中央宣传部、司法部关于开展法治宣传教育的第八个五年规划》[2]（以下简称《规划》8）将"突出宣传宪法"作为普法重点内容，具体强调在全社会深入持久开展宪法宣传教育活动，阐释好"中国之治"的制度基础、新时代依宪治国、依宪执政的内涵和意义以及宪法精神。此外，要求加强《中华人民共和国国旗法》《中华人民共和国国歌法》等宪法相关法的知识学习、宪法实施案例宣传及宪法理论研究。同时，为弘扬宪法精神，《规划》8要求在新市民仪式、青少年成人仪式、学生毕业仪式等活动中设置礼敬宪法环节，并在"五四宪法"历

---

[1]　参见《中华人民共和国全国人民代表大会常务委员会公报》2016年第3期。

[2]　参见中华人民共和国中央人民政府网，http://www.gov.cn/zhengce/2021-06/15/content_5618254.htm，最后访问时间：2022年11月9日。

史资料陈列馆基础上建设国家宪法宣传教育馆。同月，全国人大常委会通过的《关于开展第八个五年法治宣传教育的决议》[1]（以下简称《决议》8）提出深入宣传宪法和宪法相关法，全面落实宪法宣誓制度，加强宪法实施案例宣传，阐释好宪法精神和"中国之治"的制度基础。

综上所述，从《规划》1、《决议》1到《规划》8、《决议》8，我国的宪法教育从最初的针对宪法地位和作用、国家的根本制度和根本任务、公民的基本权利和义务、国家机构的组织、职权及活动原则等宪法基本知识展开的学习宣传，扩展至围绕宪法原则、基本法治理念、宪法精神等宪法理论与宪法内在价值理念进行的宣扬与教育；从注重宪法文本内容教育，到强调依宪治国、依宪执政的实践教育及宪法实施案例教育。可以说，随着我国社会主义法治进程的不断推进、丰富与完善，40余年以来的宪法教育的内容在广度与深度上日益扩展深化，做到了宪法知识教育与宪治理念教育的并重，宪法教育在方式上也实现了文本教育与实践教育的兼顾。

（二）宪法教育对象始终以公务员和青少年为重点

宪法教育针对的重点对象是开展宪法教育必须明确的关键问题，而重点对象的确立离不开对宪法本质精神的把握，此种精神便是通过限制专断性权力即国家权力以广泛地保障人民的基本权利。[2]在我国，行使国家权力的主体是国家机关及其公务人员，因此，只要把国家权力机关及其公职人员的权力束缚住了，公民的基本权利与人权就能够获得根本保障。就此而言，宪法教育面向的重点对象首先必须是公务员。而青少

---

[1] 参见《中华人民共和国全国人民代表大会常务委员会公报》2021年第5期。
[2] 林来梵:《宪法学讲义》，清华大学出版社2018年版，第41页。

年是国家的未来与希望，他们是公共权力的未来行使者，是未来的法的
制定者、执行者与适用者，围绕权力受制的法治理念、法律面前人人平
等的平等观念、尊重和保障人权的宪法原则与人权精神等内容展开的宪
法教育必须从青少年抓起，使他们在接受学校教育与人生成长过程中，
逐渐树立并养成尊崇宪法、敬畏宪法、自律遵守宪法、终身学习宪法的
意识与精神。习近平总书记对此指出："宪法教育要从娃娃抓起，让法
治精神从小就在青少年脑海中扎根，在潜移默化中培育。"[1]唯有如此，
宪法教育与宪法实施才具有持久性。我国过去 40 余年的宪法教育一直
把公务员和青少年作为宪法教育的重点对象。《规划》1 明确提出，普及
法律常识的重点对象是各级干部尤其是各级领导干部和青少年。《决议》
1 把普及法律常识的重点对象确定为各级干部和青少年，并提出"各级
领导干部，尤其应当成为学法、懂法、依法办事的表率"。《规划》2 则
将宪法教育的重点对象具体化为县、团级以上各级领导干部特别是党
政军高级干部、执法人员（包括司法和行政执法人员）、青少年特别是
大、中学校的在校生。《决议》2 中确定的宪法教育重点对象除各级领
导干部、执法干部和青少年外，还包括"宣传教育工作者"。《规划》3
确定的关于宪法教育重点对象不仅涵盖县处级以上领导干部、司法人
员、行政执法人员和青少年，还特别增加了"企业经营管理人员"。《决
议》3 虽然没有突出宪法教育的重点对象，但对各级领导干部特别是高
级领导干部提出"应当带头学习宪法和法律知识，模范遵守法和法律"
的特别要求。《规划》4 第一次完整地对教育对象作了规定，即法制宣
传教育的重点对象是各级领导干部、司法和行政执法人员、青少年、企

---

[1]　习近平：《论坚持全面依法治国》，中央文献出版社 2020 年版，第 232 页。

业经营管理人员。《决议》4除了重申上述规定外，还特别要求"各级领导干部尤其要带头学法、守法、用法，增强法制观念特别是宪法观念"。《规划》5在《规划》4的基础上，将"农民"纳入宪法教育的重点对象。《决议》5则在继续做好全体公民法制宣传教育的基础上，提出了"重点做好公务员的法制宣传教育"的问题。《规划》6在将教育重点对象界定为领导干部、公务员、青少年、企事业经营管理人员和农民的基础上，特别强调"把领导干部和青少年作为重中之重"。《决议》6则强调将"广大公务员尤其是各级领导干部"作为宪法教育的重点对象，要求他们带头学习宪法和法律。《规划》7再次把宪法教育的重点对象聚焦于"领导干部和青少年"，并提出"坚持把领导干部带头学法、模范守法作为树立法治意识的关键"，要求"完善国家工作人员学法用法制度""把法治教育纳入干部教育培训总体规划"，以及"把尊法学法守法用法情况作为考核领导班子和领导干部的重要内容"。《决议》7虽未明确宪法教育的重点对象，但依然要求国家工作人员带头学法守法用法，并提出"坚持把各级领导干部带头学法、模范守法、严格执法作为全社会树立法治意识的关键"。《规划》8明确法治教育中的两个"加强"：一是加强国家工作人员法治教育；二是加强青少年法治教育。《决议》8将国家工作人员和青少年作为宪法和法治教育的重点对象，强调国家工作人员要牢固树立宪法法律至上、法律面前人人平等、权由法定、权依法使等基本法治观念，以及教育引导青少年从小养成尊法守法习惯。从《规划》1、《决议》1到《规划》8、《决议》8的40余年时间里，党和国家在坚持开展全民宪法教育的基础上，始终将国家公务员与青少年作为宪法教育的重点对象，因而把握住了宪法教育的关键与核心。

（三）设立国家"宪法日"制度推进宪法教育

早在 1982 年宪法修改草案交由全国人民讨论过程中，全国政协委员王之祖就建议将宪法颁布施行之日定为"宪法日"。[1] 1985 年前后，时任司法部部长邹瑜再次建议规定"宪法日"。[2] 2001 年《规划》4 提出把现行宪法实施日即 12 月 4 日确立为"全国法制宣传日"。直到 2014 年 10 月，党的十八届四中全会通过的《中共中央关于全面推进依法治国若干重大问题的决定》才正式提出将每年 12 月 4 日定为"国家宪法日"。[3] 2014 年 11 月，第十二届全国人大常委会通过了《关于设立国家宪法日的决定》[4]，以立法形式将 12 月 4 日定为国家宪法日，并规定国家通过多种形式开展宪法宣传教育活动。国家宪法日的设立是我国有关宪法宣传教育的制度性安排。国家宪法日，实际上就是宪法宣传日。每年国家宪法日前后，党和国家主要领导人都围绕宪法宣传教育发表讲话、作出指示或举行座谈会，宣传和学习宪法，在全社会倡导和弘扬宪法精神，这对于宪法实施发挥了重要推动作用。如习近平总书记在首个国家宪法日到来之际曾作出重要指示，他指出，要以设立国家宪法日为契机，深入开展宪法宣传教育，大力弘扬宪法精神，切实增强宪法意识，推动全面贯彻实施宪法。[5] 在第三个宪法日到来之际，习近平总书

---

[1] 许崇德：《中华人民共和国宪法史》（下卷），福建人民出版社 2005 年第二版，第 450 页。

[2] 王汉斌：《王汉斌访谈录——亲历新时期社会主义民主法制建设》，中国民主法制出版社 2012 年版，第 130 页。

[3]《十八大以来重要文献选编》（中），中央文献出版社 2016 年版，第 160 页。

[4]《中华人民共和国全国人民代表大会常务委员会公报》2014 年第 6 期。

[5] 习近平：《切实增强宪法意识 推动全面贯彻实施宪法》，参见中国人大网，http://www.npc.gov.cn/zgrdw/npc/zt/qt/gjxfz/2014-12/04/content_1888113.htm，最后访问时间：2022 年 7 月 23 日。

记在对"五四宪法"历史资料陈列馆作出的重要指示中强调："开展宪法宣传教育是全面依法治国的重要任务。"[1]在第五个国家宪法日到来之际，习近平总书记再次作出重要指示，强调要在全党全社会深入开展尊崇宪法、学习宪法、遵守宪法、维护宪法、运用宪法的宣传教育活动，弘扬宪法精神、树立宪法权威，使全体人民都成为社会主义法治的忠实崇尚者、自觉遵守者、坚定捍卫者。[2]党和国家最高领导人，在宪法日作出重要指示，对于进一步推动全体民众宣传学习宪法，实施宪法，具有极其重要的引领作用。

（四）宪法教育工作成为全国人大及其常委会监督权的行使对象

宪法教育是全面贯彻实施宪法和进行法治建设的一项基础性工作，它不仅关系着宪法权威和宪法尊严的树立，更关乎依宪治国、依宪执政事业的成败，兹事体大，所以习近平总书记明确指出："必须把宣传和树立宪法权威作为全面推进依法治国的重大事项抓紧抓好……在全社会普遍开展宪法教育，弘扬宪法精神。"[3]这场宪法和法治教育是在党和国家的主导下自上而下展开的，因而需要对该项活动的具体实施情况进行监督检查，以保证其实效。2001年4月，全国人大常委会在通过的《决议》4中正式提出："各级人民代表大会及其常务委员会要加强对法制宣传教育工作和依法治理工作的监督，听取工作情况的报告，开展视察活

---

[1] 王晨：《在2016年国家宪法日座谈会上的讲话》，参见中国人大网，http://www.npc.gov.cn/zgrdw/npc/xinwen/syxw/2016-12/04/content_2003217.htm，最后访问时间：2022年7月25日。

[2] 习近平：《切实增强宪法意识　推动全面贯彻实施宪法》，参见中国人大网，http://www.npc.gov.cn/zgrdw/npc/zt/qt/gjxfz/2014-12/04/content_1888113.htm，最后访问时间：2022年7月23日。

[3] 习近平2014年10月20日《关于〈中共中央关于全面推进依法治国若干重大问题的决定〉的说明》，参见《十八大以来重要文献选编》（中），中央文献出版社2016年版，第148页。

动、调查研究和执法检查，督促本决议的执行。"这意味着各级人大及
其常委会要将宪法教育工作情况纳入宪法监督的对象之中，通过听取报
告、执法检查等形式对宪法教育情况进行监督。《决议》6—8 都明确提
出，各级人民代表大会及其常务委员会要充分运用执法检查、听取和审
议工作报告，以及代表视察、专题调研等形式，加强对法治宣传教育工
作的监督检查，保证决议得到贯彻落实。可见，法治宣传教育工作（包
括宪法教育）已被纳入全国人大及其常委会的监督范围，宪法教育的实
施获得了人大的监督保障。

（五）宪法教育形式逐步多元化

在 40 余年的宪法教育中，宪法教育的形式日趋多元化。"一五"普
法期间，《决议》1 要求大中小学以及各类学校设置"法制教育课"，并
要求报刊、通讯社和广播、电视、出版、文学艺术等部门采用文艺形式
和媒体宣传进行宪法法律的普及教育。"二五"普法期间，"法制课"被
推广至各地区、各部门和各系统，党政机关、社会团体、企事业单位组
织被要求采取定期讲课、在职学习或举办短期训班等形式开展普法教
育。此外，这一时期的普法教育采取了法制宣传橱窗、板报、画廊、图
片展览和法律知识竞赛、法制演讲和法制宣传日等形式。"四五"普法
期间，《规划》4 要求通过建立健全领导干部法制讲座制度、理论中心组
学法制度、法律培训制度、重大决策前法律咨询审核制度以及任职前法
律知识考试考核等制度开展普法工作。同时，《规划》4 将 12 月 4 日作
为全国法制宣传日，至"六五"普法期间，12 月 4 日又被定为国家宪法
日，法制宣传日或国家宪法日成为开展宪法和法治教育的又一新形式。
"五五"普法时期，《规划》5 提出了法制宣传教育"六进"的工作任

务，即法制宣传教育"进机关、进乡村、进社区、进学校、进企业、进单位"，与此同时，《规划》5针对不同的教育对象因地制宜地提出了多种法制宣传教育的形式，后续"七五"普法时期，习近平总书记在"六进"的基础上，提出了"七进"即"推动宪法法律进企业、进乡村、进机关、进学校、进社区、进军营、进社会组织"[1]，进一步丰富了法制宣传教育的形式。"六五"普法时期强调以立法的方式为法制宣传教育保驾护航，并提出建设"普法网站"、组织全国学生"学宪法讲宪法"活动等普法形式。"七五"普法规划中，提出"充分运用互联网传播平台，加强新媒体新技术在普法中的运用"，推进"互联网＋法治宣传"行动。"八五"普法规划则提出，在新市民仪式、青少年成人仪式、学生毕业仪式等活动中设置礼敬宪法环节；采用建设国家宪法宣传教育馆等普及宪法教育的新形式；同时，提出探索设立"法学＋教育学"双学士学位人才培养等项目以加强法治教育师资培养的主张。

总之，从"法制课"最初仅面向学校开设到全面推广，从报刊、广播、电视、出版、文学艺术等传统媒介到普法网络平台，从进学校到"七进"，从法制宣传日到国家宪法日，从法治宣传教育地方立法到国家立法，从法律知识演讲竞赛到全国学生"学宪法讲宪法"活动的开展，从宪法教育法治教育纳入国民教育体系到"法学＋教育学"双学士学位人才培养模式的探索设立，从宪法宣誓到礼敬宪法环节的设置，从法治宣传教育地方立法到国家立法，从"五四宪法"历史资料陈列馆到国家宪法宣传教育馆，等等，我国宪法教育形式日臻多元，这不仅使宪法基本知识得到了有效普及，还使宪法观念、宪法精神得到了弘扬，极大提

---

[1] 习近平：《论坚持全面依法治国》，中央文献出版社2020年版，第219页。

高了公民的宪法素养。

（六）确立并形成实施宪法教育程序机制

从 1985 年 11 月第一场全国性普法教育活动开始至今，组织实施法制宣传教育（包括宪法教育）已经形成了惯例性的程序机制：第一，中央宣传部与司法部共同制定五年普法规划；第二，中共中央、国务院以通知形式转发该五年普法规划；第三，全国人大常委会随即开展全民性、全国性的普法教育决议；第四，各省、自治区、直辖市的党委宣传部、司法厅根据中共中央、国务院转发全国普法通知和规划，制定本省市区开展法治宣传教育的五年规划，与此同时，中央和国家机关各部委都结合本部门的实际情况根据中宣部和司法部的普法规划制定本单位本部门的五年普法规划；第五，地方省级人大常委会根据全国人大常委会通过的普法决议制定本地普法决议；第六，各地市及设区的市党委和政府及人大常委会根据上位普法决议制定本区的普法规划和决议；第七，各乡镇党委和政府结合乡镇实际情况制定本乡镇的五年普法规划，以及乡镇年度普法工作计划。上述全国性普法宣传教育程序机制的确立与形成，使党和国家自上而下推动的全民普法行动得以在全国范围内进行有效的组织与实施。

二、1982 年以来 40 余年宪法教育实践之反思

在一个拥有 14 亿多人口的大国，组织实施持续性的全民普法，"是人类法治史上的一大创举"。[1] 虽然 40 余年宪法教育使公民特别是各级

---

[1] 中央宣传部、司法部负责人就《关于开展法治宣传教育的第八个五年规划（2021—2025年）》答记者问，参见中国共产党新闻网，http://cpc.people.com.cn/n1/2021/0616/c64093-32132187.html，最后访问时间：2022 年 7 月 24 日。

领导干部和国家公务员的宪法意识与宪法观念获得了空前提升，但倘若对 40 余年来的宪法教育实践予以审视和反思，我们认为仍需对以下五个方面深入思考并加以完善。

（一）注重公民基本权利与人权教育

在 40 余年的宪法教育中，公民的（基本）权利和义务教育始终是一项基本内容。《规划》1 要求将"公民的基本权利和义务"作为宪法常识加以普及，从而牢固树立"遵守宪法、维护宪法的观念"。《规划》3 提出"增强公民权利义务观念"。《规划》4 提出"注重培养公民的权利义务对等的现代法制观念"。《规划》6 和《规划》8 都提出树立或引导"权利与义务相统一的观念"。总之，将公民的（基本）权利和义务作为普法教育的核心内容之一，无疑是准确地把握了法制教育的要义。然而，若从发展宪法教育的目标看，还存在两个问题需要进一步阐明。第一，权利和义务对等或者相统一的原则是否适用于宪法上的公民权利与义务？第二，宣传普及公民基本权利和义务的目标到底是什么？

普遍认为权利与义务之间存在"关联对应关系"，主要体现在三方面：一是在任何一种法律关系中，权利人享受权利依赖于义务人承担义务，其前提是权利和义务指向同一行为；二是不能一方只享受权利不承担义务，另一方只承担义务不享受权利；三是权利的行使有一定的边界，不能滥用权利。[1] 这一观点往往引用马克思的一句话作为论据："没有无义务的权利，也没有无权利的义务。"[2] 如果将马克思的这句话理解

---

［1］ 参见马克思主义理论研究和建设工程重点教材《法理学》(第二版)，人民出版社、高等教育出版社 2020 年版，第 134—135 页。
［2］《马克思恩格斯文集》第 3 卷，人民出版社 2009 年版，第 227 页。

为权利义务之间存在相统一或相对等的关系则"与原意相去甚远"，正如相关学者所言："马克思的格言不是一个关于事实的陈述，其用意并不是要指出权利与义务互相对应、互相依存、互为条件的事实。相反，它是一个与事实无直接关系的关于价值的陈述，意在阐明什么样的权利和义务是正当的合理的。"[1] 同样的，有学者认为过度强调权利义务的紧密关系是对马克思这句名言的误解与误读。权利和义务的密切关联虽是普遍的事实，但不是绝对的，二者也有相互分离而独立存在的时候。[2]若认为权利的享有应以义务的履行为前提，则意味着无义务履行能力的人不享有权利，这种判断显然有违基本的法律常识。胎儿、婴儿及不能辨认自己行为的成年人等无行为能力人虽然无法履行义务，但仍是权利的享有者。可见，与其说权利的享有须以义务的履行为前提，毋宁说，权利的实现往往需要相应的义务履行。进而言之，义务履行乃权利得以实现的保障，而非享有权利的前提和理由。可以说，在权利与义务的关系中，权利始终是目的，而义务是使权利得以实现的手段。具体到宪法领域，基本权利相对于基本义务而言明显具有更加重要的意义。首先，宪法之所以在一国的法体系之中具有最高法律效力和最高法律权威，就是因为宪法的任务是通过约束包括立法权在内的一切公共权力来保障个人的基本权利，也即正是对基本权利的保障使得宪法具有了高于一般法律的权威与效力，而基本权利之所以会赋予宪法如此特殊的地位，就在于基本权利的存在会使个人相对于国家或政治共同体而言始终处于主体地位，不至沦为国家或共同体行为的工具，这是其他任何法律无法实现的目标。基本义务强调的则是个人对国家或政治共同体的义务，这种义

---

[1] 郑成良：《试析马克思的一句法律格言》，载《当代法学》1990 年第 2 期，第 13 页。
[2] 周旺生：《被误解的马克思名言》，载《北京日报》2006 年 1 月 23 日。

务亦可由其他法律规定。其次，如上所述，基本权利的享有是保障个人相对于国家的主体地位所要求的，并不以基本义务的履行为前提条件。譬如《宪法》规定了服兵役、纳税、维护国家安全等义务，然而即使公民拒绝履行宪法上的义务，也丝毫不影响其基本权利的享受，因为基本权利的目的在于保障人的主体地位，因此只要是人，就应当享有基本权利；反之，有的人即使履行了宪法义务，其基本权利的享有量也不会比那些不履行宪法义务的公民多。最后，基本权利的实现并非由基本义务的履行加以保障，基本权利是个人针对国家的权利，因此基本权利的实现有赖于国家机关义务的履行而非公民个人基本义务的履行。因此，宪法教育应当以基本权利与人权教育为重点与核心，使公民从根本上理解宪法的理念和精神，从而强化公民对宪法的认同与敬畏。

（二）宪法知识教育与宪法案例教育并重

一部宪法实施与监督史，实际上就是一部宪法教育史。无论宪法实施还是宪法监督，它们本身就是一部关于宪法教育的最鲜活的教材。宪法教育不仅要宣传学习宪法文本知识，还要注重学习宣传宪法实施和监督中所出现的活生生的案例，只有从静态的文本知识宣传到动态的实践知识学习，才是宪法教育最有效的方法。40 余年的宪法教育，几乎都是围绕宪法文本进行的教育，宪法教育当然首先应该宣传宪法文本，这在宪法教育的初期是不可缺少的，因为一切有关本国宪法的知识首先来自宪法文本的规定，所以从 1985 年的《规划》1、《决议》1 到 2021 年的《规划》8、《决议》8，在这长达 36 年的时间里，党和国家始终把宪法教育的重心放在以序言、国体、政体、基本政治制度、基本经济制度、公民的基本权利和义务、国家机构的组织、职权和活动原则为主要内容的《宪法》文本知识的学习上。36 年的时间对于普及宪法文本知识来说已足够久，现在是时候将宪法教育的重心放在对宪法案例的宣传教育上了。相比于静态的宪法文本知识，日常政治生活中出现的典型宪法案例，才更易于让人们认识、体验到宪法的地位和作用、价值与意义。譬如在政府侵害公民权利的案例中，广大民众就会看到全国人大及其常委会的处理方式，并会对其是否符合宪法的规定、原则和精神作出评价，只有让民众在实际生活中意识到宪法的价值或好处，他们才会信任宪法、尊崇宪法，进而遵守宪法、维护宪法。如果只是让民众单纯地记忆宪法知识，而不去运用，那么即使把宪法条款背得滚瓜烂熟，也不知宪法之真谛。从 2003 年《城市流浪乞讨人员收容遣送办法》的废止到 2013 年有关劳动教养法律规定的废止，再到 2020 年《卖淫嫖娼人员收容教育办法》的废止，这些都是社会生活中非常具有典型意义的宪法案例，对于保障公民的人身自由而言具有重大的现实意义。再比如 2019 年相关地方性法规因规定公安机关交通管理部门调查交通事故时有权查阅、复制当事人通讯记录而违反宪法保护公民通信自由和通信秘密的宪法事例，2020 年对民航发展基金进行合宪性审查的案例，2021 年对民族自治地方民族教育条例开展合宪性审查的案例，等等，都是宪法实施生动案例，都是发生在我们生活中的事例，如果宪法教育能够注重和加强对宪法实施案例的宣传与学习，就能够使公民将宪法文本知识与现实生活紧密连接起来，这样不仅能加深公民对宪法知识的理解与掌握，更有助于培养其宪法意识、宪法自信和宪法自觉。习近平总书记就要求把学习宣传实施宪法"同人民群众对美好生活的向往联系起来"。[1]

---

[1] 习近平：《论坚持全面依法治国》，中央文献出版社 2020 年版，第 206 页。

对于培育公民的宪法意识而言，最有效的方式不是加强公民对宪法文本知识的学习，而是使公民能够感受到宪法在日常生活中的作用与意义。因此，《规划》8提出"把普法融入法治实践、基础教育和日常生活"。鉴于宪法实施事例教育的重要意义，党中央、国务院和全国人大常委会在《规划》8与《决议》8中都提出了"加强宪法实施案例宣传"的要求。只有通过对宪法实施案例的宣传教育，才能拉近宪法与民众的距离，使民众真切感受到宪法是"保障公民基本权利的法律武器"，"宪法才能深入人心，走入人民群众，宪法实施才能真正成为全体人民的自觉行动"。[1]

（三）从推动型宪法教育向回应型宪法教育转变

我国普法宣传教育采取的是一种由国家和政府自上而下进行推动的教育模式。从党中央、国务院和全国人大常委会制定或通过"规划""决议"开始，中央国家机关、国务院各部委、地方各级国家机关、企事业组织团体便依次开展本省区市、本单位、本部门的普法宣传教育。在这场推动型的宪法教育中，从规划或决议的组织实施和执行、到后期对实施情况的监督考核，其中的每一个环节，都由政府主导，而作为教育对象的广大民众，只是被动地接受由上而下的教育安排，似乎缺乏一种主观能动的参与意识。由于我国曾经历漫长的封建社会时期，缺乏民主与法治传统，因此，新中国成立后采取自上而下的推动型法治宣传教育模式有其现实的合理性。然而，随着宪法普及教育的深入推进，人们对民主、人权、法治、公平、正义、安全、环境等宪法基本原则与精神有了

---

[1] 习近平：《论坚持全面依法治国》，中央文献出版社2020年版，第12页。

更深切的期待，再单单依靠推动型宪法教育模式就远远不能满足人民群众对宪法教育的需求，人们需要践行宪法规定，以此体验宪法权威、理解宪法精神、感知宪法尊严之崇高。因此，宪法教育模式必须由推动型转向回应型，以此积极回应人民对宪法问题的关切。

回应型法是法律现实主义者的一个基本立场，其主要目的就是使法律"更多地回应社会需要"。[1]诺内特与塞尔兹尼克运用了"回应型法"概念，提出了回应型法的主要特征在于法律参与与政治参与。[2]笔者借用"回应型"之范式，主张宪法教育模式应从推动型转向为回应型。所谓回应型宪法教育模式，其不但注重对宪法规范内容的宣传与学习，而且更加注重积极回应广大民众对涉宪问题的疑虑与关切，更加注重民众在宪法教育过程中的积极参与，使宪法教育由消极被动的灌输式学习转化为积极主动的自我学习与自我教育。在我国的政治生活和社会生活中，具有涉宪性的社会问题日益增多，人民群众之所以对此给予高度关注，是因为涉宪问题往往与公民的人身权、财产权、人格权和政治权利等基本自由遭受侵犯有关，也与公民的经济、文化、社会等各方面的宪法权利能否获得落实有关，只有积极回应民众对涉宪问题的关切以使其能够有效维护自身的宪法权利，才能使全体人民成为宪法的忠实崇尚者、自觉遵守者、坚定捍卫者。

（四）领导干部和公务员宪法意识有待提高

40 余年来，宪法教育以将国家公务员尤其是各级领导干部作为重点

---

[1] Jerome Frank, "Mr. Justice Holmes and Non-Euclidian Legal Thinking," *Cornell Law Quarterly*, 17（1932），p. 568.

[2] ［美］诺内特、塞尔兹尼克：《转变中的法律与社会》，张志铭译，中国政法大学出版社 1994 年版，第 81 页。

对象为原则与初心，从《规划》1、《决议》1到《规划》8、《决议》8，一以贯之，始终不变。《规划》1要求"各级领导干部多学一点，学深入一点"；《决议》1要求"各级领导干部，尤其应当成为学法、懂法、依法办事的表率"。《规划》2特别要求县级以上领导干部"学习宪法学理论"；《决议》2则强调"高级干部更要带头学法、守法，依法办事，成为全国人民的表率"。《规划》3规定县级以上领导干部要"重点了解和掌握宪法"，在学法、用法和守法中发挥表率作用；《决议》3规定"各级领导干部特别是高级领导干部应当带头学习宪法和法律知识，模范遵守宪法和法律，严格依法办事"。《规划》4要求公务员"忠实于宪法和法律"，并首次提出"建立健全领导干部法制讲座制度"；《决议》4更是强调各级领导干部要"增强法制观念特别是宪法观念"。《规划》5指出要"努力提高全体人民特别是各级领导干部和公务员的宪法意识"，并要求领导干部树立在宪法和法律范围内活动、国家一切权力属于人民、国家尊重和保障人权的宪法观念；《规划》5和《决议》5都提出培养公务员树立有权必有责、用权受监督、违法要追究的观念。《规划》6提出了领导干部学法经常化、制度化要求，并把依法决策、管理、办事能力作为干部综合考核评价的重要内容，同时将公务员依法办事情况作为公务员任职、晋升的重要依据。《规划》7要求各级行政机关树立"法定职责必须为、法无授权不可为"的意识；《决议》7则提出在全社会树立宪法法律至上、法律面前人人平等、权由法定、权依法使等基本法治理念；《规划》7和《决议》7都强调，不仅要把领导干部带头学法、模范守法、严格执法作为树立法治意识的关键，还要把依法办事作为检验国家工作人员学法用法的重要标准，把尊法学法守法用法情况作为考核领导班子和领导干部的重要内容。《规划》8和《决议》8都提出落实国家工作人员学法用法制度，重点抓住"关键少数"，把法治素养和依法履职情况纳入干部考核评价体系，引导国家工作人员牢固树立宪法法律至上、法律面前人人平等、权由法定、权依法使等基本法治观念，让尊法学法守法用法成为领导干部的自觉行为和必备素质。

40 余年的宪法教育对领导干部和国家公务员宪法观念、意识和素养的培育是逐渐完善与深入的。在现代社会，宪法是治国理政的基本规范与评判良法善治的主要标尺，而各级领导干部及国家机关公职人员是治国理政的主体，他们的宪法意识和宪法观念将在很大程度上影响着宪法实施与保障，因此只有各级领导干部及国家公务员牢固树立在宪法和法律范围内活动、国家一切权力属于人民、国家尊重和保障人权的宪法观念，以及宪法法律至上、法律面前人人平等、权由法定、权依法使等基本法治观念，才能确保宪法的全面贯彻实施，保障公民的各项权利不受侵犯。

尽管党和国家持续推进宪法教育工作已有 40 余年，但是某些领导干部或公务员的宪法意识和宪法观念仍亟须提高。习近平总书记就曾在纪念现行宪法公布施行三十周年大会上的讲话中指出："有法不依、执法不严、违法不究现象在一些地方和部门依然存在；关系人民群众切身利益的执法司法问题还比较突出；一些公职人员滥用职权、失职渎职、执法犯法甚至徇私枉法严重损害国家法制权威；公民包括一些领导干部的宪法意识还有待进一步提高。"[1] 可见，某些领导干部与部分公务员的宪法意识与宪法观念远远不能适应习近平法治思想在新时代提出的法治建设新要求，不能满足人民群众对宪法权利保障的追求。因此，针对

---

[1] 习近平：《论全面依法治国》，中央文献出版社 2020 年版，第 10 页。

领导干部和公务员的宪法教育，需要抓住"关键少数"，"激励和教育党和国家工作人员带头忠于宪法、遵守宪法、维护宪法"。[1]只有领导干部和公务员真正具备了宪法意识与宪法观念，才能确保宪法全面贯彻实施，保障法治中国的实现。

（五）确立宪法教育责任追究机制

党的十八届四中全会通过的《中共中央关于全面推进依法治国若干重大问题的决定》提出要实行国家机关"谁执法谁普法"的普法责任制度。[2]实际上，2011 年的《规划》6 和《决议》6 就已提出了普法责任制问题，《规划》6 指出"按照谁执法谁普法的原则"开展法制宣传教育，《决议》6 也强调"加强执法主体的法制宣传教育责任"。自党中央正式提出实行国家机关普法责任制之后，普法责任制度建设更加受到重视。2016 年的《规划》7 和《决议》7 都提出"健全普法责任制"，并实行国家机关"谁执法谁普法"的普法责任制，建立普法责任清单制度。《规划》8 和《决议》8 进一步明确提出全面落实普法责任制，完善并强化"谁执法谁普法"普法责任制，全面落实普法责任清单制度，落实党政主要负责人推进法治建设第一责任人职责。为此，2017 年 5 月，中共中央办公厅、国务院办公厅印发了《关于实行国家机关"谁执法谁普法"普法责任制的意见》[3]，就如何落实普法责任制作出安排。与此同时，各省市自治区各地方国家机关都普遍制定了实行普法责任制度的具体实施意见。这充分说明，党和国家对实行和落实普法责任制的高度重

---

[1] 习近平：《论全面依法治国》，中央文献出版社 2020 年版，第 232 页。
[2] 《十八大以来重要文献选编》（中），中央文献出版社 2016 年版，第 172 页。
[3] 参见中华人民共和国中央人民政府网，http://www.gov.cn/zhengce/2017-05/17/content_5194741.htm，最后访问时间：2022 年 7 月 23 日。

视。然而，从法律责任的角度看，目前实行的国家机关普法责任制缺乏"法律责任"的追究。换言之，普法责任注重的是政治宣教或政治责任，而没有重视普法的法律责任，即如果某一国家机关或执法者未履行普法义务或其应当履行的义务未真正落实，如何追究其法律责任是缺乏相应规定的。一旦普法责任制度中缺失对具体履责的相关领导或责任人的法律责任予以追究的机制，那么普法责任制往往会流于形式主义。因此，为了落实普法责任制，应当确立法律责任追究机制。

三、我国宪法教育之未来展望

宪法教育是我国法治教育的核心与重点，从我国宪法教育的未来发展看，笔者认为需要紧紧围绕党和国家业已提出的四个方面进行制度机制完善。

（一）制定《法治宣传教育法》

2024 年 12 月 21 日，十四届全国人大常委会第十三次会议审议了《中华人民共和国法治宣传教育法（草案）》。关于该草案的说明中指出："制定法治宣传教育法，以法治方式推动和保障新时代普法工作，对于落实党中央重大决策部署，推进法治国家、法治政府、法治社会一体建设，推进全面建设社会主义现代化国家，具有重要意义。"具体而言，制定《法治宣传教育法》原因有三。第一，普法教育的法律化、制度化程度不高。我国 40 余年的普法教育，一直以"规划"部署加"决议"实施的方式进行。《规划》是一种确立法治宣传教育的基本原则、目标和要求的纲领性文件，其本身的规范性不强。全国人大常委会制定和通过的《决议》也仅是对《规划》文件的重述，缺乏规范性法律条文所必备的由"假定、行为模式、法律后果"这三要素组成的逻辑结构。《决议》1就已经提出了普法教育要逐步"制度化"的问题，《决议》2进一步提出要"努力实现法制教育制度化"，《决议》3则更明确提出法制教育的"法律化、制度化"目标。总之，40余年来我国普法宣传教育是在缺乏相关法律规范的前提下进行的，因此，普法教育的法律化、制度化程度不高。第二，党中央、全国人大常委会明确提出了法治宣传教育立法的要求。事实上，《规划》6就要求"推进法制宣传教育立法"，《规划》7则正式提出"制定国家法治宣传教育法"的新立法要求，《决议》8再次强调要"推动制定法治宣传教育法，为全民普法工作提供有力法律保障"。2021年，全国政协委员黄绮也向全国政协十三届四次会议提交议案，建议"尽快为法治宣传教育立法"。[1]第三，我国各地方的法治宣传教育立法已为全国性法治宣传教育立法积累了丰富的立法经验。目前除了北京、上海、重庆、吉林、四川、山西、河南未对法治宣传教育工作制定地方性法规外，其他24个省、自治区、直辖市人大常委会或人民政府均制定了《法治（制）宣传教育条例》或《法治宣传教育工作规定》。[2]此外，个别地市如成都、珠海、洛阳、宁波、抚顺、本溪、淮南等市的人大常委会亦制定了《法制（治）宣传教育条例》。上述针对法治宣传教育工作所制定的地方性规定或规章为全国人

---

[1] 参见政协头条网，https://baijiahao.baidu.com/s?id=1693354367257266645&wfr=spider&for=pc，最后访问时间：2022年7月24日。

[2] 在24个省市自治区中，《浙江省法治宣传工作规定》是由省人民政府2020年12月审议通过；山东、福建、黑龙江、贵州、广东、广西、西藏、新疆等8个省、自治区、直辖市人大常委会制定了《法治宣传教育条例》；辽宁、安徽两省人大常委会制定并修改通过《法治宣传教育条例》；河北、江西、陕西、甘肃、湖北、湖南、云南、江苏、宁夏、天津、青海、内蒙古、海南等13个省、自治区、直辖市人大常委会制定《法制宣传教育条例》。

大常委会制定《中华人民共和国法治宣传教育法》提供了诸多立法经验与教训。

总体上看，各地制定的地方性法规或规章均就法治宣传教育的目的、原则、基本任务、教育对象、普法责任主体及其职责、普法方式与方法、监督与奖惩等基本内容作了规定，从而为各地方开展法治宣传教育工作提供了基本的规范与法律依据。然而，上述地方性法规或规章普遍存在缺乏"法律责任"规定的问题。通过考察上述地方立法，可以发现其内容大多由"应当"语句构成，如《黑龙江省法治宣传教育条例》共计 38 条，其中涉及"应当"的义务规定竟多达 47 个。从法律条文的逻辑结构分析，既然存在包含义务内容的行为模式，就必须附有关于"法律后果"的规定，尽管上述地方立法的确规定了所谓"责任"的法律后果，但这种关于"责任"的规定过于简单和笼统，以致出现责任主体不清、责任性质不明的问题。比如，上述地方性法规关于"责任"的条款几乎都仅有一条，即"不履行本条例规定的法治宣传教育职责的，由县级以上人民政府通报批评，责令限期改正；情节严重的，由有权机关依法对直接负责的主管人员和其他直接责任人员给予处分"，这一条款中的"有权机关""主管人员""其他直接责任人"等概念都是非常模糊笼统的；其中的"处分"是党纪处分还是政务处分亦不明确、具体。在制定《法治宣传教育法》时必须要对上述问题充分考虑并加以解决。

（二）实行公民终身法治教育制度

实行公民终身法治教育制度是《规划》8 和《决议》8 为持续提升公民法治素养而提出的法治教育工作新要求。然而，就目前而言，这项新的工作要求仅仅是提出了一个基本的制度构想，至于具体的制度设计则尚需借助深入的学理探讨与科学的规划安排方能确定。在此，首先要明确的一个问题是，公民终身法治教育到底是公民的权利还是义务？在各地开展法治教育工作的过程中，大多数省、自治区、直辖市的法治宣传教育条例都把接受法治教育作为公民的一项法律义务看待，安徽、河北、江西、云南四省的"法治（制）宣传教育条例"则规定：接受法治（制）宣传教育是公民依法享有的权利和应尽的义务。问题在于，如果接受法治教育是公民的一项权利，则意味着公民可以不接受终身法治教育，那么实行该制度似乎意义不大；如果将接受法治教育视为公民的一项义务，那么当公民不接受或不履行该义务时，又如何予以法律规制？因此，实行公民终身法治教育制度首先需要在学理上阐明公民接受法治教育的权利或义务属性。其次，终身法治教育的对象即"公民"需要明确。这里的"公民"包括中华人民共和国的每一个公民，无论是党和国家最高领导人、各级领导干部和国家公工作人员、各企事业组织和社会团体成员，还是城镇市民、乡村农民，抑或青少年、中老年及其他弱势群体人员，都是终身法治教育的对象，其中各级领导干部和公职人员则应当是终身宪法教育的对象。再次，应当依据职业、年龄、教育程度、地区等标准为不同群体的公民设置符合其特定需求的法治教育。譬如，就一个人的不同成长阶段而言，从青少年、成年人到老年人，其法治教育的内容必然是不同的；边缘、相对落后和贫困地区与发达、富裕的沿海地区，中小城市与大城市、特大城市，不同地区的公民其法治教育的需求必然也是不同的。最后，终身法治教育的组织、实施如何保障亦是关涉制度实效的重要问题。总之，公民终身法治教育制度不能仅仅停留于基本的目标构想，其所包含的诸多理论与实践问题尚待进一步厘清和解决。

（三）设置礼敬宪法制度

设置礼敬宪法环节是由《规划》8 提出来的，它规定"在新市民仪式、青少年成人仪式、学生毕业仪式等活动中设置礼敬宪法环节，大力弘扬宪法精神"。党中央、国务院为什么选择在新市民、青少年成人与学生毕业这三种仪式上设置礼敬宪法环节？礼敬宪法环节的设置对于这三类人群而言究竟具有怎样的意义？

第一，何谓"新市民"？为何需要在新市民仪式上设置礼敬宪法环节？所谓新市民，主要指因本人创业就业、子女上学、投靠子女等原因来到城镇常住，未获得当地户籍或获得当地户籍不满三年的各类群体，包括但不限于进城务工人员、新就业大中专毕业生等人员，目前该群体约有三亿人。[1] 这些新市民是我国社会主义现代化建设的骨干，他们为城市的现代化建设付出了不可磨灭的辛劳，他们应当得到国家和社会的尊重，并享受与城市居民平等的权利。[2] 与城镇市民享有同等权利本身不仅是人人享有的人权，还是宪法规定的法律面前人人平等原则的具体体现。宪法实施的目的就在于让每一个人都感受到宪法的关怀与关爱，体验到宪法"普照的光"。因此，在新市民仪式上，设置礼敬宪法环节，就是让这些新市民深切地感受到宪法的伟力与尊严，在内心培育起对宪法尊崇与信任的情感。

---

[1] 《中国银保监会中国人民银行关于加强新市民金融服务工作的通知》银保监发〔2022〕4 号，参见中华人民共和国中央人民政府网，http://www.gov.cn/zhengce/zhengceku/2022-03/06/content_5677508.htm，最后访问时间：2022 年 7 月 24 日。

[2] 基于户籍制等历史原因，这些"新市民"长期以来被视为"外来者"或"农民工"，无法获得与城镇市民同等的权利。2006 年 2 月 15 日，青岛市率先垂范，一方面，在称谓上进行了改革，将外来务工人员称为"新市民"；另一方面，将"新市民"纳入全市市民的统一管理，与城市居民在保险、房贷、考驾照、出国旅游、子女入学等方面享有同等待遇。

第二，为何在青少年成人仪式上设置礼敬宪法环节？依照我国法律规定，公民只要年满 18 周岁即为成年人。成年人与未成年人的宪法法律地位是完全不同的，法律规定，只有年满 18 周岁的公民才有选举权和被选举权；《宪法》所规定的与劳动相关的社会权利，都是成年人的权利。根据《民法典》规定，只有年满 18 周岁的成年人才是拥有完全民事行为能力的人，可以通过独立进行民事活动依法取得民事权利、承担相应的民事义务。总之，成年是法律认定公民具有健全身心的重要标准，公民进入成年意味着其可以独立参与各类法律关系，并能够独立承担相应的法律责任。如上所述，宪法之所具有最高的法律效力和权威，是因为它在公民个人与国家的关系中确立了个人的主体地位，而宪法之所以将个人作为目的和根本来对待就是相信一个身心健全的公民能够依照自己的理性作出最有利于自己的行为，在某种程度上可以说宪法是理性人的权利宣言书。在青少年成年人仪式上设置礼敬宪法环节，目的是让每一个即将成为成年人的公民在其内心感知宪法对自由人的尊敬与保护，从而树立宪法法律至上的法治意识，为其走向社会、成为一个合格的宪法公民奠定基础。

第三，为何在学生毕业仪式上设置礼敬宪法环节？我国 40 余年的宪法法治宣传教育始终把青少年学生作为教育重点对象，宪法教育与法治教育一直被纳入国民教育体系与学校教材规划体系，学生在小学、初中、高中、大学等不同教育阶段都要接受宪法教育和法治教育，然而在课堂上学习宪法与法治毕竟是一种知识与理论的学习，其对宪法法治的至上性尚缺乏切身的体验与感受。在学生毕业仪式上设置礼敬宪法环节，能够在实践层面强化其宪法意识与宪法观念。青少年学生是国家未来的希望，少年强则国强、少年兴则国兴、少年智则国智、少年进步则国进步，使公民从青少年起就深切感受宪法的尊严与神圣，深刻领悟宪法的精神，才能够保障宪法的持久全面贯彻实施，保障人民幸福美好生活的永续。

（四）建设国家宪法宣传教育馆

建设国家宪法宣传教育馆是由《规划》8 提出来的，它要求在"五四宪法"历史资料陈列馆基础上建设国家宪法宣传教育馆。宪法宣传教育馆是集中向全社会宣扬宪法原则、宪法精神、宪法伟力、宪法权威、宪法尊严的活动场域，通过集中宣传宪法，广大民众可以快速了解我国的宪制发展史，真正理解我国宪法的至上法律地位和强大的法治力量，感受到宪法对于保障人民当家作主、促进改革开放和社会主义现代化建设、推动社会主义法治国家进程、促进人权事业发展、维护国家统一民族团结社会稳定的强大伟力。作为宪法宣传教育基地的"五四宪法"历史资料陈列馆是于 2016 年 12 月第三个国家宪法日到来之际在杭州正式建成开放的，由此填补了我国宪法主题纪念馆的空白。在此基础上建设国家宪法宣传教育馆，对于我国宪法教育的发展而言无疑具有极其重大的现实意义。国家层面的宪法宣传教育馆是在"五四宪法"历史资料陈列馆基础上建设的，笔者认为理应扩展该历史资料陈列馆，使其升格为国家宪法宣传教育馆。理由有二：第一，新中国第一部宪法的起草地是杭州，"八二宪法"即现行宪法是在"五四宪法"基础上修改而制定的，把新中国宪法发源地杭州作为国家宪法宣传教育馆的所在地具有历史教育意义；第二，"五四宪法"历史资料陈列馆收藏的有关"五四宪法"的资料比较齐全，且规模宏大，以此为基础建设国家宪法宣传教育馆有利于新中国宪法发展史的宣传教育。

参考文献

一、马克思主义经典文献与中央文件

1.《马克思恩格斯全集》（第 1 卷），人民出版社 1995 年版。

2.《马克思恩格斯文集》（第 3 卷），人民出版社 2009 年版。

3.《列宁全集》（第 12 卷），人民出版社 1987 年版。

4.《列宁文选》（两卷本），人民出版社 1953 年版。

5.《毛泽东文集》（第六卷），人民出版社 1999 年版。

6.《刘少奇选集》（下卷），人民出版社 1985 年版。

7.《董必武政治法律文集》，法律出版社 1986 年版。

8.《邓小平文选》（第一卷），人民出版社 1994 年版。

9. 习近平：《干在实处　走在前列——推进浙江发展的思考与实践》，中共中央党校出版社 2006 年版。

10. 习近平：《论坚持全面依法治国》，中央文献出版社 2020 年版。

11. 习近平：《高举中国特色社会主义伟大旗帜　为全面建设社会主

义现代化国家而团结奋斗——在中国共产党第二十次全国代表大会上的讲话》，人民出版社 2022 年版。

12. 习近平：《更加注重发挥宪法重要作用　把实施宪法提高到新的水平》，载《人民日报》2018 年 2 月 26 日，第 1 版。

13. 习近平：《弘扬宪法精神　树立宪法权威　使全体人民都成为社会主义法治的忠实崇尚者自觉遵守者坚定捍卫者》，载《人民日报》2018 年 12 月 5 日，第 1 版。

14. 习近平：《加强党对全面依法治国的集中统一领导　更好发挥法治固根本稳预期利长远的保障作用》，载《北京人大》2018 年第 9 期。

15. 习近平：《加强党对全面依法治国的领导》(习近平总书记 2018 年 8 月 24 日在中央全面依法治国委员会第一次会议上的讲话)，载《奋斗》2019 年第 4 期。

16. 习近平：《青少年要自觉践行社会主义核心价值观——在北京大学师生座谈会上的讲话》，载《人民日报》2014 年 5 月 5 日，第 2 版。

17. 习近平：《全面贯彻实施宪法，促进社会主义政治文明建设》，载《浙江人大》2002 年第 12 期。

18. 习近平：《推进全面依法治国，发挥法治在国家治理体系和治理能力现代化中的积极作用》，载《中国人大》2020 年第 22 期。

19. 习近平：《谱写新时代中国宪法实践新篇章——纪念现行宪法公布施行 40 周年》，载《光明日报》2022 年 12 月 20 日，第 1 版。

20.《习近平关于社会主义政治建设论述摘编》，中央文献出版社 2017 年版。

21.《习近平谈治国理政》(第一卷)，外文出版社 2018 年版。

22.《习近平谈治国理政》(第二卷)，外文出版社 2017 年版。

23.《习近平新时代中国特色社会主义思想三十讲》，学习出版社2018年版。

24.《习近平关于全面依法治国论述摘编》，中央文献出版社2015年版。

25.《全国人民代表大会常务委员会公报》2006年第5期。

26.《全国人民代表大会常务委员会公报》2011年第4期。

27.《中华人民共和国国务院公报》1985年第33期。

28.《中华人民共和国国务院公报》1985年第36期。

29.《中华人民共和国国务院公报》1991年第5期。

30.《中华人民共和国国务院公报》1991年第6期。

31.《中华人民共和国全国人民代表大会常务委员会公报》2014年第6期。

32.《中华人民共和国全国人民代表大会常务委员会公报》1996年第4期。

33.《中华人民共和国全国人民代表大会常务委员会公报》2001年第4期。

34.《中华人民共和国全国人民代表大会常务委员会公报》2016年第3期。

35.《中华人民共和国全国人民代表大会常务委员会公报》2021年第5期。

36.《十三大以来重要文献选编》(中)，人民出版社1991年版。

37.《十四大以来重要文献选编》(上)，人民出版社1996年版。

38.《十四大以来重要文献选编》(中)，人民出版社1997年版。

39.《十五大以来重要文献选编》(上)，人民出版社2000年版。

40.《十五大以来重要文献选编》(中)，人民出版社 2001 年版。

41.《十五大以来重要文献选编》(下)，人民出版社 2003 年版。

42.《十六大以来党和国家重要文献选编》上(一)，人民出版社 2005 年版。

43.《十六大以来重要文献选编》(中)，中央文献出版社 2006 年版。

44.《十七大以来重要文献选编》(上)，人民出版社 2009 年版。

45.《十七大以来重要文献选编》(下)，人民出版社 2013 年版。

46.《十八大以来重要文献选编》(上)，中央文献出版社 2014 年版。

47.《十八大以来重要文献选编》(中)，人民出版社 2016 年版。

48.《十八大以来重要文献选编》(下)，中央文献出版社 2018 年版。

49.《十九大以来重要文献选编》(上)，中央文献出版社 2019 年版。

50.《十九大以来重要文献选编》(中)，中央文献出版社 2021 年版。

51.《二十大以来重要文献选编》(上)，中央文献出版社 2024 年版。

52.《中华人民共和国第八届全国人民代表大会第一次会议文件汇编》，人民出版社 1993 年版。

53.《中国共产党第十八届中央委员会第三次全体会议文件汇编》，人民出版社 2013 年版。

54.《中国共产党第十八届中央委员会第四次全体会议文件汇编》，人民出版社 2014 年版。

55.《中国共产党第十九次全国代表大会文件汇编》，人民出版社 2017 年版。

56. 全国人大常委会法工委宪法室编：《中华人民共和国制宪修宪重要文献资料选编》，中国民主法制出版社 2021 年版。

57. 中共中央办公厅法规局编：《中央党内法规和规范性文件汇编》

上册，法律出版社 2016 年版。

58. 中共中央办公厅法规局编：《中央党内法规和规范性文件汇编》下册，法律出版社 2017 年版。

59. 全国人大常委会法工委法规备案审查室编：《法规、司法解释备案审查工作办法》，中国民主法制出版社 2020 年版。

60.《党的群众路线教育实践活动学习文件选编》，党建读物出版社2013 年版。

61.《党的十九届四中全会〈决定〉学习辅导百问》，党建读物出版社、学习出版社 2019 年版。

62. 全国人大常委会法制工作委员会法规备案审查室编：《地方规范性文件备案审查法规汇编》，中国民主法制出版社 2012 年版。

63. 全国人大常委会法制工作委员会法规备案审查室：《规范性文件备案审查案例选编》，中国民主法制出版社 2020 年版。

64. 全国人大常委会法制工作委员会法规备案审查室：《规范性文件备案审查理论与实务》，中国民主法制出版社 2020 年版。

二、中文译著文献

1.［爱尔兰］J.M.凯利：《西方法律思想简史》，王笑红译，法律出版社 2002 年版。

2.［奥］凯尔森：《法与国家的一般理论》，沈宗灵译，中国大百科全书出版社 1996 年版。

3.［奥］维特根斯坦：《哲学研究》，韩林合译，商务印书馆 2013 年版。

4.［德］斯特凡·科里奥特：《对法律的合宪性解释：正当的解释规

则抑或对立法者的不当监护？》，田伟译，载《华东政法大学学报》2016年第 3 期。

5.［德］伯恩·魏德士：《法理学》，丁小春、吴越译，法律出版社2003 年版。

6.［德］迪特尔·格林：《现代宪法的诞生、运作和前景》，刘刚译，法律出版社 2010 年版。

7.［德］汉斯·格奥尔格·伽达默尔：《真理与方法》，洪汉鼎译，上海译文出版社 1999 年版。

8.［德］汉斯·格奥尔格·伽达默尔：《诠释学Ⅰ：真理与方法》，洪汉鼎译，商务印书馆 2010 年版。

9.［德］黑格尔：《法哲学原理》，范扬、张企泰译，商务印书馆1961 年版。

10.［德］卡尔·施密特：《宪法学说》，刘锋译，上海人民出版社2005 年版。

11.［德］卡尔·拉伦茨：《法学方法论》，陈爱娥译，商务印书馆2003 年版。

12.［德］克劳斯·施莱希、斯特凡·克利奥特：《德国联邦宪法法院：地位、程序与裁判》，刘飞译，法律出版社 2007 年版。

13.［德］耶林：《为权利而斗争》，胡宝海译，载梁慧星主编：《民商法论丛》第 2 卷，法律出版社 1994 年版。

14.［德］马丁·海德格尔：《康德与形而上学疑难》，王节庆译，上海译文出版社 2011 年版。

15.［法］爱弥尔·涂尔干：《宗教生活的基本方式》，渠东、汲喆译，上海人民出版社 1999 年版。

16.〔法〕勒内·达维德:《当代主要法律体系》,漆竹生译,上海译文出版社 1984 年版。

17.〔法〕利科尔:《解释学与人文科学》,陶远华等译,河北人民出版社 1987 年版。

18.〔法〕卢梭:《社会契约论》,何兆武译,商务印书馆 1980 年版。

19.〔法〕孟德斯鸠:《论法的精神》上册,张雁深译,商务印书馆 1961 年版。

20.〔法〕托克维尔:《论美国的民主》上卷,董果良译,商务印书馆 1997 年版。

21.〔法〕西耶斯:《论特权 第三等级是什么?》,冯棠译,商务印书馆 1990 年版。

22.〔古罗马〕西塞罗:《论共和国 论法律》,王焕生译,中国政法大学出版社 1997 年版。

23.〔古希腊〕亚里士多德:《政治学》,吴寿彭译,商务印书馆 1965 年版。

24.〔美〕L.亨金:《权利的时代》,吴玉章、李林译,知识出版社 1997 年版。

25.〔美〕爱德华·S.考文:《美国宪法的“高级法”背景》,强世功译,北京三联书店 1996 年版。

26.〔美〕伯尔曼:《法律与宗教》,梁治平译,中国政法大学出版社 2010 年版。

27.〔美〕伯尔曼:《信仰与秩序:法律与宗教的复合》,姚剑波译,中央编译出版社 2011 年版。

28.〔美〕博登海默:《法理学:法律哲学与法律方法》,邓正来译,中国政法大学出版社 1999 年版。

29.〔美〕丹尼尔·布尔斯廷：《美国人：建国历程》，中国对外翻译出版公司译，北京三联书店 1993 年版。

30.〔美〕汉密尔顿、杰伊、麦迪逊：《联邦党人文集》，程逢如等译，商务印书馆 1980 年版。

31.〔美〕列奥·始特劳斯、约瑟夫·克罗波西主编：《政治哲学史》（上），李天然等译，河北人民出版社 1998 年版。

32.〔美〕罗纳德·德沃金：《没有上帝的宗教》，於兴中译，中国民主法制出版社 2015 年版。

33.〔美〕罗纳德·德沃金：《认真对待权利》，信春鹰、吴玉章译，中国大百科出版社 1998 年版。

34.〔美〕诺内特·塞尔兹尼克：《转变中的法律与社会》，张志铭译，中国政法大学出版社 1994 年版。

35.〔美〕乔治·霍兰·萨拜因：《政治学说史》上册，盛葵阳、崔妙因译，商务印书馆 1986 年版。

36.〔美〕塞缪尔·P. 亨廷顿：《变化社会中的政治秩序》，王冠华等译，北京三联书店 1989 年版。

37.〔美〕潘恩：《潘恩选集》，马清槐等译，商务印书馆 1981 年版。

38.〔美〕西尔维亚·斯诺维斯：《司法审查与宪法》，湛洪果译，北京大学出版社 2005 年版。

39.〔美〕索蒂利奥斯·巴伯、詹姆斯·弗莱明：《宪法解释的基本问题》，徐爽、宦盛奎译，北京大学出版社 2016 年版。

40.〔英〕杰弗里·马歇尔：《宪法理论》，刘刚译，法律出版社 2006 年版。

41.〔英〕韦恩·莫里斯：《法理学：从古希腊到后现代》，李桂林等译，武汉大学出版社 2003 年版。

42.〔英〕K.C.惠尔：《现代宪法》，翟小波译，法律出版社 2006 年版。

43.〔英〕戴维·M.沃克：《牛津法律大辞典》，邓正来等译，光明日报出版社 1988 年版。

44.〔英〕戴雪：《英宪精义》，雷宾南译，中国法制出版社 2001 年版。

45.〔英〕洛克：《论宗教宽容》，吴云贵译，商务印书馆 1982 年版。

46.〔英〕洛克：《政府论》下篇，叶启芳、翟菊农译，商务印书馆 1964 年版。

47.〔德〕斯特凡·科里奥特：《对法律的合宪性解释》，田伟译，载《华东政法大学学报》2016 年第 3 期。

48.〔韩〕丁泰镐：《宪法诉愿的概念与历史的发展》，载韩国宪法学研究会：《宪法研究》1996 年第 4 卷。

49.〔韩〕朴日唤：《奥地利的宪法诉愿制度》，载韩国宪法学研究会：《宪法研究》1989 年第 1 卷。

50.〔美〕葛维宝：《宪法实施：谁来进行，如何实施》，载《中国法律评论》2016 年第 4 期。

51.〔日〕芦部信喜：《日本违宪判断的方法》，于敏译，载《环球法律评论》1985 年第 1 期。

三、中文著作文献

1. 蔡定剑：《国家监督制度》，中国法制出版社 1991 年版。

2. 蔡定剑：《历史与变革：新中国法制建设的历程》，中国政法大学出版社 1999 年版。

3. 蔡定剑：《宪法精解》，法律出版社 2004 年版。

4. 曹康泰主编：《政府法制建设三十年的回顾与展望》，中国法制出版社 2008 年版。

5. 陈冬：《宪法监督程序研究》，中国检察出版社 2011 年版。

6. 陈独秀：《独秀文存》，安徽人民出版社 1987 年版。

7. 陈端洪：《制宪权与根本法》，中国法制出版社 2010 年版。

8. 陈嘉映：《说理》，华夏出版社 2011 年版。

9. 陈新民：《法治国公法学原理与实践》（上），中国政法大学出版社 2007 年版。

10. 洪汉鼎编：《理解与解释》，东方出版社 2001 年版。

11. 董和平、韩大元、李树忠：《宪法学》，法律出版社 2000 年版。

12. 范进学：《法律原意主义解释方法论》，法律出版社 2018 年版。

13. 范进学：《人民法院的"审判权"是否蕴涵着宪法解释权》，载《法律方法》（第七卷），山东人民出版社 2008 年版。

14. 范进学：《认真对待宪法解释》，山东人民出版社 2007 年版。

15. 范进学：《宪法解释的理论建构》，山东人民出版社 2004 年版。

16. 范进学：《中国宪法实施与宪法方法》，上海三联书店 2014 年版。

17. 范进学：《完善我国合宪性审查制度与机制研究》，译林出版社 2021 年版。

18. 龚祥瑞：《比较宪法与行政法》，法律出版社 2012 年版。

19. 郭相宏、完珉、任俊琳：《宪法学基本原理》，中国社会出版社

2005 年版。

20. 韩大元、林来梵、郑贤君：《宪法学专题研究》，中国人民大学出版社 2008 年版。

21. 韩大元、莫纪宏主编：《中国宪法年刊》（2018）第十四卷，法律出版社 2019 年版。

22. 韩大元、张翔：《宪法解释程序法研究》，中国人民大学出版社 2016 年版。

23. 韩大元等：《现代宪法解释基本理论》，中国民主法制出版社 2006 年版。

24. 韩大元：《1954 年宪法制定过程》（第二版），法律出版社 2022 年版。

25. 韩大元主编：《比较宪法学》，高等教育出版社 2008 年版。

26. 洪汉鼎：《诠释学——它的历史和当代发展》，人民出版社 2001 年版。

27. 胡锦光主编：《备案审查研究》（第 1 辑），中国民主法制出版社 2021 年版。

28. 胡肖华：《宪法诉讼原论》，法律出版社 2002 年版。

29. 黄卉：《法学通说与法学方法》，中国法制出版社 2015 年版。

30. 黄茂荣：《法学方法与现代民法》，中国政法大学出版社 2001 年版。

31. 黄天：《"起来！"我们的国歌》，生活·读书·新知三联书店 2019 年版。

32. 姜士林等主编：《世界宪法大全》，青岛出版社 1997 年版。

33. 蒋碧昆主编：《宪法学》（修订本），中国政法大学出版社 1997

年版。

34. 舒国滢主编：《法理——法哲学、法学方法论与人工智能》2019年第 1 辑，商务印书馆 2019 年版。

35. 雷磊：《法理学》，中国政法大学出版社 2019 年版。

36. 李步云主编：《宪法比较研究》，法律出版社 1998 年版。

37. 李建良：《宪法理论与实践》（一），台北学林文化事业有限公司 2003 年版。

38. 李龙：《宪法基础理论》，武汉大学出版社 1999 年版。

39. 李忠：《宪法监督论》，社会科学文献出版社 1999 年版。

40. 梁慧星：《民法解释学》，中国政法大学出版社 1985 年版。

41. 梁鹰：《加强备案审查，建设法治中国》，载胡锦光主编：《备案审查研究》（第 1 辑），中国民主法制出版社 2021 年版。

42. 林来梵：《从宪法规范到规范宪法》，法律出版社 2001 年版。

43. 林来梵：《宪法学讲义》，清华大学出版社 2018 年版。

44. 刘向文：《俄国政府与政治》，台湾五南图书出版公司 2002 年版。

45. 刘兆兴：《德国联邦宪法法院总论》，法律出版社 1998 年版。

46. 刘政：《人民代表大会制度的历史足迹》，中国民主法制出版社 2014 年版。

47. 罗豪才、吴颉英：《资本主义国家的宪法和政治制度》，北京大学出版社 1997 年版。

48. 马岭：《宪法原理解读》，山东人民出版社 2007 年版。

49. 莫纪宏：《实践中的宪法学原理》，中国人民大学出版社 2007 年版。

50. 莫纪宏：《宪法审判制度概要》，中国人民公安大学出版社 1998 年版。

51. 莫纪宏：《宪政新论》，中国方正出版社 1997 年版。

52. 秦前红主编：《新宪法学》（第二版），武汉大学出版社 2010 年版。

53. 阮毅成：《比较宪法》，商务印书馆 1933 年版。

54. 上官丕亮：《什么是合宪解释》，载《法律方法》（第九卷），山东人民出版社 2009 年版。

55. 沈宗灵：《比较西方——对八国宪法的比较研究》，北京大学出版社 2002 年版。

56. 沈宗灵主编：《法理学》，高等教育出版社 1994 年版。

57. 苏永钦：《合宪性控制的理论与实际》，月旦出版社 1994 年版。

58. 苏永钦：《民事立法与公私法的接轨》，北京大学出版社 2005 年版。

59. 孙飞宇：《方法论与生活世界》，生活·读书·新知三联书店 2018 年版。

60. 王广辉：《比较宪法学》，北京大学出版社 2007 年版。

61. 王汉斌：《王汉斌访谈录——亲历新时期社会主义民主法制建设》，中国民主法制出版社 2012 年版。

62. 王乐理主编：《西方政治思想史》（第一卷），天津人民出版社 2006 年版。

63. 王磊：《宪法司法化》，中国政法大学出版社 2000 年版。

64. 王禹：《中国宪法司法化：案例评析》，北京大学出版社 2005 年版。

65. 王泽鉴：《法律思维与民法实例》，中国政法大学出版社 2001 年版。

66. 吴庚：《政法理论与法学方法》，中国人民大学出版社 2007 年版。

67. 吴家麟主编：《宪法学》，群众出版社 1983 年版。

68. 肖蔚云：《论各国对宪法实施的保障》，法律出版社 1984 年版。

69. 肖蔚云：《我国现行宪法的诞生》，北京大学出版社 1986 年版。

70. 徐复等编：《古汉语大词典》，上海辞书出版社 2000 年版。

71. 徐秀义、韩大元主编：《现代宪法学基本原理》，中国人民公安大学 2001 年版。

72. 许崇德：《中华人民共和国宪法史》（上卷），福建人民出版社 2005 年版。

73. 许崇德：《中华人民共和国宪法史》（下卷），福建人民出版社 2005 年版。

74. 许崇德主编：《宪法》，中国人民大学出版社 1999 年版。

75. 杨海坤、上官丕亮、陆永胜：《宪法基本原理》，中国民主法制出版社 2007 年版。

76. 杨仁寿：《法学方法论》，中国政法大学出版社 1999 年版。

77. 杨泉明：《宪法保障论》，四川大学出版社 1990 年版。

78. 殷鼎：《理解的命运》，生活·读书·新知三联书店 1988 年版。

79. 尤晓红：《俄罗斯宪法法院研究》，中国社会科学出版社 2009 年版。

80. 余军等：《中国宪法司法适用之实证研究》，中国政法大学出版社 2017 年版。

81. 俞子清主编：《宪法学》，中国政法大学出版社 1999 年版。

82. 翟小波：《论我国宪法的实施制度》，中国法制出版社 2009 年版。

83. 翟小波：《人民的宪法》，法律出版社 2009 年版。

84. 张庆福主编：《宪法学基本理论》，社会科学文献出版社 1994 年版。

85. 张文显主编：《法理学》，法律出版社 1997 年版。

86. 张翔主编：《德国宪法案例选释》，法律出版社 2012 年版。

87. 张志铭：《法律解释操作分析》，中国政法大学出版社 1998 年版。

88. 周伟：《宪法解释方法与案例研究——法律询问答复的视角》，法律出版社 2007 年版。

89. 周叶中主编：《宪法》，高等教育出版社、北京大学出版社 2005 年版。

90. 周叶中主编：《宪法学》，法律出版社 1998 年版。

91. 朱福惠主编：《宪法学新编》，法律出版社 1999 年版。

92. 世界各国宪法编辑委员会编：《世界各国宪法》(四卷本)，中国检察出版社 2012 年版。

93.《法理学》编辑部：《法理学》(第二版)，人民出版社、高等教育出版社 2020 年版。

94.《西方法律思想史》编写组：《西方法律思想史资料选编》，北京大学出版社 1983 年版。

95. 中国法学会编：《宪法论文集》，法律出版社 1983 年版。

96.《宪法学》编写组：《宪法学》，高等教育出版社、人民出版社

2011 年版。

97. 张友渔：《张友渔文选》（下卷），法律出版社 1997 年版。

四、中文学术论文

1. 蔡定剑、刘星红：《论立法解释》，载《中国法学》1993 年第 6 期。

2. 蔡定剑：《繁荣宪法学研究　推进依法治国》，载《法商研究》1998 年第 3 期。

3. 蔡定剑：《我国宪法监督制度探讨》，载《法学研究》1989 年第 3 期。

4. 蔡定剑：《宪法实施的概念与宪法施行之道》，载《中国法学》2004 年第 1 期。

5. 蔡定剑：《中国宪法司法化路径探索》，载《法学研究》2005 年第 5 期。

6. 陈道英：《我国民事判决中宪法言论自由条款的解释》，载《华东政法大学学报》2017 年第 1 期。

7. 陈弘毅：《齐案"批复"的废止与"宪法司法化"和法院援引宪法问题》，载《法学》2009 年第 3 期。

8. 陈一新：《习近平法治思想是马克思主义中国化最新成果》，载《人民日报》2020 年 12 月 30 日，第 10 版。

9. 褚宸舸：《论答复法律询问的效力》，载《政治与法律》2014 年第 4 期。

10. 达璐：《合宪性审查决定的效力与实效》，载《四川师范大学学报（社会科学版）》2021 年第 5 期。

11. 董和平：《废止齐案"批复"是宪法适用的理性回归》，载《法学》2009 年第 3 期。

12. 董茂云：《从废止齐案"批复"看司法改革的方向》，载《法学》2009 年第 3 期。

13. 杜强强：《合宪性解释在我国法院的实践》，载《法学研究》2016 年第 6 期。

14. 杜强强：《论合宪性解释的法律对话功能———以工伤认定为中心》，载《法商研究》2018 年第 1 期。

15. 范进学、张玲玲：《论我国合宪性审查中的宪法阐释与宪法解释》，载《浙江学刊》2022 年第 3 期。

16. 范进学、张玲玲：《习近平法治思想之宪法实施论》，载《哈尔滨工业大学学报（社会科学版）》2022 年第 1 期。

17. 范进学：《2018 年修宪与中国新宪法秩序的重构》，载《法学论坛》2018 年第 3 期。

18. 范进学：《法院实施宪法路径的探索与反思》，载《政法论丛》2021 年第 6 期。

19. 范进学：《非解释性宪法适用论》，载《苏州大学学报》2016 年第 5 期。

20. 范进学：《建构以权利救济为核心的宪法实施制度》，载《法学论坛》2016 年第 3 期。

21. 范进学：《论〈合宪性审查程序法〉的制定与起草》，载《苏州大学学报（哲学社会科学版）》2019 年第 3 期。

22. 范进学：《论宪法全面实施》，载《当代法学》2020 年第 5 期。

23. 范进学：《论宪法信仰》，载《法学论坛》2020 年第 6 期。

24. 范进学：《论以人民为中心的宪法实施主体观》，载《学习与探索》2021 年第 7 期。

25. 范进学：《论中国特色社会主义新时代下的宪法修改》，载《学习与探索》2018 年第 2 期。

26. 范进学：《全国人大宪法和法律委员会的功能与使命》，载《华东政法大学学报》2018 年第 4 期。

27. 范进学：《完善我国宪法监督制度之问题辨析》，载《学习与探索》2015 年第 8 期。

28. 范进学：《宪法精神应成为我国的主流价值》，载《山东社会科学》2013 年第 2 期。

29. 范进学：《宪法实施：到底实施什么》，载《学习与探索》2013 年第 1 期。

30. 范进学：《作为根本法与高级法的宪法及实施路径选择》，载《哈尔滨工业大学学报（社会科学版）》2014 年第 4 期。

31. 费善诚：《试论我国违宪审查制度的模式选择》，载人大复印资料《宪法学与行政法学》1999 年第 5 期。

32. 冯建鹏：《我国司法判决中的宪法援引及其功能》，载《中国法学》2017 年第 3 期。

33. 付子堂、张震：《新时代完善我国宪法实施监督制度的新思考》，载《法学杂志》2018 年第 4 期。

34. 付子堂：《美国、法国和中国宪法监督模式之比较》，载《法学》2000 年第 5 期。

35. 高秦伟：《宪法司法化在我国的适用问题》，载《国家行政学院学报》2002 年第 1 期。

36. 高全喜：《革命、改革与宪制："八二宪法"及其演进逻辑》，载《中外法学》2012 年第 5 期。

37. 郭国松：《宪法司法化四人谈》，载《南方周末》2001 年 9 月 14 日。

38. 郭若梅、刘嫚：《高规格研讨会做理论储备，宪法解释制度正加速落地》，载《南方都市报》2021 年 12 月 9 日，第 13 版。

39. 海亮：《在现行体制下法院仍应间接适用宪法》，载《法学》2009 年第 4 期。

40. 韩大元、刘松山：《宪法文本中"基本法律"的实证分析》，载《法学》2003 年第 4 期。

41. 韩大元、刘志刚：《试论当代宪法诉讼制度的基本功能》，载《法学家》1998 年第 2 期。

42. 韩大元、王贵松：《中国宪法文本中"法律"的涵义》，载《法学》2005 年第 2 期。

43. 韩大元：《宪法实施与中国社会治理模式的转型》，载《中国法学》2012 年第 4 期。

44. 韩大元：《关于推进合宪性审查工作的几点思考》，载《法律科学》2018 年第 2 期。

45. 韩大元：《论合宪性推定的原则》，载《山西大学学报》2004 年第 3 期。

46. 韩大元：《论宪法权威》，载《法学》2013 年第 5 期。

47. 韩大元：《民法典编纂要体现宪法精神》，载《国家检察官学院学报》2016 年第 6 期。

48. 韩大元：《宪法变迁理论评析》，载《法学评论》1997年第4期。

49. 韩大元：《宪法与社会共识：从宪法统治到宪法治理》，载《交大法学》2012年第1期。

50. 洪汉鼎：《论哲学诠释学的阐释概念》，《中国社会科学》2021年第7期。

51. 胡锦光、王丛虎：《论我国宪法解释的实践》，载《法商研究》2000年第2期。

52. 胡锦光：《论推进合宪性审查工作的体系化》，载《法律科学》2018年第2期。

53. 胡锦光：《论我国法院适用宪法的空间》，载《政法论丛》2019年第4期。

54. 胡锦光：《宪法司法化的必然性与可行性探讨》，载《法学家》1993年第1期。

55. 黄卉：《合宪性解释及其理论检讨》，载《中国法学》2014年第1期。

56. 黄明涛：《两种"宪法解释"的概念分野与合宪性解释的可能性》，载《中国法学》2014年第6期。

57. 黄正东：《宪法司法化是脱离中国国情的空谈》，载《法学》2009年第4期。

58. 贾宇：《宪法实施的主要路径》，载《人民法院报》2014年12月4日，第5版。

59. 江国华、彭超：《中国宪法委员会制度初论》，载《政法论丛》2017年第1期。

60. 焦洪昌、贾志刚：《基本权利对第三人效力之理论与实践——兼论该理论对我国宪法司法化的指导意义》，载《厦门大学法律评论》第4辑。

61. 李步云：《关于起草〈中华人民共和国立法法（专家建议稿）〉的若干问题》，载《中国法学》1997年第1期。

62. 李克杰：《中国"基本法律"概念的流变及其规范化》，载《甘肃政法学院学报》2014年第3期。

63. 李少文：《全国人大常委会在宪法实施中的创制行为及其界限——以"辽宁贿选案"为例》，载《政治与法律》2021年第5期。

64. 李学智：《民元国旗之争》，载《史学月刊》1998年第1期。

65. 梁洪霞：《关于备案审查结果溯及力的几个基础问题》，载《法学论坛》2022年第2期。

66. 梁洪霞：《论法律询问答复的效力》，载《重庆理工大学学报》2010年第4期。

67. 梁慧星：《论法律解释方法》，载《比较法研究》1993年第1期。

68. 梁鹰：《推进合宪性审查的原则和方式》，载《学习时报》2018年12月24日，第3版。

69. 梁鹰文：《2020年备案审查工作情况报告述评》，载《中国法律评论》2021年第2期。

70. 林来梵：《"八二宪法"的精神》，载《中国法律评论》2022年第5期。

71. 林来梵：《合宪性审查的宪法政策论思考》，载《法律科学》2018年第2期。

72. 林来梵：《建构宪法实施的动力机制》，载《人民法治》2015年2—3月号。

73. 林来梵：《转型期宪法的实施形态》，载《比较法研究》2014 年第 4 期。

74. 林彦：《法规审查制度运行的双重悖论》，载《中外法学》2018 年第 4 期。

75. 林毅：《宪法诉讼问题研究》，四川师范大学 2001 年硕士论文。

76. 林彦：《宪法解释应嵌入立法程序》，载《中国社会科学院研究生院学报》2020 年第 2 期。

77. 刘国：《宪法解释之于宪法实施的作用及其发挥》，载《政治与法律》2015 年第 11 期。

78. 刘练军：《何谓合宪性解释：性质、正当性、限制及运用》，载《西南政法大学学报》2010 年第 4 期。

79. 刘淑君：《宪法的司法化——中国宪法发展的趋势》，载《甘肃广播电视大学学报》2001 年第 1 期。

80. 刘松山：《人民法院的审判依据为什么不能是宪法》，载《法学》2009 年第 2 期。

81. 刘阳中、叶红：《论我国宪法司法化》，载《乐山师范学院学报》2001 年第 3 期。

82. 刘云龙：《也论宪法诉讼及其在我国的应用》，载《法学评论》2002 年第 3 期。

83. 柳建龙：《合宪性解释原则的本相与争论》，载《清华法学》2011 年第 1 期。

84. 骆孟炎、陈晨：《论法律仪式对宪法信仰的作用》，载《长白学刊》2016 年第 5 期。

85. 马立新：《党内法规与国家法规规章备案审查衔接联动机制探

讨》，载《学习与探索》2014 年第 12 期。

86. 马岭：《齐玉玲案"批复"废止"理由"析》，载《法学》2009 年第 4 期。

87. 马岭：《我国宪法解释的切入口探析》，载《中国社会科学院研究生院学报》2020 年第 2 期。

88. 马英娟：《再论全国人大法律与全国人大常委会法律的位阶判断》，载《华东政法大学学报》2013 年第 3 期。

89. 莫纪宏：《从宪法在我国立法中的适用看我国现行宪法实施的状况》，载《法学杂志》2012 年第 12 期。

90. 莫纪宏：《法律事实理论视角下的实质性宪法解释》，载《法学研究》2021 年第 6 期。

91. 莫纪宏：《论宪法与基本法律的效力关系》，载《河南社会科学》2010 年第 5 期。

92. 莫纪宏：《宪法解释是更好推进宪法实施的重要措施》，载《21 世纪经济报道》2014 年 10 月 24 日，第 2 版。

93. 莫纪宏：《宪法实施状况的评价方法及其影响》，载《中国法学》2012 年第 4 期。

94. 欧爱民：《聚众淫乱罪的合宪性分析——以制度性保障理论为视角》，载《法商研究》2011 年第 1 期。

95. 强世功：《宪法司法化的悖论——兼论法学家在推动宪政中的困境》，载《中国社会科学》2003 年第 2 期。

96. 乔晓阳：《党的十八大以来立法工作新突破》，载《求是》2017 年第 11 期。

97. 乔晓阳：《宪法是治国安邦的总章程（上）》，载《人民论坛》

2013 年第 6 期。

98. 秦前红、苏绍龙:《党内法规与国家法律衔接和协调的基准与路径——兼论备案审查衔接联动机制》,载《法律科学》2016 年第 5 期。

99. 秦前红:《〈宪法解释程序法〉的制定思路和若干问题探究》,载《中国高校社会科学》2015 年第 3 期。

100. 秦前红:《关于"宪法司法化第一案"的几点法理思考》,载《法商研究》2002 年第 1 期。

101. 秦前红:《设立宪法委员会与完善宪法监督制度》,载《理论视野》2017 年第 2 期。

102. 任进:《中国宪法适用第一案评析》,载《国家行政学院学报》2002 年第 1 期。

103. 任喜荣:《论最高国家权力机关的宪法说理》,载《法学家》2021 年第 3 期。

104. 上官丕亮:《当下中国宪法司法化的路径与方法》,载《现代法学》2008 年第 2 期。

105. 上官丕亮:《法律适用中的宪法实施:方式、特点及意义》,载《法学评论》2016 年第 1 期。

106. 上官丕亮:《宪法文本中的"宪法实施"及其相关概念辨析》,载《国家检察官学院学报》2012 年第 1 期。

107. 上官丕亮:《运用宪法的法理内涵与司法实践》,载《政法论丛》2019 年第 4 期。

108. 沈春耀:《加强宪法实施和监督完善》,载《中国司法》2018 年第 1 期。

109. 沈春耀:《健全保证宪法全面实施的体制机制》,载《中国人大》2019 年第 22 期。

110. 童之伟:《"宪法司法化"引出的是是非非》,载《中国律师》2001 年第 12 期。

111. 童之伟:《立法"依据宪法"无可非议》,载《中国法学》2007 年第 1 期。

112. 童之伟:《全面有效实施宪法必须确立的基本认知》,载《人民法治》2015 年第 1 期。

113. 童之伟:《宪法适用应依循宪法本身规定的路径》,载《中国法学》2008 年第 6 期。

114. 万曙春:《宪法实施顺应人大制度的根本特点———一个中外比较研究的视角》,载《政治与法律》2017 年第 1 期。

115. 汪铁民:《宪法诉讼问题研究:一种关于宪法监督司法化的思考》,载《人大研究》1998 年第 4 期。

116. 王晨:《在 2016 年国家宪法日座谈会上的讲话》,载《中国人大》第 24 期。

117. 王光辉:《论法院合宪性解释的可能与问题》,载《四川大学学报》2014 年第 5 期。

118. 王光辉:《宪法解释与宪法理解》,载《中国法学》2001 年第 4 期。

119. 王锴:《合宪性解释之反思》,载《法学家》2015 年第 1 期。

120. 王锴:《论备案审查结果的溯及力———以合宪性审查为例》,载《当代法学》2020 年第 6 期。

121. 王磊:《宪法的司法化———21 世纪中国宪法学研究的基本思路》,载《法学家》2000 年第 3 期。

122. 王磊：《宪法与基本法司法适用的香港经验》，载《广东社会科学》2019 年第 3 期。

123. 王利明：《何谓根据宪法制定民法？》，载《法治现代化研究》2017 年第 1 期（创刊号）。

124. 王书成：《论合宪性解释方法》，载《法学研究》2012 年第 2 期。

125. 王伟国：《齐玉玲案批复之死》，载《法制与社会发展》2009 年第 3 期。

126. 王旭：《论我国宪法解释程序机制：规范、实践与完善》，载《中国高校社会科学》2015 年第 4 期。

127. 王学栋：《我国宪法司法适用性的理论误区》，载《现代法学》2000 年第 6 期。

128. 王学栋：《论我国宪法的司法适用性》，载《山东大学学报》2001 年第 3 期。

129. 王勇：《宪法司法化涉及的有关问题》，载《人大研究》2002 年第 5 期。

130. 王玉明：《论宪法解释》，载《现代法学》1990 年第 4 期。

131. 王振民、孙成：《香港法院适用中国宪法问题研究》，载《政治与法律》2014 年第 4 期。

132. 魏治勋：《全面有效实施宪法须加快基本权利立法》，载《法学》2014 年第 8 期。

133. 温卓文：《加速制定地方性法规，促进宪法的全面实施》，载《贵州社会科学》1985 年第 2 期。

134. 吴家麟：《论设立宪法监督机构的必要性和可行性》，载《法学评论》1991 年第 3 期。

135. 吴家麟：《一部有中国特色的社会主义宪法》，载《宁夏社会科学》1983 年第 1 期。

136. 吴卫星：《宪法环境权的可诉性研究》，载《华东政法大学学报》2019 年第 6 期。

137. 夏引业：《合宪性解释是宪法司法适用的一条蹊径吗？》，载《政治与法律》2015 年第 8 期。

138. 夏引业：《宪法在香港特别行政区的适用》，载《甘肃政法学院学报》2015 年第 5 期。

139. 夏正林：《"合宪性解释"理论辨析及其可能前景》，载《中国法学》2017 年第 1 期。

140. 肖蔚云：《宪法是审判工作的根本法律依据》，载《法学杂志》2002 年第 3 期。

141. 谢维雁：《论合宪性解释不是宪法适用的司法适用方式》，载《中国法学》2009 年第 6 期。

142. 谢维雁：《论宪法的司法化》，载《西南民族学报》2000 年第 12 期。

143. 谢维雁：《论宪法进入诉讼的方式——兼论宪法诉讼的概念》，载《政治与法律》2010 年第 5 期。

144. 谢宇：《宪法司法化理论与制度生命力的重塑》，载《政治与法律》2018 年第 7 期。

145. 邢斌文：《法院如何援用宪法》，载《中国法律评论》2015 年第 5 期。

146. 邢斌文：《法院援用宪法的经验研究能为我们带来什么？》，载

《浙江学刊》2019 年第 3 期。

147. 邢斌文：《论法院在合宪性审查工作中的角色定位》，载《人大研究》2021 年第 2 期。

148. 许崇德、何华辉：《我国新宪法同前三部宪法的比较研究》，载《中州学刊》1983 年第 1 期。

149. 许崇德、郑贤君：《"宪法司法化"是宪法学的理论误区》，载《法学家》2001 年第 6 期。

150. 许崇德：《"宪法司法化"质疑》，载《中国人大》2006 年第 11 期。

151. 许崇德：《宪法适用应依循宪法本身规定的路径》，载《中国法学》2008 年第 6 期。

152. 许崇德：《我国宪法与宪法的实施》，载《人大工作通讯》1998 年第 16 期。

153. 薛小建：《中国社会转型的法律基石：1982 年宪法的历史地位》，载《中国法学》2012 年第 4 期。

154. 薛佐文：《对立法权限度的法理思考——专论全国人大与全国人大常委会的立法权限》，载《河北法学》2008 年第 2 期。

155. 薛佐文：《论"基本法律"和"法律"的性质和地位》，载《西南政法大学学报》2003 年第 2 期。

156. 杨春磊：《聚众淫乱罪的违宪性分析》，载《湖北警官学院学报》2013 年第 2 期。

157. 杨合理：《关于建立宪法诉讼制度若干问题的思考》，载《政治与法律》1997 年第 6 期。

158. 殷啸虎：《当代中国宪法实施的政治路径》，载《法学》2014

年第 11 期。

159. 于海：《国歌神圣》，载《人民政协报》2018 年 5 月 19 日，第 5 版。

160. 余凌云：《国旗的宪法意义》，载《法学评论》2015 年第 3 期。

161. 余凌云：《中国宪法史上的国歌》，载《中国法律评论》2015 年第 2 期。

162. 翟国强：《全面贯彻实施宪法的两种主要方式》，载《人民法治》2015 年第 1 期。

163. 翟国强：《宪法解释的启动策略》，载《中国社会科学院研究生院学报》2020 年第 2 期。

164. 翟国强：《中国宪法实施的双轨制》，载《法学研究》2014 年第 3 期。

165. 翟国强：《中国语境下的"宪法实施"：一项概念史的考察》，载《中国法学》2016 年第 2 期。

166. 翟小波：《代议机关至上，还是司法化？》，载《中外法学》2006 年第 4 期。

167. 张春生：《法治建设中领导者的示范效应》，载《华东政法大学学报》2008 年第 1 期。

168. 张存：《略论我国宪法司法化的若干法律条件》，载《浙江省政法管理干部学院学报》2001 年第 4 期。

169. 张文显：《以人民为中心：法治体系的指导理念》，载《北京日报》2018 年 4 月 23 日，第 16 版。

170. 张翔：《"合宪性审查时代"的宪法学：基础与前瞻》，载《环球法律评论》2019 年第 2 期。

171. 张翔：《两种宪法案件：从合宪性解释看宪法对司法的可能影响》，载《中国法学》2008 年第 3 期。

172. 张翔、梁芷澄：《"宪法精神"的历史解读》，载《中国政法大学学报》2022 年第 6 期。

173. 张晓燕：《党的建设制度改革顶层设计研究》，载《理论月刊》2014 年第 1 期。

174. 张友渔：《进一步研究新宪法，实施新宪法》，载《中国法学》1984 年第 1 期。

175. 张友渔：《新时期的新宪法》，载《法学研究》1982 年第 6 期。

176. 张志铭：《法律解释原理（上）》，载《国家检察官学院学报》2007 年第 6 期。

177. 郑成良：《试析马克思的一句法律格言》，载《当代法学》1990 年第 2 期。

178. 郑磊：《宪法解释与合宪性审查的关系——基于法解释二元结构的勾勒》，载《中国社会科学院研究生院学报》2020 年第 2 期。

179. 郑强、傅思明：《让宪法诉讼"活起来"——从新闻官司看宪法诉讼权利保护》，载《公法评论》2001 年 8 月 17 日。

180. 郑贤君：《宪法实施：解释的事业》，载《法学杂志》2013 年第 12 期。

181. 支振峰：《宪法实施的理论反思》，载《环球法律评论》2013 年第 5 期。

182. 周刚志、罗佳乐：《也论宪法实施：概念、指标及其状况》，载《云南大学学报》2014 年第 4 期。

183. 周刚志：《论合宪性解释》，载《浙江学刊》2010 年第 1 期。

184. 周光权：《推动宪法解释机制落实落地》，载《法治日报》2021年11月9日，第5版。

185. 周旺生：《被误解的马克思名言》，载《北京日报》2006年1月23日。

186. 周伟：《法院适用宪法是中国宪法保障制度的重要特点》，载《法学》2009年第4期。

187. 周叶中：《宪法实施：宪法学研究的一个重要课题》，载《法学》1987年第5期。

188. 周宇骏：《试论全国人大法工委法律询问答复的效力》，载《成都理工大学学报》2014年第4期。

189. 朱宁宁：《备案审查由"鸭子凫水"变乘风破浪》，载《法制日报》2019年2月26日，第6版。

190. 朱学磊：《论我国宪法实施主体的多元化》，载《江汉学术》2017年第2期。

五、外文学术文献

1. Walter F. Murphy, James E. Fleming, Sotirios A. Barber, *American Constitutional Interpretation*, New York: The Foundation Press, INC. 1995.

2. Antieau, *Rights of Our Fathers*, Vienna: Coiner, 1968.

3. Attanasio, "Everyman s Constitutional Law: A Theory of the Power of Judicial Review, " *72Geo. L. J.*, 1984;

4. A. Miller, "Constitution and Court as Symbols, " *46 Yale L. J.*

5. Bryan A. Garner, *Black's law Dictionary*, Eagan: West Publishing

Company, 1999.

6. Bruce. A. Ackerman, "Constitutional Politics/Constitutional Law, " *99 Yale L.J.*, 1989.

7. Erwin Chemerinsky, *Interpreting the Constitution*, California: Praeger Publishers, 1987.

8. Farrand, ed., "Records of the Federal Convention, " *Remarks of Roger Sherman*, vol. 1.

9. Grey, "The Constitution as Scripture, " *37 Stan. L. Rev.*, 1984.

10. Jerome Frank, "Mr. Justice Holmes and Non-Euclidian Legal Thinking, " *Cornell Law Quarterly*, 1932.

11. Keith E. Whittington, *Constitutional Interpretation: Textual Meaning, Original Intent and Judicial Review*, Kansas: the University Press, 1999.

12. Keith E. Wittington, "The New Originalism, " *Georgetown Journal of Law & Public Policy*, 2004.

13. Larry D. Kramer, *The People Themselvs: Popular Constitionalism and Judicial Review*, Ohio: Ox-ford University, 2004.

14. Paul Brest, "The Misconceived Quest for Original Understanding," *Boston University Law Review*, 1980.

15. Ran Hirschl, *Towards Juristocracy: The Origins and Consequences of the new Constitutionalism*, Cambridge: Harvard University Press, 2004 & 2007.

16. Ronald Dworkin, *Freedom's Law: The Moral reading of The American Constitution*, Cambridge: Harvard University Press 1996.

17. Scott Douglas Gerber, *To Secure These Rights: The Declaration of Independence and Consititutional Interpretation*, New York: New York University Press, 1995.

18. Steven D. Smith, "What Does Constitutional Interpretation Interpret, " in Grant Huscroft, eds., *Expounding the Constitution: Essays in Constitutional Theory*, Cambridge: Cambridge University Press, 2008.

19. Steven H. Gifis, *Law of Dictionary*, Barron's Educational Series, 2010.

20. Walter Dellinger, "The Legitimacy of Constitutional Change: Rethinking the Amendment Process, " *97 Harv. L. Rev.*, 1983.

21. William S. Livingston, *Federalism and Constitutional Change*, New York: Greenwood Press, 1956.

22. Wilson ed., *Works of James Wilson*, 1804.

23. Chase Securities Corp. v. Donaldson (1945) 325 US 304, 314, 89 L Ed 1628, 65 S Ct 1137.

24. Obergefell v. Hodges, 576 U.S. (2015).

后 记

　　本书是笔者近几年来基于中国 1982 年宪法公布施行 40 余年宪法实施与宪法监督实践思考的产物，亦是笔者承担的 2018 年教育部哲学社会科学研究重大课题攻关项目"加强宪法监督、教育与监督"之最终成果，本书出版时，仅就宪法实施与宪法监督部分作了修改、编排而出版成著。

　　项目研究期间，得到了宪法学界韩大元教授、李树忠教授、胡锦光教授、焦洪昌教授、莫纪宏教授、林来梵教授、童之伟教授、马玲教授、苗连营教授、张翔教授、王楷教授、任喜荣教授、上官丕亮教授、胡弘弘教授、刘志刚教授、王建学教授、邓世豹教授、邢斌文副教授等诸多教授和同仁的学术和精神上的支持与关切，在此深表谢意！

　　本课题的研究成果多以学术论文的形式公开发表过，对曾担任《法学》主编的童之伟教授，《华东政法大学学报》主编马长山教授，《法学论坛》副主编吴岩，《当代法学》鲁鹏宇副教授，《政法论丛》主编孙培福教授，《政治与法律》编审姚魏，《学习与探索》编审朱磊，《浙江学刊》副研究员王莉,《苏州大学学报》编审张盼盼、姜天琦,《哈尔滨工业大学学报》编审张莲英,《上海政法学院学报》执行主编康敬奎教授、副主编赵运锋教授,《学术交流》的曲丹丹老师,《法治社会》主编陈云良教授、刘长兴教授等表示衷心感谢!

最后感谢上海人民出版社的冯静编辑、宋晔编辑,她们共同为本书的出版提供了大力支持与认真细致的校对与编排,使本书得以顺利出版。

范进学

2025 年 1 月 26 日于徐汇德馨书斋

图书在版编目(CIP)数据

中国宪法实施和监督研究 / 范进学著. -- 上海 ：
上海人民出版社，2025. -- ISBN 978-7-208-19390-1

Ⅰ. D921.04

中国国家版本馆 CIP 数据核字第 20254BQ337 号

责任编辑 冯 静 宋 晔
封面设计 一本好书

中国宪法实施和监督研究

范进学 著

出 版	上海人民出版社	
	（201101 上海市闵行区号景路 159 弄 C 座）	
发 行	上海人民出版社发行中心	
印 刷	上海商务联西印刷有限公司	
开 本	720×1000 1/16	
印 张	31.75	
插 页	3	
字 数	374,000	
版 次	2025 年 3 月第 1 版	
印 次	2025 年 3 月第 1 次印刷	

ISBN 978 - 7 - 208 - 19390 - 1/D · 4469

定 价 150.00 元